INTERNACIONALIZACIÓN

POLÍTICAS EDUCATIVAS Y REFLEXIÓN PEDAGÓGICA EN UN MEDIO GLOBAL

Directora de la colección:
Silvina Gvirtz

Título original:
Internationalisierung/Internationalisation. Semantik und Bildungssystem in vergleichender Perspektive/Comparing Educational Systems and Semantics

Publicado por:
Peter Lang GMBH

Traducción:
Leandro Reyno

Coordinación editorial:
Débora Feely

Diseño de tapa:
Estudio Manela y asociados

Compiladores:
MARCELO CARUSO
HEINZ-ELMAR TENORTH

INTERNACIONALIZACIÓN

POLÍTICAS EDUCATIVAS Y REFLEXIÓN PEDAGÓGICA EN UN MEDIO GLOBAL

GRANICA

ARGENTINA - ESPAÑA - MÉXICO - CHILE - URUGUAY

© 2002 *by* Peter Lang GMBH, Frankfurt / M.
© 2011 *by* Ediciones Granica S.A.

BUENOS AIRES
Ediciones Granica S.A.
Lavalle 1634 - 3º G
C1048AAN Buenos Aires, Argentina
Tel.: +5411-4374-1456
Fax: +5411-4373-0669
E-mail: granica.ar@granicaeditor.com

MÉXICO
Ediciones Granica México S.A. de C.V.
Valle de Bravo Nº 21
Col. El Mirador
53050 Naucalpan de Juárez, México
Tel.: +5255-5360-1010
Fax: +5255-5360-1100
E-mail: granica.mx@granicaeditor.com

SANTIAGO
Ediciones Granica de Chile S.A.
Padre Alonso Ovalle 748
Santiago, Chile
E-mail: granica.cl@granicaeditor.com

MONTEVIDEO
Ediciones Granica S.A.
Scoseria 2639 Bis
11300 Montevideo, Uruguay
Tel: +5982-712-4857 / +5982-712-4858
E-mail: granica.uy@granicaeditor.com

www.granica.com

Reservados todos los derechos, incluso el de reproducción en todo o en parte, en cualquier forma

ISBN 978-950-641-597-6

Hecho el depósito que marca la ley 11.723

Impreso en Argentina. *Printed in Argentina*

> Internacionalización. Políticas educativas y reflexión pedagógica en un medio global / compilado por Marcelo R. Caruso. - 1a ed. - Buenos Aires : Granica, 2011.
>   416 p. ; 22x15 cm.
>
>   ISBN 978-950-641-597-6
>
>   1. Pedagogía. 2. Teorías Educativas. I. Caruso, Marcelo R., comp.
>   CDD 370.1

ÍNDICE

Prólogo 11

Marcelo Caruso y Heinz-Elmar Tenorth
Introducción: conceptualizar e historizar la internacionalización y la globalización en el campo educativo 13
1. Internacionalidad e internacionalización como tema y problema de la educación comparada 13
2. El mundo pre-nacional y el orden cosmopolita del saber pedagógico 21
3. Internacionalización como nacionalización: la dinámica de la alteridad y la identidad 27
4. Internacionalización y globalización: referencias y ejemplos en el presente trabajo 32
5. Referencias bibliográficas 35

Políticas educativas y formas de saber en la escuela moderna global. Problemas teóricos y metodológicos

Jürgen Schriewer
Sistema mundial y redes de interrelación: la internacionalización de la educación y el papel de la investigación comparada 41
1. Internacionalización: proceso y problema 41
2. Fases 47
   2.1. A finales del siglo XVIII: el perfil de un gran programa 47
   2.2. A finales del siglo XX: el mundo como unidad de análisis 51
3. Hallazgos 56
   3.1. El surgimiento del sistema educativo mundial 56
   3.2. La educación como componente de redes de interrelación cambiantes 63
4. Perspectivas 72
   4.1. Reconciliar historia y comparación 72
   4.2. Construcciones semánticas de la sociedad mundial 86
5. Referencias bibliográficas 94

Francisco O. Ramírez y John W. Meyer
Los currículos nacionales: modelos mundiales y legados históricos nacionales 107
1. Introducción 107
2. El orden educativo mundial 110
3. Variación y resistencia: el aspecto supranacional 118
4. Variación y resistencia: las trayectorias particulares nacionales o locales 123
5. La invención de lo particular 126
6. Reflexiones finales 128
7. Referencias bibliográficas 130

INTERNACIONALIZACIÓN

Florian Waldow
La interpretación neoinstitucionalista del surgimiento de la escolarización masiva:
observaciones acerca del caso de Suecia — 133
1. La interpretación neoinstitucionalista del surgimiento de la escolarización masiva — 133
2. Nuevos ciudadanos para una sociedad nueva: la teoría neoinstitucionalista aplicada al caso de Suecia — 139
3. Conclusión: la teoría abarcativa y los testimonios empíricos — 149
4. Referencias bibliográficas — 152

Las políticas educativas en un medio global. Pasado y presente

Hartmut Kaelble
Hacia una historia social europea de la educación — 157
1. La expansión de la oferta educativa y sus causas — 158
2. Convergencias y transferencias en Europa — 173
3. Referencias bibliográficas — 180

Jason Beech
Continuidades y cambios en el campo educativo global. Influencias externas
en la formación docente en Argentina y Brasil — 183
1. Normalismo: los orígenes de la formación docente en Argentina y Brasil — 186
2. Interpretaciones del Movimiento de la Escuela Nueva en Argentina y Brasil — 191
3. El desarrollismo en Argentina y en Brasil — 197
4. Reflexiones finales sobre el campo educativo global — 208
5. Referencias bibliográficas — 211

Gita Steiner-Khamsi
La reformulación de la transferencia educativa como estrategia política — 215
1. Los argumentos en favor del método comparativo: una perspectiva histórica — 216
2. El abordaje de la descontextualización — 219
3. Un nuevo programa de investigación: la teoría de la externalización de Schriewer — 226
4. Bases teóricas de la externalización — 228
5. La externalización en tiempos de cambio político — 232
   5.1. Letonia como caso modelo — 232
   5.2. Suiza como caso modelo — 235
   5.3. Sudáfrica como caso modelo — 243
6. La teoría de la externalización y el estudio de la globalización y la convergencia — 246
7. Las fases del proceso de externalización: ejemplos de la investigación estadounidense — 249
   7.1. Externalización (fase 1) — 251
   7.2. Recontextualización (fase 2) — 252
   7.3. Internalización (fase 3) — 254
8. Referencias bibliográficas — 256

La reflexión pedagógica en un medio global. Fundamentos y procesos

Noah W. Sobe
El viaje, las ciencias sociales y la formación de las naciones en la educación comparada
de principios del siglo XIX — 263
1. El proyecto comparativo de Jullien y su cuestionario — 266
2. El observador viajero — 269

ÍNDICE

   3. La sociedad científica   277
   4. La comparación de Suiza   286
   5. Conclusión. Lo cosmopolita y lo nacional: la forja de la nación y el mundo   292
   6. Referencias bibliográficas   294

Eugenia Roldán Vera
Internacionalización pedagógica y comunicación en perspectiva histórica:
la introducción del método de enseñanza mutua en Hispanoamérica independiente   297
   1. El método de enseñanza mutua: una internacionalización temprana   297
   2. El método mutuo en forma impresa   303
   3. Genealogías de libros y los circuitos del comercio transatlántico de impresos   308
   4. Comunidades transatlánticas de conocimiento educativo   321
   5. Los términos del intercambio   329
   6. Conclusión: externalización y comunicación   335
   7. Referencias bibliográficas   337
   8. Apéndice bibliográfico: manuales de enseñanza mutua en Francia, España, Gran Bretaña
      y los países hispanoamericanos   339

António Nóvoa, Luís Miguel Carvalho, António Carlos Correia, Ana Isabel Madeira
y Jorge Ramos do Ó
Los flujos del saber educativo. El espacio-tiempo en los países de lengua portuguesa   345
   1. Significados y razones de un programa de estudio   347
      1.1. El mundo de lengua portuguesa como comunidad imaginada   347
      1.2. La lusofonía: ¿una comunidad de lengua?   349
      1.3. El espacio-tiempo de la reflexión histórica   351
      1.4. La reconciliación entre la historia y la comparación   353
      1.5. Hibridación y construcción de nuevas zonas de mira   356
      1.6. Tres formas del saber educativo   358
   2. El saber especializado en la construcción de la escolarización masiva   361
      2.1. Los flujos del saber científico: el gobierno de los alumnos en la transición del siglo XIX al XX
         (Portugal y Brasil)   361
      2.2. Libros de texto pedagógico-didácticos para la formación docente: el gobierno del maestro
         en Portugal y Brasil, 1880-1960   370
      2.3. Las publicaciones educativas periódicas, los especialistas y el saber pedagógico
         en Portugal y Brasil, 1920-1935   377
         2.3.1. Los periódicos, el tratamiento del progreso y la impronta de la Nueva Educación   378
         2.3.2. De la insuficiencia de la participación de la lengua portuguesa al esperanto cultural   381
   3. A modo de conclusión: nuevos rumbos de investigación   385
   4. Referencias bibliográficas   388

Prospectivas en el campo de la educación comparada

Robert Cowen
Esbozos de un futuro: la renegociación de las ideas clave de la educación comparada   395
   1. Introducción   395
   2. Ideas clave   396
   3. La solución inglesa   404
   4. Conclusión   410
   5. Referencias bibliográficas   411

PRÓLOGO

La presente obra nació como un libro-homenaje a Jürgen Schriewer en ocasión de su sexagésimo cumpleaños. En la comunidad académica de lengua alemana, pero no solo en ella, los libros-homenaje constituyen un género textual específico, donde los colegas más cercanos al homenajeado contribuyen a retomar algunas líneas de investigación de esa persona con artículos de su especialidad. En el caso del presente volumen, hemos querido darle a la discusión un foco más pronunciado que el que comúnmente se adopta en este tipo de obras. Mientras muchos libros-homenaje dejan completamente librados a los autores invitados el tema y la perspectiva de sus artículos, para el libro-homenaje original, propusimos a los colegas de Jürgen Schriewer la discusión de las tesis fundamentales de su lección inaugural en la Universidad Humboldt en Berlín sobre los procesos de internacionalización de estructuras educativas y saberes pedagógicos. El resultado fue un volumen en tres idiomas (alemán, inglés y francés) que se publicó en la casa Peter Lang con sede en la ciudad de Fráncfort del Meno.

A diferencia de aquel libro-homenaje, la versión castellana que aquí presentamos contiene una serie de novedades. Para empezar, la lección inaugural misma de Jürgen Schriewer, que había sido el foco del libro anterior pero que no había estado incluida en él, aparece aquí en una versión revisada en detalle. Además, en función de las diferencias de los públicos lectores, algunas de las contribuciones originales no están en el presente volumen. En compensación, dos nuevos artículos con énfasis temático en el mundo latinoamericano han retomado la cuestión de la internacionalización con materiales específicos de esa región. Por último, los cambios en las contribuciones llevaron también a un cambio de estructura del volumen utilizando una tripartición más compleja que la original, la cual ordenaba los artículos en *teoría*, *historia* y *presente* de la internacionalización en el campo de la educación.

Podemos afirmar que, debido a estos cambios, el volumen que se presenta aquí al público de habla hispana constituye incluso un producto más acabado que el libro-homenaje original. Los compiladores deseamos agradecer particularmente el compromiso e interés de Silvina Gvirtz en la aceptación de este proyecto editorial a la vez que queremos reconocer el profesionalismo de los colaboradores de la editorial Granica en el acompañamiento del proceso de producción. Este libro no sería lo que es si la "pluma" de Leandro Reyno, quien asumió la traducción de prácticamente todos los ensayos escritos originalmente en alemán e inglés, no hubiera dado a la tarea de traductor una precisión y una elegancia que la prosa académica no siempre cuida. Queremos también agradecer particularmente la asistencia de Matti Steinitz y Florian Kiuppis, de la Sección de Educación Comparada de la Universidad Humboldt en Berlín, por su colaboración con los cambios de citas y sus revisiones de los aspectos formales de los artículos. Además, como siempre, la amable y efectiva asistencia de Martine Tarrieux en todos los aspectos administrativos vinculados a la existencia de este libro en su versión castellana. Por último, el mismo homenajeado, Jürgen Schriewer, se mostró entusiasmado por la concreción de este proyecto editorial al cual entregó, entre otras cosas, su lección inaugural, de gran valor conceptual para el campo de la educación comparada, para su integración en este volumen.

MARCELO CARUSO y HEINZ-ELMAR TENORTH,
Münster/Berlín,
junio de 2010

INTRODUCCIÓN: CONCEPTUALIZAR E HISTORIZAR LA INTERNACIONALIZACIÓN Y LA GLOBALIZACIÓN EN EL CAMPO EDUCATIVO

MARCELO CARUSO
(Universidad de Münster, Alemania)
HEINZ-ELMAR TENORTH
(Universidad Humboldt, Berlín)

1. Internacionalidad e internacionalización como tema y problema de la educación comparada

Las disciplinas científicas no plantean que su tema central y la construcción teórica de su campo de problemas puedan ser calificados como *naturales*. En tiempos en los cuales se utiliza una semántica cuasi inflacionaria sobre la *invención* y la *construcción* para el análisis del saber sistemático, este carácter *artificial* de la producción del saber ya forma parte de las suposiciones epistémicas actuales. Pero las intenciones de construcción no transforman los saberes por sí mismos y las invenciones tienen que imponerse en un *mercado* que no solo se caracteriza por una fuerte *competencia* sino también por relaciones de producción y distribución particulares. Ahora bien, si nos adentramos en un campo en el cual no solo se discuten los problemas cotidianos de la investigación sino que, además, el estatuto y la posibilidad misma de la disciplina en cuestión son presentados como objetos de controversia, la palabra *innovación* convoca toda una serie de sentidos vinculados al riesgo. Por ello, en el campo del saber, se aprende más sobre el concepto de innovación en tanto se estudie un ejemplo de innovación teórica, metódica o empírica que –aunque no haya producido una *revolución*– haya dejado huellas en la concepción, la metodología y la praxis de investigación de la disciplina.

INTERNACIONALIZACIÓN

En el campo de la educación comparada, el trabajo de Jürgen Schriewer ha constituido un ejemplo de tales características. Particularmente, su lección inaugural en la Universidad Humboldt, en Berlín, no solo ha mostrado cómo se desarrolla y se fundamenta un programa de investigación sino que ha mostrado también cómo en el mismo acto se puede utilizar la propia disciplina como referencia del propio programa de investigación. Por un lado, la tradición de la disciplina de la educación comparada es criticada por Schriewer, quien no la analiza como un conjunto de venerables logros de antepasados. Por otro lado, este uso referencial de la historia de la propia disciplina posibilita la superación de sus límites a partir de un acto de distanciamiento crítico, fundando así nuevas perspectivas para el saber comparado en educación. Sea en lo referente a la metodología como en lo vinculado a la producción de análisis específicos, la amplia recepción de este programa en el discurso internacional de la educación comparada ha confirmado, hasta hoy, que esta estrategia no solo es parte de una concepción sensata sino también de una concepción evidentemente exitosa.

Las premisas de construcción de este programa de investigación son simples y transparentes[1]: a partir de esquematizaciones duales y triádicas, se desarrolla una red de patrones de orientación de carácter teórico y metodológico, sincrónico y diacrónico. Los mismos no solo presentan la forma de pensamiento de la metodología de la educación comparada en toda su abstracción sino que, además, tratan el tema de esta disciplina de manera concreta, esto es, en tanto forma desarrollada históricamente y de manera específica:

1. En tanto forma de reflexión, la diferencia entre *pedagogía* y *ciencias de la educación* es de una importancia decisiva. No solo abre la posibilidad de analizar la diferencia de las formas de saber en el interior de la tradición de la educación comparada –argumentando así en términos de historia de la ciencia y de las disciplinas– sino que también permite pensar en términos de construc-

---

1. Schriewer, Jürgen; Henze, Jürgen; Wichmann, Jürgen; Knost, Peter; Barucha, Susanne; Taubert, Jörn: "Konstruktion von Internationalität. Referenzhorizonte pädagogischen Wissens im Wandel gesellschaftlicher Systeme (Spanien, Sowjetunion/Russland, China)", en Harmut Kaelble y Jürgen Schriewer (comps)., *Gesellschaften im Vergleich*, Fráncfort del Meno, Peter Lang, 1998, págs. 151-258.

INTRODUCCIÓN

ción de sus objetos y de su empiria dentro de las ciencias sociales comparadas. *Pedagogía* se convierte en el concepto para la autorreflexión histórico-social y para la autodescripción en los procesos de formación y en el interior del sistema educativo; en cambio, *ciencias de la educación* se define como una instancia que argumenta desde la distancia, la observación y la lógica de la investigación.

2. En tanto metodología, el programa de investigación no solo ha ofrecido el concepto de *reconciliación entre historia y comparación*. Más aún, el relacionamiento heterogéneo de perspectivas diacrónicas y sincrónicas se corresponde con la complejidad del tema a través de la búsqueda de explicación de la dinámica de los problemas mismos, incluyendo tanto análisis causales como funcionales, tanto a nivel del método como de los objetos de investigación mismos. En este campo, el concepto de *externalización* determina la función de la argumentación comparativa en la realidad social de la educación y de la formación. Así, se abre la posibilidad metódica de describir y explicar la significación de la alteridad y del cambio de las vinculaciones con el resto del *mundo* de manera descentrada. Para ello, es necesario utilizar la forma misma de la externalización como *interrupción de la interdependencia de la reflexión*.

3. En vinculación con el tema inmanente de la educación comparada –comprender el mundo como complejo educativo en su propia estructura y dinámica–, estas premisas metodológicas inauguran una nueva mirada sobre esta realidad tantas veces estudiada. Partiendo de la *internacionalidad* como hecho y de la *internacionalización* como proceso para formular la *problemática central* de la disciplina[2], se puede construir la larga historia del *mundo* en varias formas de comunicación en sus fases centrales y en sus cesuras definitorias y, al mismo tiempo, se puede entender la función de las semánticas concomitantes. Las *construcciones semánticas de una sociedad-mundo* se corresponden así con un

---

2. Schriewer, Jürgen: "Vergleich und Erklärung zwischen Kausalität und Komplexität", en Kaelble, Hartmut y Schriewer, Jürgen (comps.): *Der Gesellschaftsvergleich in den Geschichts- und Sozialwissenschaften*, Fráncfort del Meno, Campus, 1999, pág. 56.

proceso de internacionalización cuyo patrón dominante lo constituyen *procesos de migración, de difusión y de recepción transnacionales*. Estos se constituyen históricamente en una variedad de *lógicas de apropiación*, las cuales se encuentran determinadas por *estructuras culturales profundas*. Por ello, sin prestar atención a los modelos comparativos sistemáticos, solo pueden ser concebidas empíricamente como un *haz de procesos de signo contrario*.

4. A partir del concepto de *internacionalización*, este programa reconcilia la tradición de la educación comparada como reflexión con su presente en tanto disciplina de investigación. La orientación hacia un modelo general de la investigación comparada puede ser vista como un regreso a la fase fundacional de la investigación comparada y como un momento de continuidad en su desarrollo sistemático. Hacia el año 1800, la comparación fue concebida, por primera vez, como un método para la exploración de los fenómenos humanos y fue utilizada por la Antropología, la Lingüística y el Derecho; actualmente, la comparación se corresponde con el estado actual de una *sociedad-mundo* y con los interrogantes vinculados a su pluralización. Sin una perspectiva comparada, el *mundo* no puede ser entendido ni transformado.

5. Por último, la praxis de esta teoría pone en evidencia, en sus propios modos de comunicación, que es consciente de que forma parte del proceso que ella misma trata de describir. La autorreferencia no solo es una cualidad que puede ser atribuida al sistema observado por la educación comparada. La autorreferencia es parte del estilo de su argumentación y caracteriza la forma de su comunicación. La internacionalidad es la característica de las referencias tal como es puesta en evidencia en artículos y análisis, en la praxis de su comunicación y en la selección de sus temas. La educación comparada se diferencia de aquellas investigaciones de tema internacional que no toman en cuenta el método fundante de la comparación y que, por ello, merecen más bien el nombre de *perspectivas internacionales*. Esta construcción fundante de las posiciones de Schriewer, que encuentra en la teoría general de los sistemas de cuño luhmanniano su propia semántica de referencia, no solo conduce a una

INTRODUCCIÓN

rehabilitación epistemológica de la comparación en las ciencias de la educación sino que también muestra que la realidad de las situaciones educativas y su reflexión solo pueden ser entendidas adecuadamente entre la localidad de las experiencias educativas y la universalidad pretendida del discurso pedagógico.

Si se contempla esta forma de construcción de la teoría y de tematización de la internacionalización del saber pedagógico y de las relaciones educativas, puede plantearse la sospecha de que solo la investigación empírica y la puesta a prueba de sus posibilidades, en relación con toda una serie de fenómenos, constituyen el problema actual de este concepto de reconfiguración de la educación comparada. Los trabajos que componen este volumen intentan presentar la variedad de estos desafíos. En esta introducción, se trata de continuar una línea de reflexión de Jürgen Schriewer vinculada al lugar histórico de la teoría. "Historizing comparative methodology" constituyó siempre uno de los aspectos centrales de su programa teórico[3], el cual fue desarrollado en los últimos tiempos en vinculación con la propia disciplina. A la vez, esta historización puede ser reconducida al propio concepto central de su propuesta teórico-histórica: el concepto de internacionalización. Con respecto al mismo, se plantearán algunos interrogantes vinculados con la historización de esta categoría.

En relación con el lugar histórico de la metodología de la educación comparada, Schriewer postula que nos encontramos ahora en un estadio de transición hacia una "ciencia de la complejidad"[4]. Las etapas del desarrollo de la disciplina son presentadas en tres pasos, cuyas formas más acabadas son vinculadas con las últimas décadas de un siglo en particular. Hacia finales del siglo XVIII, se presenta la primera fase clave (*key phases*), la cual marca el origen del programa de investigación mismo, y cuya disciplina-modelo era la anatomía comparada. En analogía con la misma, la forma de saber predominante era la organización tipológica y morfológica de los fenómenos sociales. La segunda

---

3. Schriewer, Jürgen (comp.): *Discourse Formation in Comparative Education*, Fráncfort del Meno et al., Peter Lang, 2000. La expresión en inglés constituye el título de la primera parte del volumen.
4. Schriewer, Jürgen: "Comparative Methodology in Transition: Towards a Science of Complexity?", en: Íd. 2000, págs. 3-52.

fase alcanza sus formas más claras hacia finales del siglo XIX; la metodología de investigación se entendía, en esa época, en términos de la fisiología experimental y pretendía que la comparación se orientase de manera estricta a la lógica de los enunciados nomotéticos. La tercera fase, visible desde las últimas décadas del siglo XX, se orienta hacia la indagación de sistemas evolutivos complejos y hacia los métodos del análisis funcional en tanto operación de comparación, los cuales se adecuan al hecho de la temporalización y pluralización de las ciencias sociales.

El problema de la historización no solo plantea que este esquema triádico en la caracterización de la evolución de la teoría representa una forma que no nos es del todo desconocida. Desde Augusto Comte en adelante, estas figuras triádicas implican al menos suposiciones de progreso y de salvación en favor del tercer elemento. Pensando en Hegel, estamos tentados de decir que quizás se pueda ver en esta presentación una dialéctica del espíritu que se condensa en la *ciencia de la complejidad*. De todas maneras, nuestro punto de partida es simple. Nos preguntamos por qué el concepto de *internacionalización* se retira en favor de otro tipo de hipótesis: con la emergencia de una *sociedad mundial* otros fenómenos parecen volverse relevantes, los cuales son introducidos por Schriewer mismo con el concepto de *dialéctica*: la dialéctica de "las interconexiones supra-nacionales y de la diversificación intranacional" así como "el complejo entramado de las unidades socioculturales y las interdependencias globales"[5].

Para nosotros, este cambio de orientación –quizás ya anunciado en 1994 con el concepto de una *estructura de interrelaciones*– presenta la ocasión de formular interrogantes en relación con las implicaciones de la *internacionalización* como proceso y de la *internacionalidad* como hecho. Esta pregunta no problematiza el valor intrínseco de la perspectiva comparada, sino que interroga los factores participantes en la producción de variaciones en diversos contextos interpretativos[6]. En efecto, los contextos nacionales y su significación son centrales. Nos interrogamos

---

5. Íd., pág. 4.
6. Schriewer, Jürgen: *Welt-System und Interrelations-Gefüge. Die Internationalisierung der Pädagogik als Problem Vergleichender Erziehungswissenschaft*, Humboldt-Universität zu Berlín, Berlin, 1994. En este volumen se publica la traducción de este trabajo.

INTRODUCCIÓN

acerca del posible abandono de la semántica de lo nacional en la situación de una dinámica *supra-nacional* y en la época de la *globalización*, sobre todo porque esta dinámica de lo nacional constituiría un indicio a favor de la tesis de que la misma es meramente *un haz de semánticas transitorias* vinculadas a sociedades segmentarias[7]. En una época signada crecientemente por narraciones históricas de carácter postcolonial y transnacional[8], la referencia misma de la educación comparada –las naciones– podría ser cambiada por otra referencia predominante.

Con ello, la pregunta por la internacionalización es también una pregunta por la nación y la nacionalización mismas. En este sentido, aquí solo podemos mostrar esta cuestión de manera ejemplar y, siguiendo a Schriewer mismo, historizando la cuestión. La historización es una forma argumentativa originada también hacia finales del siglo XVIII [9] y que ha mantenido una importancia central tanto en los proyectos historiográficos como en el discurso político mismo[10]. Buscamos mostrar los momentos de cesura y de crítica teórica vinculados con la operación de historización, intentando así producir un momento de *desfamiliarización* o *extrañamiento*. En este caso, lo haremos con el concepto mismo de *internacionalización* tomando en cuenta la *recontextualización* producida en la génesis de la teoría en Europa y la *narrativización* concomitante con el hecho de que *nación* es el marco necesario y el origen de la categoría misma de *internacionalización*[11].

Apoyados en los logros de la historización, planteamos la siguiente tesis en relación con el concepto de internacionalización. El uso cotidiano de *internacionalización* denota primeramente un movimiento de

---

7. Luhmann, Niklas: *Die Gesellschaft der Gesellschaft*, Suhrkamp, Fráncfort del Meno, 1997, tomo 2, pág. 1055.
8. Conrad, Sebastian: "Doppelte Marginalisierung. Plädoyer für eine transnationale Perspektive auf die deutsche Geschichte", en *Geschichte und Gesellschaft*, 28, 2002, pág. 145.
9. Most, Glenn W. (comp.): *Historicization - Historisierung*, Vandenhoeck & Ruprecht, Göttingen, 2001.
10. En Alemania, el argumento a favor de la historización del nacionalsocialismo ha mostrado la importancia política de esta operación. Véase Broszat, Martin: "Plädoyer für eine Historisierung des Nationalsozialismus", en *Merkur*, 435 39(1985), págs. 373-385. Asimismo, esta significación puede verse en la famosa disputa conocida como "Historikerstreit".
11. Most, 2000, *op. cit.*, pág. VIII.

rebasamiento de fronteras. Este es el caso de la *norteamericanización* para analizar los patrones de consumo posteriores a la Segunda Guerra Mundial, planteando así que la disponibilidad y apropiación de productos norteamericanos se da más allá de los límites de su país de origen[12]. En muchos casos, esta dinámica de traspaso de las fronteras es vista solo en sus implicaciones positivas. Pero el proceso de internacionalización implica también la existencia previa de unidades políticas, culturales y sociales organizadas bajo el nombre de nación como formas discursivas, institucionales y afectivas.

En este sentido, la *internacionalización* del saber (no solo del pedagógico) y de las estructuras de lo social (no solo en el campo de la educación) representa una etiqueta que no expresa las tensiones de las relaciones entre naciones en todas sus posibilidades. Por un lado, el término *internacionalización* sugiere la existencia de eficacias mutuas y de reciprocidad; es más, supone la igualdad formal de las naciones como condición indispensable para la recepción y la transformación (no para la producción) de modelos culturales y sociales[13]. Por otro lado, esta perspectiva formal desvía la mirada de la forma históricamente particular de la nación como categoría de análisis y de construcción de lo social. Por ejemplo, ¿es lícito caracterizar a la Guerra de los Treinta Años (1618-1648) como un conflicto internacional cuando las unidades presupuestas, las naciones, aún no existían como tales, según el veredicto cuasi unánime de la investigación histórica sobre naciones y nacionalismo? El hecho de que este conflicto central en la emergencia de la modernidad europea fue denominado *guerra de religión* indica qué tipo de interrogantes perseguimos.

Por ello, centraremos nuestro análisis en la especificidad del concepto de internacionalización como herramienta central del análisis histórico en el campo de la educación comparada. Esto será planteado en tensión con el concepto de globalización, un funcional-equivalente del concepto mismo de internacionalización.

---

12. Jarausch, Karl y Siegrist, Hannes (comps.): *Amerikanisierung und Sowjetisierung in Deutschland, 1945-1970*, Nueva York y Fráncfort del Meno, Campus, 1997.
13. Tal como lo señala Schriewer, el término proviene del campo del derecho internacional, donde esta reciprocidad de unidades formalmente iguales es central. Véase Schriewer, 1994, *op. cit.*, pág. 3.

INTRODUCCIÓN

Nuestra tesis: globalización y tendencias globalizantes, como entrelazamiento creciente de regiones culturales y de intercambio de productos, tienen una historia mucho más larga que el proceso de internacionalización cuya génesis y validez, argumentamos, es de carácter sumamente específico, a pesar de la aceleración que sufrió en las últimas décadas. Vinculada íntimamente con el proceso histórico de la formación de las naciones, la internacionalización se vincula primeramente con desarrollos complejos de los últimos 250 años, representando con ello un "fenómeno evolutivo de nuevo tipo"[14], pero de carácter *transitorio*, tal como Luhmann caracterizó la nación misma. Por ello, se evitará tomar aquí la *internacionalización* como un proceso a-histórico o como punto final de un desarrollo lineal. Si la globalización representa un fenómeno universal de larga data, la internacionalización representa una etapa específica de la misma de la cual no se puede decir que estemos ante sus últimos estertores dada la nueva fuerza de los argumentos basados en lo nacional en diversos puntos del planeta.

2. El mundo pre-nacional y el orden cosmopolita del saber pedagógico

La investigación histórica en torno al proceso de internacionalización tiene como su primer desafío determinar la diferencia de las formas previas del contacto cultural frente a la forma moderna de la internacionalización. Esta tarea ha sido poco tematizada en la investigación en educación comparada, pero se pueden tomar los resultados de la larga tradición en historia de la educación para reconstruir el estilo de comunicación entre *naciones* y culturas para analizar la construcción de representaciones educativas en la fase pre-nacional de la sociedad-mundo.

Desde que la *nación* como marco implícito de importantes procesos político-culturales fue discutida por la investigación histórica, la mirada sobre diversas manifestaciones que no podían definirse con vistas únicamente hacia el interior de la nación fue más matizada y enriquecedora. Así, por ejemplo, cuando Thomas DaCosta Kaufmann estudió los estilos artísticos de la Europa Central en la modernidad temprana experimentó

---

14. Íd., pág. 4.

en carne propia la *nacionalización* de la historiografía del arte, lo cual –en su opinión– impedía una reconstrucción y análisis adecuado de los fenómenos que él estaba investigando. Rompiendo los límites impuestos por la categoría de nación, DaCosta Kaufmann definió un campo de investigación en el cual esta categoría política, central de los dos últimos siglos, se desvanece. Su propuesta fue estudiar los desarrollos artísticos de la época entre Renacimiento e Ilustración en el marco de la *Europa Central*, impugnando la existencia de un *arte alemán*, un *arte checo* o un *arte húngaro* para aquella época. Con ello, no solo se revivían los aspectos cosmopolitas propios del Sacro Imperio Romano-Germánico –que abarcaba todos los estados de lengua alemana y que recién fue disuelto bajo presión de los ejércitos de Napoleón en 1806–, sino que además la definición de este marco se correspondía con sus hallazgos acerca del estilo, definido como vinculación entre forma y contenido. Estos hallazgos marcaban que las redes artísticas, los entramados de la conexiones y los horizontes de referencia no podían ser entendidos con categorías provenientes de la era de las naciones. Al elegir *Europa Central* como foco de análisis, definió un espacio donde los puntos de contacto y los eclecticismos estilísticos podían ser reconocidos y gracias al cual nuestras representaciones de *pueblo* y *nación* podían ser puestas en cuestión[15]. En este marco, la valoración de la forma política del Sacro Imperio Romano-Germánico –la *nación alemana*– se problematiza ya que las numerosas unidades jurisdiccionales que lo componían no tenían las ambiciones ideológicas de los Estados modernos, en los cuales se forzó la construcción de identidades sociales y políticas a través de un modelo de gobierno que conectaba aparatos estatales y procesos de subjetivación[16].

---

15. DaCosta Kaufmann, Thomas: *Höfe, Klöster und Städte. Kunst und Kultur in Mitteleuropa 1450-1800*, DuMont, Colonia, 1995, págs. 13-29. Sobre las raíces tardomedievales y de la modernidad temprana de este desarrollo conceptual, véase Langewiesche, Dieter, *Nation, Nationalismus, Nationalstaat in Deutschland und Europa*, Beck, Múnich, 2000.
16. Oestreich, Gerhard: *Strukturprobleme der Frühen Neuzeit*, Duncker y Humblot, Berlín, 1980; Schulze, Winfried: "Gerhard Oestreichs Begriff 'Sozialdisziplinierung in der frühen Neuzeit'", en *Zeitschrift für Historische Forschung*, 14, 1987; Foucault, Michel: "Governmentality", en Graham Burchell, Colin Gordon y Peter Miller (comps.): *The Foucault Effect: Studies on Gobernmentality*, The University of Chicago Press, Chicago, 1991; Dean, Mitchell: *Governmentality. Power and Rule in Modern Society*, Sage, London y New Delhi, 1999.

INTRODUCCIÓN

La mera existencia del Sacro Imperio no implicaba que existiera una lengua regulada o una etnicidad específica como criterios para definir el contexto de procesos económicos, sociales y políticos.

La historización del patrón interpretativo *nacional* favorece la visibilidad de contextos supranacionales como condición de configuración de la localidad y de la región. Un análisis interesante acerca de la formación del sistema-mundo *avant la léttre* fue presentado por Janet K. Abu-Lughod. En su argumentación, la existencia de entramados comerciales y zonas de contacto cultural es central y, por ello, procede también a cartografiarlas. En este procedimiento, espacios económicos comunes, una forma de cosmopolitismo de los siglos XIII y XIV, se vuelven visibles[17]. Las rutas de las especias entre Malaca y Muscat, la ruta de la seda, la función mediadora de Bizancio entre Venecia y el entramado del Mar Rojo son espacios de contacto y circulación ejemplares para la recepción de productos que, a la vez, funcionan como espacios de referencia y de remisión para relatos, informaciones y saberes operan en forma independiente a la lógica y los límites que más tarde serían llamados *nacionales*.

Walter Mignolo retomó este tipo de consideraciones y propuso una extensión del modelo al continente americano, incorporado al naciente sistema-mundo después de 1492. En su análisis, no solo se presentan espacios propios organizados por centros políticos y multiétnicos como Cuzco y Tenochtitlán sino que además se forman nuevas redes a partir del contacto transatlántico, lo cual contribuye a la decadencia paulatina de la dominancia del Mediterráneo como zona de contacto europea por antonomasia[18]. Con ello, Mignolo presenta la historia de la globalización como la historia de la pretensión de un saber local –el occidental– y de su modelo sociopolítico de definirse como los elementos que daban significado a un diseño global.

Este proceso, en el cual una forma específica de saber y de *historia* se presenta como un modelo cultural de validez general, se ve claramente

---

17. Abu-Lughod, Janet L.: *Before European Hegemony: The World-System, A.D. 1250-1350*, Oxford University Press, Nueva York, 1989.
18. Mignolo, Walter D.: *Local Histories/Global Designs. Coloniality, Subaltern Knowledges, and Border Thinking*, Princeton University Press, Princeton, 2000, págs. 18-33; Chakrabarty, Dipesh: *Provincializing Europe. Postcolonial Thought and Historical Difference*, Princeton University Press, Princeton, 2000.

afectado por el contacto y los encuentros con formas de poder y de saber que no provenían del mundo occidental. Se trata de la historia de la experiencia colonial, la cual plantea la localidad y la especificidad del saber occidental. Mignolo presenta una periodización de esta proyección del saber local como diseño global. El cristianismo, la misión civilizatoria y, más tarde, el concepto de *desarrollo* y la figura del mercado mundial aparecen como los conceptos estructurantes y sucesivos del proceso histórico de la globalización. Mientras que la expansión europea del siglo XVI aún se organizaba bajo el concepto de *orbis universalis christianum*[19], entre los siglos XVII y XIX este impulso de carácter misional va a ser paulatinamente relevado por el impulso *civilizatorio*. La coexistencia de la misión religiosa y la civilizadora tendría una importancia central en este período. Por ello, la forma de la *conversión* como base y sentido de la misión religiosa se vuelve a encontrar en el diseño civilizatorio global, lo cual lleva a que la *razón*, como forma de saber-poder específica de la empresa civilizatoria, aparezca también bajo formas misionales. Este modelo habría sido reestructurado con la aparición de un nuevo poder: los Estados Unidos, aunque también puede incluirse el reconocimiento de Japón como civilización específica y de igual valor. En este movimiento, se descentró la presencia definitoria de Europa en su posición dominante con respecto a la producción de diseños globales. Después de la Segunda Guerra Mundial, el diseño global funcionaría con la imagen-objetivo del *desarrollo* y de la *modernización* aunque, hoy en día, bajo las condiciones de una competencia exacerbada, el eslogan del *mercado mundial* sería la instancia estructurante[20].

En el énfasis postcolonial de Mignolo, no solo se ignora la fuerza ascendente de nuevos modelos de diseño global, como las naciones occidentales y las fuerzas coloniales no occidentales, sino que además

---

19. Todorov, Tzvetan: *Die Eroberung Amerikas. Das Problem des Anderen*, Suhrkamp, Fráncfort del Meno, 1985; Bernard, Carmen, y Gruzinski, Serge: *Historia del Nuevo Mundo. Del Descubrimiento a la Conquista. La experiencia europea, 1492-1550*, Fondo de Cultura Económica, México, 1996; Mignolo, Walter D.: *The Darker Side of Renaissance: Literacy, Territoriality and Colonization*, University of Michigan Press, Ann Arbor, 1995; Edelmayer, Friedrich; Landsteiner, Erich, y Pieper, Renate (comps.): *Die Geschichte des Europäischen Welthandels und der Wirtschaftliche Globalisierungsprozess*, Verlag für Geschichte und Politik/R. Oldenbourg Verlag, Viena y Múnich, 2001.
20. Mignolo, 2000, *op. cit.*, págs. 278-281.

INTRODUCCIÓN

la internacionalización –entendida como una forma de encuentro, de intercambio (desigual) y de ejercicio del poder basada en procesos de formación de las naciones y de nacionalización de las masas– no es vista en su especificidad. La invención y la construcción de la nación como cesura en la historia de la organización política y de sus referencias culturales no ocupa ningún lugar de preponderancia en su recuento de los diseños mundiales sucesivos. Sin embargo, Mignolo ha desviado nuestra atención, y con razón, al hecho de que los desarrollos culturales pueden ser analizados desde una perspectiva más amplia, la supranacional.

Este giro es de una gran importancia para el análisis de la configuración de procesos educativos, como puede verse en un análisis sucinto de las formas de existencia y circulación del saber y los modelos pedagógicos en la modernidad temprana. En efecto, la cuestión educativa estaba estructurada bajo formas cosmopolitas y *pre-nacionales* en el mundo atlántico posmedieval. Un problema crucial de esta situación era la lengua, no solo a nivel de la formación de identidades e interpelaciones sino también como indicador de alianzas entre grupos intra o transétnicos. La *lingua franca* de la modernidad temprana, el latín, ha sido ya ampliamente descrita en su funcionamiento. El latín no fue perdiendo terreno simplemente a partir del mero avance de las lenguas nacionales. Como Marc Bloch lo señaló, el latín no solo era la lengua en la que se enseñaba –en escuelas superiores y universidades–, sino que era la única lengua enseñada sistemáticamente. Aunque el estatuto del latín como lengua cosmopolita perdió fuerza después de la Guerra de los Treinta Años y de la Paz de Westfalia, la lógica de funcionamiento de una *lingua franca* no perdió actualidad. Para la sociedad cortesana y la inteligencia burguesa, el francés se convirtió en un instrumento de distinción que marcaba la verticalidad de las diferencias con respecto a las clases bajas de los respectivos Estados y, con esto, mostraba las alianzas entre elites antes que la alianza de las elites con su *pueblo*. En vistas de estos desarrollos, Norbert Elías pudo analizar la cuestión de la diversidad de significados de los términos *cultura* y *civilización* en Francia y Alemania teniendo en cuenta la posición dominante del francés en la búsqueda de la distinción. Si a principios del siglo XVIII un miembro de las elites alemanas intentaba diferenciarse de la *plebe*, no lo hacía escribiendo una versión refinada del alemán sino que escribía directamente en francés[21]. Con ello, el aumento de las expresiones en francés no marca un proceso de nacionalización sino que refleja el simple hecho de que la estructura comunicativa de la sociedad cortesana constituía un escalón intermedio entre el monopolio de la *lingua franca* y la nacionalización profunda de la comunicación a partir de finales del siglo XVIII.

En el campo educativo, la mayoría de las instituciones pedagógicas eran configuradas por contextos que excedían los límites de los que, poco a poco, se fueron transformando en naciones. En el caso de las formas rudimentarias de educación popular, las iglesias permanecieron como sus agentes privilegiados hasta bien avanzado el siglo XIX. Aunque en el protestantismo existe un criterio territorial más fuerte para la organización eclesiástica, el Cristianismo permaneció como una fuerza expansiva y misional, con tendencia a cruzar fronteras. Lo mismo sucedía en el marco de las tendencias a la territorialización de las monarquías ante las presiones de la Iglesia Católica. Si bien las órdenes enseñantes fueron adquiriendo un carácter definido por un espacio cultural –por ejemplo, los lasalleanos en Francia y los escolapios en España[22]– los objetivos y las formas de enseñanza no eran definidos a partir del ceñido espacio cultural *francés* o *español* y, por ello, no utilizaban el marco de referencia de la nación. Tanto el canon curricular de las escuelas como los agentes educativos de esta época podrían definirse simplemente como *europeos*[23], ya que no tenían como horizonte un contexto que podría denominarse *protonacional*.

Cuando Comenio afirmaba que una educación completa debía tener como último escalón un viaje de estudios, no solo mostraba un utopismo cosmopolita, sino más bien un tradicionalismo premoderno ya que con ello recordaba que la tradición de la *peregrinatio academica* constituía una

---

21. Elias, Norbert: *Über den Prozeß der Zivilisation. Soziogenetische und psychogenetische Untersuchungen*, Fráncfort del Meno, Suhrkamp, 1997, Tomo 1, págs. 98-110.
22. Querrien, Anne: *Trabajos elementales sobre la escuela primaria*, La Piqueta, Madrid, 1980; Varala, Julia, y Álvarez Uría, Fernando: *Genealogía de la escuela*, La Piqueta, Madrid, 1995.
23. Fuhrmann, Manfred: *Der europäische Bildungskanon des bürgerlichen Zeitalters*, Fráncfort del Meno, Insel, 1999; Hammerstein, Notker (comp.): *Handbuch der deutschen Bildungsgeschichte*, Beck, Múnich, 1996.

característica central de la vida universitaria medieval. En este horizonte cultural, el latín, como lengua en la que se enseñaba, constituía el indicador primario de un canon de tradiciones de saber que no se derivaban del contexto inmediato de la localidad, de la región, de la lengua materna o de la lealtad feudal. Cuando las escuelas *secundarias* o de latín fueron separadas de las universidades durante la modernidad temprana, el canon, la lengua en la que se enseñaba y el personal docente –muy particularmente en el caso de los jesuitas– continuaron gozando de una autonomía sorprendente si se la mira desde la perspectiva de las sociedades nacionalizadas. Teniendo en cuenta el orden básicamente cosmopolita del saber y las instituciones educativas, Gregory Jusdanis nos recuerda, con razón, que la palabra latina *nationes* aparecía en contextos eminentemente cosmopolitas. Por ejemplo, se denominaban *nationes* a los grupos de estudiantes universitarios que provenían de las mismas regiones y que se apoyaban mutuamente durante sus estudios, organizándose en redes de contactos. Asimismo, en los concilios eclesiásticos, los representantes de regiones vinculadas o cercanas eran denominados como *nationes*, apelando así al lugar de nacimiento; esto ha sido demostrado para los concilios de Lyon (1274) y Contanza (1414-1418)[24]. De esta manera, la *nación*, como marco para procesos socioculturales y políticos, emerge muy tempranamente pero solo en contextos en los cuales existe una lógica cosmopolita importante, en donde se experimenta la mezcla y la intransparencia de los orígenes. La *nación* adquirirá su función tan característica de la modernidad clásica del siglo XIX en un marco de mezcla, de poca transparencia y, sobre todo, en la situación excepcional de la dinámica expansiva de un modelo de orden burgués *impuesto*.

3. Internacionalización como nacionalización: la dinámica de la alteridad y la identidad

En el marco de estas identidades colectivas *pre-nacionales* y de sus formaciones de saber concomitantes, puede plantearse una pregunta relevante para la investigación vinculada a la cuestión de cómo se llegó del

---

24. Jusdanis, Gregory: *The Necessary Nation*, Princeton University Press, Princeton, 2001, pág. 23.

INTERNACIONALIZACIÓN

patrón cosmopolita de saber e identidades a *internacionalización* como categoría central para la descripción de los procesos de rebasamiento de fronteras en la producción, difusión y recepción de saber y modelos institucionales pedagógicos.

Con el renacimiento de los nacionalismos en los Balcanes, la emergencia de un nacionalismo específico en el hinduismo o con la resistencia a la *javanización* de ese conglomerado llamado Indonesia, la figura de la *nación* fue tematizada recurrentemente bajo el aspecto de la exclusión, del racismo y de la dominación de sesgo destructivo. Estos ejemplos continúan la larga historia *negativa* de los nacionalismos, fundamentalmente de los europeos. Las tendencias a un nacionalismo agresivo que pueden verse en estos contextos constituyen quizás la cima de esta problemática redescubierta: la del nacionalismo como ideología concomitante de los procesos de constitución del Estado-Nación y de su énfasis en mecanismos de exclusión y represión basados en argumentaciones *nacionales*. Esto hace parecer a la categoría *nación* como un constructo sospechoso para gran parte de la investigación histórica de corte postcolonial y postmoderno. A pesar de estas apariciones nacionalistas amenazantes y dolorosas, una codificación dual que viera en la *nación* lo *bueno* y en el *nacionalismo*, lo *malo* no puede sostenerse históricamente[25]. Gregory Jusdanis ha presentado recientemente una visión alternativa acerca de la emergencia del nacionalismo como ideología moderna muy alejada de la condena postcolonial y postmoderna de la *nación* y del *nacionalismo*.

Jusdanis ha planteado la pregunta acerca de si el nacionalismo no constituye más bien un fenómeno defensivo vinculado a la conservación de la pluralidad cultural. El nacionalismo habría emergido en el marco de las interacciones cada vez más densas y agresivas entre diversas poblaciones hacia finales del siglo XVIII y se habría constituido como un programa ideológico de las élites que implicaba la promesa de la sobrevivencia de la propia cultura ante la entrada ininterrumpida y en eclosión de ideas, capital y personas consideradas como *extrañas*[26]. Los "Discursos a la nación alemana" de Fichte, por ejemplo, tienen lugar bajo la ocupación napoleónica de los Estados alemanes y, en ese con-

---

25. Langewiesche, 2000, *op. cit.*, págs. 39-42.
26. Jusdanis, 2001, *op. cit.*, págs. 5s.

texto, multiplican su público aceleradamente. La presentación de Jusdanis refuerza la tesis de que no solo el nacionalismo es el resultado de contactos y circulaciones cada vez más intensivas (en la actualidad se hablaría de que el nacionalismo era el vástago de una *internacionalización* a gran escala), sino que la internacionalización misma se da concomitantemente con la emergencia del nacionalismo. Así, el modelo de reforma estatal napoleónica, un modelo de alto nivel de centralismo y racionalismo, se vuelve un modelo *francés* en el momento en que cruza la frontera del Rin y se impone a otras unidades políticas como los principados renanos. En este caso, puede verse que la *nacionalización* del modelo –la reforma como *francesa* y no como *racionalista* o *ilustrada*– se lleva a cabo en un proceso de *internacionalización*[27]. Asimismo, puede observarse que justamente el marco nacional de los procesos políticos es el que hace avanzar a la globalización y solo las interacciones entre *naciones* hicieron que este proceso globalizador haya alcanzado una densidad hasta ahora nunca vista[28]. "En esencia, el nacionalismo constituye un reconocimiento de y una reacción a la copia de las instituciones de los poderes hegemónicos. Paradojalmente, esto demuestra que a pesar de su etnocentrismo superficial, el nacionalismo es un discurso global por antonomasia. Esto es así ya que al conceder la necesidad de apropiación muestra que la construcción de la nación, como la identidad, es un proceso de síntesis."[29]

Más allá de las diatribas imperialistas, Jusdanis presenta una serie de análisis de casos en los cuales el nacionalismo aparece como una fuerza progresiva de resguardo de una pluralidad. Nombra, particularmente, el proceso de independencia griega, la historia del nacionalismo en América Latina y su polémica contra las versiones del antiguo régimen bajo la forma de la herencia colonial y, más tarde, la función del nacionalismo ante las pretensiones hegemónicas de los Estados Unidos. Si bien el nacionalismo latinoamericano utiliza para ello representaciones que no están vinculadas a tareas de emancipación (tradición, etnicidad), estas representaciones no constituyen las bases del

---

27. En detalle, Nipperdey, Thomas: *Deutsche Geschichte 1800-1866. Bürgerwelt und starker Staat*, Beck, Múnich, 1994, págs. 31-101.
28. Jusdanis, 2001, *op. cit.*, pág. 10.
29. Íd., pág. 92, traducción MC.

programa de todos los nacionalismos en el sentido de que las mismas no son necesarias e inmanentes al nacionalismo[30].

Si la nación es el resultado de contactos crecientes (y desiguales), puede hablarse recién de internacionalización cuando la nacionalización de las masas y la construcción de los Estados-Nación con sus aparatos, lealtades y funciones de *providencia* se encuentran tan avanzados que una verdadera *internacionalización* es activada, la cual se diferencia de procesos cosmopolitas y de globalización anteriores sea en el campo del comercio como en el de la educación y el de la lengua[31]. Mientras que las tramas económicas fueron integrándose paulatinamente en un *sistema-mundo* y los flujos del comercio fueron expandiéndose, la internacionalización constituye, en primer lugar, un proceso moderno en el cual lo *propio* de la cultura de una nación en trance de constitución se posiciona en el centro de la reflexión pública. Por ello, Jusdanis argumenta que el nacionalismo no es otra cosa que la politización de la cultura en vista de un principio territorial[32]. Al retomar la sentencia de Ernest Renan, de que la nación se define a sí misma, Jusdanis plantea una posición en la cual las naciones son vistas como instituciones que se constituyen a sí mismas. Estos actos autorreferenciales de definición del marco político de una cultura se apoyan en conceptos preexistentes y en patrones de sentido que están a disposición en el mundo cosmopolita prenacional. En este sentido, lo específico del nacionalismo, dentro de los procesos del entramado creciente de los fenómenos sociales y culturales –esto es, de la globalización–, debe ser entendido como un principio sistemático. El nacionalismo movilizó un patrón profundo que, al mismo tiempo, contenía elementos políticos y estructuras de afecto (y, por lo tanto, identitarias) y que puede ser descrito, en primer lugar, como

---

30. Sobre la compleja cuestión del etnonacionalismo, véase Connor, Walker: *Ethnonationalism. The Quest for Understanding*, University of Princeton Press, Princeton, 1994.
31. Por ello, la adopción de la forma política del Estado-Nación en todas las unidades políticas constituye un proceso de importancia excepcional para la conformación de un marco semántico de la cultura misma. Véase Badie, Bertrand: *The Imported State. The Westernization of the Political Order*, Stanford University Press, Stanford, 2000.
32. Jusdanis, 2001, *op. cit.*, págs. 18-23.

INTRODUCCIÓN

movilización de representaciones culturales acerca de costumbres tradicionales y de hegemonías lingüísticas.

Sin duda, se encuentran antecedentes de esta movilización de lo *propio* en el mundo cosmopolita de la modernidad temprana. La constitución de lenguas *nacionales* había sido impulsada ya a través de la imprenta. El primer país con una gramática propia –España– conoció también formas muy tempranas de nacionalismo –incluyendo sus formas destructivas– bajo las condiciones particulares de la post-Reconquista[33]. La pureza de sangre, por ejemplo, se constituyó en una doctrina estatal y popular de fuertes ecos antisemitas en el marco de las luchas centenarias por el dominio de los territorios sureños de la península. España es, por lo tanto, un interesante caso para la discusión de la periodización realizada por Benedict Anderson[34]. En efecto, España constituye un caso temprano de tendencias nacionalistas –de movilización política de la cultura– que luego influyó en las colonias americanas, aunque en una perspectiva diferenciada[35].

Más allá de estos antecedentes fragmentarios del nacionalismo, tendencias muy claras de movilización de lo cultural pueden observarse recién en la segunda mitad del siglo XVIII. La posición de Rousseau en la cuestión polaca podría considerarse un indicador de que, en la periferia europea, los procesos políticos eran vistos como deformaciones de la construcción de una nación como representación deseada; la política educativa prusiana, en sus provincias polacas, comienza a denominarse *prusificación*. También el primer himno nacional, el británico, es introducido en 1740 y constituye un interesante indicador de la invención de la nación[36]. Como es sabido, la *nación* fue asociada definitivamente con expectativas emancipadoras de una integración amplia bajo condiciones igualitarias en el proceso de la Revolución

---

33. Mignolo, 1995, *op. cit.*
34. Anderson, Benedict: *Imagined Communities. Reflections on the Origin and Spread of Nationalism*, Verso, Londres, 1991.
35. Lomnitz, Claudio: "Nationalism as a Practical System: Benedict Anderson's Theory of Nationalism from the Vantage Point of Spanish America", en Miguel Angel Centeno y Fernando López-Alves (comps.): *The Other Mirror. Grand Theory through the Lens of Latin America*, Princeton University Press, Princeton y Oxford, 2001.
36. Hobsbawm, Eric: "Introduction: Inventing Traditions", en Eric Hobsbawm y Terence Ranger (comps.): *The Invention of Tradition*, Canto, Cambridge, 1992.

Francesa, constituyéndose, al mismo tiempo, en un programa *universal*. En el período de profundas transformaciones entre 1750 y 1850, puede constatarse que existieron diversas formas de movilización de lo cultural vinculadas a la forma de nación[37]. En realidad, no todos estos procesos sufrieron una estilización tan aguda como en el caso de las luchas griegas por la independencia contra el Imperio Otomano. Sin embargo, la vinculación intencional entre nación y emoción, uno de los puntos más fuertes del nacionalismo exacerbado de finales del siglo XIX[38], es practicada inequívocamente en muchos contextos europeos y extraeuropeos, aunque varíen las capacidades de conducción estatal de estos procesos y las condiciones de amenaza y expansión en las que se daban. Hacia finales del siglo XVIII, esta movilización comienza a hacerse sentir en las instituciones educativas y en los programas de formación pedagógica de la nación misma.

4. Internacionalización y globalización: referencias y ejemplos en el presente trabajo

En nuestro diagnóstico, el nacionalismo y la construcción de las naciones es un producto, entre otras cosas, del aumento de contactos. Sin querer plantear el problema vinculado a la aparición más temprana de la nación o del nacionalismo, en el paisaje europeo puede verse un refuerzo mutuo de ambos procesos. La imagen de una relación dialéctica, que también es tomada por varios autores del presente libro, aparece en este marco historizante acerca de la nacionalización y de la internacionalización. Queremos recalcar esta imagen de la dialéctica de estos procesos sin caer, por ello, en las tentaciones teleológicas y metafísicas que el concepto de dialéctica mismo implica. Ello es necesario para poder comprender los efectos recíprocos entre una virulencia creciente de las tendencias universalistas –aquí representadas en la figura

---

37. Un ejemplo en Van Horn Melton, James: *The Rise of the Public in Enlightenment Europe*, Cambridge University Press, Cambridge, 2001.
38. François, Etiénne y Siegrist, Hannes (comps.): *Nation und Emotion. Deutschland und Frankreich im Vergleich. 19. und 20. Jahrhundert*, Vandenhoeck & Ruprecht, Gottinga, 1995.

INTRODUCCIÓN

de Napoleón– y las respuestas basadas en una política de la identidad que rompía con el viejo orden del cosmopolitismo.

En su trabajo fundamental sobre el nacionalismo como producción de *comunidades imaginarias*, Benedict Anderson afirma que la universalización de la nación como concepto sociocultural necesita *per se* una perspectiva comparada que no se pierda en la narración individual de cada nación[39]. La tesis de Anderson acerca del papel de la prensa y de la multiplicación de lo escrito como un primer anclaje de afectos tendientes a lo *nacional* intenta explicar la mayor capacidad de comunicación con espacios distantes y no directamente vivenciables. Esta capacidad de comunicación de las comunidades imaginarias habría sido una fuerza decisiva para la reproducción ampliada de las formulaciones de identidad, para su fijación en el acontecer político y para el avance de las lenguas nacionales frente a los dialectos[40]. Los procesos educativos en un sentido amplio, la alfabetización y la posibilidad de participar en una comunicación basada en textos constituyen al mismo tiempo una condición y un medio de la nacionalización como modelo global.

En vinculación con esta cesura que es la organización nacional frente al antiguo orden pedagógico cosmopolita, las contribuciones al presente libro se concentran en la construcción de modelos y semánticas "nacionales" que forman parte de este proceso de *nacionalización* de lo pedagógico y en la lógica de *internacionalización* que relevará al viejo cosmopolitismo a la hora de rebasar fronteras. En este sentido, el libro sigue la propuesta de Jürgen Schriewer de reconciliar historia y teoría o, en otras palabras, procesos y conceptos. Mientras que la historia corre el peligro de perderse en lo particular, la teoría tiende a argumentar en el vacío. Una sociología histórica de la cuestión de la internacionalización se vuelve, por lo tanto, necesaria.

En un primer apartado, presentamos contribuciones fundamentales para la discusión del problema teórico y metodológico del proceso y del estudio de la internacionalización. La lección inaugural de Jürgen Schriewer en la cátedra de educación comparada de la Universidad Humboldt de Berlín abre las reflexiones, pinta un paisaje de hallazgos

---

39. Anderson, 1991, *op. cit.*, pág. 5; Bhabha, Homi K. (comp.): *Nation and Narration*, Routledge, Londres, 1990.
40. Anderson, 1991, *op. cit.*, págs. 44s.

contradictorios a primera vista y plantea un programa de investigación y reflexión sociohistórica en el interior de la educación comparada. El artículo de Francisco O. Ramírez y John W. Meyer va a profundizar en un aspecto de los hallazgos reseñados por Schriewer. Estos autores diagnostican que la escuela moderna global se impone a las especificidades culturales que estarían codificadas en las naciones, pero también en las ideologías como en el comunismo, quizás reforzando, en un nivel macrosociológico, la tesis teórico-educativa de la existencia de una gramática del mundo escolar. Por último, Florian Waldow problematiza este tipo de afirmaciones y, en sintonía con el programa de trabajo delineado por Schriewer, discute la sustancia histórica de los análisis de la escuela-mundo de Ramírez y Meyer.

En un segundo apartado, se presentan casos de configuración de políticas educativas *nacionales* en un marco global. Tanto Hartmut Kaelble, en su análisis de la convergencia de largo alcance de los sistemas educativos europeos, sin duda reforzada hoy en día por la aparición de la Unión Europea como actor supranacional, como Jason Beech, en su análisis comparado de las diversas estrategias de reforma de la formación docente en Argentina y Brasil, se centran en procesos donde el hermetismo de las políticas *nacionales* es relativizado como acciones en un contexto abarcador y supranacional, siendo este tanto de carácter *regional* (en el caso de Europa) como *global* (en el caso de las últimas reformas en América Latina). El artículo de Gita Steiner-Khamsi no solo enriquece con una serie de ejemplos diversos este tipo de análisis, sino que subraya la dinámica *interna* de las políticas educativas en un campo de tensiones supranacional marcado por la vinculación de lo *propio* con lo *ajeno*. Steiner-Khamsi ofrece una muy útil operacionalización de la teoría de la externalización esbozada por Schriewer para el campo del análisis de las políticas educativas en un medio global. De esta manera, los artículos proponen caminos diversos de análisis de la *internacionalización* como realidad determinante de las políticas educativas.

Si el espacio supranacional, hegemonizado por la forma de la *internacionalización*, da contorno a las políticas educativas, esta dinámica se verifica también en el plano del saber pedagógico, objeto de los artículos del tercer apartado. Allí, Noah Sobe analiza cómo la emergencia de la educación comparada, íntimamente vinculada con la configuración de una *ciencia de la educación* propiamente dicha, se da en el marco de prácticas cosmopolitas del saber, esto es no nacionalizadas. Ahora bien, el cosmopolitismo, según Sobe, no es una categoría opuesta a lo nacional, sino una de sus formas suplementarias posibles. De enorme interés para América Latina, es la contribución de Eugenia Roldán Vera sobre la rápida expansión regional del sistema de enseñanza mutua, esa gran promesa tecnológica de la educación de masas del temprano siglo XIX. Roldán Vera reconstruye las prácticas del saber impreso y de la conformación de comunidades de saber transatlánticas como las infraestructuras de procesos de difusión de modelos pedagógicos que no se dejan aprehender en el contexto de las historias educativas nacionales. Otra forma de definir espacios específicos, pero no nacionalizados, a la hora de analizar la dinámica supracional del saber pedagógico es presentada por el grupo de investigadores en Historia de la Educación liderado por António Nóvoa. Con la definición de un espacio de habla portuguesa, la *lusofonía*, que posibilita unas comunicaciones en detrimento de otras, proponen un marco supranacional de análisis que no deriva en la afirmación de la totalidad del *mundo* como opuesto a la *nación*, sino que se ubica en una posición intermedia. Con las anotaciones de cierre de Robert Cowen sobre la prospectiva de la educación comparada, el volumen esboza un horizonte de la apertura teórica y metodológica de los análisis por venir.

No es aquí el lugar para la presentación resumida de cada una de estas contribuciones. Sin embargo, todas ellas muestran la productividad de los estudios teóricos y empíricos inspirados por Jürgen Schriewer en el campo de la educación comparada. Si bien el camino hacia una *ciencia de la complejidad* puede ser más largo de lo esperado, los conceptos proporcionados por Schriewer en torno al tema de *internacionalización* y *globalización*, en el campo de las políticas educativas y de las semánticas pedagógicas, aparecen como una etapa ineludible.

5. Referencias bibliográficas

Abu-Lughod, Janet L.: *Before European Hegemony: The World-System, A.D. 1250-1350*, Oxford University Press, Nueva York, 1989.
Anderson, Benedict: *Imagined Communities. Reflections on the Origin and Spread of Nationalism*, Verso, Londres, 1991.

Badie, Bertrand: *The Imported State. The Westernization of the Political Order*, Stanford University Press, Stanford, 2000.
Bernard, Carmen, y Gruzinski, Serge: *Historia del Nuevo Mundo. Del Descubrimiento a la Conquista. La experiencia europea, 1492-1550*, Fondo de Cultura Económica, México, 1996.
Broszat, Martin: "Plädoyer für eine Historisierung des Nationalsozialismus", en *Merkur*, 435, 39 (1985).
Chakrabarty, Dipesh: *Provincializing Europe. Postcolonial Thought and Historical Difference*, Princeton University Press, Princeton, 2000.
Connor, Walker: *Ethnonationalism. The Quest for Understanding*, University of Princeton Press, Princeton, 1994.
Conrad, Sebastian: "Doppelte Marginalisierung. Plädoyer für eine transnationale Perspektive auf die deutsche Geschichte", en *Geschichte und Gesellschaft*, 28, 2002.
DaCosta Kaufmann, Thomas: *Höfe, Klöster und Städte. Kunst und Kultur in Mitteleuropa 1450-1800*, DuMont, Colonia, 1995.
Dean, Mitchell: *Governmentality. Power and Rule in Modern Society*, Sage, Londres y Nueva Delhi, 1999.
Edelmayer, Friedrich; Landsteiner, Erich, y Pieper, Renate (comps.): *Die Geschichte des Europäischen Welthandels und der Wirtschaftliche Globalisierungsprozess*, Verlag für Geschichte und Politik/R. Oldenbourg Verlag, Viena y Múnich, 2001.
Elias, Norbert: *Über den Prozeß der Zivilisation. Soziogenetische und psychogenetische Untersuchungen*, tomo 1, Suhrkamp, Fráncfort del Meno, 1997.
Foucault, Michel: "Governmentality", en Graham Burchell, Colin Gordon y Peter Miller (comps.): *The Foucault Effect: Studies on Gobernmentality*, The University of Chicago Press, Chicago, 1991.
François, Etiénne y Siegrist, Hannes (comps.): *Nation und Emotion. Deutschland und Frankreich im Vergleich. 19. und 20. Jahrhundert*, Vandenhoeck & Ruprecht, Gottinga, 1995.
Fuhrmann, Manfred: *Der europäische Bildungskanon des bürgerlichen Zeitalters*, Insel, Fráncfort del Meno, 1999.
Hammerstein, Notker (comp.): *Handbuch der deutschen Bildungsgeschichte*, Beck, Múnich, 1996.
Hobsbawm, Eric: "Introduction: Inventing Traditions", en Eric Hobsbawm y Terence Ranger (comps.): *The Invention of Tradition*, Canto, Cambridge, 1992.
Jarausch, Karl y Siegrist, Hannes (comps.): *Amerikanisierung und Sowjetisierung in Deutschland, 1945-1970*, Campus, Nueva York y Fráncfort del Meno, 1997.
Jusdanis, Gregory: *The Necessary Nation*, Princeton University Press, Princeton, 2001.

INTRODUCCIÓN

Langewiesche, Dieter, *Nation, Nationalismus, Nationalstaat in Deutschland und Europa*, Beck, Múnich, 2000.
Lomnitz, Claudio: "Nationalism as a Practical System: Benedict Anderson's Theory of Nationalism from the Vantage Point of Spanish America", en Miguel Ángel Centeno y Fernando López-Alves (comps.): *The Other Mirror. Grand Theory through the Lens of Latin America*, Princeton University Press, Princeton y Oxford, 2001.
Luhmann, Niklas: *Die Gesellschaft der Gesellschaft*, tomo 2, Suhrkamp, Fráncfort del Meno, 1997.
Mignolo, Walter D.: *The Darker Side of Renaissance: Literacy, Territoriality and Colonization*, University of Michigan Press, Ann Arbor, 1995.
___ *Local Histories/Global Designs. Coloniality, Subaltern Knowledges, and Border Thinking*, Princeton University Press, Princeton, 2000.
Most, Glenn W. (comp.): *Historicization – Historisierung*, Vandenhoeck y Ruprecht, Göttingen, 2001.
Nipperdey, Thomas, *Deutsche Geschichte 1800-1866. Bürgerwelt und starker Staat*, Beck, Múnich, 1994
Oestreich, Gerhard: *Strukturprobleme der Frühen Neuzeit*, Duncker y Humblot, Berlín, 1980.
Querrien, Anne: *Trabajos elementales sobre la escuela primaria*, La Piqueta, Madrid, 1980.
Schriewer, Jürgen: *Welt-System und Interrelations-Gefüge. Die Internationalisierung der Pädagogik als Problem Vergleichender Erziehungswissenschaft*, Humboldt-Universität zu Berlin, Berlín, 1994.
Schriewer, Jürgen: "Vergleich und Erklärung zwischen Kausalität und Komplexität", en Kaelble, Hartmut y Schriewer, Jürgen (comps.): *Der Gesellschaftsvergleich in den Geschichts- und Sozialwissenschaften*, Campus, Fráncfort del Meno, 1999.
Schriewer, Jürgen (comp.): *Discourse Formation in Comparative Education*, Peter Lang, Fráncfort del Meno et al., 2000.
Jürgen Schriewer: "Comparative Methodology in Transition: Towards a Science of Complexity?", en Jürgen Schriewer (comp.): *Discourse Formation in Comparative Education*, Fráncfort del Meno et al., Peter Lang, 2000.
Schriewer, Jürgen Henze, Jürgen, Wichmann, Jürgen; Knost, Peter, Barucha, Susanne; Taubert, Jörn: "Konstruktion von Internationalität. Referenzhorizonte pädagogischen Wissens im Wandel gesellschaftlicher Systeme (Spanien, Sowjetunion/Russland, China)", en Kaelble, Hartmut y Schriewer, Jürgen (comps.): *Gesellschaften im Vergleich*, Fráncfort del Meno, Peter Lang, 1998.
Schulze, Winfried: "Gerhard Oestreichs Begriff 'Sozialdisziplinierung in der frühen Neuzeit'", en *Zeitschrift für Historische Forschung*, 14, 1987.

INTERNACIONALIZACIÓN

Todorov, Tzvetan: *Die Eroberung Amerikas. Das Problem des Anderen*, Suhrkamp, Fráncfort del Meno, 1985.
Varela, Julia, y Álvarez Uría, Fernando: *Genealogía de la escuela*, La Piqueta, Madrid, 1995.
Van Horn Melton, James: *The Rise of the Public in Enlightenment Europe*, Cambridge University Press, Cambridge, 2001.

POLÍTICAS EDUCATIVAS Y FORMAS DE SABER EN LA ESCUELA MODERNA GLOBAL. PROBLEMAS TEÓRICOS Y METODOLÓGICOS

SISTEMA MUNDIAL Y REDES DE INTERRELACIÓN: LA INTERNACIONALIZACIÓN DE LA EDUCACIÓN Y EL PAPEL DE LA INVESTIGACIÓN COMPARADA

JÜRGEN SCHRIEWER
(Universidad Humboldt, Berlín)

1. Internacionalización: proceso y problema

Internacionalización se originó como un término del Derecho Internacional[1]. Se ha empleado como tal desde el siglo XIX para referirse a las limitaciones de la soberanía de un Estado sobre la totalidad o parte de su territorio nacional (como ciudades importantes, vías navegables o puertos) en favor de otros Estados o del conjunto de la comunidad internacional[2]. El término solo asumió un significado más general a partir de 1945, en conexión evidente con la fundación de las Naciones Unidas.

Internacionalización, al igual que su término gemelo más reciente *globalización*, se utiliza cada vez más para describir las tendencias hacia la intensificación de las relaciones globales de interacción e intercambio, la interconexión mundial en los campos de la comunicación social,

---

1. Este capítulo adopta una línea de razonamiento que desarrollé, por primera vez, en mi conferencia inaugural pronunciada en la Universidad Humboldt de Berlín, en diciembre de 1992. Véase Schriewer, Jürgen: *Welt-System und Interrelations-Gefüge. Die Internationalisierung der Pädagogik als Problem Vergleichender Erziehungswissenschaft* (Öffentliche Vorlesungen, Heft 34), Humboldt-Universität zu Berlin, Berlín, 1994. Traducciones posteriores han salido en español, francés, portugués e inglés.
2. Compárese, por ejemplo, la amplia entrada sobre *Internacionalización* en la *Encyclopaedia Universalis*, Thesaurus, París, 1990.

INTERNACIONALIZACIÓN

y la armonización transnacional de los modelos y las estructuras sociales[3]. Internacionalización y globalización se refieren a una realidad social que también se extiende, cada vez más, a las experiencias cotidianas de los individuos, ya sea en forma de interconexiones financieras y crisis monetarias internacionales, interdependencias ecológicas mundiales, costes sociales surgidos de un turismo de masas que se despliega por todo el mundo, presiones de las migraciones globales, o de la insospechada intensificación de la transmisión de noticias a escala mundial. Por muy familiares que estas y otras relaciones de interdependencia global puedan parecer a los observadores contemporáneos, el reciente cambio en el uso del término *internacionalización* indica que, desde la perspectiva de la macrosociología histórica, los procesos antes mencionados son, "en términos evolutivos, un fenómeno totalmente nuevo"[4].

Las tendencias hacia la internacionalización y globalización también pertenecen a ámbitos de interacción social cruciales para las sociedades modernas, como los subsistemas sociales de educación y formación, es decir, las organizaciones plenamente desarrolladas a gran escala de las escuelas y universidades, incluidos los esfuerzos de control y reflexión dirigidos hacia estos sistemas en la forma de política, planificación, investigación y teoría educativas. Así pues, no faltan precisamente los diagnósticos en los que se afirma que, al igual que en la vida económica, la interconexión internacional existente en la educación se ha hecho cada vez más fuerte como resultado del dominio contemporáneo del espacio. En consecuencia, los vínculos internacionales entre los pedagogos son actualmente tan estrechos y la actividad tan densa, que puede hablarse de un público pedagógico mundial[5].

Afirmaciones como esta ejemplifican bastante bien la creciente toma de conciencia del hecho de que la comunicación educativa se ha globa-

---

3. McGrew, Anthony G.: "Conceptualizing Global Politics", en Anthony G. McGrew, Paul G. Lewis et al. (comps.): *Global Politics. Globalization and the Nation-State*, Polity Press y Blackwell, Cambridge y Oxford, 1992.
4. Luhmann, Niklas: "Die Weltgesellschaft", en *Soziologische Aufklärung 2*, Westdeutscher Verlag, Opladen, 1975a, pág. 57.
5. Schneider, Friedrich: "Internationale Pädagogik, Auslandspädagogik, Vergleichende Erziehungswissenschaft", en *Internationale Zeitschrift für Erziehungswissenschaft*, 1, 1931/1932, pág. 22.

SISTEMA MUNDIAL Y REDES DE INTERRELACIÓN

lizado. A pesar de todo, la cita anterior no surgió en el contexto del debate reciente sino que ha sido tomada de un tratado fundamental escrito hace casi ochenta años, bajo el ambiguo título de *Internationale Pädagogik, Auslandspädagogik, Vergleichende Erziehungswissenschaft* [Pedagogía internacional, Pedagogía extranjera, Educación comparada][6]. Con este tratado, escrito a principios de la década de 1930, Friedrich Schneider trató de basar la incipiente institucionalización académica de la educación comparada en Alemania sobre un fundamento conceptual y metodológico sólido. Del mismo modo, también quiso preparar el camino para que el nuevo campo, en su desarrollo posterior como disciplina académica, asumiera una dirección intelectual que estuviera más en consonancia con una postura de universalismo supranacional antes que con la metodología de la comparación analítica entre naciones [cross-national analysis]. De acuerdo con ello, la *Internationale Zeitschrift für Erziehungswissenschaft / International Education Review / Revue Internationale de Pédagogie*, lanzada por Schneider e inaugurada con el ensayo antes mencionado, se concibió como un medio de comunicación erudita que tenía el propósito de fomentar, no tanto la investigación comparada entre naciones y sociedades, sino, como daba a entender su nombre, la internacionalización de la toma de conciencia de los problemas por parte de los pedagogos y de la formación de la teoría educativa.

La descripción de las fuerzas internacionalizadoras que Schneider ofreció a principios de la década de 1930 pudo haber surgido más a partir de un desiderátum que de un análisis racional de la situación contemporánea. En contraste, esa situación se ve confirmada, hoy en día, por numerosos y variados indicadores como, por ejemplo, el bachillerato internacional[7], la Asociación Internacional para la Evaluación del Rendimiento Académico[8], la Conferencia Internacional sobre Educación, institucionalizada en Ginebra desde hace décadas[9], la

---

6. Ídem.
7. Peterson, Alexander Duncan Campbell: *The International Baccalaureate: An Experiment in Education*, Harrap, Londres, 1972.
8. Postlethwaite, T. Neville: "Special Issue on the Second IEA Study", en *Comparative Education Review*, 31, n. 1, 1987.
9. Los estudios de los datos y materiales estadísticos, aportados por las delegaciones gubernamentales nacionales que participaron en estas conferencias, han sido publicados en números sucesivos del *International Yearbook of Education*.

INTERNACIONALIZACIÓN

Conferencia Mundial sobre Educación para Todos, celebrada en Jomtien en 1990[10], los programas educativos mundiales[11], las crisis mundiales en educación[12], los indicadores de la educación mundial[13], la conciencia pedagógica mundial[14], la Enciclopedia Mundial de la Educación[15], la Enciclopedia Internacional de la Educación[16], y programas de cooperación bilateral y multilateral, como Erasmus, Comett y Tempus, integrados ahora en el magnum Sócrates, así como Cedefop y Eurydice[17]. Todo esto solo representa una parte de la densa

---

Véanse, por ejemplo, los volúmenes sobre *Educational Structures*, preparado por Robert Cowen (vol. 34, 1982); *Educational Development Trends*, preparado por Brian Holmes (vol. 35, 1983); *Education for All*, preparado por Wolfgang Mitter (vol. 36, 1984); *Technological Occupational Challenge, Social Transformation and Educational Response*, preparado por Edmund King (vol. 37, 1985); *Primary Education on the Threshold of the Twenty-first Century*, preparado por José Luis García Garrido (vol. 38, 1986). Para desarrollos más recientes, véase el informe de Hasselt, Jutta von, y Schöfthaler, Traugott: "Die Weltkonferenz der Erziehungsminister gerät in Bewegung", en *UNESCO-Dienst*, 36, n. 1-2, 1989.

10. UNESCO: "World Conference on Education for All", en *Catalogue de Documents*, UNESCO, París, 1992.
11. Faure, Edgar, et al.: *Learning to Be. The World of Education Today and Tomorrow*, UNESCO, París, 1972 [*Aprender a ser: la educación del futuro*, Alianza, Madrid, 1983]; Psacharopoulos, George: *Critical Issues in Education. A World Agenda* (Education and Training Series Report, No. EDT 96), The World Bank, Washington, 1987.
12. Coombs, Philip H.: *The World Crisis in Education. The View from the Eighties*, Oxford University Press, Nueva York y Oxford, 1985 [*La crisis mundial de la educación. Perspectivas actuales*, Santillana, Madrid, 1985].
13. Komenan, Andre G.: *World Education Indicators* (Education and Training Series Report, No. EDT 88), The World Bank, Washington, 1987.
14. Gelpi, Ettore: *Conscience Terrienne. Recherche et Formation*, McColl Publisher, Florencia, 1992.
15. Kurian, George Thomas: *World Education Encyclopedia*, vols. 1-3, Facts on File Publications, Nueva York y Oxford, 1988.
16. Husén, Torsten, y Postlethwaite, T. Neville: *The International Encyclopedia of Education. Research and Studies*, vols. 1-10, Pergamon, Oxford, 1985 [*Enciclopedia Internacional de la Educación*, 10 vols., Vicens-Vives/MEC, Barcelona, 1989-1993].
17. En Fahle (1989) y Müller-Solger (1990) se encuentran visiones generales informativas de los programas de la Comunidad Europea sobre política educativa. Véase Fahle, Klaus: *Die Politik der Europäischen Gemeinschaft in den Bereichen Erziehung, Bildung und Wissenschaft*, Max-Traeger-Stiftung, Fráncfort del Meno, 1989; Müller-Solger, Hermann: "Bildungspolitische Zusammenarbeit der Europäischen Gemeinschaft in Europa", en *Zeitschrift für Pädagogik*, 36, 1990.

SISTEMA MUNDIAL Y REDES DE INTERRELACIÓN

red actual de comunicación y cooperación internacional en materia de educación.

Ante este telón de fondo, ha surgido un creciente número de voces favorables a asignar explícitamente a una rama especial de los estudios educativos las funciones de reflexionar, apoyar y legitimar los procesos de internacionalización, tanto de los sistemas educativos como de la teoría educativa. Esa rama es la *educación comparada* o *educación internacional*, como dicen algunos, haciendo alusión consciente a las preferencias de Schneider. Según se argumenta, es bajo la forma de esta rama de estudio que el proceso de internacionalización de la educación llega a tomar conciencia de sí mismo. Además, y según la justificación historicista que subyace en tal razonamiento, el campo de la educación comparada o internacional, como teoría que refleja este proceso, reacciona sobre él en el sentido de un mayor desarrollo de la *internacionalidad*[18].

A continuación, se rebatirá este punto de vista: resulta cuestionable, en la medida en que su línea de razonamiento básicamente no reconoce

---

18. Véase, por ejemplo, la línea de razonamiento desarrollada con amplitud en Krüger (1974), inspirada abiertamente en la filosofía de la historia, y en Anweiler (1977 y 1990), que se refiere ampliamente al anterior. Autores como Katz (1978) o Dräger (1991) han llegado a conclusiones similares, aunque desde distintos puntos de referencia. Hüfner, Meyer y Naumann (1987) aportan una descripción menos basada en un historicismo afirmativo que en la ciencia social analítica. Véase Krüger, Bernd: *Bildungswesen und Pädagogik im Prozess ihrer Internationalisierung*, Pädagogische Hochschule Westfalen-Lippe, Münster, 1974; Anweiler, Oskar: "Comparative Education and the Internationalization of Education", en *Comparative Education*, 13, 2, 1977; Anweiler, Oskar: "Die internationale Dimension der Pädagogik", en Oskar Anweiler (comp.): *Wissenschaftliches Interesse und politische Verantwortung: Dimensionen vergleichender Bildungsforschung*, Leske & Budrich, Opladen, 1990; Katz, Joseph: "Chronologie de l'Année Internationale de l'Education et du Conseil Mondial des Sociétés d'Education Comparée", en Conseil Mondial des Sociétés d'Education Comparée: *Bulletin*, 6, 1, París, 1978; Dräger, Horst: "Der interessierte Blick in die Fremde", en Martha Friedenthal-Haase (comp.): *Erwachsenenbildung im Kontext: Beiträge zur grenzüberschreitenden Konstituierung einer Disziplin*, Klinkhardt, Bad Heilbrunn, 1991; Hüfner, Klaus; Meyer, John W., y Naumann, Jens: "Comparative Education Policy Research: A World Society Perspective", en Meinolf Dierkes, Hans Weiler y Ariane Berthoin Antal (comps.): *Comparative Policy Research. Learning from Experience*, Gower, Aldershot, 1987 ["Investigación sobre política educativa comparada: Perspectiva de la sociedad mundial", en *Revista de Educación*, 297, 1992].

INTERNACIONALIZACIÓN

el antagonismo que existe entre lo *internacional* y lo *comparativo*, es decir, entre ciertas dimensiones del campo de investigación de la disciplina y un método concreto de análisis; en otras palabras, entre los procesos socioculturales y un *enfoque de investigación complejo*[19]. Como consecuencia de ello, esta posición no tiene en cuenta distinciones que Friedrich Schneider ya había planteado con una mayor perspicacia; me refiero a la distinción entre *interconexión internacional en la educación* (como hecho histórico) y *educación internacional* (como campo de actividad intelectual) y, dentro de este último, la distinción entre *observación transnacional*, realizada con el propósito de *exponer grandes problemas, ideas y corrientes en la educación mundial* [vergleichende Betrachtung], y *comparación analítica entre naciones* [cross-national analysis], utilizada como un método para *descubrir en la educación afirmaciones generales similares a leyes* [komparative Methode][20]. La postura en cuestión promueve, además, una actitud intelectual que tiende a poner más el acento en la confirmación y, al hacerlo así, en la aceptación de la creciente intensificación de las interconexiones globales implicadas en el concepto de *internacionalización*, que en la elucidación analítica de la complejidad de estas interconexiones.

Se propone un argumento contrario que no se desarrollará, sin embargo, exclusivamente en el nivel de la crítica abstracta, en este caso metodológica, sino que más bien aprovechará las posibilidades ofrecidas por el llamado cambio sociohistórico en el discurso metacientífico[21], para sustanciar empíricamente y, por tanto, objetivar argumentos metodológicos. Las consideraciones siguientes tendrán como guía, más precisamente, las tesis que Max Weber formuló en 1904 en su conocido ensayo acerca de *objetividad* en las ciencias sociales, en las cuales evocó la historicidad fundamental de las disciplinas académicas y, más en general, de la actividad científica. Durante el transcurso de la especialización y la normalización de las disciplinas, Weber sugiere que el color cambiará en algún momento, el significado de los puntos de vista adoptados acríticamente se hará incierto y el camino se desvane-

---

19. Así es como se caracteriza el método de la comparación entre culturas en König, René: *Handbuch der empirischen Sozialforschung*, 3, tomo 4: Komplexe Forschungsansätze, DTV y Enke, Múnich y Stuttgart, 1974.
20. Schneider 1931/1932, *op. cit.*, págs. 243 y 403s.
21. Pollak, Michael: "From Methodological Prescription to Socio-Historical Description", en *Fundamenta Scientiae*, 4, 1983.

cerá en el crepúsculo. La luz de los grandes problemas culturales habrá seguido su marcha. Es entonces que la ciencia debe aprestarse también a cambiar de posición y de aparato conceptual, y a mirar desde la altura de la reflexión el flujo de los acontecimientos[22].

En este mismo sentido, empezaré por confrontar, desde una perspectiva basada en la historia de la ciencia, el surgimiento original de la idea de una *ciencia comparada de la educación* con el cuestionamiento que se hace actualmente de ese programa (sección 2). A continuación, y con ese telón de fondo, examinaré con cierto detenimiento los hallazgos contrastantes de la investigación (sección 3), con el propósito de considerar finalmente la cuestión de la posible *posición* del campo a finales del siglo XX, así como también en vista de los cambios operados en los *puntos de vista, temáticas* y *aparatos conceptuales* (sección 4).

2. Fases

2.1. A finales del siglo XVIII: el perfil de un gran programa

Para empezar, describiré brevemente el contexto histórico en el que se asistió al surgimiento de la idea de establecer diferentes campos de estudio disciplinarios, dedicados a la investigación comparada sobre la sociedad, el hombre y la educación. Esto es tanto más importante cuanto que, en contra de las inveteradas interpretaciones del desarrollo del campo, centradas casi exclusivamente en los pioneros individuales, el alcance del proyecto intelectual de una ciencia comparada de la educación solo quedará claro contra el telón de fondo de las transformaciones más generales, que tuvieron lugar en la historia de la ciencia a finales del siglo XVIII.

La introducción del método comparativo en la ciencia constituyó una innovación de finales del siglo XVIII y principios del siglo XIX. Durante este período, la investigación comparada representó una especie de *non plus ultra* en cuanto a modernidad. Funcionó como un

---

22. Weber, Max.: "Die 'Objektivität' sozialwissenschaftlicher und sozialpolitischer Erkenntnis", en Max Weber: *Gesammelte Aufsätze zur Wissenschaftslehre*, Mohr, Tubinga, 1973 [1904], pág. 214 ["La 'objetividad' de la ciencia social y de la política social", en *Ensayos sobre metodología sociológica*, Amorrortu, Buenos Aires, 1982].

INTERNACIONALIZACIÓN

elemento esencial que impulsó procesos de reestructuración de largo alcance en la ciencia, descritos por la reciente historia de la ciencia como el "surgimiento del sistema moderno de disciplinas académicas"[23]. La transición de la ciencia premoderna a la moderna, que se produjo en esta reestructuración, vino acompañada por una reevaluación radical del conocimiento empírico. En este sentido, el enfoque comparativo pasó a considerarse como un medio apto no solo para generar, sino también para analizar los datos empíricos.

Dentro de este contexto histórico, el proyecto de establecer campos académicos dedicados al estudio comparado del lenguaje, el Derecho, la religión, las constituciones políticas y, en último término, también de la Educación, constituye uno de los ejemplos más tempranos y destacados de la transferencia de un enfoque metodológico eficaz, tomado de las ciencias naturales, y particularmente de las ciencias biológicas, para aplicarlo a las ciencias humanas y sociales. Del mismo modo que lo hicieron, primero, Georges de Cuvier (1800-1805), de manera memorable para la anatomía comparada, y poco después, Anselm von Feuerbach (1810), para el estudio del derecho y Franz Bopp para la lingüística[24], Marc-Ántoine Jullien de Paris (1817) trazó, para el campo de la Educación, hace ya más de 190 años, el programa para transformar, mediante la investigación empírica y el análisis comparado, cantidades de conocimiento heterogéneas y no confirmadas en una disciplina específica y crecientemente autónoma. Las *ideas clave* (por emplear el término de Max Weber) que subyacían en este lanzamiento de la educación comparada perseguían, pues, nada menos que la reformulación positivista de las doctrinas educativas, hasta entonces meramente especulativas, y el desarrollo de una teoría educativa sobre la base de una investigación realizada de manera metódica.

La misma originalidad de su texto de 1817, el más antiguo en lengua francesa en el que se emplea el término *science de l'éducation*, procede precisamente del hecho de que constituyó no solo un manifiesto

---

23. Stichweh, Rudolf: *Zur Entstehung des modernen Systems wissenschaftlicher Disziplinen. Physik in Deutschland, 1740-1890*, Suhrkamp, Fráncfort del Meno, 1984.
24. Lefmann, Salomon: *Franz Bopp, sein Leben und seine Wissenschaft* (2a parte), Georg Reimer, Berlín, 1895, págs. 115-118.

SISTEMA MUNDIAL Y REDES DE INTERRELACIÓN

en favor de establecer la educación comparada, sino también un programa para el desarrollo de una ciencia de la Educación como tal.

En último término, fue en este mismo contexto histórico donde se empezaron a considerar los posteriores problemas teóricos y metodológicos asociados con la transferencia de un enfoque de investigación eficaz, desde las ciencias biológicas a las ciencias sociales y las humanidades. De hecho, esta clase de consideraciones no aparecieron en los escritos de Jullien –una figura representativa de la Ilustración francesa tardía que, después de recibir una formación en zoología comparada, se comprometió principalmente con la reforma política y social–; pero sí se les prestó atención en las reflexiones de un erudito de la lingüística comparada, que se había formado en la filosofía y que dedicó toda su vida al estudio de las humanidades, aparte de ocupar un alto puesto en la administración pública y en la diplomacia. Me refiero a Wilhelm von Humboldt y al *Plan einer vergleichenden Anthropologie* [Perfil de una antropología comparada], que publicó en 1795. En ese tratado, Humboldt analizó el tema metodológico de cómo mediar sistemáticamente entre los *objetos históricos* (que son el *material empírico* preexistente de la antropología) y ese *tratamiento teórico* de los objetos destinado a captar las relaciones explicativas y a determinar el conocimiento causal. Humboldt consideró además el problema teórico adicional (la *peculiaridad*, como él lo llamó) que encontraban las ciencias sociales comparadas, debido precisamente al hecho de que su ámbito intelectual se extendía mucho más allá del mundo material de la anatomía. Este problema surge de la diferencia, fundamental para el campo de investigación de toda la ciencia social, entre las supuestas *leyes* de la naturaleza humana y la *libertad indispensable* del hombre, entre las regularidades enraizadas en el género humano y en los sistemas sociales como tales, y –en la expresión del propio Humboldt– la *energía espontánea* del hombre[25]. En cierto modo, Humboldt se anticipó a los debates teóricos contemporáneos relacionados con los contrastes entre las relaciones generales de causa y efecto, y la historicidad fundamental del hombre, abierta a futuros desconocidos o, en términos aún más modernos, entre causalidad y autorreferencia.

---

25. Humboldt, Wilhelm von: "Plan einer vergleichenden Anthropologie" [1795], en Andreas Flitner (comp.): *W. von Humboldt – Schriften zur Anthropologie und Bildungslehre*, Küpper, Düsseldorf y Múnich, 1964, págs. 36 y 42ss.

INTERNACIONALIZACIÓN

Al destacar estas dos clases de problemas, Humboldt señaló, al mismo tiempo, las líneas de referencia para los continuos debates metodológicos que han acompañado, hasta el presente, el desarrollo de la educación comparada como campo académico. No es este el lugar adecuado para revisar estos debates en profundidad; baste con indicar que, incluso bajo las condiciones de institucionalización académica, la subdisciplina comparada de la Educación permaneció enmarañada en una red de expectativas en conflicto, asignaciones funcionales contrapuestas y opciones metodológicas difíciles de reconciliar entre sí[26]. Las controversias resultantes surgen, por ejemplo, de la diferencia entre las ideas ampliamente sostenidas de Educación Internacional y el programa clásico para la educación comparada. Surgen, también, de las expectativas en conflicto entre una función de asesoramiento político, de cuño reformista, y una cientifización orientada hacia la teoría. Se encienden repetidamente en lo relativo a la discrepancia que existe entre la extendida práctica de sintetizar las tendencias del desarrollo internacional, con el objetivo de procurar orientación a la acción política y educativa, y las exigencias del método comparativo fundado en criterios lógico-científicos. En último término, tales controversias resultan de los modos contrapuestos –y que constituyen, en cierta forma, el objeto de conocimiento– de percibir al otro: del contraste existente entre, por un lado, la reducción al mínimo de las diferencias socioculturales que persigue la intención de facilitar la comunicación pragmática y, por otro lado, la explotación minuciosa y total de esas mismas diferencias para los propósitos del análisis de la ciencia social[27].

---

26. Schriewer, Jürgen: "'Erziehung' und 'Kultur'. Zur Theorie und Methodik Vergleichender Erziehungswissenschaft", en Wilhelm Brinkmann y Karl Renner (comps.): *Die Pädagogik und ihre Bereiche*, Schöningh, Paderborn, 1982; Epstein, Erwin H.: "Currents Left and Right: Ideology in Comparative Education", en *Comparative Education Review*, 27, 1983 ["La izquierda y la derecha. La ideología en la educación comparada", en Phillip G. Altbach y Gail P. Kelly (comps.): *Nuevos enfoques en educación comparada*, Mondadori, Madrid, 1990].
27. Schriewer, Jürgen: "The Method of Comparison and the Need for Externalization: Methodological Criteria and Sociological Concepts", en Jürgen Schriewer y Brian Holmes (comps.): *Theories and Methods in Comparative Education*, Lang, Fráncfort del Meno, 1990a ["El método comparativo y la necesidad de externalización: Criterios metodológicos y conceptos sociológicos", en Jürgen Schriewer y Francesc Pedró (comps.): *Manual de educación comparada*, vol. 2: Teorías, Investigaciones, Perspectivas, Promociones y Publicaciones Universitarias, Barcelona, 1993].

2.2. A finales del siglo XX: el mundo como unidad de análisis

Lo radicalmente nuevo, en la situación actual, es que ya no se plantean solo exigencias para producir versiones mejoradas de la forma metodológica de la educación comparada, sino que más bien se cuestionan las suposiciones teóricas y metodológicas fundamentales del campo como tal.

La investigación y los progresos teóricos recientes apuntan a la disolución del objeto de conocimiento de la educación comparada, un objeto que había permanecido incuestionable durante mucho tiempo: un mundo concebido como una multitud de sociedades regionales o nacionales separadas, las que, como entidades autónomas, como configuraciones históricamente características, constituyen diferentes entornos los unos para los otros. La consecuencia inmediata de esta eliminación epistémica del objeto de investigación es que también se ve privado de significado el procedimiento metodológico que lo define (es decir, la comparación aplicada a una multiplicidad de unidades de análisis independientes). La comparación se ve sustituida por reconstrucciones históricas de amplios procesos de difusión cultural o por análisis globales de interdependencia transnacional[28]. Finalmente, en tales conclusiones se entrelazan dos ramales diferentes de razonamiento teórico: el de una crítica retrospectiva del desarrollo teórico y el de los modelos de *sistema mundial* configurados de manera prospectiva.

La clase de críticas teóricas a las que me refiero han sido presentadas, entre otros, por Friedrich H. Tenbruck (1981). El núcleo de su tesis se halla contenido en su estudio *Emile Durkheim oder die Geburt der Gesellschaft aus dem Geist der Soziologie* [Emile Durkheim o El nacimiento de la sociedad desde el espíritu de la sociología][29]. Según Tenbruck, si

---

28. McMichael, Philip: "Incorporating Comparison within a World-Historical Perspective: An Alternative Comparative Method", en *American Sociological Review*, 55, 1990 ["Repensar el análisis comparado en un contexto postdesarrollista", en *Revista Internacional de Ciencias Sociales*, 133, 1992]; Wallerstein, Immanuel: *Unthinking Social Science. The Limits of Nineteenth-Century Paradigms*, Polity Press, Cambridge, 1991.
29. Tenbruck, Friedrich H.: "Emile Durkheim oder die Geburt der Gesellschaft aus dem Geist der Soziologie", en *Zeitschrift für Soziologie*, 10, 1981.

desde la disolución de las estructuras sociales estamentales de principios de la Europa moderna puede concebirse la formación de redes de comunicación específicamente sociológicas, como respuesta intelectual a la realidad social radicalmente nueva que surgió a finales del siglo XVIII y principios del siglo XIX, entonces la concepción de una *sociedad* que este discurso sociológico iba a favorecer posteriormente (es decir, el concepto abstracto de una multiplicidad de sociedades mutuamente independientes, cuasi-autárquicas y por lo tanto comparables) se halla vinculada en varios aspectos al contexto específico del siglo XIX, por lo que su validez teórica resulta cuestionable. Tenbruck prosigue argumentando que este concepto de sociedad no solo tenía la impronta de las exigencias teóricas de una disciplina configurada sobre los modelos de la ciencia natural, sino que también asumió como inmutable un cierto *estado contemporáneo de las cosas* puramente transitorio, "es decir, la imagen que las naciones del siglo XIX tenían de sí mismas acerca de su individualidad cultural y su autonomía política, de acuerdo con la cual (...) la identidad del pueblo, la cultura, la nación y el Estado eran una lección evidente de la historia"[30]. Pero Tenbruck agrega que, de hecho, un concepto de sociedad de tales pretensiones debería haber quedado desmentido empíricamente hace tiempo por los fenómenos de internacionalización y por los procesos a gran escala de la difusión transcultural.

Lo que hace que estas tesis sean particularmente pronunciadas en su antagonismo hacia el enfoque comparativo es, más allá de su nuevo análisis de la historia social e intelectual, el hecho de que Tenbruck las desarrollara por medio de una intensa discusión de las obras de Emile Durkheim. Al repudiar a Durkheim, rechaza justamente al teórico de la ciencia social comparada que, más que ningún otro, fue el responsable de transformar, a finales del siglo XIX, el *grand programme* de finales del siglo XVIII en una metodología científica rigurosa. Al hacerlo, Durkheim también demostró que el método comparativo había de convertirse en el sustituto –peculiarmente adecuado para las ciencias sociales– de los experimentos macrosociales, estableciendo de ese modo los fundamentos para una tradición de la investigación de la ciencia social comparada que ha seguido teniendo una importancia crucial hasta el presente. Baste con recordar el conocido pasaje de la obra de Durkheim *Reglas del método so-*

---

30. Íd., pág. 348.

SISTEMA MUNDIAL Y REDES DE INTERRELACIÓN

ciológico (publicada en 1895), en el que, tomando una idea concebida por primera vez durante el período de la reestructuración de largo alcance de la ciencia, efectuada un siglo antes, reitera la conexión entre la investigación comparada y la formación de las disciplinas científicas: "La sociología comparada no es simplemente una rama particular de la sociología; es más bien idéntica a la propia sociología en la medida en que deja de ser puramente descriptiva y aspira a explicar los hechos"[31].

Mientras que, en estas reconstrucciones críticas, el proyecto de las ciencias sociales comparadas quedaba relativizado históricamente en las asunciones teóricas respecto de su objeto de investigación, en el marco de los nuevos análisis del *sistema mundial*, este se ve superado en términos, por así decirlo, teórico-evolutivos. Del mismo modo que la Sociología clásica se vio a sí misma como una respuesta a la realidad social alterada del siglo XIX, los modelos del *sistema mundial* afirman, por su parte, que las macroestructuras sociales de finales del siglo XX solo pueden comprenderse adecuadamente teniendo en cuenta el contexto global de las relaciones de interdependencia a nivel mundial, que se han intensificado en forma novedosa[32]. Esta afirmación también se extiende al análisis de campos particularizados, como los sistemas educativos nacionales. Según se argumenta, sus estructuras, potenciales de desarrollo y funciones sociales solo pueden explicarse plenamente si se tienen en cuenta sistemáticamente sus posiciones respectivas dentro de una estructura a nivel mundial:

> *Los análisis de la educación dentro del contexto de sistemas nacionales cerrados no consiguen captar la posición de un país dentro del sistema internacional. Es esta situación la que condiciona los efectos de los factores económicos, políticos y socioculturales intranacionales sobre el progreso o el subdesarrollo educativo (...) Esta perspectiva global intensifica nuestra comprensión de los orígenes, la evolución y las implicaciones de las prácticas educativas, combinando los niveles de análisis micro y macro, y vinculando los incidentes provinciales con los acontecimientos nacionales e internacionales.*[33]

---

31. Durkheim, Émile: *Les règles de la méthode sociologique*, PUF, París, 1986, pág. 137 [*Las reglas del método sociológico*, Morata, Madrid, 1974].
32. So, Alvin Y.: *Social Change and Development. Modernization, Dependency, and World-System Theories*, Sage Publications, Londres, 1990, págs. 169ss.
33. Arnove, Robert: "Comparative Education and World-Systems Analysis", en *Comparative Education Review*, 24, 1, 1980, págs. 50 y 54.

INTERNACIONALIZACIÓN

Por el momento, la formación de la teoría en relación con los parámetros decisivos para la construcción de modelos de *sistema mundial* se encuentra en un estado incompleto[34].

La obra dominante, en este ámbito, ha adquirido forma como resultado de la reanudación de las investigaciones de Braudel sobre la Historia Económica (es decir, análisis ampliamente concebidos de procesos a largo plazo sobre redes a gran escala de relaciones de intercambio transcontinental), a la luz de la economía política del Capitalismo y de la Teoría de la Dependencia[35]. Otros modelos, que utilizan argumentos no tan economicistas, sino más bien basados en la teoría de la modernización y de la sociología cultural, han sido desarrollados por un grupo de investigación dirigido por John W. Meyer y Francisco Ramírez en Stanford, y se centran en la universalización de las pautas de organización sociocultural y especialmente del Estado-Nación[36]. Otras conceptualizaciones, basadas en la teoría de la diferenciación social, intentan explicar el surgimiento de una *sociedad mundial* en términos de la dinámica intrínseca de subsistemas funcionalmente específicos de la sociedad (particularmente de la Economía y de la investigación científica), que tienden hacia una intensificación de sus vínculos de comunicación especial dejando de lado las fronteras de los sistemas políticos organizados territorialmente[37].

---

34. Bornschier, Volker, y Lengyel, Peter: *World Society Studies*, vol. 1, Campus, Fráncfort del Meno y Nueva York, 1990, págs. 3-15.
35. Braudel, Fernand: *Civilisation matérielle, économie et capitalisme, XVe - XVIIIe siècles*, 3 vols., A. Colin, París, 1979 [*Civilización material, economía y capitalismo, siglos xv-xviii*, 3 vols., Alianza, Madrid, 1984]; Wallerstein, Immanuel: *The Modern World System: Capitalist Agriculture and the Origins of the European World Economy in the Sixteenth Century*, Academic Press, Nueva York, 1976 [*El moderno sistema mundial*, Siglo xxi, México, 1989]; Wallerstein 1991, *op. cit.*
36. Meyer, John W., y Hannan, Michael T.: *National Development and the World System: Educational, Economic, and Political Change, 1950-1970*, Chicago University Press, Chicago, 1979; Boli, John; Ramírez, Francisco O., y Meyer, John W.: "Explaining the Origins and Expansion of Mass Education", en Philip G. Altbach y Gail P. Kelly (comps.): *New Approaches to Comparative Education*, The University of Chicago Press, Chicago y Londres, 1986 ["Explicación de los orígenes y el desarrollo de la educación de masas", en Philip G. Altbach y Gail P. Kelly (comps.): *Nuevos enfoques en educación comparada*, Mondadori, Madrid, 1990].
37. Luhmann 1975a, *op. cit.*; "The World Society as a Social System", en *International Journal of General Systems*, 8, 3, 1982a.

SISTEMA MUNDIAL Y REDES DE INTERRELACIÓN

A continuación, se caracterizará la idea básica del sistema mundial como paradigma, con referencia a una versión teórica cuyos orígenes se remontan a la tradición de Wallerstein y que encuentra su fundamento en la Historia Económica. El texto seleccionado, escrito por Albert Bergesen, ejemplifica de manera concisa la dimensión histórico-científica de la sustitución de las perspectivas predominantes en la investigación social y educativa internacional por el paradigma del sistema mundial[38].

En su texto, Bergesen recapitula los cambios de paradigma fundamentales que han alcanzado, sucesivamente, aceptación en la historia de la teoría social desde el siglo XVIII. Al mismo tiempo, demuestra que cada uno de esos cambios en la teoría se ha correspondido con una inversión en el modelo básico del orden social. Así, traza paralelismos entre, por un lado, la transición desde (i) los modelos interaccionistas basados en el individuo, característicos del utilitarismo de finales del siglo XVIII, hacia (ii) los conceptos holísticos de orden característicos de los sistemas sociológicos desarrollados a finales del siglo XIX y, por el otro lado, la revolución que se está produciendo en la teoría a finales del siglo XX. Bergesen afirma que (iii) las formas anteriores del paradigma del sistema mundial que se habían desarrollado a partir de la década de 1950, en el marco de la Teoría de la Dependencia, todavía concebían la desproporcionada división mundial del trabajo como el resultado gradual de las interacciones, las relaciones de intercambio y los procesos económicos entre los Estados centrales y las zonas periféricas, es decir, entre un pequeño número de naciones industriales altamente desarrolladas y un gran número de países dependientes más o menos desarrollados. No obstante, según Bergesen, ha llegado el momento de proceder a otro cambio radical en la conceptualización del orden global y concebir el sistema mundial como (iv) una realidad emergente *sui generis*, como una *realidad colectiva exógena de naciones*:

"La revolución final del paradigma se producirá cuando invitamos el enfoque teórico conceptualizando *un todo a partir de sus partes*

---

38. Bergesen, Albert: "Preface" y "From Utilitarianism to Globology: The Shift from the Individual to the World as a Whole as the Primordial Unit of Analysis", en Albert Bergesen (comp.): *Studies of the Modern World System*, Academic Press, Nueva York, 1980.

que encontramos en la perspectiva del sistema mundial, y nos dirijamos hacia un paradigma que se caracterice por ir *del todo hacia las partes*, suponiendo consecuentemente relaciones sociales mundiales de producción apriorísticas, que determinen a su vez las relaciones comerciales y de intercambio entre el núcleo y la periferia. (...) [En consecuencia, el sistema mundial] tiene sus propias leyes de movimiento que determinan a su vez las realidades sociales, políticas y económicas de las sociedades nacionales que abarca"[39].

"La sociología, la ciencia de la sociedad, ha de verse sustituida por tanto por la globología, la ciencia de *la realidad colectiva del orden mundial*"[40].

¿Significa esto que *la luz de los temas centrales de la civilización* haya seguido irrevocablemente su marcha, por recordar de nuevo a Max Weber? En otras palabras, el derecho a representar la modernidad científica que reclamaban legítimamente las ciencias sociales y humanas comparadas a principios del siglo XIX, ¿ha dado paso, a finales del siglo XX, al análisis de un sistema mundial único visto como una red global de interrelaciones e interdependencias que se han intensificado en formas desconocidas hasta ahora?

3. Hallazgos

3.1. El surgimiento del sistema educativo mundial

La sustanciación empírica de los argumentos metacientíficos significa, de modo complementario a su historización, no resolver tales temas de manera ad hoc o según conjeturas especulativas, sino desplazándose a través del cuerpo de investigación y considerando cuidadosamente los hallazgos y problemas que se revelan en el proceso. Esos descubrimientos son inesperadamente ricos en contrastes. Primero, enumeraré brevemente los principales resultados de la investigación que se han producido dentro de la estructura del paradigma del sistema mundial y que han contribuido, a su vez, a elaborar modelos de sistema mundial

---

39. Íd., págs. xiii y 10.
40. Íd., pág. 8.

en el ámbito de la investigación educativa internacional. Estos resultados indican procesos asombrosos de alineamiento global que han tenido lugar a niveles diferentes y en dimensiones diferentes de la Educación.

a) Para empezar, durante las últimas cuatro décadas, se ha asistido a una expansión educativa uniforme a nivel mundial que ha abarcado todos los niveles del sistema educativo: primario, secundario y terciario[41]. Esta expansión ha sido tan masiva y uniforme, que ya no se la puede explicar plausiblemente en términos de las variadas condiciones contextuales, exigencias sociales o tendencias económicas prevalecientes en escenarios nacionales bastante diferentes:

> *Los análisis estadísticos globales de la expansión educativa, la incorporación de las mujeres, la especificación constitucional de los derechos y deberes educativos, etcétera, revelan que las variadas características nacionales tuvieron poco o ningún efecto sobre estas variables dependientes durante el período de la posguerra. En consecuencia, las numerosas y muy debatidas teorías que intentan explicar estos procesos cuentan con muy poco respaldo. En su lugar, ofrecemos un punto de vista según el cual la educación se ha convertido en un elemento importante del sistema social transnacional*[42].
>
> *Comparada con el crecimiento educativo en general, la tendencia hacia la expansión ha sido aún más marcada en el caso de las universidades. El aumento mundial experimentado en la matriculación universitaria se ha convertido en la tendencia del desarrollo internacional individual más importante de la posguerra, con independencia de los sistemas políticos, de los niveles de desarrollo económico o de las prioridades de la política pública divergentes en cada uno de los países*[43].

---

41. Komenan 1987: *op. cit.*; Kurian, George Thomas: *World Education Encyclopedia*, vols. 1-3, Facts on File Publications, Nueva York y Oxford, 1988.
42. Ramírez, Francisco O., y Boli-Bennett, John: "Global Patterns of Educational Institutionalization", en Philipp G. Altbach, Robert Arnove y Gail P. Kelly (comps.): *Comparative Education*, Macmillan, Nueva York y Londres, 1982, págs. 32-33.
43. Altbach, Philipp G.: "Patterns in Higher Education Development", en *Prospects* XXI, n. 2, 1991c, pág. 193; Ramírez, Francisco O., y Riddle, Phyllis: "The Expansion of Higher Education", en Philipp G. Altbach (comp.): *International Higher Education. An Encyclopedia*, vol. 1, Garland, Nueva York y Londres, 1991.

INTERNACIONALIZACIÓN

b) Esta expansión se ha producido al mismo tiempo que la aceptación global de un modelo de escolarización institucionalizada, ampliamente estandarizado, entendido como modelo para la orientación y evaluación de las políticas educativas a nivel mundial. El modelo estandarizado es una combinación de rasgos estructurales característicos del sistema educativo moderno, cuyo progreso europeo, en el siglo XIX, se ha descrito con detalle en la reciente investigación histórica comparada como un *proceso de formación de sistemas* o *sistematización*[44]. Muchos consideran la difusión mundial de tales rasgos estructurales como el indicador más sobresaliente de los procesos de globalización cultural[45]. Entre estos rasgos se cuentan:

i) Una estructura administrativa general habitualmente fundada, controlada y financiada por el Estado.
ii) Un sistema escolar internamente diferenciado según niveles sucesivos, diversos planes de estudio y sus exámenes correspondientes al final de la escolarización.
iii) La organización de los procesos de enseñanza y aprendizaje en el aula según grupos de edad característicos y unidades de tiempo uniformes.
iv) La regulación gubernamental o pública de tales procesos de enseñanza y aprendizaje, a través de exigencias más o menos detalladas en forma de planes de estudio, directrices y planes de examen.
v) La configuración de papeles característicos para maestros y alumnos y, hasta cierto punto, la profesionalización de los maestros y los métodos de enseñanza.

---

44. Müller, Detlef K.; Ringer, Fritz K., y Simon, Brian: *The Rise of the Modern Educational System*, Cambridge University Press, Cambridge, 1987 [*El desarrollo del sistema educativo moderno. Cambio estructural y reproducción social, 1870-1920*, Ministerio de Trabajo y Seguridad Social, Madrid, 1992].
45. Boli, John, y Ramírez, Francisco O.: "Compulsory Schooling in the Western Cultural Context", en Robert Arnove, Philip G. Altbach y Gail P. Kelly (comps.): *Emergent Issues in Education. Comparative Perspectives*, State University of New York Press, Albany, 1992; Ramírez, Francisco O., y Boli-Bennett, John: "The Political Construction of Mass Schooling: European Origins and Worldwide Institutionalization", en *Sociology of Education*, 60, 1987.

SISTEMA MUNDIAL Y REDES DE INTERRELACIÓN

vi) Finalmente, el uso de certificados, diplomas y credenciales para vincular las carreras escolares con las carreras laborales, y conectar la selección en las escuelas con la estratificación social.

c) Además, ha surgido un "relato del desarrollo cultural y de la ideología educativa a nivel mundial"[46] que acompaña, apoya y refuerza los procesos de expansión y globalización antes mencionados. Dentro de esa estructura, la escolarización institucionalizada se considera como un componente integral y un instrumento indispensable de los procesos de modernización de la sociedad. Las ideas programáticas que subyacen al mismo se hallan enraizadas en algunos principios directores que han determinado desde el siglo XIX la autointerpretación de la Modernidad europea, a saber: (i) el desarrollo individual de la personalidad, la ciudadanía y la competencia participativa; (ii) la igualación de las oportunidades sociales y políticas; (iii) el desarrollo económico, y (iv) el orden político garantizado por el Estado-Nación. Estas ideas se ven reflejadas, a su vez, con una estandarización global y un aumento de la intensidad a lo largo del tiempo, en los objetivos educativos y en los mandatos generales relativos a la infancia, la familia y la educación, que se encuentran en las constituciones de un número rápidamente creciente de países en todos los continentes.

d) Finalmente, la diseminación de esta semántica de la modernización, así como de su correspondiente modelo de "la escuela moderna"[47], no habría sido posible sin la infraestructura social e institucional aportada por una comunicación internacional y un sistema de publicaciones en el ámbito de las ciencias sociales y de la educación[48].

---

46. Fiala, Robert, y Lanford, Audri G.: "Educational Ideology and the World Educational Revolution, 1950-1970", en *Comparative Education Review*, 31, n. 3, 1987.
47. Adick, Christel: *Die Universalisierung der modernen Schule*, Schöningh, Paderborn, 1992a.
48. Altbach, Philip G.: *The Knowledge Context: Comparative Perspectives on the Distribution of Knowledge*, State University of New York Press, Albany, 1987; "Textbooks: The International Dimension", en Michael W. Apple y Linda Christian-Smith (comps.): *The Politics of the Textbook*, Routledge, Nueva York, 1991a; "Third World Publishers and the International Knowledge System", en Logos, núms. 2-3, Brill, Leiden y Boston, 1991b; "International Knowledge Networks", en Torsten Husén y T. Neville Postlethwaite (comps.): *The International Encyclopedia of Education*, vol. 5, Pergamon-Elsevier, Oxford, 1994.

INTERNACIONALIZACIÓN

En este ámbito se cuenta, por un lado, la amplia gama de organizaciones internacionales comprometidas con el desarrollo y puesta en práctica de políticas en el campo de la Educación y la cultura, como lo son el Banco Mundial, la Unesco, la Oficina Internacional de Educación, el Instituto Internacional para la Planificación Educativa y la OCDE. Las organizaciones internacionales a gran escala, como las antes citadas, no solo ofrecen definiciones institucionalmente aseguradas acerca del papel que desempeña un inmenso establishment educativo internacional que, en parte, se ve a sí mismo como decididamente supranacional[49], sino que también le aportan a este último servicios de publicación bien financiados y, con ello, extraordinarias oportunidades para la distribución internacional y el ejercicio de una influencia global. El sistema de comunicación científica, además, se ha hecho fuertemente jerarquizado entre los países centrales, por un lado, lo que actualmente es casi sinónimo del mundo académico anglosajón, y las zonas periféricas por el otro. Un puñado de naciones industrializadas ricas de América del Norte, Europa y Japón, y una serie de grandes editoriales multinacionales como Macmillan, Pergamon, Harper & Row, Prentice Hall, Elsevier, Hachette o Bertelsmann constituyen, por utilizar la gráfica frase de Philip Altbach, "una especie de OPEP del conocimiento"[50]. Con su potencial de investigación y su personal académico, y a través de revistas especializadas y libros de texto, las naciones ricas y las editoriales multinacionales controlan, respectivamente, la producción, legitimación y distribución por todo el mundo de aquello que consideran como conocimiento científico relevante. De hecho, los estudios sobre ciertos subcampos de la investigación educativa han producido pruebas suficientes que demuestran cómo incluso las conceptualizaciones de problemas y las estructuras teóricas, los programas de clasificación y las categorías estadísticas, las valoraciones de calidad y los niveles de evaluación normativa que aplican actualmente las organizaciones internacionales y los círculos académicos angloamericanos ejercen una fuerte presión sobre los investigadores de todo el mundo para que adapten su trabajo a esos criterios, y esa presión tiene además tanto más éxito cuanto que ni siquiera se la percibe como tal[51].

---

49. Hoggart, Richard: *An Idea and its Servants: Unesco from Within*, Chatto & Windus, Londres, 1978.
50. Altbach, 1991b, *op. cit.*, pág. 122.
51. Hüfner, Meyer y Naumann, 1987, *op. cit.*

SISTEMA MUNDIAL Y REDES DE INTERRELACIÓN

Baste mencionar un único ejemplo ilustrativo de esta triple alianza entre el sistema jerarquizado de la ciencia, la infraestructura editorial internacional y la difusión global de una ideología educativa y de desarrollo concreta. Una abrumadora mayoría de los autores de la *Enciclopedia Internacional de la Educación*, en diez volúmenes[52], provienen de la investigación educativa angloamericana. De los 1.175 autores que han intervenido en la enciclopedia, casi la mitad (N=564) proceden de Estados Unidos, y aproximadamente tres cuartas partes (N=855) pertenecen al grupo de los países industriales de habla inglesa, tomados en conjunto. Si a estas cifras se añaden los autores de países como India, Sudáfrica o Suecia (que cada vez utiliza más el inglés como idioma aceptado para la comunicación académica), la proporción de autores de habla inglesa se acerca al 80 por ciento. Uno de los directores de la publicación intentó justificar posteriormente este predominio angloamericano aludiendo al puro peso de la capacidad investigadora estadounidense. Según sus afirmaciones, durante el período de planificación de la enciclopedia, casi la mitad de la literatura mundial de investigación en educación se produjo en Estados Unidos; además, en el mismo período trabajaron en Estados Unidos más investigadores en educación que en todos los países europeos juntos[53]. A pesar de definirse como *internacional*, esta enciclopedia es de hecho una tribuna para la difusión de la investigación educativa angloamericana o influida por angloamericanos. En consecuencia, la internacionalización, tanto en la educación como en otros campos, puede equivaler solo a la "universalización de una visión particular del mundo"[54].

No obstante, la distribución mundial de esta enciclopedia educativa a gran escala está garantizada por las capacidades financieras y publicitarias de la editorial Pergamon, que cuenta con múltiples sucursales en todo el mundo y es una de las más grandes entre las editoriales antes mencionadas. Publicada primero por Pergamon en 1985, la *Enciclopedia Internacional* se ha comercializado en forma de dos reim-

---

52. Husén y Postlethwaite, 1994, *op. cit.*
53. Husén, Torsten: *Education and the Global Concern*, Pergamon, Oxford, 1990, pág. 68.
54. Casanova, Pascale: "La World Fiction: une fiction critique", en *Liber - Revue européenne des livres*, 16 de diciembre, 1993.

INTERNACIONALIZACIÓN

presiones,[55] un compact disc y una serie de enciclopedias parciales más especializadas, que tratan sobre subcampos específicos[56]. Como una indicación más de su predominio, en 1994 se publicó una edición de doce volúmenes muy actualizada y aumentada. El mismo éxito editorial de la enciclopedia resulta, pues, instrumental para explicar la difusión casi sin fronteras de una ideología supuestamente transnacional. De hecho, la edición original de 1985 y la reimpresión de 1991 contienen no menos de 180 entradas relativas a *planificación educativa, desarrollo y modernización,* y *economía de la educación,* es decir, a campos que se corresponden ampliamente con el antes mencionado *relato del desarrollo cultural y la ideología educativa a nivel mundial.* Sin embargo, no se incluyó un artículo que delineara sistemáticamente la estructura de la educación por derecho propio, trascendiera el punto de vista simplemente instrumentalista de la educación y vinculara así, al mismo tiempo, la enciclopedia con las tradiciones de la teoría educativa prevalecientes en partes del mundo distintas de los países de habla inglesa; un artículo que debería haber sido precisamente el de *educación*.

Contra este telón de fondo de hallazgos que se corroboran mutuamente, relativos a la expansión global de la educación, a la diseminación mundial de modelos de escolarización institucionalizada, a la

---

55. Husén, Torsten, y Postlethwaite, T. Neville (comps.): *The International Encyclopedia of Education. Research and Studies,* primera edición, vols. 1-10, Pergamon, Oxford, 1985, con reimpresiones en 1988 y 1991 [*Enciclopedia Internacional de la Educación,* Vicens-Vives/MEC, Barcelona, 1989-1993, 10 vols.]; segunda edición aumentada y actualizada, vols. 1-12, Pergamon, Oxford, 1994.
56. Véase, entre otros, Keeves, John P. (comp.): *Educational Research, Methodology, and Measurement: An International Handbook,* Pergamon Press, Oxford y Nueva York, 1988; Psacharopoulos, George (comp.): *Economics of Education. Research and Studies,* Pergamon Press, Oxford y Nueva York, 1987b; Postlethwaite, T. Neville (comp.): *The Encyclopedia of Comparative Education and National Systems of Education,* Pergamon Press, Oxford y Nueva York, 1988; Murray, Thomas R (comp.): *The Encyclopedia of Human Development and Education,* Pergamon Press, Oxford y Nueva York, 1990; Walberg, Herbert J., y Haertel, Geneva D. (comps.): *The International Encyclopedia of Educational Evaluation,* Pergamon Press, Oxford y Nueva York, 1990; Lewy, Arieh (comp.): *The International Encyclopedia of Curriculum,* Pergamon Press, Oxford y Nueva York, 1991.

SISTEMA MUNDIAL Y REDES DE INTERRELACIÓN

aceptación de una ideología de desarrollo y educativa concreta y al funcionamiento de la comunicación científica internacional y de las estructuras de publicación, es que resultan comprensibles los diagnósticos originados en otros contextos y basados en pruebas diferentes. Un estudio de los distintos campos en la investigación comparada de políticas demuestra que, en ningún otro ámbito de la política pública, sea en la política económica, social o medioambiental, existe un grado tan alto de estandarización global de las estructuras organizativas, de los modelos relevantes para la política y el discurso de la reforma, como en la política educativa y en la investigación educativa orientada hacia la política[57]. Se debe llegar a la conclusión, por tanto, de que los sistemas y la investigación educativa no son simplemente, a diferencia de otros ámbitos de interacción social, un componente fijo de procesos más generales de la internacionalización y la globalización de pautas culturales. Parecen, más bien, especialmente susceptibles a la dinámica de una creciente internacionalización. En consecuencia, según una tesis formulada en términos parsonsianos, las *escuelas*, en el sentido del modelo estructural al que me he referido, son un elemento *evolutivo universal* del progreso social y cultural de la Modernidad[58].

3.2. La educación como componente de redes de interrelación cambiantes

Teniendo en cuenta estos hallazgos y conceptualizaciones en lo referido al surgimiento de un sistema mundial, debemos repasar ahora los resultados que arroja en sí la investigación comparada entre culturas y plantearnos más precisamente cuáles son los resultados que ha producido una investigación comparada que utiliza la comparación como un

---

57. Weiler, Hans N.: "Introductory note to chapters 8-9", en Meinolf Dierkes, Hans N. Weiler y Ariane Berthoin Antal: *Comparative Policy Research. Learning from Experience*, Gower, Aldershot, 1987.
58. Adick, Christel: "Schule im modernen Weltsystem", en *Zeitschrift für Kulturaustausch*, vol. 38, 3, Stuttgart, 1988, pág. 353; Adick 1992a, "Historisch- vergleichende Bildungsforschung und die Entwicklungslogik der 'langen Wellen' der Schulgeschichte", en Christel Adick y Uwe Krebs (comps.): *Evolution, Erziehung, Schule: Beiträge aus Anthropologie, Entwicklungspsychologie, Humanethologie und Pädagogik*, Universitätsbibliothek, Erlangen, 1992b.

método de análisis característico y no se limita a presentar estudios descriptivos o interpretaciones sintéticas de los procesos internacionales.

En esta sección, se sintetizarán los principales resultados de la reciente investigación comparada en ámbitos sociales problemáticos, que se han caracterizado o continúan caracterizándose en diferentes países por desafíos ampliamente similares, tanto para la política educativa como para la social. Se trata, al mismo tiempo, de ámbitos que han sido o continúan siendo interpretados en términos marcadamente universalistas en el marco de las teorías sociales pertinentes; ámbitos que, debido a los modelos de pronóstico predominantes, han conducido a la expectativa de pautas convergentes de resolución de problemas; ámbitos problemáticos, pues, que se han asumido como determinados por relaciones macrosociales causales o funcionales casi similares a leyes. De hecho, la investigación comparada ha sacado a la luz una amplia variación internacional en las pautas de resolución de problemas y en las estrategias que se han aplicado en diversos escenarios históricos y culturales.

a) Tales hallazgos se aplican, en primer lugar, al intrincado conjunto de la política de empleo y mercado laboral, que aparece cada vez más entrelazada con la política social y educativa. Los análisis de los resultados comparados de las estrategias seguidas para garantizar el pleno empleo (educación de adultos y formación para los empleados, políticas de emigración de trabajadores, evitación del riesgo moral en el sistema de la seguridad social, flexibilidad salarial, etc.), no solo han demostrado que esas estrategias se han empleado en una medida considerablemente variada, incluso entre las naciones industriales avanzadas comprometidas con la libre empresa, sino que también ofrecen resultados extraordinariamente diversos[59]. Además, tales estudios revelan una variación en las mediciones de rendimiento económico, en las políticas de adaptación estructural y en las prioridades económicas y de dirección de los países individuales, para la cual, en contra de las suposiciones de las teorías macroeconómicas, "no existe una sola explicación económica directa". Mientras que todos los países considerados

---

59. Schmid, Hans; Füglistaler, Peter, y Hohl, Marcela: *Vollbeschäftigungspolitik: Der Wille zum Erfolg. Ein Ländervergleich der Schweiz, Deutschlands, Österreichs, Schwedens und Japans,* Haupt, Berna, 1992.

SISTEMA MUNDIAL Y REDES DE INTERRELACIÓN

> (...) se vieron expuestos a las mismas conmociones económicas externas, sus respuestas difícilmente podrían haber sido más diferentes. (...) No parece haber una correlación evidente entre las tasas de crecimiento económico y los índices de inflación, entre inflación y desempleo, o incluso entre crecimiento económico y crecimiento del empleo. En cambio, parece que, en un ambiente económico mundial en proceso general de deterioro, los países individuales han elegido perfiles nacionales específicos de rendimiento económico, favoreciendo o descuidando medidas específicas de rendimiento[60].

La capacidad de predicción de las teorías de convergencia de los años sesenta, que afirmaban la convergencia evolutiva de las pautas de desarrollo de las sociedades industriales modernas como una consecuencia de imperativos funcionales impuestos por las supuestas exigencias universales de la racionalidad tecnológica y económica, se vio refutada por la evidencia comparada que señalaba la persistencia, en esas mismas sociedades, de perfiles nacionales característicos de organización social y económica[61]. Del mismo modo, los recientes estudios comparados muestran cómo se satisface en todos esos países la presión radical por aumentar la productividad, variando para ello las estrategias de innovación que se hallan enraizadas, a su vez, en políticas industriales y de mercado laboral claramente divergentes[62]. Un ejemplo ilustrativo de ello es el modelo japonés de nueva organización del trabajo, conocido desde la década de 1980 como "toyotismo". En lugar de limitarse a seguir este modelo, supuestamente superior y libre de influencias culturales, los países industrializados de Europa y América del Norte muestran preferencia

---

60. Scharpf, Fritz W.: "Economic and Institutional Constraints of Full-Employment Strategies: Sweden, Austria, and Western Germany", en John H. Goldthorpe (comp.): *Order and Conflict in Contemporary Capitalism*, Clarendon, Oxford, 1984, pág. 259.
61. Goldthorpe, John H.: "The End of Convergence: Corporatist and Dualist Tendencies in Modern Western Societies", en John H. Goldthorpe (comp.): *Order and Conflict in Contemporary Capitalism*, Clarendon, Oxford, 1984; Kumon, Shumpei, y Rosovsky, Henry: *The Political Economy of Japan*, vol. 3: Cultural and Social Dynamics, Stanford University Press, Stanford, 1992.
62. Sabel, Charles F., et al.: *Regional Prosperities Compared: Massachussetts and Baden-Württemberg in the 1980s*, Wissenschaftszentrum Berlin für Sozialforschung, Berlín, 1987; Naschold, Frieder: *Den Wandel organisieren. Erfahrungen des schwedischen Entwicklungsprogramms "Leitung, Organisation, Mitbestimmung"* (LOM) *im internationalen Wettbewerb*, Sigma, Berlín, 1992.

INTERNACIONALIZACIÓN

por "caminos diferentes" con "resultados diferentes", que tienen en cuenta las pautas institucionales de las relaciones industriales, nacionalmente diferentes, así como las condiciones del mercado laboral y los sistemas de educación y formación profesional:

> *Ahora, merced al colapso de los regímenes comunistas de Europa oriental, a la integración económica de Europa occidental, y al dominio contemporáneo de la ideología del libre mercado, se hace tentadora una nueva teoría de la convergencia. Pero las instituciones nacionales atrincheradas y las circunstancias particulares del mercado hacen que la diversidad nacional y local sea ahora tan importante como siempre*[63].

b) Conclusiones similares se han extraído sobre la base de un amplio cuerpo de investigación comparada que aborda las interconexiones entre los sistemas de educación vocacional o profesional y los de formación, las estructuras de calificación de la mano de obra y la organización del trabajo en unidades empresariales de gran escala. Se aprende así a desconfiar por completo de la tesis, planteada por la sociología industrial y por la economía de la educación, que afirma que las exigencias de calificación y las estructuras educativas y de formación vienen determinadas, en buena medida, por el cambio tecnológico, el desarrollo económico y las exigencias de una racionalidad universal intrínseca al industrialismo[64]. Estos estudios han demostrado, más bien, que la educación vocacional y la formación, así como la utilización de la mano de obra, vienen definidas, en buena medida, por factores sociales y culturales, incluso en las sociedades industrializadas tecnológicamente avanzadas[65].

---

63. Turner, Lowell y Auer, Peter: *The Political Economy of New Work Organization. Different Roads, Different Outcomes*, Wissenschaftszentrum Berlin für Sozialforschung, Berlín, 1992, pág. 28.
64. Maurice, Marc: "Le déterminisme technologique dans la sociologie du travail (1955-1980). Un changement de paradigme?", en *Sociologie du travail*, 22, 1, 1980; Heidenreich, Martin, y Schmidt, Gert (comps.): *International vergleichende Organisationsforschung. Fragestellungen, Methoden und Ergebnisse ausgewählter Untersuchungen*, Westdeutscher Verlag, Opladen, 1991.
65. Dore, Ronald: *British Factory - Japanese Factory: The Origins of National Diversity in Industrial Relations*, University of California Press, Berkeley, 1973; D'Iribarne, Philippe: *La logique de l'honneur. Gestion des entreprises et traditions nationales*, Seuil, París, 1989.

SISTEMA MUNDIAL Y REDES DE INTERRELACIÓN

Los análisis comparados en profundidad de empresas industriales equivalentes en Francia, Gran Bretaña y Alemania constituyen ejemplos destacados de esta rama de la investigación. Estos muestran, de modo convincente, que tales empresas, aunque muy similares en términos de rama industrial, tamaño, productos, tecnología productiva y competitividad en los mismos mercados, estructuran, a pesar de todo, su fuerza laboral según pautas nacionales características de organización empresarial y división del trabajo. Esas pautas se extienden tanto al aspecto horizontal de la división del trabajo, es decir, a la diferenciación funcional entre los componentes de las unidades de fabricación centrados en la producción y las funciones de apoyo en los ámbitos de la planificación técnica de la producción, la administración, el stock y almacenaje, y las actividades comerciales, así como a su aspecto vertical, es decir, a la diferenciación entre los niveles jerárquicos de los trabajadores, el personal de los mandos intermedios y la dirección. Las diferencias en las pautas respectivas de organización laboral son particularmente llamativas entre empresas francesas y alemanas. Mientras que las empresas francesas suelen utilizar sistemáticamente una marcada división del trabajo, tanto horizontal como verticalmente, la pauta de la organización laboral predominante en las empresas alemanas se caracteriza por un número significativamente menor de niveles jerárquicos en los puestos de supervisión y dirección, menores diferencias salariales, una división del trabajo menos rígida, un grado más elevado de experiencia profesional y técnica en los niveles inferiores de los maestros, capataces y obreros y, en consecuencia, oportunidades más amplias para la toma de decisiones basadas en el "juicio del profesional", y una continua actualización ascendente de las calificaciones profesionales, incluso entre trabajadores que se ocupan de actividades subordinadas[66]. Las fábricas británicas se hallan organizadas según una pauta que no es menos específica de la nación y que representa, en cierto modo, un punto intermedio entre los modelos francés y alemán[67]. Los *kombinats*, por su parte, en la antigua

---

66. Lutz, Burkart: "Bildungssystem und Beschäftigungsstruktur in Deutschland und Frankreich. Zum Einfluss des Bildungssystems auf die Gestaltung betrieblicher Arbeitskräftestrukturen", en Hans-Gerhard Mendius et al. (comps.): *Betrieb-Arbeitsmarkt-Qualifikation I*, Aspekte, Fráncfort del Meno, 1976.
67. Maurice, Marc; Sorge, Arndt, y Warner, Malcolm: "Societal Differences in Organizing Manufacturing Units: A Comparison of France, West Germany, and

Unión Soviética, funcionaban según pautas de organización más cercanas al modelo francés debido a su elevado grado de diferenciación funcional y de jerarquización vertical, a pesar de que las pautas rusas se desarrollaron a partir de circunstancias sociales e históricas muy específicas[68]. Finalmente, el impacto de "las culturas fabriles nacionalmente divergentes"[69] se deja ver incluso cuando se comparan las sucursales locales de las empresas multinacionales establecidas en diversos países y en distintos continentes[70].

Contra el telón de fondo de este impresionante cuerpo de pruebas y testimonios, ya no es posible desestimar la variación que se observa internacionalmente en la organización laboral de las empresas a gran escala, tildándola simplemente como deficiencia o desviación con respecto a estándares de racionalidad industrial supuestamente universales. La profunda comprensión estimulada por la investigación comparada aporta pruebas concluyentes de que existe una interdependencia estrecha, y no modificable arbitrariamente, entre las pautas de organización laboral industrial específicas de una nación, las estructuras de calificación de la fuerza laboral, los sistemas de educación y formación, las pautas de movilidad y progresión profesional específicas de la nación, y las instituciones desarrolladas de las relaciones industriales. Pero, por encima de todo, son las respectivas instituciones de educación y formación las que desempeñan un papel especialmente importante en este contexto, ya que funcionan como un subsistema ampliamente autónomo que, al configurar su ambiente social, induce a otros sistemas (como, por ejemplo, las grandes empresas industriales) a adaptarse. De acuerdo con esto, el modelo de educación vocacional

---

Great Britain", en *Organization Studies*, 1, 1, 1980; Sorge, Arndt, y Warner, Malcolm: *Comparative Factory Organization - An Anglo-German Comparison of Management and Manpower in Manufacturing*, Gower, Aldershot, 1987.

68. Pietsch, Anna-Jutta: *Die Interdependenz von Qualifikationsbedarf und Arbeitsorganisation, untersucht am Beispiel der Sowjetunion im Vergleich mit Frankreich, der Bundesrepublik Deutschland und der DDR*, Osteuropa-Institut, Múnich, 1980.
69. Maurice, Sorge y Warner, 1980, *op. cit.*, pág. 65.
70. Hofstede, Geert: *Culture's Consequences. International Differences in Work-Related Values*, Sage Publications, Londres, 1986; Hirata, Helena Sumiko: "Brasilien, Frankreich, Japan: Unterschiede und die Suche nach Bedeutung", en Heidenreich y Schmidt, 1991, *op. cit.*

SISTEMA MUNDIAL Y REDES DE INTERRELACIÓN

y formación basada en el aprendizaje, tradicionalmente predominante en Alemania y que presenta un alto grado de inclusión, ha favorecido hasta el pasado reciente una amplia transmisión de experiencia técnico-práctica y, por tanto, una lateralización de la comunicación interprofesional dentro de la empresa (por ejemplo, entre trabajadores, capataces y técnicos), estimulada por este ambiente común. En contraste, una de las características de las pautas educativas vocacionales basadas en la escolarización de tiempo completo consiste en promover la jerarquización de los cursos de estudio y los títulos correspondientes, que se reproduce, más tarde, en el ordenamiento de las pautas de las carreras profesionales y en los puestos de empleo. Tales son los casos de Francia, donde las estructuras de la educación vocacional se hallan sometidas a la "atracción gravitatoria" y a los criterios de selectividad de un sistema escolar comprometido con las virtudes de la cultura general y del conocimiento abstracto, y de Gran Bretaña, donde se hace hincapié en las nociones básicas de la ciencia experimental y la tecnología más que en la experiencia práctica y profesional.

Las conclusiones aportadas por estos estudios comparados revelan claras interdependencias estructurales

> (...) *entre la extensión de la profesionalización de varios grupos de personal a lo largo de la dimensión de las habilidades técnico-prácticas y la tendencia a diferenciar las tareas de supervisión, dirección y técnicas, tanto por su separación del establecimiento fabril como en el área misma de personal. Cuanto más elevada sea la profesionalización práctica de los obreros, los empleados técnicos, los supervisores y directores, tanto menos se verán las tareas técnicas y de conducción separadas del establecimiento fabril y reorganizadas como trabajos diferenciados, y tantas menos actividades de ese tipo se diferenciarán internamente en el área de personal. Los factores de este proceso son más fuertes en Alemania, intermedios en Gran Bretaña y menos fuertes en Francia*[71].

En cada uno de los casos mencionados, estas interdependencias se desarrollan como redes de interrelación que, aun cuando se mantienen consistentes intranacionalmente, varían significativamente cuando se las examina internacionalmente. Estas redes, que se establecen entre relaciones de formación, relaciones organizativas, relaciones industriales y

---

71. Maurice, Sorge y Warner, 1980, *op. cit.*, pág. 81.

INTERNACIONALIZACIÓN

relaciones de orden colectivo, han evolucionado, se han adaptado recíprocamente unas a otras y se han solidificado estructuralmente mediante procesos de larga duración. Es muy probable que estas redes de interrelación, determinadas social y culturalmente, determinen a su vez las formas y estrategias diferenciadas de la utilización posterior de las nuevas tecnologías, conservando así una rica diversidad de pautas histórico-culturales[72].

c) La investigación comparada internacional acerca de las conexiones entre educación, modernización y desarrollo, revela hallazgos muy similares. Un examen del voluminoso cuerpo de investigación demuestra que estas conexiones son considerablemente más complejas de lo que inducirían a pensar las suposiciones planteadas por las teorías de la modernización, basadas en la economía de la educación, la ciencia política o la psicología social[73]. Esto se aplica tanto más a los modelos que sugieren vínculos causales lineales entre instituciones modernizadoras (es decir, escuelas y empresas), valores modernos, comportamiento moderno, sociedad moderna y desarrollo económico, que se han construido con la intención de sugerir estrategias para las políticas de desarrollo[74]. En cada dimensión relevante para las políticas de desarrollo (educación y crecimiento económico, educación y modernización sociopsicológica, educación y movilización política), estas conexiones no resultan ni directas ni lineales y tampoco producen los mismos efectos en sociedades diferentes. En cambio son, por regla general, poco pronunciadas, solo parcialmente efectivas, básicamente disfuncionales o, pura y simplemente, contraproducentes. En todo caso, son "altamente problemáticas" y solo pueden comprenderse en términos de interrelaciones:

---

72. Lutz, 1976, *op. cit.*; Maurice, Marc; Sellier, François, y Silvestre, Jean Jacques: "La production de la hiérarchie dans l'entreprise: comparaisons France-Allemagne", en *Revue française de sociologie*, 20, 2, 1979; Deppe, Rainer, y Hoss, Dietrich: *Work Organization, Incentive Systems and Effort Bargaining in Different Social and National Contexts*, Institut für Sozialforschung, Fráncfort del Meno, 1984.
73. Fägerlind, Ingemar, y Saha, Lawrence J.: *Education and National Development: A Comparative Perspective*, Pergamon Press, Oxford, 1985; Grellet, Gérard: "Pourquois les pays en voie de développement ont-ils des rythmes de croissance aussi différents?", en *Revue Tiers Monde*, tomo XXXIII, n. 129, 1992.
74. Inkeles, Alex, y Smith, David H.: *Becoming Modern*, Heinemann, Londres, 1974.

SISTEMA MUNDIAL Y REDES DE INTERRELACIÓN

> *La educación [en el sentido de escolarización de tipo occidental] viene determinada por la sociedad en la que se sitúa y es un determinante de la misma; (...) es tanto un agente de cambio en la sociedad como algo que se ve cambiado por ella; (...) actúa tanto como productora de movilidad social cuanto como agente de la reproducción del orden social*[75].

Estas interrelaciones se hallan insertas en redes sociales de relación más amplias y resultan, a la vez, reconfiguradas por estas últimas. Así, tanto el impacto de la escolarización, observable en diferentes países, como las estructuras de *modernidad* que cada uno de estos países haya logrado alcanzar, son consecuencia de las variadas condiciones contextuales que dominen en diferentes sociedades y, a su vez, afectan de diferentes formas estas mismas condiciones contextuales.

Así pues, lo que tienen en común estos tres ramales de la investigación comparada es que sus hallazgos ponen de manifiesto la multiplicidad de redes de interrelación y trayectorias de desarrollo cambiantes. Aunque esas redes y caminos de desarrollo se pueden conceptualizar a un nivel general dentro del marco de los modelos de sistema y las tipologías sistémicas, su complejidad esencial debería seguir elucidándose aún más a través del análisis comparado a largo plazo. Las conclusiones generales que pueden extraerse de estos ramales del estudio comparado nos recuerdan la obra de Samuel Eisenstadt sobre la investigación histórica comparada de la modernización[76]; vienen apoyadas además por la investigación acumulada en campos como la política comparada y la sociología comparada de las organizaciones. Los estudios de este cuerpo de investigación diagnostican, a la vista de las pruebas empírico-comparativas, la disolución de conceptos basados en una racionalidad del industrialismo supuestamente universal[77], así como de las concepciones que asumen una lógica unidimensional del desarrollo[78]. El llamado Tercer Mundo, construido como tal dentro de la estructura de la teoría y la política del desarrollo, no solo se descompone en la difícilmente

---

75. Fägerlind y Saha. 1985, *op. cit.*, págs. 88 y 195.
76. Eisenstadt, Shmuel N.: *Tradition, Change, and Modernity*, Wiley-Interscience, Nueva York, 1973, pág. 362.
77. Heidenreich y Schmidt, 1991, *op. cit.*
78. Menzel, Ulrich: "Das Ende der 'Dritten Welt' und das Scheitern der grossen Theorien", en *Politische Vierteljahresschrift*, 32, 1, 1991.

concebible multiplicidad de *países recientemente industrializados, países menos desarrollados, países más gravemente afectados, países en el umbral del desarrollo, países de bajos ingresos,* países exportadores de petróleo versus los importadores, países sin salida al mar versus países costeros, y grandes Estados versus mini-Estados y Estados-isla; no solo aumenta, en contra de la anticipada convergencia hacia un modelo universal (occidental), la diversidad vinculada a la cultura de las instituciones y organizaciones políticas, sino, lo que es más importante, las teorías de carácter abarcativo que sostienen tal afirmación de validez universal, así estén arraigadas en la modernización o en la teoría de la dependencia, en el funcionalismo estructural o en el marxismo, ya no explican la amplitud de variación de lo que Humboldt llamó los *objetos históricos* de la ciencia social. En otras palabras, la *crisis de universalismo*[79] se corresponde con el *fracaso de las grandes teorías*[80]. Los comparatistas franceses lo sintetizan diciendo: "No hay determinantes universales; los procesos históricos individuales son demasiado numerosos, demasiado complejos y, de hecho, demasiado independientes unos de otros"[81].

4. Perspectivas

4.1. Reconciliar historia y comparación

El examen precedente de los diversos campos de la investigación social y educativa comparada e internacional ha puesto de relieve el notable contraste entre la difusión global de modelos educativos estandarizados transnacionalmente y la persistencia de varias redes de interrelación sociocultural. Más allá de la información específica de una nación, es este contraste el que constituye el hallazgo más significativo de la investigación comparada y el más pertinente en lo que se refiere a la teoría. A continuación, se extenderá sistemáticamente dicho hallazgo a tres aspectos diferentes.

---

79. Badie, Bertrand, y Hermet, Guy: *Politique Comparée*, PUF, París, 1990.
80. Menzel, 1991, *op. cit.*; Boudon, Raymond: "Grandeur et décadence des sciences du développement: Une étude de sociologie de la connaissance", en *L'Année sociologique*, 3a serie, tomo 42, 1992.
81. Badie y Hermet, 1990, *op. cit.*, pág. 10.

SISTEMA MUNDIAL Y REDES DE INTERRELACIÓN

a) La transición a un punto de vista más sistemático se ve facilitada por los resultados mismos de la investigación comparada, en especial, por los referentes al desarrollo de la educación superior, las ciencias (sobre todo las ciencias sociales) y el sistema internacional de Estados.

Estos resultados demuestran un aumento espectacular en la alineación internacional de los procesos de expansión, así como una marcada homogeneización de rasgos organizativos. Además, dejan claro que la universidad europea es, aparte de la escuela, la única institución cuya diseminación a nivel mundial (incluido el establecimiento de sucursales de universidades estadounidenses, francesas y japonesas en otros países) ha sido más patente y ha tenido lugar con una *carencia de alternativas* mayor de lo que es el caso para la mayoría de las otras instituciones características de la modernidad social[82]. En contraste, la investigación reciente demuestra que es precisamente la expansión global de las universidades hasta convertirse en sistemas a gran escala, lo que da como resultado no una convergencia creciente, sino una mayor diferenciación nacional. En la medida en que los sistemas de educación superior pierden su carácter elitista, los hallazgos sugieren que se ve fortalecida su integración concreta en las variadas pautas de estratificación social específicas de cada nación, la estructura de calificación de la mano de obra, la regulación administrativa y la política pública[83].

Del mismo modo, se advierten desarrollos contrarios también en las ciencias sociales. Los análisis comparados de la sociología del conocimiento han demostrado la persistencia de semánticas históricas

---

[82] Stichweh, Rudolf: "Auslandsstudien in der Moderne – Eine strukturelle Analyse", ponencia para el coloquio internacional sobre "Modèles nationaux, réseaux transculturels et réseaux migratoires dans le monde universitaire européen, XIXe-XXe siècles", Ruhr-Universität Bochum, 14-18 de noviembre, 1992, pág. 5; Altbach, 1991c, *op. cit.*

[83]. Goldschmidt, Dietrich: "Idealtypische Charakterisierung sieben westlicher Hochschulsysteme", en *Zeitschrift für Sozialisationsforschung und Erziehungssoziologie*, 11, 1, 1991a; *Die gesellschaftliche Herausforderung der Universität. Historische Analysen, internationale Vergleiche, globale Perspektiven*, Deutscher Studien Verlag, Weinheim, 1991b; Kerr, Clark: "International Learning and National Purposes in Higher Education", en *American Behavioral Scientist*, 35, n. 1, 1991; Teichler, Ulrich: *Convergence or Growing Variety: The Changing Organization of Studies*, Consejo de Europa, Estrasburgo, 1988.

basadas en la lengua nacional, así como de *culturas académicas* impregnadas de tradición, a pesar de la aspiración por alcanzar una racionalidad científica de validez universal[84]. Demuestran, además, cómo, a pesar de la intensificación de la comunicación internacional entre los científicos, las disciplinas particulares continúan derivando, e incluso renovando, sus principales orientaciones paradigmáticas a partir del espíritu de sus respectivas tradiciones teóricas[85]. Además, y como reacción ante la dominación global angloamericana (anteriormente documentada) en el campo de la investigación y la difusión científica[86], ha aparecido recientemente un controvertido debate relativo a las tendencias conflictivas de internacionalización versus *idiosincratización* (*indigenization*) en las ciencias sociales[87], y el desarrollo de sociologías idiosincráticas específicas de cada cultura, en contraste con una ciencia social universal[88].

Finalmente, la política comparada aporta hallazgos que indican un entrelazamiento casi *dialéctico* de integración supranacional y fragmentación intranacional[89]. Estos hallazgos demuestran cómo los intentos

---

84. Ringer, Fritz K.: *Fields of Knowledge. French Academic Culture in Comparative Perspective, 1890-1920*, Cambridge University Press, Cambridge, 1992; Harwood, Jonathan: *Styles of Scientific Thought. A Study of the German Genetics Community, 1900-1933*, University of Chicago Press, Chicago, 1992; Harwood, Jonathan: "'Mandarine' oder 'Aussenseiter'? Selbstverständnis deutscher Naturwissenschaftler (1900-1933)", en Jürgen Schriewer, Edwin Keiner y Christophe Charle (comps.): *Sozialer Raum und akademische Kulturen. A la recherche de l'espace universitaire européen*, Lang, Fráncfort del Meno, Berna y Nueva York, 1993.
85. Véase, en el campo de los estudios educativos, Schriewer, Jürgen, y Keiner, Edwin: "Communication Patterns and Intellectual Traditions in Educational Sciences: France and Germany", en *Comparative Education Review*, vol. 36, n. 1, 1992; Schriewer, Jürgen, y Keiner, Edwin: "Kommunikationsnetze und Theoriegestalt: Zur Binnenkonstitution der Erziehungswissenschaft in Frankreich und Deutschland", en Schriewer, Keiner y Charle, 1993, *op. cit.*; y en el campo de la historia, Schulze, Winfried: *Deutsche Geschichtswissenschaft nach 1945*, Oldenbourg, Múnich, 1989.
86. Chekki, Dan A.: *American Sociological Hegemony. Transnational Explorations*, University Press of America, Lanham y Londres, 1987.
87. Genov, Nikolai: *National Traditions in Sociology*, Sage, Londres, 1989, págs. 1-17.
88. Albrow, Martin, y King, Elizabeth: *Globalization, Knowledge and Society*, Sage, Londres, 1990.
89. McGrew, Anthony G.: "Conceptualizing Global Politics", en Anthony G. McGrew, Paul G. Lewis et al. (comps.): *Global Politics. Globalization and the Nation-State*,

SISTEMA MUNDIAL Y REDES DE INTERRELACIÓN

principalmente europeos por lograr la integración supranacional corren paralelos no solo al mantenimiento, sino también al fortalecimiento del Estado-Nación, así como a la extensión e intensificación de su capacidad de penetración[90]. Del mismo modo, apoyan la idea de que los crecientes esfuerzos por lograr la integración transnacional aparecen estrechamente relacionados con la dinamización de los procesos de diversificación regional de cuño lingüístico, étnico o cultural[91].

En consecuencia, tal y como deja claro la investigación comparada en la educación superior, las ciencias sociales y el sistema internacional de Estados, los fenómenos contrarios de internacionalización y elaboración estructural específica de cada nación no se producen simplemente de modo colateral, sin relación entre sí. Se hallan más bien conectados los unos con los otros a modo de desafíos y reacciones, de procesos y consecuencias no intencionales. Se remiten, igualmente, a relaciones constituidas en el tiempo y al potencial de diversificación inherente a tales relaciones; a procesos de desarrollo abarcativos y a la complejidad generada por dichos procesos. Resaltan, en otras palabras, una macroperspectiva dirigida a procesos históricos que abarcan ámbitos a gran escala, que es característica del enfoque del sistema mundial. Al mismo tiempo, nos desengañan, sin embargo, respecto de toda noción de racionalidad unilineal y teleológica (la evolucionista, por caso), que pueda atribuirse a tales procesos:

> Sería (...) inexacto concebir la globalización como una especie de proceso teleológico. La idea de que la globalización corporice una lógica histórica predeterminada que conduce inexorablemente bien a la creación de una sociedad mundial, o a cierta forma de gobierno mundial resulta simplemente insostenible. Las

---

Polity Press y Blackwell, Cambridge y Oxford, 1992, pág. 23; Smith, Michael: "Modernization, Globalization and the Nation-State", en McGrew, Lewis, et al., 1992, op. cit., págs. 253-268.

90. Sharpe, L. J.: "Fragmentation and Territoriality in the European State System", en *International Political Science Review*, 10, n. 3, 1989; Milward, Alan S., et al.: *The European Rescue of the Nation-State*, Routledge, Londres, 1992.

91. Grant, Nigel: "European Unity and National Systems", en Brian Simon y William Taylor (comps.): *Education in the Eighties: The Central Issues*, Batsford Academic & International Ltd., Londres, 1981; Charpenter, Jean, y Engel, Christian: *Les régions de l'espace communautaire*, Presses Universitaires de Nancy, Nancy, 1992; Scardigli, Victor: *L'Europe de la diversité: La dynamique des identités regionales*, Editions du CNRS, París, 1993.

INTERNACIONALIZACIÓN

pruebas históricas apuntan en contra de esa idea. Pues la globalización estimula fuerzas de oposición que también pueden conducir con la misma facilidad a un mundo cada vez más fragmentado, ya que una mayor conciencia mutua y las interconexiones entre sociedades diferentes pueden limitarse sencillamente a sembrar las semillas del conflicto y la tensión[92].

b) Consideradas sistemáticamente, también son fructíferas las conclusiones aportadas por los análisis de los procesos de migración transnacional (de eruditos y expertos), así como de la difusión y recepción (de ideas y modelos) que impregnan con creciente intensidad la historia de la Educación en Europa a partir del siglo XIX y más tarde en el mundo entero. Aparte de ilustrar el carácter conflictivo de los procesos de internacionalización y globalización, la ventaja particular que ofrecen estos análisis es la de mostrar los pasos mediadores dados por actores individuales y/o grupos sociales de los que dichos procesos se componen. La importancia que se atribuye a estos análisis, en contraposición al papel marginal que se les ha asignado dentro del contexto de la educación comparada tradicional, radica en el hecho de que sirven como una crítica empírica de enfoques teóricos y de modelos interpretativos comprometidos con una supuesta lógica de desarrollo histórico-mundial. En contraste con las suposiciones sobre las que se basa dicha lógica, subrayan más bien tanto la naturaleza no lineal y contingente de los procesos de globalización, como el impacto que producen recurrentemente los potenciales generadores de desviación en tales procesos. De modo característico, la difusión transcultural del conocimiento, los modelos de organización, las pautas o políticas de resolución de problemas, encuentran una reinterpretación y unos procedimientos de adaptación específicos por parte de los grupos culturales o nacionales que los reciben. Como consecuencia de ello, los modelos ofrecidos transculturalmente son seleccionados, en este nuevo ambiente, según los intereses prevalecientes, adaptados a situaciones y necesidades específicas, reinterpretados de acuerdo con líneas culturales y, en grados históricamente diversos, transmutados en reformas estructurales.

La antes mencionada difusión mundial de la universidad al estilo europeo, la historia de las ciencias sociales y la extensión de los prin-

---

92. McGrew, 1992, *op. cit.*, pág. 23; Smelser, Neil J.: "Internationalization of Social Science Knowledge", en *American Behavioral Scientist*, 35, n. 1, 1991, pág. 89.

cipios occidentales del orden político y de la organización estatal, ofrecen una multitud de ejemplos de tales procedimientos de adaptación. Las comparaciones de Brasil y Japón, por ejemplo, muestran que la recepción y la puesta en práctica institucional del modelo de universidad europea en países no europeos han seguido pautas bastante diferentes, a pesar de que los desafíos de modernización son similares. Las precondiciones individuales de cada uno de estos países han ejercido una influencia decisiva en este proceso, tales como su capacidad respectiva de penetración de los sistemas políticos, la variable presencia de élites modernizadoras, las pautas dominantes de estratificación social y la estructura de las instituciones educativas preexistentes. En Japón, por ejemplo, la selección de elementos eclécticos tomados de diversos modelos universitarios (principalmente franceses, estadounidenses y alemanes) y su subordinación a la modernización y a las exigencias de calificación definidas bajo un gobierno autoritario, condujeron a una transformación adaptadora, a una idiosincratización de los modelos occidentales, inmunizando simultáneamente a las universidades imperiales japonesas contra los síntomas y efectos percibidos como poco deseables en los ejemplos extranjeros. Por el otro lado, en Brasil, la debilidad relativa de las élites modernizadoras e industrializadoras favoreció la persistencia de la dominación cultural e ideológica de la influencia francesa en general, así como de la tradición francesa de mantener facultades independientes y *Grandes Ecoles*, particularmente en los campos de la medicina, la ingeniería, la economía, la ciencia militar y las ciencias naturales. Estas circunstancias también se correspondieron con una dependencia científica y económica apenas moderada con respecto a las potencias extranjeras hasta bien entrado el siglo XX. Los hallazgos en el terreno de la historia de la ciencia apoyan conclusiones similares. Incluso un vistazo superficial a las investigaciones llevadas a cabo en este campo –desde la difusión de la filosofía y la filología alemanas del siglo XIX en Europa occidental[93], hasta la adopción de la sociología weberiana en Francia, Estados

---

93. Espagne, Michel, y Werner, Michael: "Présentation", en *Revue de synthèse*, 4a. serie, n. 2, abril-junio, 1988; *Philologiques I. Contribution à l'histoire des disciplines littéraires en France et en Allemagne au XIXe siécle*, Editions de la Maison des Sciences de l'Homme, París, 1990.

Unidos y el Sudeste asiático[94], o la génesis de la pedagogía moderna en Japón, introducida por un teórico herbartiano olvidado desde aquel entonces en Alemania[95]– puede comprobar que la recepción de teorías e innovaciones científicas forma una serie interminable de interpretaciones y reinterpretaciones, filtradas por intereses prevalecientes y canalizadas hacia constelaciones de discursos preexistentes. Lo mismo cabe decir en lo que se refiere a la difusión de los principios democráticos y las instituciones políticas occidentales en los países no occidentales[96]. Como se ha visto en el ejemplo de Japón, las instituciones, adoptadas de modo meramente formal, se hallan entretejidas con capas previas de comportamiento político, de significados sociales y de pautas culturalmente especificadas del ejercicio de la autoridad. En este proceso de reestructuración hacia un *sistema sin núcleo*, esas instituciones cambian de sentido y de manera de funcionar[97].

La multitud de *lógicas de adaptación* insinuadas por tales ejemplos y las estructuras culturales generadoras de desviación que subyacen a las mismas, las diferentes nociones de tiempo y verdad, y las experiencias colectivas sedimentadas en el transcurso de la historia

> (...) reducen a puro estado ilusorio las visiones altamente ideológicas que proclaman el fin de la historia [debido a la convergencia supuestamente irresistible hacia el modelo occidental de sociedad capitalista liberal]. Tales puntos de vista pueden aplicarse, en rigor, a fenómenos que ocurren a nivel superficial, así como a la impresión de occidentalización que se desprende de ciertos procesos de importación. Pero, en realidad, por detrás de ese escaparate se encuentra disimulado un complejo juego de importaciones y apropiaciones, y también el resurgimiento de modos populares de acción política y de culturas antiguas,

---

94. Pollak, Michael: "Die Rezeption Max Webers in Frankreich. Fallstudie eines Theorietransfers in den Sozialwissenschaften", en *Kölner Zeitschrift für Soziologie und Sozialpsychologie*, 38, 4, 1986; Kantowsky, Detlef: "Die Rezeption der Hinduismus/Buddhismus-Studie Max Webers in Südasien. Ein Missverständnis", en *Archives Européennes de Sociologie*, 23, 2, 1982.
95. Terasaki, Masao, et al.: *Oyatoi Kyoshi Emil Hausknecht no Keukyu*, University of Tokyo Press, Tokio, 1989.
96. Badie, Bertrand: *L'Etat importé. Essai sur l'occidentalisation de l'ordre politique*, Fayard, París, 1992a.
97. Wolferen, Karl Van: *The Enigma of Japanese Power: People and Politics in a Stateless Nation*, Alfred A. Knopf, Nueva York, 1989.

SISTEMA MUNDIAL Y REDES DE INTERRELACIÓN

que el comparatista está obligado a tener en cuenta: las trayectorias china, india o japonesa aparecen configuradas tanto por superposiciones puras, como por apropiaciones moderadas y por la reactualización de tradiciones culturales milenarias[98].

Así pues, los resultados que la investigación comparada arroja acerca de la complejidad de los procesos de difusión y recepción pueden fundirse inmediatamente con los hallazgos, igualmente complejos, que se han detallado previamente referentes, por un lado, a la expansión global de modelos educativos estandarizados transnacionalmente y, por el otro, a la persistencia de varias redes de interrelación socioculturales. Para concluir, en términos generales, existe un universalismo abstracto de modelos difundidos transnacionalmente que se descompone en pautas estructurales multiformes allí donde tales modelos interactúan, en el transcurso de la puesta en práctica institucional, con diferentes estructuras definidas estatalmente, con regulaciones legales y administrativas, con formas de la división del trabajo en la sociedad, con culturas académicas nacionales, con significados sociales vinculados al contexto, y con visiones religiosas del mundo. En otras palabras, la escuela como *universal evolutivo* resulta menos universal que socioculturalmente particular, en cuanto se analizan sistemáticamente las múltiples interrelaciones entre los títulos educativos y los privilegios que estos mismos otorgan; entre los logros educativos y el éxito en la carrera profesional; entre la educación y el empleo; entre la selección en las escuelas y la estratificación en la sociedad; entre las estructuras de la escolarización y el derecho público; entre los estudios universitarios y el *ethos* colectivo; entre los procesos de aprendizaje y el cambio social, y entre la racionalidad científica y el impulso autoevolutivo de las semánticas históricas.

Tales referencias a *Estado, ley, cultura* y *experiencias colectivas*, a visiones del mundo mediatizadas por la religión, a la lengua nacional y las semánticas históricas, indican potenciales generadores y amplificadores de desviación que dan lugar, históricamente, a configuraciones socioculturales siempre nuevas. Esas referencias también reactualizan sistemáticamente contribuciones que pueden considerarse duraderas en

---

98. Badie, Bertrand: "Analyse comparative et sociologie historique", en *Revue Internationale des Sciences Sociales*, n. 133, 1992b.

la investigación social comparada, desde Lorenz von Stein[99] hasta Stein Rokkan[100]; desde Max Weber[101] hasta Pierre Birnbaum[102] y desde Norbert Elias[103] hasta Ernest Gellner[104].

c) Contra este telón de fondo, las metodologías divergentes que se discutieron en los anteriores debates en lo referido a la educación comparada se presentan, en último término, como cosiderablemente menos irreconciliables de lo que sus respectivos adherentes parecieran indicar. Nos referimos a propuestas que ponen en contraste orientaciones nomotéticas con orientciones idiográficas, enfoques centrados en variantes con enfoques centrados en casos específicos; en otras palabras, propuestas que ponen en contraste un paradigma *positivista*, que se vale de la comparación como método cuasi-experimental para la validación de teorías, con otro *historicista*, que hace hincapié en una descripción hermenéutico-interpretativa de fenómenos o configuraciones culturalmente determinados. Estos contrastes tan marcados se relativizan en la medida en que la investigación de la educación comparada asume el desafío planteado por la perspectiva macrohistórica que ha adquirido forma en respuesta a los procesos de globalización y a los enfoques del sistema mundial. Enfrentar este desafío supone,

---

99. Stein, Lorenz von: *Das Elementar- und das Berufsbildungswesen in Deutschland, England, Frankreich und anderen Ländern. Die Verwaltungslehre*. Fünfter Theil: Die Innere Verwaltung. Zweites Hauptgebiet: Das Bildungswesen, Cotta, Stuttgart, 1868.
100. Rokkan, Stein, et al.: *Citizens, Elections, Parties. Approaches to the Comparative Study of the Processes of Development*, Universitetsforlaget, Oslo, 1970.
101. Weber, Max: *Gesammelte Aufsätze zur Religionssoziologie* [1920-1921], tomos I-III, Mohr/Siebeck, Tubinga, 1978-1983 [vol. 1: *Ensayos sobre sociología de la religión*, Taurus, Madrid, 1983].
102. Birnbaum, Pierre: *States and Collective Action: The European Experience*, Cambridge University Press, Cambridge, 1988.
103. Elias, Norbert: "Zur Soziogenese der Begriffe 'Zivilisation' und 'Kultur'", en Norbert Elias: *Über den Prozess der Zivilisation*, Suhrkamp, Fráncfort del Meno, 1978 [*El proceso de la civilización: investigaciones sociogenéticas y psicogenéticas*, FCE, México, 1993].
104 Gellner, Ernest: *Plough, Sword and Book*, Collins Harvill, Londres, 1988 [*El arado, la espada y el libro: la estructura de la historia humana*, Península, Barcelona, 1994].

aparte de identificar relaciones específicas entre variables y como complemento de la reconstrucción holística de las configuraciones socioculturales, incorporar ambos procedimientos metodológicos a análisis cada vez más amplios de la modernización social a gran escala y de los procesos de difusión y recepción transcultural.

Tal ampliación de la perspectiva analítica viene sugerida por el examen de los resultados de los diversos campos de la investigación comparada; de hecho, es algo que se nos impone por el entrelazamiento mismo de corrientes contrarias de:

i) internacionalización e idiosincratización;
ii) integración supranacional y diversificación intranacional;
iii) *universales evolutivos* y configuraciones socioculturales;
iv) procesos de difusión globales y procesos de recepción específicos de las culturas;
v) un universalismo abstracto de los modelos transnacionalmente difundidos y una elaboración estructural generadora de desviación;
vi) la extensión global de modelos educativos estandarizados (independientemente de los diferentes escenarios sociales) y la sorprendente diversidad de redes de interrelación socioculturales (a pesar de las suposiciones universalistas de las teorías abarcadoras).

Es, pues, este entrelazamiento el que determina el terreno común en el cual los temas de la escolarización, la educación y la formación se entrecruzan, práctica y políticamente, con lo que Max Weber había denominado *temas centrales de la civilización* en un mundo cambiante; es más, este entrelazamiento de corrientes contrarias designa un núcleo duro de problemas inevitables de análisis empírico y de explicación teórica que la educación comparada está llamada a resolver. Estos problemas explicativos forman el contexto que, a finales del siglo XX y comienzos del siglo XXI, estará obligada a tener en cuenta la educación comparada cuando se disponga, como diría Weber, a (i) clarificar sus *puntos de vista* rectores, (ii) explicar sus enfoques metodológicos, e (iii) identificar su *aparato conceptual*. Esto presupone, sin embargo, que la educación comparada, como campo, se niegue a quedar subordinada a los ciclos efímeros de la política educativa, o a verse sustituida sin protestas por las pretensiones de una emergente *ciencia del mundo* (la globología) y que, por el contrario, se defina a sí misma –tal como lo planteaba el ideal de finales del siglo XVIII y como lo afirman consideraciones epistemológicas más recientes– como la *disciplina-aspecto*[105] comparativa (en oposición a la sistemática o histórica) de una ciencia de la educación como tal.

Al nivel de la práctica científica, tales conclusiones arrojan consecuencias de tres tipos. Una educación comparada que pretenda poner plenamente de relieve la complejidad de su campo de investigación no tiene más alternativa que: (i) conceptualizar su materia en la perspectiva, tanto en términos de trayectorias de modernización social, como de configuraciones socioculturales y procesos de difusión y recepción transcultural[106]. Como consecuencia de este ensamblaje de perspectivas, el estudio comparado se convierte en asociable con las tesis de los teóricos del sistema mundial; al mismo tiempo, sin embargo, el estudio comparado contribuye a la elucidación empírica del carácter global de los procesos de internacionalización (mediante reconstrucciones históricas detalladas) y comprueba la pretensión de validez del universalismo evolutivo (por medio de comparaciones metó-

---

105. Diemer, Alwin: "Zur Grundlegung eines allgemeinen Wissenschaftsbegriffs", en *Zeitschrift für Allgemeine Wissenschaftstheorie*, 1, 2, 1970.
106. McMichael, Philip: "Incorporating Comparison within a World-Historical Perspective: An Alternative Comparative Method", en *American Sociological Review*, 55, 1990 ["Repensar el análisis comparado en un contexto postdesarrollista", en *Revista Internacional de Ciencias Sociales*, 133, 1992]. El concepto de modernización sociohistórica no se emplea aquí en el sentido de una occidentalización inherente en una lógica supuestamente inevitable de la historia mundial; sirve más bien como una *etiqueta paraguas*, como una "expresión funcional de esos procesos intervinculados de secular cambio social, político, económico y cultural (tales como industrialización, democratización, burocratización y urbanización), cuyos efectos se experimentan en todo el mundo, aunque de una forma muy desigual. (...) En consecuencia, la modernización no implica el surgimiento de alguna especie de sociedad mundial en la que prevalezca la homogeneidad cultural o el cosmopolitismo. Debido a que sus efectos se experimentan de modo desigual en todo el mundo, y a que promueve resistencia allí donde penetra, sería más exacto decir que la modernización refuerza las tendencias tanto hacia la integración como hacia la desintegración del sistema global contemporáneo" (McGrew, 1992, *op. cit.*, págs. 25-26).

SISTEMA MUNDIAL Y REDES DE INTERRELACIÓN

dicas). En este ensamblaje de perspectivas, la educación comparada se ve obligada a (ii) *reconciliar historia y comparación* en el método, en paralelo con el creciente consenso surgido del debate en la sociología histórica[107]. Esta reconciliación no es simplemente la combinación de la comparación intercultural y el análisis de los procesos históricos en la investigación histórico-comparada[108], sino que también implica la temporalización de los mismos conceptos explicativos (definiciones del problema, variables de fondo, configuraciones causales, etc.) y de los modelos analíticos[109]. Finalmente, en lo que concierne al aparato conceptual (iii), tales consecuencias resaltan la necesidad de que la educación comparada se fíe de orientaciones teóricas y sistemas conceptuales capaces de incorporar la considerable serie de puntos de vista metodológicos y perspectivas analíticas, así como de informar la correspondiente investigación; es decir, de orientaciones que sean capaces de integrar los resultados obtenidos en los diversos campos de la investigación comparada en redes de interrelación y dinámicas de sistema, mecanismos amplificadores de la desviación y causalidad compleja, y en la elaboración estructural y la dependencia del cambio estructural recursivo sobre estructuras previas.

Las teorías que incorporan y elaboran tales comprensiones se han desarrollado a lo largo de las dos últimas décadas sobre la base de la investigación en las ciencias naturales, las ciencias biológicas y las ciencias sociales. Bajo encabezamientos como *autoorganización* y *morfogénesis*, delinean un programa de investigación interdisciplinaria que tiene una importancia creciente[110]. No solo han informado la investigación en campos tan dispares como la meteorología, la teoría de la dirección y el desarrollo urbano, sino que también han inspirado reorientaciones teóricas en la investigación tecnológica comparada, la sociología

---

107. Badie, 1992b: *op. cit.*, pág. 364.
108. Schriewer, Jürgen: "Vergleichend-historische Bildungsforschung: Gesamttableau oder Forschungsansatz?", en *Zeitschrift für Pädagogik*, 30, 3, 1984.
109. Castles, Francis G.: *The Comparative History of Public Policy*, Polity Press, Cambridge, 1989.
110. Krohn, Wolfgang; Küppers, Günther, y Paslack, Rainer: "Selbstorganisation: Zur Genese und Entwicklung einer wissenschaftlichen Revolution", en Siegfried J. Schmidt (comp.): *Der Diskurs des radikalen Konstruktivismus*, Suhrkamp, Fráncfort del Meno, 1987.

industrial y organizativa, y la sociología histórico-comparada de la Educación. Entre los principales autores que representan tales desarrollos teóricos se incluyen Margaret S. Archer, que escribe en inglés[111], y Edgar Morin[112] y Niklas Luhmann[113], que lo hacen en francés y alemán respectivamente. Quisiera indicar aquí unos pocos aspectos de estos desarrollos teóricos porque, regresando a un enfoque de historia de la ciencia, se puede demostrar que presentan ciertos paralelismos con problemáticas previas, al mismo tiempo que ofrecen nuevas respuestas.

De modo no muy diferente al *grand programme* de la ciencia comparada de finales del siglo XVIII, los modelos de autoorganización que aparecen en la esfera de las ciencias sociales representan otra innovación teórica tomada de las ciencias biológicas. No obstante, la importancia particular de la teoría de Luhmann sobre los sistemas sociales autoreferenciales surge de su apropiación de las ideas fundamentales de la teoría general de sistemas, la cibernética, la neurofisiología y la teoría de la comunicación y, al mismo tiempo, de su reformulación de esos conceptos con referencia a la *peculiaridad* –como decía Wilhelm von Humboldt– de la esfera social. Al hacerlo así, Luhmann elabora precisamente las diferencias entre *sistemas vivos* y *sistemas generadores de significado* y, dentro de estos últimos, entre *sistemas psíquicos* (constituidos sobre la base de la conciencia) y *sistemas sociales* (constituidos sobre

---

111. Archer, Margaret S.: "Theorizing about the Expansion of Educational Systems", en Margaret S. Archer (comp.): *The Sociology of Educational Expansion. Take-off, Growth and Inflation in Educational Systems*, Sage, Beverly Hills y Londres, 1982; "Structuration versus Morphogenesis", en Shmuel N. Eisenstadt y Horst J. Helle (comps.): *Macro-Sociological Theory*, vol. 1: Perspectives on Sociological Theory, Sage, Beverly Hills y Londres, 1985.
112. Morin, Edgar: *La Méthode* (tomo 1: La Nature de la Nature; tomo 2: La Vie de la Vie), Seuil, París, 1981-1985 [*El método*, tomo 1: La naturaleza de la naturaleza, Alianza, Madrid, 1993; *El método*, tomo 2: La vida de la vida, Alianza, Madrid, 1993].
113. Luhmann, Niklas: *Soziologische Aufklärung*, tomos 1-5, Westdeutscher Verlag, Opladen, 1970-1990 [vol. I: *Ilustración sociológica y otros ensayos*, Sur, Buenos Aires, 1973]; *The Differentiation of Society*, Columbia University Press, Nueva York, 1982b; *Soziale Systeme. Grundriss einer allgemeinen Theorie*, Fráncfort del Meno, 1984 [*Sistemas sociales. Lineamientos para una teoría general*, México, Alianza Editorial/Universidad Iberoamericana, 1991]; *Essays on Self-Reference*, Columbia University Press, Nueva York, 1990.

SISTEMA MUNDIAL Y REDES DE INTERRELACIÓN

la base de la comunicación)[114]. Así, la problemática de Humboldt, surgida del antagonismo, inherente a la particularidad del campo de lo social, entre las pretendidas *leyes* de la naturaleza humana y la *energía espontánea* del hombre, encuentra una respuesta compatible con la ciencia social de los tiempos actuales.

Otra ventaja del trabajo de Luhmann surge del entrelazamiento de la teoría de sistemas con la teoría evolutiva o, más específicamente, de una teoría de la comunicación social con una teoría de la diferenciación social[115]. Esta estructura ofrece las herramientas conceptuales para comprender la especificidad de los campos de acción sociocultural (como la educación) y su relación con el entorno social[116]; además, ofrece las opciones conceptuales para hacer comprensibles estos campos de acción (o subsistemas) en su evolución dentro del contexto de procesos de diferenciación sociohistórica más amplios, incluida la intensificación sociomundial contemporánea de la comunicación especializada.

---

114. Lipp, Wolfgang: "Autopoiesis biologisch, Autopoiesis soziologisch", en *Kölner Zeitschrift für Soziologie und Sozialpsychologie*, 39, 1987.
115. Luhmann, Niklas: "Systemtheorie, Evolutionstheorie und Kommunikationstheorie", en *Soziologische Aufklärung 2*, Westdeutscher Verlag, Opladen, 1975b. Se puede recordar al lector la distinción, cuya importancia teórica ha sido elaborada, entre otros, por Wolfgang Schluchter (en *Die Entwicklung des okzidentalen Rationalismus. Eine Analyse von Max Webers Gesellschaftsgeschichte*, Mohr, Tubinga, 1979), entre filosofías de la historia en la tradición de Hegel, Marx y Toynbee, y las reformulaciones más recientes de la teoría evolutiva, tal como han sido emprendidas, entre otros, por Luhmann. Las primeras se hallan enraizadas en la idea de *necesidad causal* y construyen secuencias universalmente válidas de fases de desarrollo. Las últimas se basan en la *contingencia causal* y en la *causalidad atribuida*, y solo reconocen secuencias de fases reconstruidas a posteriori; renuncian, por tanto, a criterios generales de desarrollo y a la posibilidad de una periodización del cambio sociohistórico que sea universalmente válida.
116. Schriewer, Jürgen: "Funktionssymbiosen von Überschneidungsbereichen: Systemtheoretische Konstrukte in vergleichender Erziehungsforschung", en Jürgen Oelkers y Heinz-Elmar Tenorth (comps.): *Pädagogik, Erziehungswissenschaft und Systemtheorie*, Beltz, Weinheim y Basilea, 1987; "Comparación y explicación en el análisis de los sistemas educativos", en Miguel A. Pereyra (comp.): *Los usos de la comparación en ciencias sociales y en educación*, Centro de Publicaciones del MEC, Madrid, 1990b.

INTERNACIONALIZACIÓN

Tal estructura teórica hace posible, pues, una conceptualización de la investigación histórico-comparada que es lo suficientemente compleja como para permitir el análisis de los supuestos *universales evolutivos*, no ya en abstracto, sino en su realidad histórica, es decir, en su inserción dentro de procesos de diferenciación social, de interacción social y de difusión global. Además, permite retomar líneas opuestas de interpretación que impregnaron el desarrollo de las disciplinas comparadas desde su concepción a finales del siglo XVIII. De hecho, la oposición entre enfoques genealógico-evolutivos y ecológico-culturalistas —personificada en la histórica disputa dirimida en la Academia de las Ciencias francesa, en el año de 1830, entre el evolucionista Etienne Geoffroy Saint-Hilaire (que fue apoyado públicamente por Goethe) y el teórico del catastrofismo Georges Cuvier— solo quedó posteriormente neutralizada en el eclipse de los primeros por metodologías decididamente científicas que dieron prioridad a los segundos.

4.2. Construcciones semánticas de la sociedad mundial

Los conceptos guía de *autorreferencia, reflexividad* y *reflexión*, constitutivos de la teoría de Luhmann, son fundamentales para el desarrollo de un último argumento ya que conceptualizan los procesos socioculturales basados en el significado como una realidad social que se observa y se describe a sí misma y que utiliza esta autodescripción para organizarse. Estos conceptos implican, en esencia, desde el principio mismo, una perspectiva basada en la sociología del conocimiento. Tal perspectiva surge en respuesta a la disgregación entre desarrollos estructurales y desarrollos semánticos, así como a las interrelaciones (que no varían de modo arbitrario) entre ellos en ámbitos particulares de la acción social, tales como la educación. Las interrelaciones así asumidas entre *estructuras de la sociedad* y *semántica* [Gesellschaftsstruktur und Semantik][117], entre las pautas de orden social y sus significados correspondientes registrados en forma escrita, y entre organizaciones e ideas, ofrecen un marco explicativo para los hallazgos de la investigación comparada que

---

117. Luhmann, Niklas: *Gesellschaftsstruktur und Semantik. Studien zur Wissenssoziologie der modernen Gesellschaft*, tomos 1-4, Suhrkamp, Fráncfort del Meno, 1980-1995.

SISTEMA MUNDIAL Y REDES DE INTERRELACIÓN

resaltan la importancia de los esquemas interpretativos, de los *significados sociales*[118] y de "las capacidades mantenedoras del orden y transformadoras del orden propias de las dimensiones simbólicas de la actividad humana"[119], en los diversos procesos de formación de sistemas y de modernización. Sirven, pues, como un vínculo conceptual adecuado para la recombinación[120] de la *historia social* y la *historia intelectual*.

Más importante aún es el hecho de que estas interrelaciones invitan a prestar una atención renovada a una distinción, hecha ya por Friedrich Schneider, que puede utilizarse fructíferamente para un posterior análisis de los procesos de internacionalización. Me refiero a la distinción previamente mencionada entre *educación internacional* (como campo de la actividad intelectual) e *interconexión internacional en la educación* (como hecho histórico) que es aplicable a una diferenciación entre niveles, como se ha dado a entender a lo largo de este capítulo (por ejemplo, la diferencia entre un *universalismo abstracto de modelos difundidos transnacionalmente* y *pautas estructurales multiformes*) y ahora se indicará explícitamente. De un modo bastante independiente respecto de la internacionalización efectiva de pautas típicas de la organización y la expansión educativa, se ha producido (y continúa produciéndose) una discusión acerca de la *internacionalidad* en el debate de la reforma educativa. Arropada en constructos tales como *modelos mundiales*[121], *estándares internacionales*[122] o *tendencias del desarrollo global*[123], la discusión tiende a prece-

---

118. Ringer, Fritz K.: *Education and Society in Modern Europe*, Indiana University Press, Bloomington y Londres, 1979.
119. Eisenstadt, Shmuel N.: "Structure and History", en *International Political Science Review*, 10, n. 2, 1989.
120. Ringer, 1992, *op. cit.*
121. Chalker, Donald M., y Haynes, Richard: *World Class Schools: New Standards for Education*, Technomic Publishing Company, Lancaster, 1994.
122. Hanf (1980) ofrece un sucinto informe referente a la reforma de largo alcance diseñada para adaptar la educación primaria en Ruanda a las condiciones de la vida concreta (es decir, agrícola) y de trabajo de la gran mayoría de la gente; la reforma fracasó debido a la insuperable resistencia planteada por los miembros del servicio civil local, comprometidos con los *estándares internacionales*. Véase Hanf, Theodor: "Die Schule der Staatsoligarchie", en *Bildung und Erziehung*, 33, 5, 1980.
123. La identificación y sintetización sistemáticas de las tendencias del desarrollo transnacional, utilizadas como medios para dar orientación a la política educativa, fueron transformadas incluso en un enfoque metodológico peculiar de la

der al hecho mismo de la internacionalización. En otras palabras, el ámbito de los procesos de modernización sociohistórica, llenos de tensión, debe distinguirse del ámbito del discurso educativo autoevolutivo. Esta diferenciación exige una diferenciación adicional entre los correspondientes enfoques analíticos. En consecuencia, lo que queda por especificar, más allá de la redefinición de las perspectivas de una ciencia de la educación comparada que se corresponda con las dimensiones de su campo de investigación y como complemento de esta, es el enfoque conceptual del análisis de la sociología del conocimiento con respecto a las contribuciones pedagógicas a la construcción semántica de la sociedad mundial.

La teoría de la autorreferencia (o, más precisamente, la secuencia de conceptos de *reflexión-interrupción en las relaciones de interdependencia-externalización*) es la que aporta las herramientas conceptuales para llevar a cabo este análisis. Dotada de estas herramientas, la reexaminación sociohistórica de las producciones mismas de la educación comparada institucionalizada complementa, a su vez, el análisis empírico de los fenómenos sociales mundiales[124]. Subyacente en este enfoque, se encuentra la presuposición de que la teoría educativa se desarrolla fundamentalmente no como una teoría científica (producida de acuerdo con el compromiso de la *ciencia pura* con los criterios de la *verdad*), sino como una teoría de la reflexión (formulada dentro de los subsistemas especializados de cada sociedad, con el propósito de fomentar las capacidades de autocomprensión y autodirección de estos sistemas). La teoría educativa, pues, es la teoría de la reflexión del sistema educativo desarrollada dentro de él. Al discutir su campo de investigación, la teoría educativa se analiza a sí misma como un componente de este mismo campo y, al hacerlo así, analiza su propia autodiscusión. En consecuencia, como todas las formas de oclusión autorreferencial, las teorías de la reflexión desarrolladas en los contextos de subsistemas particulares requieren interrumpir sus relaciones cir-

---

educación comparada por Roselló (1978). Véase Roselló, Pedro: *La teoría de las corrientes educativas: Cursillo de educación comparada dinámica*, Ediciones de Promoción Cultural, Barcelona, 1978.

124. Los párrafos siguientes se inspiran en una línea de razonamiento desarrollada con mayor detalle en Schriewer. 1990a. *op. cit.*, págs. 62ss, y basada en amplias referencias bibliográficas. Aquí, se alude a esa literatura en forma sintetizada mediante itálicas.

culares de interdependencia. Tales interrupciones asumen típicamente la forma de una apertura de los sistemas –si bien de modo muy selectivo– a sus ambientes externos respectivos. La autorreferencia circular puede someterse a la especificación a través de la incorporación de un *significado complementario*, extraído de puntos de referencia externos. Por lo que se refiere a la pedagogía, concebida como teoría de la reflexión del sistema educativo, Luhmann y Schorr[125] han identificado, sin pretender ser exhaustivos, tres grandes pautas de *externalización*: la referencia a (i) principios generales de racionalidad científica, (ii) valores y (iii) organización. Los autores clarifican, además, la función que cumplen estas formas de externalización por lo que se refiere a la estabilización de la pedagogía como corpus de conocimiento teórico a la vez comprometido con la discusión de los problemas del sistema educativo e interesado por el estatus y la reputación académica. Así, la referencia (i) a principios generales, tal como los han formulado las filosofías de la ciencia, exime a la Pedagogía de la necesidad de adoptar supuestos apriorísticos o dogmáticos para convalidar su pretendida naturaleza científica. La referencia (ii) a valores o a ideologías basadas en valores, externaliza la justificación para la acción, especialmente en la reforma educativa y en la toma de decisiones políticas. La referencia (iii) a la organización, finalmente, al desplazar la culpa de los fracasos hacia la política o la administración, define "un foco al cual adscribir los aspectos más desagradables de la realidad social"[126]; constituye una característica del pensamiento educativo que externaliza las frustraciones, al mismo tiempo que estimula reclamos de alternativas en la organización educativa.

Estas características estructurales, correlativas con la naturaleza autorreferencial de la teoría de la reflexión, establecen las condiciones para el examen y la reinterpretación sociológicos de un extenso cuerpo de literatura que, aunque débil en su metodología comparativa y cuestionable en lo que concierne a su importancia teórica, se ha ve-

---

125. Luhmann, Niklas, y Schorr, Karl-Eberhard: *Reflexionsprobleme im Erziehungssystem*, Klett-Cotta, Stuttgart, 1979, págs. 338ss. [*El sistema educativo (Problemas de reflexión)*, Universidad de Guadalajara-Universidad Iberoamericana-Instituto Tecnológico y de Estudios Superiores de Occidente, Guadalajara, 1993].
126. Íd., págs. 341ss.

nido asignando convencionalmente a la educación comparada. Considerada de tal modo, esta literatura adquiere una nueva (e inesperada) importancia. Es ella la que satisface el requisito estructural de externalización, intrínseco a la teoría de la reflexión, particularmente en lo que respecta a la reflexión reformadora en el terreno de la educación. Formuladas desde un punto de vista interno a un sistema nacional de educación dado y comprometidas con las preocupaciones prácticas de ese sistema, las referencias a *ejemplos del extranjero, experiencias mundiales* o *situaciones del mundo* deben comprenderse como algo más que historias contemporáneas objetivamente documentadas de prácticas educativas de otros países. Se espera, más bien, que tales referencias sirvan como *lecciones,* que aporten *ideas estimuladoras,* que ofrezcan *nuevos ímpetus a la definición de políticas,* o que perfilen un *marco de referencia* para la especificación de opciones de reforma. Así pues, el acto de *mirar más allá de las propias fronteras hacia países comparables* se concibe, en términos que indican particularmente la absorción intencionada de significado complementario a través de la externalización, como "un sistema que se abre hacia el exterior (...) a los estímulos externos"[127]. Este tipo de referencias a ejemplos del extranjero y a un supuesto *ámbito de internacionalidad,* aunque relizadas de modo teórica y metodológicamente no explícito, puede verse como una forma de remisión al ambiente externo que es complementaria de las tres pautas de externalización de Luhmann y Schorr. En consecuencia, tal externalización de las situaciones mundiales relevantes para la educación no implican un análisis comparativo de las diferencias socioculturales llevado a cabo con el propósito de promover el conocimiento social y científico, sino más bien la minimización de tales diferencias al sugerir una orientación (primero en el nivel de las ideas y modelos de reforma, y después en el nivel de la política práctica) hacia las *sociedades de referencia* internacional[128], ya se trate de los *países que están al frente de la civilización del mundo,* como afirmara característica-

---

127. Schorb, Alfons Otto: "Der internationale Vergleich als Instrument der Bildungspolitik", en Wolfgang Hilligen y Rudolf Raasch (comps.): *Pädagogische Forschung und pädagogischer Fortschritt,* Bertelsmann, Bielefeld, 1970, págs. 16 y 20.
128. Bendix, Reinhard: *Kings or People. Power and Mandate to Rule,* University of California Press, Londres y Berkeley, 1978.

mente un autor español de mediados del siglo XIX[129] o, en la terminología de finales del siglo XX, *los diez países de clase mundial*[130]. Para ello, se valen, en los términos de la distinción de Friedrich Schneider, no del *método de análisis comparativo* [komparative Methode] utilizado como enfoque característico de la formación y/o explicación de la teoría, sino que tratan más bien de lograr una *observación transnacional* [vergleichende Betrachtung], llevada a cabo con la intención de "exponer los grandes problemas, ideas y corrientes existentes en la pedagogía mundial"[131]. En otras palabras, la idoneidad de la externalización a las situaciones mundiales con el fin de producir significado complementario se halla relacionada no con la utilización de los métodos de comparación de la ciencia social (cuyo potencial crítico inherente está vinculado con técnicas *complejas* para el establecimiento de relaciones entre relaciones o incluso pautas de relaciones), sino con su recurso al sustituto mismo de la comparación, es decir, a la *perspectiva internacional* (organizada a discreción del observador sobre la base de las operaciones *simples* de identificar similitudes o discernir las relaciones mayor/menor o anterior/posterior que se establecen entre hechos observables).

Este argumento se ve sustanciado por los relatos históricos del desarrollo de los estudios comparados y/o internacionales en la educación. Al margen de si se trataba de extender los ideales de la *educación progresiva* al *movimiento educativo mundial*, o de identificar una *idea europea occidental común de la educación*; tanto si las estructuras educativas se percibían como dependientes de la creciente *convergencia de las sociedades industrializadas* o de una *revolución científica y tecnológica* en marcha; tanto si el debate giraba en torno a la *democratización* o la *integración*, como si lo hacía en torno al *resurgimiento de los valores de la educación* o de las *perspectivas mundiales* en la educación de adultos: todas esas variadas formas internacionalizadoras de política educativa y de discurso reforma-

---

129. Pedro, Francesc: *Los precursores españoles de la educación comparada. Antología de textos*, Universidad Nacional de Educación a Distancia, Madrid, 1987, págs. 163s.
130. Chalker y Haynes, 1994, *op. cit.*
131. Schneider, Friedrich: "Internationale Pädagogik, Auslandspädagogik, Vergleichende Erziehungswissenschaft", en *Internationale Zeitschrift für Erziehungswissenschaft*, 1, 1931-1932, págs. 243 y 403s.

dor que se desarrollaron dentro de escenarios nacionales particulares

> (...) *han servido tanto para corroborar la tarea de personas que comparten las mismas opiniones, como para ofrecerles una justificación ante sus oponentes. La demostración de internacionalidad en las exigencias de reforma propias ha venido a eximirlas de las acusaciones de intencionalidad y parcialidad, al tiempo que les ha otorgado un carácter universal e indispensable*[132].

Así, la externalización a las situaciones mundiales viene a objetivar, en cierto sentido, las fundamentaciones de políticas de reforma basadas en valores. Esta tarea de justificación se efectúa bajo la forma de descripciones históricas y/o estudios estadísticos reconocidos como *científicos*. Además, y dado que buena parte de la literatura de la reflexión reformadora internacional se centra en definir y desarrollar aún más las estructuras institucionales y los modelos de organización educativa, esta pauta de referirse a la externalidad, mediante la indicación de posibles alternativas, se halla bien diseñada para superar las decepciones con las que se encuentran, una y otra vez, los pedagogos en un mundo social determinado por la organización. En otras palabras, la externalización (iv) a situaciones mundiales neutraliza la obligación de recurrir de inmediato (ii) a valores o ideologías basadas en valores; redobla la referencia (i) a estándares de cientificidad y refuerza la externalización (iii) a la organización. Al combinar de ese modo los aspectos justificativos, fundacionales y adscriptivos, las externalizaciones a las situaciones mundiales ofrecen un notable grado de dinamismo autorregulado para la reflexión reformadora sobre la Educación. En consecuencia, como es aparente de igual modo en las ambigüedades iniciales implicadas por el programa metodológico de Friedrich Schneider y en el desarrollo posterior del campo, es el tipo de teorización específica del propio sistema de reflexión educativa, perpetuamente renovado, que ha transmutado el *grand programme* de la educación comparada en su forma sustituta: la educación internacional.

---

132. Zymek, Bernd: *Das Ausland als Argument in der pädagogischen Reformdiskussion*, Henn, Ratingen, 1975, págs. 348s.

SISTEMA MUNDIAL Y REDES DE INTERRELACIÓN

Las externalizaciones a situaciones mundiales no se construyen en un vacío. Por el contrario, se hallan insertas en una realidad global, en el *sistema interestatal*, según la rama *neoinstitucionalista* de la investigación de los sistemas mundiales[133]; una realidad caracterizada igualmente por su diferenciación en una multitud de sistemas políticos organizados territorialmente y por múltiples racimos de interrelaciones (de competencia, rivalidad, conflicto, dominación, cooperación o alianza) entre esos sistemas. Los impulsos competitivos que surgen del funcionamiento de este *sistema interestatal* implican, pues, la multiplicación de externalizaciones a situaciones mundiales a lo largo de las distintas perspectivas desde un sistema hacia su entorno, que se corresponden con los numerosos sistemas educativos definidos por los Estados-Nación (y con otros contextos de reflexión reformadora sobre la Educación relacionados con el sistema). En otras palabras, un contexto de autorreflexión sistémica (política y lingüísticamente definido) produce una externalización a otros sistemas educativos y sus autorreflexiones; estos contextos se refieren, a su vez, a otros, con la consecuencia de que terminan por configurar modelos y ofrecerse recíprocamente *ideas estimuladoras*. A partir de la acumulación de este tipo de relaciones de observación y externalización entre sistemas, surge una red de referencias recíprocas que adquiere vida propia, que impulsa, refuerza y dinamiza la universalización de ideas, modelos, estándares y opciones para la reforma educativa. Esta red queda incorporada, como componente esencial, al discurso autosostenido de la reforma educativa a nivel mundial. Finalmente, y visto desde una perspectiva de la sociología del conocimiento, este discurso transnacional actúa como contrapartida semántica de los procesos evolutivos en marcha, impulsados por la inquietud dinámica intrínseca de la sociedad moderna funcionalmente diferenciada, al mismo tiempo que reacciona como la construcción semántica de la sociedad mundial, sobre estructuras sociales en el sentido de una mayor armonización, estandarización y homogeneización.

---

133. Ramírez, Francisco O., y Boli-Bennett, John: "The Political Construction of Mass Schooling: European Origins and Worldwide Institutionalization", en *Sociology of Education*, 60, 1987.

5. Referencias bibliográficas

Adick, Christel: "Schule im modernen Weltsystem", en *Zeitschrift für Kulturaustausch*, vol. 38, 3, Stuttgart, 1988.
___ *Die Universalisierung der modernen Schule*, Schöningh, Paderborn, 1992a.
___ "Historisch-vergleichende Bildungsforschung und die Entwicklungslogik der 'langen Wellen' der Schulgeschichte", en Adick, Christel y Krebs, Uwe (comps.): *Evolution, Erziehung, Schule: Beiträge aus Anthropologie, Entwicklungspsychologie, Humanethologie und Pädagogik*, Universitätsbibliothek, Erlangen, 1992b.
Albrow, Martin, y King, Elizabeth: *Globalization, Knowledge and Society*, Sage, Londres, 1990.
Altbach, Philip G.: *The Knowledge Context: Comparative Perspectives on the Distribution of Knowledge*, State University of New York Press, Albany, 1987.
___ "Textbooks: The International Dimension", en Apple, Michael W. y Christian-Smith, Linda (comps.): *The Politics of the Textbook*, Routledge, Nueva York, 1991a, págs. 242-258.
___ "Third world publishers and the international knowledge system", en *Logos*, núms. 2-3, 1991b, págs. 122-126.
___ "Patterns in higher education development", en *Prospects* XXI, n. 2, págs. 189-203.
___ "International Knowledge Networks", en Husén, Torsten y Postlethwaite, T. Neville (comps.): *The International Encyclopedia of Education*, vol. 5, Pergamon-Elsevier, Oxford, págs. 2.993-2.998.
Anweiler, Oskar: "Comparative Education and the Internationalization of Education", en *Comparative Education*, 13, 2, 1977, págs. 109-114.
___ "Die internationale Dimension der Pädagogik", en Anweiler, Oskar (comp.): *Wissenschaftliches Interesse und politische Verantwortung: Dimensionen vergleichender Bildungsforschung*, Leske & Budrich, Opladen, 1990, págs. 225-235.
Archer, Margaret S.: "Theorizing about the Expansion of Educational Systems", en Archer, Margaret S. (comp.): *The Sociology of Educational Expansion. Takeoff, Growth and Inflation in Educational Systems*, Sage, Beverly Hills y Londres, 1982, págs. 3-64.
___ "Structuration versus Morphogenesis", en Eisenstadt, Shmuel N. y Helle, Horst J. (comps.): *Macro-Sociological Theory*, vol. 1: Perspectives on Sociological Theory, Sage, Beverly Hills y Londres, 1985, págs. 58-88.
Arnove, Robert: "Comparative Education and World-Systems Analysis", en *Comparative Education Review*, 24, 1, 1980, págs. 48-62.
Badie, Bertrand: *L'Etat importé. Essai sur l'occidentalisation de l'ordre politique*, Fayard, París, 1992a. "Analyse comparative et sociologie historique", en *Revue Internationale des Sciences Sociales*, n. 133, 1992b, págs. 363-372.

___ y Hermet, Guy: *Politique Comparée*, PUF, París, 1990.
Bendix, Reinhard: *Kings or People. Power and Mandate to Rule*, University of California Press, Londres y Berkeley, 1978.
Bergesen, Albert: "Preface" y "From Utilitarianism to Globology: The Shift from the Individual to the World as a Whole as the Primordial Unit of Analysis", en Bergesen, Albert (comp.): *Studies of the Modern World System*, Academic Press, Nueva York, 1980, págs. Xiii-xiv y 1-12.
Birnbaum, Pierre: *States and Collective Action: The European Experience*, Cambridge University Press, Cambridge, 1988.
Boli, John; Ramírez, Francisco O., y Meyer, John W.: "Explaining the Origins and Expansion of Mass Education", en Altbach, Philip G. y Kelly, Gail P. (comps.): *New Approaches to Comparative Education*, The University of Chicago Press, Chicago y Londres, 1986, págs. 105-130 ["Explicación de los orígenes y el desarrollo de la educación de masas", en Altbach, Philip G. y Kelly, Gail P., *Nuevos enfoques en educación comparada*, Mondadori, Madrid, 1990., págs. 123-152].
Boli, John, y Ramírez, Francisco O.: "Compulsory Schooling in the Western Cultural Context", en Arnove, Robert; Altbach, Philip G. y Kelly, Gail P. (comps.): *Emergent Issues in Education. Comparative Perspectives*, State University of New York Press, Albany, 1992, págs. 25-38.
Bornschier, Volker, y Lengyel, Peter: *World Society Studies*, vol. 1, Campus, Fráncfort del Meno y Nueva York, 1990.
Boudon, Raymond: "Grandeur et décadence des sciences du développement: Une étude de sociologie de la connaissance", en *L'Année sociologique*, 3a serie, tomo 42, 1992, págs. 253-274.
Braudel, Fernand: Civilisation matérielle, économie et capitalisme, XVe - XVIIIe siècles, 3 vols., A. Colin, París, 1979 [Civilización material, economía y capitalismo, siglos XV-XVIII, 3 vols., Alianza, Madrid, 1984].
Casanova, Pascale: "La World Fiction: une fiction critique", en *Liber - Revue européenne des livres*, 16 de diciembre, 1993, págs. 111-115.
Castles, Francis G.: *The Comparative History of Public Policy*, Polity Press, Cambridge, 1989.
Chalker, Donald M., y Haynes, Richard: *World Class Schools: New Standards for Education*, Technomic Publishing Company, Lancaster, 1994.
Charpenter, Jean, y Engel, Christian: *Les régions de l'espace communautaire*, Presses Universitaires de Nancy, Nancy, 1992.
Chekki, Dan A.: *American Sociological Hegemony. Transnational Explorations*, University Press of America, Lanham y Londres, 1987.
Coombs, Philip H.: *The World Crisis in Education. The View from the Eighties*, Oxford University Press, Nueva York y Oxford, 1985 [*La crisis mundial de la educación. Perspectivas actuales*, Santillana, Madrid, 1985].

Cowen, Robert: *Educational Structures* (International Yearbook of Education, vol. 34), UNESCO, 1982.
___ "The Importation of Higher Education into Brazil and Japan", en Cunningham, Peter y Brook, Colin (comps.): *International Currents in Educational Ideas and Practice*, ponencias presentadas en la Conferencia Anual de 1987 de la Sociedad de Historia de la Educación, celebrada conjuntamente con el BCIES, History of Education Society, Evington, 1988, págs. 41-49.
Cuvier, Georges de: *Leçons d'anatomie comparée*, 5 vols., París, 1800-1805.
Deppe, Rainer, y Hoss, Dietrich: Work Organization, Incentive Systems and Effort Bargaining in Different Social and National Contexts, Institut für Sozialforschung, Fráncfort del Meno, 1984.
Diemer, Alwin: "Zur Grundlegung eines allgemeinen Wissenschaftsbegriffs", en *Zeitschrift für Allgemeine Wissenschaftstheorie*, 1, 2, 1970, págs. 209-227.
Dierkes, Meinolf, Weiler, Hans N., y Berthoin-Antal, Ariane: *Comparative Policy Research. Learning from Experience*, Gower, Aldershot, 1987.
D'Iribarne, Philippe: *La logique de l'honneur. Gestion des entreprises et traditions nationales*, Seuil, París, 1989.
Dore, Ronald: *British Factory - Japanese Factory: The Origins of National Diversity in Industrial Relations*, University of California Press, Berkeley, 1973.
Dräger, Horst: "Der interessierte Blick in die Fremde", en Friedenthal-Haase, Martha (comp.): *Erwachsenenbildung im Kontext: Beiträge zur grenzüberschreitenden Konstituierung einer Disziplin*, Klinkhardt, Bad Heilbrunn, 1991, págs. 208-225.
Durkheim, Émile: Les *règles de la méthode sociologique*, PUF, París, 1986 [*Las reglas del método sociológico*, Morata, Madrid, 1974].
Eisenstadt, Shmuel N.: *Tradition, Change, and Modernity*, Wiley-Interscience, Nueva York, 1973.
___ "Structure and History", en *International Political Science Review*, 10, n. 2, 1989, págs. 99-110.
Elias, Norbert: "Zur Soziogenese der Begriffe 'Zivilisation' und 'Kultur'", en Elias, Norbert: *Über den Prozess der Zivilisation*, Suhrkamp, Fráncfort del Meno, 1978, págs. 1-64 [*El proceso de la civilización: investigaciones sociogenéticas y psicogenéticas*, FCE, México, 1993].
Epstein, Erwin H.: "Currents Left and Right: Ideology in Comparative Education", en *Comparative Education Review*, 27, 1983, págs. 3-39 ["La izquierda y la derecha. La ideología en la educación comparada", en Altbach, Philip G. y Kelly, Gail P. (comps.): *Nuevos enfoques en educación comparada*, Mondadori, Madrid, 1990, págs. 265-295].
Espagne, Michel, y Werner, Michael: "Présentation", en *Revue de synthèse*, 4a serie, n. 2, abril-junio, 1988, págs. 187-194.

___ Philologiques I. Contribution à l'histoire des disciplines littéraires en France et en Allemagne au XIXe siécle, Editions de la Maison des Sciences de l'Homme, París, 1990.
Fägerlind, Ingemar, y Saha, Lawrence J.: *Education and National Development: A Comparative Perspective*, Pergamon Press, Oxford, 1985.
Fahle, Klaus: *Die Politik der Europäischen Gemeinschaft in den Bereichen Erziehung, Bildung und Wissenschaft*, Max-Traeger-Stiftung, Fráncfort del Meno, 1989.
Faure, Edgar, et al.: *Learning to Be. The World of Education Today and Tomorrow*, UNESCO, París, 1972 [*Aprender a ser: la educación del futuro*, Alianza, Madrid, 1983].
Feuerbach, Anselm von: "Blick auf die deutsche Rechtswissenschaft" [1810], retomado en Feuerbach: *Kleine Schriften vermischten Inhalts*, Otto, Nuremberg, 1833, págs. 152-177.
Fiala, Robert y Lanford, Audri G.: "Educational Ideology and the World Educational Revolution, 1950-1970", en *Comparative Education Review*, 31, n. 3, 1987, págs. 315-332.
García Garrido, José Luis: *Primary Education on the Threshold of the Twenty-first Century* (International Yearbook of Education, vol. 38), UNESCO, 1986.
Gellner, Ernest: *Plough, Sword and Book*, Collins Harvill, Londres, 1988 [*El arado, la espada y el libro: la estructura de la historia humana*, Península, Barcelona, 1994].
Gelpi, Ettore: *Conscience Terrienne. Recherche et Formation*, McColl Publisher, Florencia, 1992.
Genov, Nikolai: *National Traditions in Sociology*, Sage, Londres, 1989.
Goldschmidt, Dietrich: "Idealtypische Charakterisierung sieben westlicher Hochschulsysteme", en *Zeitschrift für Sozialisationsforschung und Erziehungssoziologie*, 11, 1, 1991a, págs. 3-17.
___ *Die gesellschaftliche Herausforderung der Universität. Historische Analysen, internationale Vergleiche, globale Perspektiven*, Deutscher Studien Verlag, Weinheim, 1991b.
Goldthorpe, John H.: "The End of Convergence: Corporatist and Dualist Tendencies in Modern Western Societies", en Goldthorpe, John H. (comp.): *Order and Conflict in Contemporary Capitalism*, Clarendon, Oxford, 1984, págs. 315-343.
Grant, Nigel: "European Unity and National Systems", en Simon, Brian y Taylor, William (comps.): *Education in the Eighties: The Central Issues*, Batsford Academic & International Ltd., Londres, 1981, págs. 92-110.
Grellet, Gérard: "Porquois les pays en voie de développement ont-ils des rythmes de croissance aussi différents? ", en *Revue Tiers Monde*, tomo XXXIII, n. 129, 1992, págs. 31-66.

Hanf, Theodor: "Die Schule der Staatsoligarchie", en *Bildung und Erziehung*, 33, 5, 1980, págs. 407-432.
Harwood, Jonathan: *Styles of Scientific Thought. A Study of the German Genetics Community, 1900-1933*, University of Chicago Press, Chicago, 1992.
___ "'Mandarine' oder 'Aussenseiter'? Selbstverständnis deutscher Naturwissenschaftler (1900-1933)", en Schriewer, Jürgen; Keiner, Edwin y Charle, Christophe (comps.): *Sozialer Raum und akademische Kulturen. A la recherche de l'espace universitaire européen*, Lang, Fráncfort del Meno, Berna y Nueva York, 1993, págs. 183-212.
Hasselt, Jutta von, y Schöfthaler, Traugott: "Die Weltkonferenz der Erziehungsminister gerät in Bewegung", en UNESCO, 36, n. 1-2, 1989, págs. 9-14.
Heidenreich, Martin, y Schmidt, Gert (comps.): *International vergleichende Organisationsforschung. Fragestellungen, Methoden und Ergebnisse ausgewählter Untersuchungen*, Westdeutscher Verlag, Opladen, 1991.
Hirata, Helena Sumiko: "Brasilien, Frankreich, Japan: Unterschiede und die Suche nach Bedeutung", en Heidenreich, Martin y Schmidt, Gert (comps.): *International vergleichende Organisationsforschung. Fragestellungen, Methoden und Ergebnisse ausgewählter Untersuchungen*, Westdeutscher Verlag, Opladen, 1991, págs. 180-189.
Hofstede, Geert: *Culture's Consequences. International Differences in Work-Related Values*, Sage Publications, Londres, 1986.
Hoggart, Richard: *An Idea and Its Servants: Unesco from Within*, Chatto & Windus, Londres, 1978.
Holmes, Brian: *Educational Development Trends* (International Yearbook of Education, vol. 35), UNESCO, 1983.
Hüfner, Klaus; Meyer, John W. y Naumann, Jens: "Comparative education policy research: a world society perspective", en Dierkes, Meinolf; Weiler, Hans y Berthoin-Antal, Ariane (comps.): *Comparative Policy Research. Learning from Experience*, Gower, Aldershot, 1987, págs. 188-243 ["Investigación sobre política educativa comparada: perspectiva de la sociedad mundial", en *Revista de Educación*, 297, 1992, págs. 347-402].
Humboldt, Wilhelm von: "Plan einer vergleichenden Anthropologie" [1795], en Andreas Flitner (comp.): *W. von Humboldt - Schriften zur Anthropologie und Bildungslehre*, Küpper, Düsseldorf y Múnich, 1964.
Husén, Torsten: *Education and the Global Concern*, Pergamon, Oxford, 1990.
Husén, Torsten, y Postlethwaite, T. Neville: *The International Encyclopedia of Education. Research and Studies*, primera edición, vols. 1-10, Pergamon, Oxford, 1985 [*Enciclopedia Internacional de la Educación*, 10 vols., Vicens-Vives/MEC, Barcelona, 1989-1993]; segunda edición aumentada y actualizada, vols. 1-12, Pergamon, Oxford, 1994.

Inkeles, Alex, y Smith, David H.: *Becoming Modern*, Heinemann, Londres, 1974.
___ y Sirowy, Larry: "Convergent and Divergent Trends in National Educational Systems", en *Social Forces*, 62, n. 2, 1983, págs. 303-333.
Jullien De Paris, Marc-Antoine: *Esquisse et vues préliminaires d'un ouvrage sur l'éducation comparée*, París, Colas, Delaunay, 1817 [Traducción parcial en Márquez, Ángel Diego: *Educación comparada. Teoría y método*, Losada, Buenos Aires, 1972, págs. 351-360].
Kantowsky, Detlef: "Die Rezeption der Hinduismus/Buddhismus-Studie Max Webers in Südasien. Ein Missverständnis", en *Archives Européennes de Sociologie*, 23, 2, 1982, págs. 317-355.
Katz, Joseph: "Chronologie de l'Année Internationale de l'Education et du Conseil Mondial des Sociétés d'Education Comparée", en Conseil Mondial des Sociétés d'Education Comparée: *Bulletin* 6, 1, París, 1978, págs. 6-11.
Keeves, John P. (comp.): *Educational research, methodology, and measurement: an international handbook*, Pergamon Press, Oxford y Nueva York, 1988.
Kerr, Clark: "International Learning and National Purposes in Higher Education", en *American Behavioral Scientist*, 35, n. 1, 1991, págs. 17-42.
King, Edmund: "Technological Occupational Challenge, Social Transformation and Educational Response" (International Yearbook of Education, vol. 37), UNESCO, 1985.
Komenan, Andre G.: *World Education Indicators* (Education and Training Series Report, n. EDT 88), The Worldbank, Washington, 1987.
König, René: *Handbuch der empirischen Sozialforschung*, 3, tomo 4: Komplexe Forschungsansätze, DTV y Enke, Múnich y Stuttgart, 1974.
Krohn, Wolfgang, Küppers, Günther, y Paslack, Rainer: "Selbstorganisation: Zur Genese und Entwicklung einer wissenschaftlichen Revolution", en Schmidt, Siegfried J. (comp.): *Der Diskurs des radikalen Konstruktivismus*, Suhrkamp, Fráncfort del Meno, 1987, págs. 441-465.
Krüger, Bernd: *Bildungswesen und Pädagogik im Prozess ihrer Internationalisierung*, Pädagogische Hochschule Westfalen-Lippe, Münster, 1974.
Kumon, Shumpei y Rosovsky, Henry: *The Political Economy of Japan*, vol. 3: Cultural and Social Dynamics, Stanford University Press, Stanford, 1992.
Kurian, George Thomas: *World Education Encyclopedia*, vols. 1-3, Facts on File Publications, Nueva York y Oxford, 1988.
Lefmann, Salomon: *Franz Bopp, sein Leben und seine Wissenschaft*, 2a parte, Georg Reimer, Berlín, 1992.
Lewy, Arieh (comp.): *The International Encyclopedia of Curriculum*, Pergamon Press, Oxford y Nueva York, 1991.
Lipp, Wolfgang: "Autopoiesis biologisch, Autopoiesis soziologisch", en *Kölner Zeitschrift für Soziologie und Sozialpsychologie*, 39, 1987, págs. 452-470.

Luhmann, Niklas: *Soziologische Aufklärung*, tomos 1-5, Westdeutscher Verlag, Opladen, 1970-1990 [vol. I: *Ilustración sociológica y otros ensayos*, Buenos Aires, Sur, 1973].
___ *Gesellschaftsstruktur und Semantik. Studien zur Wissenssoziologie der modernen Gesellschaft*, tomos 1-4, Suhrkamp, Fráncfort del Meno, 1980-1995.
___ "Die Weltgesellschaft", en *Soziologische Aufklärung 2*, Westdeutscher Verlag, Opladen, 1975a, págs. 51-71.
___ "Systemtheorie, Evolutionstheorie und Kommunikationstheorie", en *Soziologische Aufklärung 2*, Westdeutscher Verlag, Opladen, 1975b, págs. 193-203.
___ "The World Society as a Social System", en *International Journal of General Systems*, 8, 3, 1982a, págs. 131-138.
___ *The Differentiation of Society*, Columbia University Press, Nueva York, 1982b.
___ *Soziale Systeme. Grundriss einer allgemeinen Theorie*, Fráncfort del Meno, 1984 [*Sistemas sociales. Lineamientos para una teoría general*, Alianza Editorial/Universidad Iberoamericana, México, 1991].
___ *Essays on Self-Reference*, Columbia University Press, Nueva York, 1990.
___ y Schorr, Karl-Eberhard: *Reflexionsprobleme im Erziehungssystem*, Klett-Cotta, Stuttgart, 1979 [*El sistema educativo (Problemas de reflexión)*, Universidad de Guadalajara-Universidad Iberoamericana-Instituto Tecnológico y de Estudios Superiores de Occidente, Guadalajara, 1993].
Lutz, Burkart: "Bildungssystem und Beschäftigungsstruktur in Deutschland und Frankreich. Zum Einfluss des Bildungssystems auf die Gestaltung betrieblicher Arbeitskräftestrukturen", en Mendius, Hans-Gerhard et al. (comps.): *Betrieb-Arbeitsmarkt-Qualifikation I*, Aspekte, Fráncfort del Meno, 1976, págs. 83-151.
Maurice, Marc: "Le déterminisme technologique dans la sociologie du travail (1955-1980). Un changement de paradigme?", en *Sociologie du travail*, 22, 1, 1980, págs. 23-37.
___; Sellier, François, y Silvestre, Jean Jacques: "La production de la hiérarchie dans l'entreprise: comparaisons France-Allemagne", en *Revue française de sociologie*, 20, 2, 1979, págs. 331-365.
___; Sorge, Arndt, y Warner, Malcolm: "Societal Differences in Organizing Manufacturing Units: A Comparison of France, West Germany, and Great Britain", en *Organization Studies*, 1, 1, 1980, págs. 59-86.
McGrew, Anthony G.: "Conceptualizing Global Politics", en McGrew, Anthony G.; Lewis, Paul G. et al. (comps.): *Global Politics. Globalization and the Nation-State*, Polity Press y Blackwell, Cambridge y Oxford, 1992.
___; Lewis, Paul G., et al. (comps.): *Global Politics. Globalization and the Nation-State*, Polity Press y Blackwell, Cambridge y Oxford, 1992.

SISTEMA MUNDIAL Y REDES DE INTERRELACIÓN

McMichael, Philip: "Incorporating Comparison within a World-Historical Perspective: An Alternative Comparative Method", en *American Sociological Review*, 55, 1990, págs. 385-397 ["Repensar el análisis comparado en un contexto postdesarrollista", en *Revista Internacional de Ciencias Sociales*, 133, 1992, págs. 375-390].
Menzel, Ulrich: "Das Ende der 'Dritten Welt' und das Scheitern der grossen Theorien", en *Politische Vierteljahresschrift*, 32, 1, 1991 págs. 4-33.
Meyer, John W.; Ramírez, Francisco O.; Rubinson, Richard y Boli-Bennett, John: "The World Educational Revolution, 1950-1970", en *Sociology of Education*, 50, 1977, págs. 242-258.
Meyer, John W. y Hannan, Michael T.: *National Development and the World System: Educational, Economic, and Political Change*, 1950-1970, Chicago University Press, Chicago, 1979.
Milward, Alan S., et al.: *The European Rescue of the Nation-State*, Routledge, Londres, 1992.
Mitter, Wolfgang: "Education for All" (International Yearbook of Education, vol. 36), UNESCO, 1984.
Morin, Edgar: *La Méthode*, tomo 1: La Nature de la Nature; tome 2: La Vie de la Vie, Seuil, París, 1981-1985 [*El método*, vol. 1: La naturaleza de la naturaleza, Alianza, Madrid, 1993; vol. 2: La vida de la vida, Alianza, Madrid, 1993].
Müller, Detlef K.; Ringer, Fritz K. y Simon, Brian: *The Rise of the Modern Educational System*, Cambridge University Press, Cambridge, 1987 [*El desarrollo del sistema educativo moderno. Cambio estructural y reproducción social, 1870-1920*, Ministerio de Trabajo y Seguridad Social, Madrid, 1992].
Müller-Solger, Hermann: "Bildungspolitische Zusammenarbeit der Europäischen Gemeinschaft in Europa", en *Zeitschrift für Pädagogik*, 36, Weinheim, 1990, págs. 805-825.
Murray, Thomas R. (comp.): *The Encyclopedia of Human Development and Education*, Pergamon Press, Oxford y Nueva York, 1990.
Naschold, Frieder: *Den Wandel organisieren. Erfahrungen des schwedischen Entwicklungsprogramms 'Leitung, Organisation, Mitbestimmung' (LOM) im internationalen Wettbewerb*, Sigma, Berlín, 1992.
Parsons, Talcott: "Evolutionary Universals in Society", en *American Sociological Review*, 29, 1964, págs. 339-357 [*La sociedad*, Trillas, México, 1974].
Pedro, Francesc: *Los precursores españoles de la educación comparada. Antología de textos*, Universidad Nacional de Educación a Distancia, Madrid, 1987.
Peterson, Alexander Duncan Campbell: *The International Baccalaureate: An Experiment in Education*, Harrap, Londres, 1972.
Pietsch, Anna-Jutta: Die Interdependenz von Qualifikationsbedarf und Arbeitsorganisation, untersucht am Beispiel der Sowjetunion im Vergleich mit

Frankreich, der Bundesrepublik Deutschland und der DDR, Osteuropa-Institut, Múnich, 1980.
Pollak, Michael: "From Methodological Prescription to Socio-Historical Description", en *Fundamenta Scientiae*, 4, 1983.
___ "Die Rezeption Max Webers in Frankreich. Fallstudie eines Theorietransfers in den Sozialwissenschaften", en *Kölner Zeitschrift für Soziologie und Sozialpsychologie*, 38, 4, 1986, págs. 670-684.
Postlethwaite, T. Neville: "Special Issue on the Second IEA Study", en *Comparative Education Review*, 31, n. 1, 1987.
___ (comp.): *The Encyclopedia of Comparative Education and National Systems of Education*, Pergamon Press, Oxford y Nueva York, 1988.
Psacharopoulos, George: *Critical Issues in Education. A World Agenda* (Education and Training Series Report No. EDT 96), The Worldbank, Washington, 1987a.
___ (comp.): *Economics of Education. Research and Studies*, Pergamon Press, Oxford y Nueva York, 1987b.
Ramírez, Francisco O., y Boli-Bennett, John: "Global Patterns of Educational Institutionalization", en Philipp G. Altbach, Robert Arnove, y Gail P. Kelly (comps.): *Comparative Education*, Macmillan, Nueva York y Londres, 1982, págs. 15-36.
___ "The Political Construction of Mass Schooling: European Origins and Worldwide Institutionalization", en *Sociology of Education*, 60, 1987, págs. 2-17.
Ramírez, Francisco O., y Riddle, Phyllis: "The Expansion of Higher Education", en Philipp G. Altbach (comp.): *International Higher Education. An Encyclopedia*, vol. 1, Garland, Nueva York y Londres, 1991, págs. 91-105.
Ringer, Fritz K.: *Education and Society in Modern Europe*, Indiana University Press, Bloomington y Londres, 1979.
___ *Fields of Knowledge. French Academic Culture in Comparative Perspective, 1890-1920*, Cambridge University Press, Cambridge, 1992.
Rokkan, Stein, et al.: *Citizens, Elections, Parties. Approaches to the Comparative Study of the Processes of Development*, Universitetsforlaget, Oslo, 1970.
Rosselló, Pedro: *La teoría de las corrientes educativas: Cursillo de educación comparada dinámica*, Ediciones de Promoción Cultural, Barcelona, 1978.
Sabel, Charles F., et al.: *Regional Prosperities Compared: Massachusetts and Baden-Württemberg in the 1980s*, Wissenschaftszentrum Berlin für Sozialforschung, Berlín, 1987.
Scardigli, Victor: *L'Europe de la diversité: La dynamique des identités regionales*, Editions du CNRS, París, 1993.
Scharpf, Fritz W.: "Economic and Institutional Constraints of Full-Employment Strategies: Sweden, Austria, and Western Germany", en John H. Goldthorpe

(comp.): *Order and Conflict in Contemporary Capitalism*, Clarendon, Oxford, 1984, págs. 257-290.
Schluchter, Wolfgang: *Die Entwicklung des okzidentalen Rationalismus. Eine Analyse von Max Webers Gesellschaftsgeschichte*, Mohr, Tubinga, 1979.
Schmid, Hans, Füglistaler, Peter, y Hohl, Marcela: *Vollbeschäftigungspolitik: Der Wille zum Erfolg. Ein Ländervergleich der Schweiz, Deutschlands, Österreichs, Schwedens und Japans*, Haupt, Berna, 1992.
Schneider, Friedrich: "Internationale Pädagogik, Auslandspädagogik, Vergleichende Erziehungswissenschaft", en *Internationale Zeitschrift für Erziehungswissenschaft*, 1, 1931-1932, págs. 15-39, 243-257, 392-407; y 2, 1932-1933, págs. 79-89.
Schorb, Alfons Otto: "Der internationale Vergleich als Instrument der Bildungspolitik", en Wolfgang Hilligen y Rudolf Raasch (comps.): *Pädagogische Forschung und pädagogischer Fortschritt*, Bertelsmann, Bielefeld, 1970.
Schriewer, Jürgen: "'Erziehung' und 'Kultur'. Zur Theorie und Methodik Vergleichender Erziehungswissenschaft", en Wilhelm Brinkmann y Karl Renner (comps.): *Die Pädagogik und ihre Bereiche*, Schöningh, Paderborn, 1982.
___ "Vergleichend-historische Bildungsforschung: Gesamttableau oder Forschungsansatz?", en *Zeitschrift für Pädagogik*, 30, 3, 1984, págs. 323-342.
___ "Funktionssymbiosen von Überschneidungsbereichen: Systemtheoretische Konstrukte in vergleichender Erziehungsforschung", en Jürgen Oelkers y Heinz-Elmar Tenorth (comps.): *Pädagogik, Erziehungswissenschaft und Systemtheorie*, Beltz, Weinheim y Basilea, 1987, págs. 76-101.
___ "The Method of Comparison and the Need for Externalization: Methodological Criteria and Sociological Concepts", en Jürgen Schriewer y Brian Holmes (comps.): *Theories and Methods in Comparative Education*, Lang, Fráncfort del Meno, 1990a, págs. 25-83 ["El método comparativo y la necesidad de externalización: Criterios metodológicos y conceptos sociológicos", en Jürgen Schriewer y Francesc Pedró (comps.): *Manual de educación comparada*, vol. 2: Teorías, Investigaciones, Perspectivas, Promociones y Publicaciones Universitarias, Barcelona, 1993, págs. 189-251].
___ "Comparación y explicación en el análisis de los sistemas educativos", en Miguel A. Pereyra (comp.): *Los usos de la comparación en ciencias sociales y en educación*, Centro de Publicaciones del MEC, Madrid, 1990b, págs. 77-127.
___ y Keiner, Edwin: "Communication Patterns and Intellectual Traditions in Educational Sciences: France and Germany", en *Comparative Education Review*, vol. 36, n. 1, 1992, págs. 25-51.

___ y Keiner, Edwin: "Kommunikationsnetze und Theoriegestalt: Zur Binnenkonstitution der Erziehungswissenschaft in Frankreich und Deutschland", en Jürgen Schriewer, Edwin Keiner y Christophe Charle (comps.): *Sozialer Raum und akademische Kulturen. A la recherche de l'espace universitaire européen*, Lang, Fráncfort del Meno, Berna y Nueva York, 1993, págs. 277-341.

___; Keiner, Edwin, y Charle, Christophe: *Sozialer Raum und akademische Kulturen. A la recherche de l'espace universitaire européen*, Lang, Fráncfort del Meno, Berna y Nueva York, 1993.

___ *Welt-System und Interrelations-Gefüge. Die Internationalisierung der Pädagogik als Problem Vergleichender Erziehungswissenschaft (Öffentliche Vorlesungen, Heft 34)*, Humboldt-Universität zu Berlin, Berlín, 1994.

Schulze, Winfried: *Deutsche Geschichtswissenschaft nach 1945*, Oldenbourg, Múnich, 1989.

Sharpe, L. J.: "Fragmentation and Territoriality in the European State System", en *International Political Science Review*, 10, n. 3, 1989, págs. 223-238.

Smelser, Neil J.: "Internationalization of Social Science Knowledge", en *American Behavioral Scientist*, 35, n. 1, 1991, págs. 65-91.

Smith, Michael: "Modernization, Globalization and the Nation-State", en Anthony G. McGrew, Paul Lewis, et al. (comps.): *Global Politics. Globalization and the Nation-State*, Polity Press y Blackwell, Cambridge y Oxford, 1992, págs. 253-268.

So, Alvin Y.: *Social Change and Development. Modernization, Dependency, and World-System Theories*, Sage Publications, Londres, 1990.

Sorge, Arndt, y Warner, Malcolm: *Comparative Factory Organization – An Anglo-German Comparison of Management and Manpower in Manufacturing*, Gower, Aldershot, 1987.

Stein, Lorenz von: *Das Elementar- und das Berufsbildungswesen in Deutschland, England, Frankreich und anderen Ländern. Die Verwaltungslehre. Fünfter Theil: Die Innere Verwaltung. Zweites Hauptgebiet: Das Bildungswesen*, Cotta, Stuttgart, 1868.

Stichweh, Rudolf: *Zur Entstehung des modernen Systems wissenschaftlicher Disziplinen. Physik in Deutschland, 1740-1890*, Suhrkamp, Fráncfort del Meno, 1984.

___ "Auslandsstudien in der Moderne - Eine strukturelle Analyse", ponencia para el coloquio internacional sobre "Modèles nationaux, réseaux trans-culturels et réseaux migratoires dans le monde universitaire européen, XIXe-XXe siècles", Ruhr-Universität Bochum, 14-18 de noviembre, 1992.

Teichler, Ulrich: *Convergence or Growing Variety: The Changing Organization of Studies*, Consejo de Europa, Estrasburgo, 1988.

Tenbruck, Friedrich H.: "Emile Durkheim oder die Geburt der Gesellschaft aus dem Geist der Soziologie", en *Zeitschrift für Soziologie,* 10, 1981, págs. 333-350.
Terasaki, Masao, et al.: *Oyatoi Kyoshi Emil Hausknecht no Keukyu,* University of Tokyo Press, Tokyo, 1989.
Turner, Lowell, y Auer, Peter: *The Political Economy of New Work Organization. Different Roads, Different Outcomes,* Wissenschaftszentrum Berlin für Sozialforschung, Berlín, 1992.
UNESCO: "World Conference on Education for All", en *Catalogue de Documents,* UNESCO, París, 1992.
Walberg, Herbert J., y Haertel, Geneva D. (comps.): *The International Encyclopedia of Educational Evaluation,* Pergamon Press, Oxford y Nueva York, 1990.
Wallerstein, Immanuel: *The Modern World System: Capitalist Agriculture and the Origins of the European World Economy in the Sixteenth Century,* Academic Press, Nueva York, 1976 [*El moderno sistema mundial,* Siglo XXI, México, 1989].
___ *Unthinking Social Science. The Limits of Nineteenth-Century Paradigms,* Polity Press, Cambridge, 1991.
Weber, Max: *Gesammelte Aufsätze zur Religionssoziologie* [1920-1921], tomos I-III, Mohr/Siebeck, Tubinga, 1978-1983 [vol. 1: *Ensayos sobre sociología de la religión,* Taurus, Madrid, 1983].
___ "Die 'Objektivität' sozialwissenschaftlicher und sozialpolitischer Erkenntnis" [1904], en Weber, Max: *Gesammelte Aufsätze zur Wissenschaftslehre,* Mohr, Tubinga, 1973 ["La 'objetividad' de la ciencia social y de la política social', en *Ensayos sobre metodología sociológica,* Amorrortu, Buenos Aires, 1982].
Weiler, Hans N.: "Introductory note to chapters 8-9", en Dierkes, Meinolf, Weiler, Hans N., y Berthoin-Antal, Ariane: *Comparative Policy Research. Learning from Experience,* Gower, Aldershot, 1987, págs. 186-187.
Wolferen, Karl van: *The Enigma of Japanese Power: People and Politics in a Stateless Nation,* Alfred A. Knopf, Nueva York, 1989.
Zymek, Bernd: *Das Ausland als Argument in der pädagogischen Reformdiskussion,* Henn, Ratingen, 1975.

LOS CURRÍCULOS NACIONALES: MODELOS MUNDIALES Y LEGADOS HISTÓRICOS NACIONALES

FRANCISCO O. RAMÍREZ Y JOHN W. MEYER
(Universidad de Stanford)[1]

1. Introducción

En el terreno de la investigación internacional comparada de los currículos educativos, Jürgen Schriewer ha alcanzado renombre merced a sus trabajos en lo relativo a la dependencia que estos currículos presentan respecto de las trayectorias histórico-culturales de una nación[2]. Las tradiciones culturales e intelectuales –según lo sostienen y demuestran él y sus seguidores– tienen un poder decisivo en lo que hace a la evolución de los sistemas educativos modernos. El legado autorreferencial nacional y sus manifestaciones en la educación –en

---

1. Los autores comparten la misma responsabilidad por el contenido del presente artículo. El trabajo del proyecto "sociedad mundial" ha sido constantemente apoyado por medio de subvenciones de la *National Science Foundation*, la *Spencer Foundation* y el *Bechtel Center for Global Growth and Change* del Instituto de Estudios Internacionales de la Universidad de Stanford.
2. Schriewer, Jürgen: "World-System and Interrelationship Networks: The Internationalization of Education and the Role of Comparative Inquiry", en Thomas S. Popkewitz (comp.): *Educational Knowledge: Changing Relationships Between the State, Civil Society, and the Educational Community*, State University of New York Press, Albany, NY, 2000; Schriewer, Jürgen (comp.): *Discourse Formation in Comparative Education*, Peter Lang, Fráncfort del Meno, 2000; Schriewer, Jürgen: "The Method of Comparison and the Need for Externalization: Methodological Criteria and Sociological Concepts", en Jürgen Schriewer y Brian Holmes (comps.): *Theories and Methods in Comparative Education*, Peter Lang, Fráncfort del Meno, 1992.

especial en las áreas del currículo y la pedagogía– constituyen las temáticas fundamentales de su trabajo.

Por nuestra parte, ponemos de relieve el poder que ciertos modelos globales de cambio tienen para penetrar y dar forma a un amplio conjunto de ordenamientos educativos nacionales, entre los cuales el currículo ocupa una posición prominente[3]. Hemos mostrado, en una serie de estudios, que los niveles de matriculación y las estructuras curriculares tienden, en todo el mundo, a cambiar en la misma dirección elevando así los niveles de estandarización educativa. Ponemos principalmente de relieve el carácter exógeno y preformulado de la educación y las influencias globales sobre los cambios nacionales tendientes a un isomorfismo internacional.

Por supuesto, no existe una oposición directa entre ambas líneas de argumentación o entre el material testimonial que las sustenta. Tanto las tradiciones características de cada nación como los modelos mundiales ejercen su influencia sobre un vasto conjunto de aspectos referidos a la educación. Uno de los principales desafíos que la investigación encuentra es el de determinar las condiciones bajo las cuales ciertos dominios y aspectos de la educación tienen su origen, en principio, bien en los legados históricos nacionales, bien en las influencias globales.

Esta empresa se ve dificultada, empero, por consideraciones de carácter tanto normativo como político. Más allá de los problemas obvios que plantea la recolección de datos a escala mundial, los sistemas educativos que existen en el mundo se esfuerzan, cuando se los somete a examen, por desconcertar al investigador ingenuo. Por un lado, puede inducir a error el celo que muestran tanto los referentes personales de un sistema educativo nacional como sus estadísticas y documentos oficiales por ofrecer una adecuada conformidad con los estándares internacionales. En la actualidad, por ejemplo, se otorga, en los Estados Unidos, una gran importancia a la presentación de datos, programas y currículos que subrayen la presencia de las ciencias en la escuela primaria. Sin embargo, ciertos observadores con conocimiento

---

3. Una visión general puede encontrarse en Meyer, John W., y Ramírez, Francisco O.: "The World Institutionalization of Education", en Jürgen Schriewer: *Discourse Formation in Comparative Education, op. cit.*

en la materia señalan que el área no es del agrado de gran cantidad de maestros, los que tienden a evitarla en la práctica. Sería, pues, un error inferir a partir de los programas e informes oficiales una conformidad práctica con el énfasis puesto a nivel mundial.

Por otro lado, los sistemas educativos suelen, en cualquier parte del mundo, presentar una imagen de sí mismos en la que se los ve envueltos en la bandera, con estrechos vínculos con la sociedad y la cultura nacionales. Ello da lugar a menudo a la adopción de actitudes exageradas en lo que respecta a la importancia de lo nacional y lo local en la conformación del sistema educativo. Así, los partícipes de cada sistema educativo nacional bien pueden sacar a relucir los aspectos particulares que los caracterizan. Tal ostentación suele encontrar el apoyo de respetables científicos, que se especializan en el estudio de los casos-modelo que cada país en particular pueda ofrecer. El estudio de casos-modelo, metodología que hoy impera en el área, apunta en sí mismo a reforzar esta tendencia. El acentuar las peculiaridades de los casos no puede más que redundar en el beneficio de los investigadores dedicados al estudio de casos-modelo, así como los comparatistas estadísticos se benefician al poner de relieve la comparabilidad y el isomorfismo de sus unidades de análisis.

Dejando de lado la metodología de investigación, las propuestas de cambio o reforma programática se ponen en marcha en la asunción de que las nuevas estructuras educativas han de resultar más funcionales a las necesidades económicas, políticas o sociales de la nación o han de estar en una mejor sintonía con ellas. La mayor parte de las veces puede resultar necio sostener la subordinación de la singularidad nacional a los estándares mundiales, sobre todo si se considera a dichos estándares como el reflejo de las preferencias del extranjero o de las élites nacionales. En consecuencia, por razones que van más allá del método y la sustancia, deben esperarse tales reafirmaciones de la singularidad nacional.

En el presente trabajo intentamos dar cuenta del desafío que plantea la distinción entre las influencias globales y las nacionales en el terreno de la educación, por medio de un examen de las condiciones y formas bajo las cuales llegan a observarse ciertos modelos educativos nacionales en los sistemas modernos. Hemos de pasar revista, en primer lugar, a las presiones en favor de una estandarización que surgen en la sociedad mundial misma. Pasaremos luego a considerar las circunstancias bajo las cuales dicha presión puede verse atenuada, desviada o encontrar resistencia tanto a nivel mundial como en países y sistemas educativos específicos.

2. El orden educativo mundial

Las presiones en favor de la estandarización operan a nivel mundial por intermedio de una serie de variados mecanismos culturales y organizativos, y dejan su marca en una serie de diversos aspectos de los sistemas educativos nacionales. Son estas distintas dimensiones las que pasamos a detallar:

1. Si bien en todo el mundo las sociedades difieren radicalmente en lo que hace a sus raíces y recursos, se supone que cada una de ellas se *imagina a sí misma* como un Estado nacional formado por personas que se incorporan en él como ciudadanos de la nación[4]. De este principio cultural a nivel mundial, se sigue que los Estados nacionales deben plantearse metas nacionales que son, a grandes rasgos, similares. O por decirlo con mayor propiedad, en la medida en que dicho principio se vaya dando por supuesto, los metas nacionales deben tender a la asimilación. En lo que se refiere a esta idea básica, se han examinado las tendencias verificables en las constituciones y las políticas nacionales. Los testimonios dan apoyo a la idea básica tanto en lo general[5] como en lo que respecta a la educación[6].

Lo que da forma a los rasgos comunes de las metas nacionales en materia educativa son las doctrinas modernas, generales y compartidas, del *progreso con desarrollo* y la *justicia con igualdad*. La educación es un componente fundamental de ambas doctrinas y es considerada, en

---

4. Anderson, Benedict: *Imagined Communities: Reflections on the Origin and Spread of Nationalism*, Verso Press, Londres, 1991.
5. Boli, John: "World Polity Sources of Expanding State Authority and Organization, 1870-1970", en George Thomas, John W. Meyer, Francisco O. Ramírez y John Boli: *Institutional Structure*, Sage, Newbury Park, CA, 1987.
6. Fiala, Robert, y Gordon Lanford, Audrey: "Educational Ideology and the World Educational Revolution, 1950-1970", en *Comparative Education Review*, 31, 1987.

todo sitio, como una tecnología de importancia para alcanzar el progreso y la justicia. Pese a toda protesta de *singularidad*, se espera que los Estados nacionales asuman un compromiso con la educación, y. en medida creciente, así lo hacen. Sin embargo, este compromiso no es una mera respuesta a la probada eficacia de las tecnologías educativas. Por el contrario, persiste más allá de la operatividad demostrable de un sistema educativo en general o de ciertas prácticas educativas en especial[7]. Esta persistencia se ve sustentada, en gran medida, por las opiniones de los expertos que consideran la educación como capital humano y de los abogados –en el terreno legal y moral– de la educación como derecho humano universal. Tanto unos como otros favorecen la administración y la expansión de la escolarización con el fin de lograr una sociedad mejor. A menudo, ciertas formas alternativas a la escolarización –por ejemplo, experimentaciones en el terreno de la educación no formal– sufren a su vez de falta de legitimidad, dado que no se asemejan a escuelas verdaderas[8].

Estos tipos de dinámica cultural, que racionalizan la educación como instrumento para alcanzar el progreso y la justicia, suelen dar forma antes a la escolarización masiva que a las universidades. Sin embargo, también la educación superior se ve cada día más influida por ellos. Los niveles de matriculación, en las escuelas primarias y secundarias, han crecido notablemente[9], pero también se advierte, a nivel mundial, una rápida expansión de la educación superior[10]. Además, los motivos que impulsan este crecimiento son muy similares a los de los niveles inferiores de la enseñanza, con el progreso y la justicia como

---

7. Chabbott, Colette, y Ramírez, Francisco O.: "Development and Education", en Maureen Hallinan (comp.): *Handbook of the Sociology of Education*, Kluwer Press, Nueva York, 2000.
8. Adick, Christel: *Die Universalisierung der modernen Schule*, Schoningh, Paderborn, 1992; Metz, Mary H.: "Real School: A Universal Drama and Disparate Experience", en *Politics of Education Association Yearbook*, 1989.
9. Meyer, John W.; Ramírez, Francisco O., y Soysal, Yasemin: "World Expansion of Mass Education, 1870-1970", en *Sociology of Education*, 65, 1992.
10. Riddle, Phyllis: *University and State: Political Competition and the Rise of Universities, 1200-1985*, tesis doctoral, Departamento de Sociología de la Universidad de Stanford, 1989; Ramírez, Francisco O.: "Eyes Wide Shut: University, State, and Society", trabajo presentado en la conferencia sobre "Globalización: la universidad bajo sitio", Universidad de Frankfurt, 2001.

principio y meta fundamentales. Se da por supuesto que el Estado nacional moderno, de acuerdo con su preformulación, necesita tanto de ciudadanos como de líderes, profesionales y administradores instruidos. Las instituciones educativas que podían constituir una alternativa a la universidad no gozan de prestigio, además de advertirse, en todo ámbito universitario, un auge de las materias prácticas, de la formación pedagógica a la ingeniería, pasando por los estudios empresariales y una gran variedad de focos interdisciplinarios. Esta transformación se ve representada de manera simbólica por la estandarización de la enseñanza de la administración de empresas, con el ubicuo título de MBA que suelen otorgar, en la actualidad, las universidades[11].

Sin embargo, no toda sociedad nacional se ve afectada del mismo modo por la dinámica de la racionalización cultural a nivel mundial. Ciertos Estados nacionales presentan un menor acceso a los modelos estandarizados de progreso y justicia, y por ello están menos vinculados con las tecnologías educativas que permiten, supuestamente, alcanzar dichos fines. Es probable que estos países no presenten sistemas educativos acordes con los modelos globales. Sin embargo, sería un error suponer que dichos Estados nacionales exhiben sistemas educativos hondamente impregnados de saberes autóctonos y acervos tradicionales. En la mayoría de los casos, los Estados nacionales en los cuales los sistemas educativos no se adaptan a los modelos mundiales (situados, por lo general, en la extrema periferia) se encuentran también desligados de los acervos tradicionales que podrían brindar una base particular. Tal situación se presenta, a menudo, en los países periféricos más pobres, en los que el sistema estatal y educativo carece de apoyo tanto externo como interno en su lucha por afirmarse. En estos países, pueden verificarse dos efectos: (a) escasa incorporación activa de los modelos mundiales y (b) muy tenues esfuerzos por la afirmación autorreferencial de sus tradiciones. Por consiguiente, en tales contextos

---

11. Moon, Hyeyoung: *The Globalization of Professional Management Education, 1881-2000: Its Rise, Expansion and Implications*, tesis doctoral, Departamento de Sociología, Universidad de Stanford, 2002; Hedmo, Tina; Sahlin-Andersson, Kerstin, y Wedlin, Linda: *The Emergence of a Regulatory Field of Management Education*, Stockholm University, Estocolmo, 2001; Mazza, Carmelo; Sahlin-Andersson, Kerstin, y Strandgaard Pedersen, Jesper: MBA: *European Constructions of an American Model*, Stockholm University, Estocolmo, 1998.

LOS CURRÍCULOS NACIONALES

tanto los procesos puestos de relieve por Jürgen Schriewer y sus seguidores como los señalados en nuestros trabajos suelen ser sumamente débiles. Este aspecto se ve ejemplificado en nuestros estudios acerca de la organización del aula en el África meridional[12].

2. Hasta aquí, hemos puesto nuestro acento en la repercusión directa que los modelos mundiales tienen en los objetivos que una nación se plantea y en la formación de estructuras educativas nacionales. Estos efectos globales atañen tanto al planteamiento de objetivos educativos nacionales como a la utilización de la educación como tecnología con vistas a la consecución de dichos objetivos nacionales. Hemos hecho, además, breve mención al papel que desempeñan los expertos y demás propagadores en la articulación de los modelos mundiales de progreso y justicia, una articulación que tiene lugar en congresos y consultorías, pero también en el seno de una amplia gama de organismos portadores del orden educativo mundial. Los organismos internacionales han experimentado una expansión en su número, esfera de acción y recursos[13], y se han constituido en una fuente de reconocida autoridad en lo que hace a modelos educativos detallados y a modelos de progreso y justicia en general[14]. En paralelo con esta transformación, puede verificarse tanto un crecimiento de las profesiones científicas como una cientifización y profesionalización en todo campo de la actividad humana, y muy particularmente en el terreno de la educación[15]. Básicamente, todo país dispone de representantes de las

---

12. Meyer, John W.; Nagel, Joanne, y Wesley Snyder Jr., C.: "The Expansion of Mass Education in Botswana: Local and World Society Perspectives", en *Comparative Education Review*, 37, 1993; Meyer, John W.: "Training and Certifying 'Unqualified' Teachers in Namibia", en C. Wesley Snyder Jr. y Friedhelm Voigts (comps.): *Inside Reform: Policy and Programming Considerations in Namibia's Basic Education Reform*, Gamsberg Macmillian, Windhoek, 1998; Ramírez, Francisco O.: "Continuous Assessment and Gender Equity: Constructing the Progressive Learner in Northern Namibia", en Wesley Snyder Jr. y Voigts, 1998, *Inside Reform*: op. cit.
13. Boli, John, y Thomas, George: *World Polity Formation Since 1875: World Culture and International Non-Governmental Organizations*, Stanford University Press, Stanford, 1999.
14. Chabbott, Colette: *Constructing Educational Development*, Taylor & Francis, Londres, 2002.

disciplinas relacionadas con la Educación que ejercen una autoridad –arraigada en su calidad de especialistas– ampliamente legitimada por la sociedad mundial. Estas personas desempeñan, por lo general, un papel de importancia en el planeamiento de los aspectos fundamentales de los sistemas educativos, papel que no tiene justificación en la posición económica, política o militar que ocupan en sus países. Mantienen, además, contactos con los organismos educativos internacionales y están al tanto de las últimas novedades en materia de pedagogía y currículo. La creciente estandarización de los currículos de Ciencias[16] y la homogeneización en los materiales de Educación Cívica[17] son en buena parte producto de la validez global de la autoridad de las personas encargadas de la toma de decisiones en el nivel educativo nacional, las que están vinculadas, por su preparación, sea en su propio país, sea (particularmente) en el extranjero, con las bases de conocimiento de los centros mundiales.

Un aspecto de la organización de la sociedad mundial moderna que contribuye a potenciar la influencia de los modelos educativos globales es el alto grado de estratificación que puede percibirse. En una sociedad o en un sistema educativo periférico, es difícil que se pueda operar sin tener una mediana conciencia de que en los países centrales existen formas de educación sumamente *elevadas* y eficaces. Los indicadores mundiales en materia de educación tienden a enfatizar la expansión de la matrícula, tanto en el caso de los hombres como en el de las mujeres, que presentan los países centrales, las fuertes inversiones financieras y el alto nivel de la formación docente. Los estudios evaluativos llevados a cabo a nivel internacional ponen de relieve, dramáticamente, los diferentes grados de competencia y los logros alcanzados por unos y otros en varias materias en un mismo nivel lectivo. Igualmente es posible comparar y ordenar, en una escala, las variaciones que los países

---

15. Drori, Gili; Meyer, John W.; Ramírez, Francisco O., y Schofer, Evan: *Science and the Modern World Polity: Institutionalization and Globalization*, Stanford University Press, Stanford, 2002.
16. McEneaney, Elizabeth: *The Transformation of Primary School Science and Mathematics: A Cross-National Analysis, 1900-1995*, tesis doctoral, Departamento de Sociología, Universidad de Stanford, 1998.
17. Rauner, Mary: *The Worldwide Globalization of Civic Education Topics, 1955-1995*, tesis doctoral, Departament de Sociología, Universidad de Stanford, 1998.

presentan en materia de presupuesto educativo, el cual puede medirse como porcentaje del producto interno bruto o per cápita. Además, como es claro, en manos de los especialistas dichos datos internacionales pueden servir para poner de manifiesto el despilfarro en el que incurren los sistemas educativos, al resaltar, por ejemplo, lo elevado de sus tasas de repetición escolar. La medida en la que un país puede aparecer ante los ojos del mundo como ganador o perdedor en el terreno educativo ha cobrado un alcance nunca antes visto. Lo que es más, el celo que demuestran los organismos internacionales por la recopilación y evaluación de datos educativos tiene lugar al mismo tiempo en que la cultura mundial pone de relieve la importancia abrumadora de que la educación *siga el buen camino* con el fin de alcanzar el progreso y la justicia a nivel nacional. No resulta sorprendente, por ello, el que los intelectuales que hablan de la necesidad de una cultura educativa auténticamente nacional a menudo aspiren a obtener un título académico en uno de los países centrales o se esfuercen por brindar a sus hijos una carrera universitaria en un país central.

La proposición que se sigue de manera obvia en el plano de los organismos es similar a la anteriormente expresada en lo que respecta al terreno de la cultura: es más que improbable que los países débilmente vinculados a los organismos portadores de la sociedad mundial sigan los modelos mundiales y los cambios de acento en materia educativa que los mismos imponen. La debilidad de sus vínculos se transparenta, por ejemplo, en niveles bajos de participación en los organismos internacionales y de perfeccionamiento profesional de los docentes a nivel nacional. Por *vínculos débiles* entendemos un menor acceso a nivel nacional a los materiales globales, menores lazos con los especialistas internacionales encargados de articular tales materiales y un menor acceso a los organismos y a los recursos que podrían ayudar a un país a adoptar los materiales educativos *correctos*.

Sin embargo, como la presente discusión pone de manifiesto, es también improbable que los países con vínculos organizativos externos débiles presenten infraestructuras internas sólidas que puedan promover currículos y sistemas educativos de características nacionales. Lo probable es que los países periféricos más pobres mantengan contactos mínimos con organismos educativos del exterior y, a la vez, sean capaces solo en grado mínimo de emprender procesos autorreferenciales que puedan constituir un desafío educativo para los modelos mundiales. En el contexto de la sociedad estratificada moderna, tales países presentan un escaso grado no solo de conformidad, sino también de no-conformidad.

3. Las presiones en favor de la conformidad repercuten de manera diversa en diferentes dominios educativos. Por ejemplo, los modelos mundiales de progreso y justicia demandan una expansión tanto de la enseñanza de masas como de la de élite y la participación de ciudadanos de toda clase en dichas instituciones. Así es como puede verificarse, a nivel mundial, una expansión de la escolarización primaria[18] y de la educación superior, tanto en los países occidentales como en los no occidentales. Se verifica asimismo un incremento a nivel mundial de la participación de la mujer en la educación superior[19], aun en ámbitos dominados por los hombres, tales como las ciencias exactas y la ingeniería[20]. Incluso en los casos en los que, como reflejo de turbulencias a nivel nacional o de dificultades en la asignación de recursos, el crecimiento en las tasas de matriculación ha resultado por momentos modesto, los objetivos educativos fijados no dejaron de ser obligatoriamente poco modestos. Si no se logra alcanzarlos, se pueden revisar los tiempos, pero no abandonar objetivos tales como *educación para todos*.

De modo similar, las presiones en favor de la adopción de un currículo moderno están también extendidas en todo el mundo. Esto se evidencia particularmente en elementos curriculares estrechamente ligados a la idea de progreso, como la matemática y las ciencias naturales, y a la de justicia, como las ciencias sociales[21]. Resulta difícil encontrar un sistema educativo nacional que prescinda de estos elementos o proponga sus contenidos de manera absolutamente diferente. La

---

18. Véase Meyer, Ramírez y Soysal, 1992, *op. cit*.
19. Bradley, Karen, y Ramírez, Francisco O.: "World Polity and Gender Parity: Women's Share of Higher Education, 1965-1985", en *Research in Sociology of Education and Socialization*, 11, 1996.
20. Ramírez, Francisco O., y Min Wotipka, Christine: "Slowly But Surely? The Global Expansion of Women's Participation in Science and Engineering Fields of Study", en *Sociology of Education*, 74, 2001.
21. Meyer, John W.; Kamens, David, y Benavot, Aaron: *School Knowledge for the Masses*, The Falmer Press, Londres, 1992.

LOS CURRÍCULOS NACIONALES

presión por la homogeneización se hace notar de igual modo en los métodos de instrucción, como se advierte en la preponderancia que ocupan, en cualquier variedad del sistema educativo moderno, las ideologías de instrucción, de uno u otro sesgo, centradas en el niño.

Por otro lado, es sencillo imaginar variantes nacionales en la organización educativa que sean reflejo directo de las distintas variantes políticas propias de las estructuras de los Estados nacionales. Los Estados nacionales centralizados generan –y justifican– sistemas educativos centralizados casi con la misma naturalidad con la que los Estados descentralizados fomentan y favorecen la autonomía local. En estos terrenos, las preferencias mundiales han variado de un tiempo a otro, sin llegarse a la estandarización sólida de una forma mundial única. No es probable, sin embargo, que este principio logre extenderse a la estructura fundamental del sitema educativo como tal. Por lo que parece, los países se ven impedidos de mantener modelos de universidad básicamente elitistas, reñidos en esencia con las preferencias mundiales en materia de diversificación de currículos y mayor igualdad en el acceso a la educación[22]. Los países también dan la impresión de verse impedidos de estructurar –y mucho menos de justificar– sistemas de educación secundaria que presenten un alto grado de estratificación y direccionamiento, con una selectividad temprana que haga imposible un posterior acceso a la educación superior. Las presiones por una democratización más amplia hacen que tales sistemas, al igual que los que presentan programas sumamente diferenciados de educación vocacional, tiendan a desaparecer[23]. Los objetivos del progreso y la igualdad, legitimados por el orden mundial, ganan terreno virtualmente en todos los países frente al elitismo formal y el clasicismo extremos.

---

22. Soares señala la modernización llevada a cabo, a menudo a desgano, en Oxford. Soares, Joseph A.: *The Decline of Privilege: The Modernization of Oxford*, Stanford University Press, Stanford, 1999. Por otro lado, Ramírez presenta un argumento de carácter sociológico amplio acerca de la expansión a nivel mundial de sistemas de educación superior insertados en la sociedad (en lugar de otros socialmente tabicados). Ramírez, 2001, *op. cit.*
23. Benavot, Aaron: "The Rise and Decline of Vocational Education", en *Sociology of Education*, 56, 1983.

3. Variación y resistencia: el aspecto supranacional

Es corriente asumir que la alternativa fundamental al predominio de los modelos educativos globales radica en un conjunto de sistemas nacionales de características particulares más acentuadas, aunque Jürgen Schriewer no presente un argumento tan simple y dicotómico. El argumento que aporta el presente trabajo indica, sin embargo, que las alternativas más importantes a los modelos educativos globales tienden a ser, en sí mismas, de carácter supranacional. Los Estados nacionales tienden, típicamente, a vincularse en sistemas culturales y oganizativos más amplios[24]. Los Estados nacionales desvinculados o aislados tienden a no tener –como ya hemos señalado– un peso cultural u organizativo tal que les permita generar programas culturales modernos de cualquier tipo, ya sea que se conformen a uno de los modelos mundiales o apliquen un modelo nacional. Debe advertirse que el surgimiento del sistema educativo moderno en Japón, en el siglo XIX –un país periférico relativamente poderoso con una integración también relativa– se debió, en buena parte, al impulso de los contactos mantenidos con el mundo externo.

Las alternativas efectivas a los sistemas educativos globales estandarizados son, por consiguiente, en su mayor medida supranacionales y están organizadas en una escala de magnitud y recursos que les permita competir eficazmente con la modernidad mundial estandarizada. Lo que posibilita que tales sistemas compitan con los modelos mundiales es el fomento de sistemas educativos alternativos antes que la retención de instituciones alternativas más antiguas. En consecuencia, y precisamente en virtud de competir a escala mundial, es poco probable que las alternativas educativas efectivas difieran en lo fundamental de los modelos mundiales dominantes. Es decir, es probable que también se vean en la obligación de remitirse a los objetivos modernos de progreso e igualdad.

---

[24]. Cummings, por ejemplo, pasa revista a varios de dichos sistemas culturales/educativos y sus influencias sobre estructuras y prácticas educativas particulares. Cummings, William: "Patterns of Modern Education", en William Cummings y Noel McGinn (comps.): *International Handbook of Education and Development: Preparing Schools, Students, and Nations for the Twenty-First Century*, Elsevier Science, Nueva York, 1997.

LOS CURRÍCULOS NACIONALES

Para ilustrar esta afirmación general, hemos de repasar brevemente algunos ejemplos históricos de lo que hemos denominado *alternativas efectivas*. Debe advertirse que estos ejemplos proceden de sistemas socioculturales que compiten dentro del marco moderno y no fuera de él. Es decir, no se trata de sistemas que defiendan primordialmente lo tradicional, sino que plantean una variante propia de la modernidad. Este planteamiento encierra, directa o indirectamente, una distinción entre modernización y occidentalización, o bien entre las formas angloamericanas de modernidad y otras formas occidentales.

En algún momento, llegó a considerarse a los sistemas educativos comunistas como alternativa clara a la educación del Occidente capitalista. De hecho, existían algunas diferencias apreciables. Por ejemplo, en los niveles inferiores, mostraban una fuerte tendencia a la educación vocacional, por la cual se tenía mayor consideración que en buena parte de los países occidentales[25]. En lo que respecta a la educación superior, se realizaban esfuerzos políticos coordinados con el fin de limitar su expansión[26]; durante la revolución cultural en la China maoísta, se dio privilegio al *rojo* por sobre el *especialista*, llegándose a paralizar así una parte considerable de la educación superior. Retrospectivamente, sin embargo, bien puede haberse exagerado respecto de buena parte de las diferencias entre ambos sistemas. La ideología comunista de las escuelas en Cuba no ha sido impedimento para que los alumnos cubanos obtengan resultados mejores que los de sus contrapartes latinoamericanos en pruebas internacionales estandarizadas de matemática. El modelo comunista alternativo tampoco ha sido obstáculo para el predominio del inglés como lengua extranjera preferida, una tendencia global desde el fin de la Segunda Guerra Mundial[27]. En Alemania, ya no existe la preocupación de que tanto los contenidos como los métodos de la educación comunista en el Este presentasen singularidades tales que, con la caída del Muro, hubiera debido implementarse un esquema completo de reeducación para docentes y

---

25. Benavot, 1983, *op. cit.*
26. Lenhardt, Gero, y Stock, Manfred: "Hochschulentwicklung und Bürgerrechte in der BRD und der DDR", en *Kölner Zeitschrift für Soziologie und Sozialpsychologie*, 52, 3, 2000.
27. Cha, Yun-Kyung: "The Effect of the Global System on Language Instruction, 1850-1986", en *Sociology of Education*, 64, 1991.

alumnos; algunos elementos de Historia e ideología debieron desaparecer del currículo, sin existir, no obstante, la necesidad de cambios drásticos o profundos: se produjo la modernización curricular y se verificó la adaptación de los alumnos.

También dentro del marco occidental existen variantes cuyas diferentes lógicas sobreviven. Los sistemas educativos estructurados según lineamientos franceses presentan preferencias claramente acentuadas. Ciertos críticos, como Bourdieu, llaman la atención acerca de su rigidez y su formalismo. Sin embargo, el crecimiento de la matrícula en la educación superior y el ascenso de los prestigiosos progamas de MBA se ajustan pefectamente a los lineamientos mundiales. El esfuerzo verdaderamente espectacular de Napoleón por reemplazar las universidades con escuelas técnicas resultó, en líneas generales, un fracaso que dejó solo tenues huellas en el conjunto del sistema educativo nacional, aunque su impacto en la educación de élite fue de capital importancia. La particularidad de la tradición francesa reside en su compromiso continuado, aunque decreciente, con un republicanismo estricto aparentemente reñido con las preferencias respecto del multiculturalismo que se imponen en todo el mundo. Este particularismo es tanto una cuestión cultural (un énfasis más singular y monocultural) como organizativa (más énfasis en la uniformidad del currículo y otras materias educativas). De manera similar, los modelos educativos alemanes conservan también cierto nivel de singularidad, al seguir aplicando el sistema tripartito. Sin embargo, también este sistema está cada vez más reñido con las preferencias mundiales modernas de selección tardía e igualdad de conjunto: se ha evidenciado un acceso más amplio a los estudios en el *gymnasium* –una institución elitista en el pasado– y caminos alternativos hacia la educación superior, a la vez que se han diversificado las formas que esta presenta.

Significativamente, algunas de las alternativas que se proponen en reemplazo de los modelos occidentales y globalizados hacen hincapié en los orígenes históricos de dichos modelos, que se basan en ideas religiosas cristianas occidentales. En este aspecto, las alternativas más radicales propugnan una educación islámica, si bien pueden encontrarse otros intentos por reconstituir formas de educación no occidentales de acuerdo con principios culturales. A lo largo de casi toda su historia, la educación islámica –a semejanza de algunas escuelas hebreas y unas pocas cristianas– se mantuvo al margen de la órbita de cualquier tipo de educación moderna. Hasta no hace mucho, la tradición islámica no hacía uso en absoluto de la palabra *educación* para describirse a sí misma, sino que se postulaba simplemente como *religión*, tomando como competidores no los modelos educativos mundiales sino las otras religiones. No obstante, en la actualidad, se realizan intentos por consagrar la educación islámica como una alternativa genuina a los modelos de modernidad occidentales. En uno de los pocos análisis de currículos dedicados a identificar modelos educativos particulares, Kamens ha hallado solo un par de casos de currículos de escolarización masiva que, por el singular acento puesto en las materias de religión y lengua árabe, pueden llegar a constituir formas particulares[28]. Tales currículos tienen su centro en torno al Golfo Pérsico, donde impera una extraña mezcla de religión y petróleo.

Sin embargo, de la investigación de Kamens se desprende también que tales formas particulares son sumamente inestables[29]. El intento de crear o de mantener una alternativa extrema de corte islámico está plagado de dificultades. Estas alternativas curriculares particulares, que no parecen ofrecer una salida viable en el sistema de estratificación global visible, no logran concitar un gran compromiso para con ellos, en especial de parte de las élites educadas que son a menudo las encargadas de establecer los currículos. Se sabe de muchas soluciones intermedias, no solo en este sector del planeta ni en esta tradición religiosa. Así, podemos notar, en Arabia Saudita, un ascenso de la matriculación femenina en la educación superior, tanto en niveles absolutos como relativos, respecto de la masculina. Pero el hecho es que, en su paso por el sistema educativo, las mujeres deben asistir a escuelas distintas que las de los varones, organizadas a través de distintos ministerios y con currículos nominalmente distintos. La segregación sexual en la educación superior, aun en el nivel relativamente bajo del *gymnasium*, era también rutina en buena parte del mundo occidental. Así como también eran característicos del mundo occidental los conflictos potenciales entre las doctrinas religiosas y el conocimiento científico, los cuales

---

28. Kamens, David: "Variant Forms: Cases with Distinct Curricula", en Meyer, Kamens y Benavot, 1992, *op. cit.*
29. Ídem.

pueden explicar el establecimiento relativamente tardío de las ciencias como materia escolar[30]. Incluso hoy en día existen grupos de cristianos fundamentalistas que abogan por una ciencia creacionista. Por ello, no es de extrañar que se hayan acuñado téminos tales como *ciencia islámica* o *ciencia creacionista* como un modo de satisfacer a ciertos grupos particulares de opinión[31]. Lo que no resulta claro es el grado de variación que la fluctuación de tales denominaciones pueda traer aparejado en los contenidos educativos reales.

La idea central, en este caso, no es la de la imposibilidad de las variedades supranacionales, sino la de la cantidad de tiempo y recursos que se requieren para apuntalar un sistema alternativo frente a los modelos globales, que, en el devenir de la historia, cuentan con una legitimación científica, un alto nivel de elaboración profesional y enormes recursos. El surgimiento y supervivencia de una alternativa islámica requiere la realización de ingentes tareas de organización e institucionalización sostenidas en el tiempo. Puede especularse, sin embargo, que, dada la diversidad y los conflictos que imperan dentro de los mundos árabe e islámico, la unificación de esfuerzos con tal fin ha de llevar largo tiempo. Puede especularse también que cualquier alternativa que logre producir con éxito un modelo supranacional estable en el tiempo, ha de superponerse en gran medida con los modelos mundiales con los cuales compita esta nueva alternativa. Tal fue, sin duda, el caso del modelo alternativo del comunismo. Resulta difícil imaginar un modelo alternativo competitivo que no enfatice objetivos centrales globalmente legitimados, como el progreso socioeconómico y la justicia (que en el mundo contemporáneo se traducen instantáneamente en el principio de *igualdad para todos*).

Si bien podemos imaginar, en el mundo, un número de movimientos extremadamente reaccionarios y amenazantes, estos tienden a ser limitados e inestables, y es muy poco probable que alcancen a generar alternativas competitivas en el terreno de la educación. Por grande que

---

30. Kamens, David, y Benavot, Aaron: "Elite Knowledge for the Masses: The Origins and Spread of Mathematics and Science Education in National Curricula", en *American Journal of Education*, 99, 1991.
31. Lee, Molly: *Structural Determinants and Economic Consequences of Science Education: A Cross-National Study, 1950-1986*, tesis doctoral, Escuela de Pedagogía, Universidad de Stanford, 1990.

LOS CURRÍCULOS NACIONALES

sea la distancia que los separa de los modelos educativos mundiales, los actuales intentos por establecer los currículos modernos en las escuelas islámicas incluyen también el establecer contactos con los organismos portadores de tales modelos. Queda por verse qué tipo de cambios políticos y prácticos pueden operarse en función de estos contactos.

4. Variación y resistencia: las trayectorias particulares nacionales o locales

Uno de los argumentos principales aportados en el presente trabajo es el que indica que las mismas características de un Estado o un sistema educativo nacional que interrumpen la conexión con los modelos mundiales logran, al mismo tiempo, bien (a) debilitar el saber educativo y la tradición local, bien (b) situar la tradición en instituciones ajenas a la educación. Al indagar las características nacionales que pueden maximizar la potencia de las trayectorias educativas locales, lo que en verdad buscamos son casos anormales, es decir, factores que amortiguan las fuerzas globales al tiempo que fortalecen las tendencias educativas locales. Esta combinación es la que permite exhibir una particularidad educativa que es, sin embargo, muy aleccionadora. En los párrafos siguientes reflexionaremos brevemente acerca de los casos que parecen mostrar dichas características.

Tanto las potencias hegemónicas como sus competidores ponen el debido acento en todo tipo de trayectorias locales, al *descubrir* las raíces de su carisma y su dominación en su historia interna, su cultura e incluso su composición racial. En el período actual, los Estados Unidos conservan, en distintas áreas, una obstinada resistencia a los modelos mundiales. La ironía del caso es que, como gustan de señalar los investigadores, los modelos mundiales son reflejo, por lo común, de la influencia cultural estadounidense. Así, los movimientos mundiales en favor de la conservación del medio ambiente o de los derechos humanos han recibido la influencia de ideas cuya autoría corresponde a ciudadanos estadounidenses; sin embargo, los Estados Unidos se niegan a firmar o ratificar tratados internacionales en lo que se refiere a estas y otras áreas relacionadas. Esta actitud sirve como sustento para un sistema educativo de rasgos particulares en el que se advierte un bajo nivel de control nacional sobre los currículos y las inscripciones, la inexistencia de universidades verdaderamente nacionales, un escasa regulación de la enseñanza privada y religiosa, etc. Solo a fines de la década de 1970 se creó un cargo educativo con nivel ministerial y, aun así, el funcionario que lo ocupa cuenta con poderes muy limitados en áreas de la educación que otros países monitorean con gran cuidado. Las medidas de estandarización curricular a nivel nacional, aun cuando se las propone como de aplicación voluntaria, encuentran la cerrada oposición tanto de la derecha como de la izquierda: los primeros, las consideran una injerencia burocrática en los derechos de las autoridades educativas locales, mientras que los últimos temen que la sujeción de distintas escuelas (y, por ende, de distintos grupos sociales) a los mismos estándares pueda conllevar una exacerbación de las desigualdades.

Como es notorio, también Gran Bretaña, la anterior potencia hegemónica, cuenta con un alto nivel de particularidad en la edución. Sus estructuras curriculares se inscriben en la *alta cultura* de las élites tradicionales, tal como lo ha recalcado Goodson, entre otros muchos colegas, con un impresionante caudal bibliográfico[32]. Desafortunadamente, dado que buena parte de los mejores estudios históricos y comparativos del currículo están dedicados a Gran Bretaña, los investigadores tienden a hacer generalizaciones partiendo de un caso tan particular. Las universidades británicas de mayor prestigio siguen ejecutando aparatosamente los rituales, al menos, del tradicionalismo académico en niveles desconocidos en el resto del mundo moderno, obteniendo el mismo éxito como atracciones turísticas que como instituciones educativas. También las escuelas privadas (pese a su nombre de *públicas*) de élite son exponentes, en Gran Bretaña, de una trayectoria singular. Ricas en historia (*la batalla de Waterloo se ganó en los patios de Eton*), merecen también una visita. Buena parte de su particularismo surge menos de su larga historia que de la consolidación cultural de la hegemonía británica a lo largo del siglo XIX.

Los competidores de las potencias hegemónicas han logrado asimismo mayor éxito en mantener formas educativas particulares que

---

32. Goodson, Ivor: *School Subjects and Curriculum Change*, The Falmer Press, Londres, 1987.

LOS CURRÍCULOS NACIONALES

otras naciones que nunca se propusieron alcanzar el predominio. Resulta interesante, en este sentido, el caso de Alemania, del que podemos hacer nueva mención. No obstante algunos experimentos en materia de escolarización comprehensiva o unificada, el sistema alemán todavía se basa en un modelo educativo estratificado, con tres tipos de escuela secundaria, de los cuales solo uno conduce por lo regular a la universidad. El sistema conserva también un programa de formación profesional basado en la selección temprana, lo que en otros países se rechaza por antidemocrático. De manera similar, los ejemplos de trayectoria institucional autónoma que podemos encontrar en Francia incluyen las elitistas *escuelas politécnicas*, ciertas estructuras de evaluación y preferencias en materia curricular (y tal vez en materia de instrucción) que son en extremo particulares.

Lo que queremos señalar es que, en general, es probable que tanto las potencias hegemónicas como las aspirantes a la hegemonía intenten elevarse por encima del Estado nacional y encontrar en la historia y la cultura locales un sentido trascendente de la educación. Esto favorece, a su vez, la resistencia contra las presiones homogeneizantes que se siguen de las normas y las concepciones comunes. Queda claro, con todo, que dichas normas y concepciones pueden ser articuladas y llevadas al mundo entero por obra de científicos, profesionales y expertos procedentes de las potencias hegemónicas y sus competidores. Sin embargo, de manera no poco irónica, estos *trotamundos* se ven a menudo sobrepasados en sus países de origen por otras personas que invocan o inventan tradiciones locales para sustentar sus pretensiones particularistas. Así, los programas de ayuda implementados por Gran Bretaña en el extranjero abogan por modelos educativos mucho más estandarizados de lo que los profesionales británicos pueden aplicar en su propio país. Lo mismo tiene validez para los programas apoyados por el sistema de asistencia de los Estados Unidos y también para la mayoría de los demás.

Por último, en la búsqueda de posibles particularismos, podemos ampliar nuestra definición de educación para incluir en ella otras formas que están por completo fuera del marco moderno y de sus definiciones. Se encuentra un rica variedad de instituciones similares a la escolar, las cuales poseen trayectorias e historias propias y currículos altamente particularizados. Ya hemos dado algunos ejemplos anteriormente. Entre ellos, figuran varios tipos de escuela islámica o hebrea, ciertos sistemas particulares de formación profesional y las escuelas monásticas de algunas religiones. Varias de estas formas sobreviven hasta el día de hoy, si bien no han alcanzado una posición dominante. Otras alternativas se han extinguido o han desaparecido en su lucha contra la modernidad en expansión: entre ellas, se cuentan sistemas educativos enteros, como los del Japón, Corea y China.

La búsqueda del particularismo educativo se hace más difícil si se insiste en las formas que son particularmente educativas, pero se facilita si dirigimos nuestra mirada a las formas en las que la denominación *educación* está ausente, y que están trabadas, por ello, en una competencia sin perspectivas de triunfo con la modernidad de escala mundial. Ciertas tradiciones culturales alternativas generan formas de instrucción que no hacen uso de tal denominación. Entre ellas se cuentan los monasterios, templos, mezquitas y demás instituciones de transmisión cultural antes señaladas. Su particularismo reside precisamente en no ser instituciones particularmente educativas. Es solo al moverse hacia aspectos más explícitamente educativos que chocan con el marco mundial moderno. La adaptación que de ello resulta termina a menudo en una cierta pérdida de rasgos particulares.

5. La invención de lo particular

Como señalamos al principio, sería disparatado establecer una subordinación de los particularismos nacionales a los estándares mundiales. Un aspecto fundamental de los sistemas educativos modernos lo constituyen, por cierto, sus pretensiones de presentar vínculos especiales con las características propias de la nación y de ser funcionales a las mismas. Su justificación reside, en buena parte, en la funcionalidad especial que cumple para un Estado nacional que aspira él mismo a la particularidad. Pero estas aspiraciones deben tomarse con su proverbial grano de sal. Tanto los Estados nacionales como sus sistemas educativos encuentran legitimación en la estrechez de sus vínculos con modelos mundiales estandarizados y estandarizadores. Pero las pretensiones de singularidad y las correspondientes ostentaciones de rasgos particulares se han convertido poco menos que en requisitos. De

LOS CURRÍCULOS NACIONALES

hecho, contamos con encontrar cierto color local y celebramos la existencia de elementos indígenas en las culturas escolarizadas, en tanto y en cuanto estos no constituyan un obstáculo a los ideales del progreso y la igualdad.

El interrogante pasa a ser entonces el siguiente: ¿de qué manera puede, un sistema educativo nacional, estar en conformidad con los modelos globales y, a la vez, presentar rasgos particulares? Podemos esbozar brevemente algunos mecanismos.

1. En primer lugar, un sistema puede avenirse a los modelos mundiales haciendo, a la vez, ostentación de las raíces locales de dichos modelos. Muchos países pueden encontrar en su pasado héroes intelectuales propios, que son prueba del espíritu nacional singular tras el telón del sistema educativo moderno. Resulta bastante sencillo identificar y rendir honores a un personalidad nacional que haya divulgado ideas lo suficientemenete similares a las de Dewey o Freire como para poder ser utlizadas. También puede darse, a estas últimas figuras internacionales, un atuendo local y ser recordadas de manera acorde[33]. Por ejemplo, el gran pedagogo sueco, Torsten Husen, dio por título a la constitución del sistema educativo en Botswana "Educación para Kagisano", empleando un término del orden social local para legitimarla.

2. Los sistemas pueden hacer un distinción tajante entre los dominios curriculares en los que se admite el sentimiento nacionalista y el color local, y aquellos en los que no. Una estrategia bastante común consiste en la indigenización de los currículos de Humanidades, mientras que el programa de Ciencias se mantiene acorde a los estándares mundiales. La búsqueda de lo singular puede evidenciarse más en las artes, la literatura y la música que en las ciencias. De hecho, existen flores, aves y animales que son característicos de una región y parte de la vida de sus habitantes; sin embargo, pueden resultar sometidos a la lente estandarizadora de un marco ecológico moderno. Un canon estandarizador artístico o literario es más difícil de formular y más fácil de combatir, a pesar de los considerables progresos

---

33. Popkewitz, Thomas: "Globalization/regionalization, knowledge, and the educational practices: Some notes on comparative strategies for educational research", en Thomas Popkewitz (comp.): *Educational Knowledge*, State University of New York Press, Albany, NY, 2000.

hacia una metaestandarización realizados por el pensamiento *posmoderno* contemporáneo en el terreno de las humanidades.

3. Los elementos curriculares locales bien pueden exhibirse, pero no enfatizarse. En muchos países pobres cuesta una enormidad de trabajo desarrollar contenidos genuinamente nacionales. Por ejemplo, resulta muy dificultoso desarrollar materiales curriculares para la enseñanza de la historia en países que escasamente cuentan con una historia escrita. Además, el hecho mismo de encarar la tarea suscita graves conflictos locales. Los esfuerzos realizados en Lesotho generan conflictos acerca de la ortografía de la lengua nacional. En Botswana, el conflicto principal se desarrolla en torno a detalles de la lengua en sí. Resulta bastante sencillo establecer algo como necesidad abstracta –digamos, el desarrollo de un pensamiento crítico o de la creatividad– sin hacer luego demasiado hincapié en ello tanto en el currículo como en la evaluación. Puede descartarse una objeción de parte de padres y alumnos, cuyas ansias se centran en el ingreso, a través de la Educación, en un mundo más amplio, antes que en una economía pauperizada.

6. Reflexiones finales

Buena parte de las obras dedicadas a la educación comparada admite, si bien de manera renuente, que en las estructuras y actividades educativas existe un número de elementos comunes en todo el mundo y que este se encuentra en expansión. Sin embargo, muchas veces, estos elementos comunes suelen desestimarse como superficiales, con la presunción de que para comprender un sistema educativo nacional es necesario hallar la cultura local profunda que lo conforma. Llevada al extremo, esta presunción requiere el hallazgo de, por lo menos, doscientas culturas locales profundas y doscientos sistemas educativos que sean claramente particulares. El extremo opuesto lo constituye la caricatura de un mundo único encerrado en una jaula de acero, en el cual no hay variabilidad posible.

La obra de Jürgen Schriewer nos propone un estudio de las relaciones dinámicas entre las capacidades autorreferenciales de los sistemas locales y los contextos mundiales más amplios en los que se encuentran. Por nuestra parte, convocamos a una perspectiva histórica comparada de la Educación que reflexione acerca de las condiciones que acentúen la posibilidad de un sistema educativo autorreferencial viable. Entendemos, por esto último, un sistema educativo que es a la vez particular y particularmente educativo. Exploramos las condiciones que facilitan la resistencia a las intensas influencias homogeneizadoras o su amortiguación. Es decir que nuestra búsqueda se centra en las fuentes de variabilidad en los sistemas educativos o en las alternativas a los ordenamientos educativos estandarizados, a los que hemos hecho especial referencia en otros trabajos. Nuestra reflexión propone los siguientes puntos a investigar:

1. Es poco probable que los Estados nacionales periféricos, aislados y pobres adhieran a los modelos educativos mundiales o que posean sistemas locales de conocimientos que puedan generar instituciones educativas particulares. Para decirlo una vez más, estos sistemas muestran un escaso grado tanto de conformidad como de no-conformidad, tanto en el terreno cultural como en el organizativo.
2. La resistencia a los modelos mundiales estándar y estandarizadores o las alternativas propuestas a ellos suelen ser, en sí mismas, de carácter supranacional. Como ejemplo de ello, pueden tomarse los sistemas comunistas o los intentos por construir una alternativa educativa islámica.
3. A nivel nacional, los países hegemónicos y los aspirantes a la hegemonía suelen hacer exhibición de su particularidad educativa. Esto se aplica al caso de los Estados Unidos y Gran Bretaña, pero también a los de Alemania y Francia.
4. En otros países, la conformación de instituciones educativas particulares se ve facilitada, si no se las proclama como educativas, empleando definiciones y legitimaciones de otro tipo (por ejemplo, religiosas).
5. Las alternativas más viables suelen ser variantes del marco común moderno e incluyen cierta diferenciación respecto de las formas occidentales o angloamericanas. No obstante, suelen suscribir los objetivos de progreso socioeconómico y justicia igualitaria a los que los sistemas mundiales dan autoridad.

6. Los procesos sociales y educativos que llevan a la invención de lo particular son permanentes y deben ser estudiados *sui generis*. Son un producto no intencional de la misma dinámica globalizadora que genera elementos comunes. El proceso de construcción de lo particular tiene menos que ver con la examinación del pasado que con la mantención de un presente y un futuro viables.

7. Referencias bibliográficas

Adick, Christel: *Die Universalisierung der modernen Schule*, Schoningh, Paderborn, 1992; Metz, Mary H.: "Real School: A Universal Drama and Disparate Experience", en *Politics of Education Association Yearbook*, 1989.

Anderson, Benedict: *Imagined Communities: Reflections on the Origin and Spread of Nationalism*, Verso Press, Londres, 1991.

Benavot, Aaron: "The Rise and Decline of Vocational Education", en *Sociology of Education*, 56, 1983.

Boli, John: "World Polity Sources of Expanding State Authority and Organization, 1870-1970", en George Thomas, John W. Meyer, Francisco O. Ramírez, y John Boli: *Institutional Structure*, Sage, Newbury Park, CA, 1987.

___, y Thomas, George: *World Polity Formation Since 1875: World Culture and International Non-Governmental Organizations*, Stanford University Press, Stanford, 1999.

Bradley, Karen, y Ramírez, Francisco O.: "World Polity and Gender Parity: Women's Share of Higher Education, 1965-1985", en *Research in Sociology of Education and Socialization*, 11, 1996.

Cha, Yun-Kyung: "The Effect of the Global System on Language Instruction, 1850-1986", en *Sociology of Education*, 64, 1991.

Chabbott, Colette: *Constructing Educational Development*, Taylor & Francis, Londres, 2002.

___, y Ramírez, Francisco O.: "Development and Education", en Maureen Hallinan (comp.): *Handbook of the Sociology of Education*, Kluwer Press, Nueva York, 2000.

Cummings, William: "Patterns of Modern Education", en William Cummings y Noel McGinn (comps.): *International Handbook of Education and Development: Preparing Schools, Students, and Nations for the Twenty-First Century*, Elsevier Science, Nueva York, 1997.

Drori, Gili; Meyer, John W.; Ramírez, Francisco O., y Schofer, Evan: *Science and the Modern World Polity: Institutionalization and Globalization*, Stanford University Press, Stanford, 2002.

Fiala, Robert, y Gordon Lanford, Audrey: "Educational Ideology and the World Educational Revolution, 1950-1970", en *Comparative Education Review*, 31, 1987.

Goodson, Ivor: *School Subjects and Curriculum Change*, The Falmer Press, Londres, 1987.

Hedmo, Tina; Sahlin-Andersson, Kerstin, y Wedlin, Linda: *The Emergence of a Regulatory Field of Management Education*, Stockholm University, Estocolmo, 2001.

Kamens, David: "Variant Forms: Cases with Distinct Curricula", en John W. Meyer, David Kamens y Aaron Benavot: *School Knowledge for the Masses*, The Falmer Press, Londres, 1992.

___, y Benavot, Aaron: "Elite Knowledge for the Masses: The Origins and Spread of Mathematics and Science Education in National Curricula", en *American Journal of Education*, 99, 1991.

Lee, Molly: *Structural Determinants and Economic Consequences of Science Education: A Cross-National Study, 1950-1986*, tesis doctoral, Escuela de Pedagogía, Universidad de Stanford, 1990.

Lenhardt, Gero, y Stock, Manfred: "Hochschulentwicklung und Bürgerrechte in der BRD und der DDR", en *Kölner Zeitschrift für Soziologie und Sozialpsychologie*, 52, 3, 2000.

McEneaney, Elizabeth: *The Transformation of Primary School Science and Mathematics: A Cross-National Analysis, 1900-1995*, tesis doctoral, Departamento de Sociología, Universidad de Stanford, 1998.

Meyer, John W.: "Training and Certifying 'Unqualified' Teachers in Namibia", en C. Wesley Snyder Jr. y Friedhelm Voigts (comps.): *Inside Reform: Policy and Programming Considerations in Namibia's Basic Education Reform*, Gamsberg Macmillian, Windhoek, 1998.

___; Kamens, David, y Benavot, Aaron: *School Knowledge for the Masses*, The Falmer Press, Londres, 1992.

___; Nagel, Joanne, y Wesley Snyder Jr., C.: "The Expansion of Mass Education in Botswana: Local and World Society Perspectives", en *Comparative Education Review*, 37, 1993.

___, y Ramírez, Francisco O.: "The World Institutionalization of Education", en Jürgen Schriewer (comp.): *Discourse Formation in Comparative Education*, Peter Lang, Fráncfort del Meno, 2000.

___; Ramírez, Francisco O., y Soysal, Yasemin: "World Expansion of Mass Education, 1870-1970", en *Sociology of Education*, 65, 1992.

Moon, Hyeyoung: *The Globalization of Professional Management Education, 1881-2000: Its Rise, Expansion and Implications*, tesis doctoral, Departamento de Sociología, Universidad de Stanford, 2002.

Popkewitz, Thomas: "Globalization/regionalization, knowledge, and the educational practices: Some notes on comparative strategies for educational research", en Thomas Popkewitz (comp.): *Educational Knowledge*, State University of New York Press, Albany, NY, 2000.

Ramírez, Francisco O.: "Eyes Wide Shut: University, State, and Society", trabajo presentado en la conferencia sobre "Globalización: la universidad bajo sitio", Universidad de Frankfurt, 2001.

___ "Continuous Assessment and Gender Equity: Constructing the Progressive Learner in Northern Namibia", en C. Wesley Snyder Jr. y Friedhelm Voigts (comps.): *Inside Reform: Policy and Programming Considerations in Namibia's Basic Education Reform*, Gamsberg Macmillian, Windhoek, 1998.

___, y Min Wotipka, Christine: "Slowly But Surely? The Global Expansion of Women's Participation in Science and Engineering Fields of Study", en *Sociology of Education*, 74, 2001.

Rauner, Mary: *The Worldwide Globalization of Civic Education Topics, 1955-1995*, tesis doctoral, Departamento de Sociología, Universidad de Stanford, 1998.

Riddle, Phyllis: *University and State: Political Competition and the Rise of Universities, 1200-1985*, tesis doctoral, Departamento de Sociología, Universidad de Stanford, 1989.

Sahlin-Andersson, Kerstin, y Strandgaard Pedersen, Jesper: MBA: *European Constructions of an American Model*, Stockholm University, Estocolmo, 1998.

Schriewer, Jürgen: "The Method of Comparison and the Need for Externalization: Methodological Criteria and Sociological Concepts", en Jürgen Schriewer y Brian Holmes (comps.): *Theories and Methods in Comparative Education*, Peter Lang, Fráncfort del Meno, 1992.

___ (comp.): *Discourse Formation in Comparative Education*, Peter Lang, Fráncfort del Meno, 2000.

___ "World-System and Interrelationship Networks: The Internationalization of Education and the Role of Comparative Inquiry", en Thomas S. Popkewitz (comp.): *Educational Knowledge: Changing Relationships Between the State, Civil Society, and the Educational Community*, State University of New York Press, Albany, NY, 2000.

Soares, Joseph A.: *The Decline of Privilege: The Modernization of Oxford*, Stanford University Press, Stanford, 1999.

LA INTERPRETACIÓN NEOINSTITUCIONALISTA DEL SURGIMIENTO DE LA ESCOLARIZACIÓN MASIVA: OBSERVACIONES ACERCA DEL CASO DE SUECIA

FLORIAN WALDOW
(Universidad Humboldt, Berlín)

1. La interpretación neoinstitucionalista del surgimiento de la escolarización masiva

Jürgen Schriewer ha señalado la tensión que existe entre la "difusión global de modelos educativos estandarizados internacionalmente", por un lado, y la "persistencia de redes de interrelación sociales y culturales variables"[1], por otro. Tal tensión se ve reflejada en los enfoques que asume la investigación en el estudio de la internacionalización, por un lado, y de la indigenización y adaptación, por otro; una de las herramientas metodológicas básicas de este último es la comparación.

El neoinstitucionalismo[2], en tanto, se destaca como abordaje teórico, por estar firmemente arraigado en el primero de dichos enfoques, es decir, en el estudio de la internacionalización. El abordaje neoinstitucionalista provee una interesante y estimulante perspectiva del surgimiento de la escolarización masiva con amplias pretensiones de

---

1. Schriewer, Jürgen: *Welt-System und Interrelations-Gefüge. Die Internationalisierung der Pädagogik als Problem Vergleichender Erziehungswissenschaft*, Humboldt-Universität zu Berlin, Berlín, 1994, pág 28.
2. Cf. por ejemplo Meyer, John W., y Ramírez, Francisco O.: "The World Institutionalization of Education", en Jürgen Schriewer (comp.): *Discourse Formation in Comparative Education*, Peter Lang, Fráncfort del Meno, 2000, pág. 115.

explicación tanto a nivel diacrónico como sincrónico; manifiesta ofrecer una explicación teórica tanto para el surgimiento de los modelos modernos de escolarización masiva a finales del siglo XVIII y comienzos del XIX, como para su posterior expansión mundial, que va unida a una crítica a otras teorías de importancia acerca del surgimiento de la escolarización masiva[3], en particular, las explicaciones funcionalistas en la tradición de Durkheim y la teoría del control social[4], las cuales, desde el punto de vista neoinstitucionalista, pecan de ser demasiado *abarcativas* y de no prestar atención suficiente a los testimonios concretos. Desde hace más de veinte años, el trabajo de los neoinstitucionalistas se concentra alrededor de las figuras de John W. Meyer y Francisco O. Ramírez, de la Universidad de Stanford[5].

Desde el punto de vista del neoinstitucionalismo, la escolarización masiva forma parte de un modelo nuevo de sociedad, dotado de un extraordinario vigor, que se organizó en torno de las ideas del progreso y el individuo. El origen de la escolarización masiva se encuentra en los cambios fundamentales acaecidos dentro de la conceptualización predominante del mundo y, más particularmente, en la visión de la sociedad y el individuo. El punto de partida de esta reconceptualización puede situarse a finales de la Edad Media y darse, en buena medida, por completada en la última etapa del siglo XVIII. Característica principal de este nuevo modelo de sociedad es el auge del individuo y el Estado nacional. En el proceso del surgimiento del nuevo modelo, se

---

3. En el terreno de los enfoques "clásicos" del surgimiento de los sistemas públicos de enseñanza obligatoria (funcionalismo, teoría del control social, del conflicto de grupos sociales, de la modernización) se ha producido en los últimos años una serie de interesantes aportes, por ejemplo Green, Andy: *Education and State Formation: The Rise of Education Systems in England, France and the USA*, Macmillan, Basingstoke, 1990; y Hunter, Ian: *Rethinking the School. Subjectivity, Bureaucracy, Criticism*, St. Martin's Press, Nueva York, 1994.
4. Cf. Durkheim, Émile: *Über die Teilung der sozialen Arbeit (eingeleitet von Niklas Luhmann)*, Suhrkamp, Fráncfort del Meno, 1977; Bowles, Samuel, y Gintis, Herbert: *Schooling in capitalist America. Educational Reform and the Contradictions of Economic Life*, Routledge y Kegan Paul, Londres, 1976.
5. Los hallazgos del grupo neoinstitucionalista, tanto en Stanford como en otras de sus sedes, conforman una larga serie de artículos y monografías, cuya lista sería demasiado larga de transcribir. Una bibliografía detallada puede encontrarse en Meyer y Ramírez, 2000, *op. cit.* Cf. también la contribución de Meyer y Ramírez a este volumen.

LA INTERPRETACIÓN NEOINSTITUCIONALISTA DE LA ESCOLARIZACIÓN MASIVA

observa una reducción gradual de la función social de las corporaciones sociales intermedias (gremios, comunas, etc.), características de las sociedades del Medioevo y de los inicios de los Estados nacionales. El lugar que estas ocupaban como entidades sociales primarias[6] pasa a ser ocupado por el individuo, por un lado, y por el Estado nacional, por otro. Liberado de buena parte de las ataduras de la sociedad tradicional, el individuo se convierte paulatinamente en un ciudadano libre y activo en los terrenos de la religión, la política y la economía. Se dejó de lado la base trascendental del orden social: la soberanía suprema ya no se encuentra en Dios, sino que se ve transferida al individuo o, más bien, a la idea abstracta de él. El propósito final de este ya no es alcanzar el reino celestial, sino su progreso (personal y colectivo) en este mundo. Así, el individuo adquiere ciertos atributos de la divinidad y en algunos aspectos, se ve elevado a un estado cuasidivino[7].

Como resultado de esta espectacular expansión de la función y la libertad del individuo, las antiguas formas de socialización infantil, basadas fundamentalmente en la familia, aparecen como insuficientes; se requiere de nuevas formas de socializar para crear este nuevo individuo dotado de autoridad. Se desarrollan así nuevos conceptos de socialización y pedagogía; entre ellos, la educación comparada, en la que se ve el único medio para lograr la clase de socialización que las condiciones de la reconceptualización del mundo social requieren. Los neoinstitucionalistas destacan la importancia de observar el desarrollo de la escolarización masiva desde una perspectiva mundial, es decir, como fenómeno transnacional. Dado que tienen su raíz común en la misma reconceptualización del mundo, los sistemas de escolarización masiva desarrollados en distintos países presentan aspectos significativamente similares: son universalistas, igualitarios y muestran cierto grado de estandarización en lo que respecta a la organización y el currículo. Los Estados no tenían la libertad de decidir acerca de su inclusión en el nuevo modelo de Estado nacional; en opinión de los neoinstitucionalistas, "los Estados europeos adoptaron el sistema educativo estatal como parte del proceso de formación de naciones que

---

6. Boli, John: *New Citizens For a New Society. The Institutional Origins of Mass Schooling in Sweden*, Pergamon, Oxford, 1989, págs. 35s.
7. Ídem, pág. 41.

INTERNACIONALIZACIÓN

les imponía el ámbito más amplio dentro del cual estaban compitiendo"[8].

Sin embargo, el grueso de los estudios neoinstitucionalistas no se ha centrado en el surgimiento de la escolarización masiva en Europa a finales del siglo XVIII y comienzos del XIX, sino en la posterior internacionalización a nivel mundial de dicho modelo. En la difusión de la escolarización masiva, el neoinstitucionalismo observa la operación de las mismas fuerzas que le dieron origen: la principal es la adopción de un modelo de sociedad nuevo, "moderno". Hoy en día, el proceso de adopción, en países en los que se está desarrollando un sistema de escolarización masiva, se ve reforzado, además, por la existencia de modelos dotados de gran fuerza de atracción (en especial los Estados Unidos y Europa), que ya cuentan con sistemas de escolarización masiva que pueden ser imitados. Se ve, en el nuevo modelo de sociedad, un modelo que se expande por el mundo entero como parte de un sistema mundial en surgimiento.

En opinión de los neoinstitucionalistas, el surgimiento y expansión del nuevo modelo de sociedad no depende de un grado determinado de modernización en el sentido socioeconómico, es decir, del desarrollo o diferenciación alcanzados por una sociedad, etc. Por ello es que rechazan conscientemente gran número de teorías que, de una manera u otra, vinculan el surgimiento de los sistemas de escolarización masiva con indicadores socioeconómicos y ven en la escolarización masiva bien una "fuente de solidaridad social y de preparación para el papel de adulto"[9] (o sea, las teorías funcionalistas), bien un medio de control social, o una escena en la que ciertos grupos compiten por el status. Con particular vigor, se atacan las teorizaciones funcionalistas en torno del surgimiento y la expansión de la escolarización ma-

---

8. Ramírez, Francisco O., y Boli, John: "The Political Construction of Mass Schooling: European Origins and Worldwide Institutionalization", en *Sociology of Education*, 60, 1987, pág. 9.
9. Boli, John, y Ramírez, Francisco O.: "Compulsory Schooling in the Western Cultural Context", en Robert Arnove, Philip G. Altbach y Gail P. Kelly (comps.): *Emergent Issues in Education: Comparative Perspectives*, SUNY Press, Albany, NY, 1992, pág. 25.
10 No es del todo claro el motivo por el cual los neoinstitucionalistas hacen del funcionalismo su enemigo principal. Al producir un "ciudadano nuevo", puede decirse que la escuela desempeña una función estimable para el Estado nacional,

LA INTERPRETACIÓN NEOINSTITUCIONALISTA DE LA ESCOLARIZACIÓN MASIVA

siva[10]: el cargo principal que los neoinstitucionalistas presentan en su contra es que a menudo no logran especificar el mecanismo concreto mediante el cual la aparición de *requerimientos sociales* abstractos –tales como la desintegración social a través de la diferenciación o la necesidad de adquirir nuevos conocimientos postulada por razones económicas– dan lugar al surgimiento de la escolarización masiva. Además subrayan que la relación empírica entre la expansión de la escolarización masiva y ciertas transformaciones socioeconómicas que se utilizan a menudo como indicadores de tales *requerimientos sociales* es, por lo común, muy tenue. En verdad, una de las ventajas sustanciales de la teoría neoinstitucionalista sobre sus competidores consiste en poder dar cuenta de las razones por las cuales la escolarización masiva tuvo un desarrollo similar en diversos países alrededor de la misma época, aun cuando estos se encontraran en etapas muy distintas del proceso de modernización socioeconómica.

Objeto de la crítica de los neoinstitucionalistas es otro aspecto presente en varias teorías acerca del desarrollo de los sistemas educativos: su alegado *realismo*[11], es decir, la creencia en que las sociedades constituyen entidades sociales que funcionan bien y en que los sistemas escolares alcanzan los fines que se han propuesto. Según la posición neoinstitucionalista, en varias de sus teorías rivales existe la tendencia a sobreestimar, en gran medida, la eficacia de los sistemas escolares y la escolarización. Dicha posición opone a este *realismo* la idea del carácter *ritual* de la escolarización, es decir, de que lo importante no es el conocimiento (cognitivo o *tácito*) adquirido en la escuela, sino el acto en sí de asistir a ella, que cumple la función de una "inducción ceremonial"[12], por medio de la cual los alumnos se convierten en ciudadanos plenos en el mundo adulto. Después de haber tomado parte en este

---

como lo ha señalado Frijhoff (cf. Frijhoff, Willem: Reseña de John Boli, *New Citizens for a New Society*, Pergamon, Oxford, 1989, en *Paedagogica Historica*, 27, 1991). La argumentación neoinstitucionalista no se vería debilitada con el reconocimiento de esta función. El vigor con que se ataca al funcionalismo es indicio de una relación un tanto incómoda: como más adelante intento demostrar, la teoría neoinstitucionalista no está por completo libre de ciertos razonamientos funcionalistas.
11. Obviamente, una teoría puede ser al mismo tiempo funcionalista y realista.
12. Boli y Ramírez, 1992, *op. cit.*, pág. 30.

"rito de pasaje"[13], el individuo está habilitado para participar plenamente en el ámbito religioso, político o económico.

El grupo neoinstitucionalista se vale, en sus estudios, de fuentes provenientes de tres categorías principales. Utiliza, en primer lugar, material normativo acerca de la institucionalización de la escolarización, tales como reglamentos escolares, las fechas de fundación de los Ministerios de Educación, etc. En segundo término, valores cuantitativos, por lo general la proporción de alumnos de determinada edad que asiste a la escuela. Tercero, y último, utilizan material que les permita estudiar los contenidos efectivos del currículo, como son los libros de texto. El conjunto de estos materiales se ingresa en un banco de datos, lo cual permite efectuar comparaciones de carácter amplio entre un gran número de países.

Desde un principio, se planteó la necesidad de complementar este banco de datos con una serie limitada de estudios destinados a relevar en detalle la evolución de la escolarización masiva en distintos países, como suplemento de los resultados cuantitativos que se derivaban del banco de datos[14]. Hasta el momento, sin embargo, el único estudio histórico en profundidad producido dentro del marco neoinstitucionalista es el libro de John Boli *New Citizens for a New Society*. En las siguientes páginas, he de concentrar mis observaciones en este libro en particular, haciendo solo mención lateral a otros trabajos del grupo[15]. El libro de Boli ofrece una descripción del surgimiento de la escolarización masiva que presenta un enorme grado de consistencia y coherencia interna, distinguiéndose así favorablemente de algunos de sus competidores. No obstante, la consistencia y la coherencia internas no constituyen los principales criterios para juzgar una teoría en las ciencias sociales; la potencialidad y la capacidad de explicación de una teoría debe demostrarse en su aplicación a los testimonios empíricos existentes. En este aspecto, la descripción que Boli realiza del surgimiento de la escolarización masiva en Suecia deja sin responder una cantidad de interrogantes de importancia. La aplicación de la teoría

---

13. Boli, 1989, *op. cit.*, pág. 49.
14. Cf. íd., págs. 1s.
15. El grupo neoinstitucionalista presenta un alto grado de homogeneidad teórica; por ello, mucho de lo que puede decirse respecto del libro de Boli tiene validez para otros trabajos del grupo neoinstitucionalista de Stanford, y viceversa.

LA INTERPRETACIÓN NEOINSTITUCIONALISTA DE LA ESCOLARIZACIÓN MASIVA

neoinstitucionalista a los testimonios existentes descubre ciertos puntos débiles en aspectos cruciales. Es a estos problemas que he de dedicarme.

2. Nuevos ciudadanos para una sociedad nueva: la teoría neoinstitucionalista aplicada al caso de Suecia

Objetivo declarado del libro de Boli (y podría añadirse, de la dimensión histórica en conjunto del proyecto neoinstitucionalista) es explicar la razón por la cual la escolarización masiva, en especial en su forma universalista, individualista, igualitaria y racionalizada, terminó por convertirse en la principal agencia de socialización en la sociedad moderna[16]. En opinión de Boli, "el grado de reconstrucción social [entendiendo por ello la manera en la que la realidad social se vio reconceptualizada en el marco del discurso dominante y los cambios institucionales resultantes de esta reconceptualización, FW] alcanzado a mediados del siglo XIX era el suficiente como para dar lugar en Suecia a la escolarización masiva moderna"[17]. Boli efectúa un relevamiento muy detallado del proceso de *reconstrucción social* registrado principalmente a lo largo del siglo XVIII y comienzos del XIX. Examina, además, las distintas dimensiones en las que el individuo redefine su relación frente a los demás individuos y frente al conjunto de la sociedad. En dicho proceso de reconstrucción social, el individuo por un lado y el Estado nacional por el otro, terminaron por convertirse en los constituyentes principales del mundo social, mientras que los grupos y formaciones sociales intermedios sufrieron una pérdida considerable en su significatividad dentro de la conceptualización dominante del mundo. El individuo fue liberándose de las coerciones religiosas, lo cual resultó en una heterogeneidad religiosa creciente. Grupos que hasta entonces habían carecido de privilegios comenzaron a tomar parte de manera autónoma en el mercado económico (al menos en la teoría: el nuevo modelo de sociedad no estaba libre de toda relación con una desigualdad económica extrema). Se abolieron normas legales que se aplicaban sobre determinados sectores o grupos

---

16. Cf. Boli, 1989, *op. cit.*, págs. 6s.
17. Ídem, págs. 6s.

sociales, por ejemplo, las que restringían los derechos de las mujeres, los siervos etc. La ciudadanía política fue ganando en extensión, si bien el sufragio universal solo se alcanzó en 1921.

Así pues, el proceso de *reconstrucción social* del individuo, el Estado y la ciudadanía en sus varias formas, que es esencial a la argumentación neoinstitucionalista, se encuentra excelentemente documentado en el libro de Boli. Una cobertura menos extensa se ha brindado al desarrollo del sistema educativo, si bien Boli dedica algunos capítulos a la historia de las instituciones educativas suecas y a la institucionalización del sistema de escolarización masiva. No obstante, dentro de la lógica del abordaje de Boli, sería tal vez de mayor relevancia dar cuenta de la manera en la cual las antiguas formas de socialización comenzaron a ser consideradas como insuficientes y de la redefinición de la escuela como nuevo agente principal de socialización, antes que dar cuenta de la institucionalización de la escolarización masiva. Podría suponerse que una explicación de este tipo debería ocupar en el libro una parte más importante de la que en realidad ocupa, ya que se trata del elemento crucial en su argumentación.

Esto nos lleva a un aspecto central de mi crítica: la conexión que se establece entre las dos partes del razonamiento, es decir, la *reconstrucción social* en sentido económico, político y religioso, por un lado, y la redefinición de la escuela, por el otro, extremadamente débiles. Queda sin aclarar, en gran medida, el proceso concreto por el cual esta reconceptualización del mundo *produjo* (en las palabras de Boli) la escolarización masiva. En lugar de ello, se presenta el proceso de redefinición como desarrollo inevitable y automático: la escolarización masiva recibe la denominación de *imperativo institucional*, es decir, una necesidad creada por la reconceptualización del mundo social que Boli describe. Se obtiene la imagen de un proceso que opera, en gran medida, por cuenta propia y una estructura institucional que reacciona de manera aparentemente automática a los nuevos *requerimientos sociales* que crea la reconstrucción social. Tras describir los cambios en la conceptualización dominante de la sociedad, Boli sostiene a continuación que "de manera evidente, existía un único medio para crear nuevos ciudadanos: la escuela"[18].

---

18. Ídem, pág. 46.

LA INTERPRETACIÓN NEOINSTITUCIONALISTA DE LA ESCOLARIZACIÓN MASIVA

Sin embargo, no es del todo sencillo apreciar la razón por la cual, en la época del surgimiento de la escolarización masiva, habría de ser necesariamente *la escuela* el candidato más claro para convertirse en el principal agente de socialización de cada niño. Antes de que tuvieran lugar las transformaciones que los neoinstitucionalistas intentan explicar, la función principal de la escuela era la de preparar a los futuros funcionarios y pastores[19]; esto es, se trataba de establecimientos de enseñanza altamente especializados destinados a un número muy reducido de personas. Además, las escuelas contaban con una tradición profundamente arraigada que databa de varios siglos. No resulta en modo alguno evidente que la escolarización masiva fuera una continuación *natural* de tal tradición. Así pues, la redefinición y adaptación de la escuela como el principal agente de socialización de todo niño en el mundo moderno representa una ruptura de proporciones en la historia de una institución social sólidamente establecida. Por otra parte, no era solamente la escuela como institución lo que debía ser redefinido *desde arriba*. Para que el sistema de escolarización masiva pudiera llegar a funcionar, debía cambiar también la actitud respecto de la escuela de los contribuyentes y los padres. Dicho cambio de actitud implicaba no solo la aceptación del cambio en el modelo social y la disposición a mantener financieramente a la escuela; los padres debían, además, estar dispuestos a enviar a sus hijos a la escuela, lo cual traía aparejado, en una economía basada casi exclusivamente en la agicultura de subsistencia, que los niños no pudieran prestar ayuda en las tareas campestres durante el período lectivo y contribuir así a la subsistencia familiar.

Es este proceso de redefinición y adaptación radical de una institución social de tradición secular y su aceptación implícita por parte

---

19. Los hijos de los campesinos acomodados también asistían, en una medida más limitada, a la escuela secundaria. Si bien la escritura y la aritmética no eran precondiciones necesarias para tomar parte en la economía rural, que en la modernidad temprana se basaba en gran medida en una agricultura de subsistencia, dichos conocimientos representaban un medio para acceder a cargos como el de administrador eclesiástico y para aumentar el propio estatus social dentro de la comunidad aldeana. Cf. Lindmark, Daniel: "Writing Instruction, Formal Schooling, and the Increasing Wealth of the Freeholding Peasants: Early 19th Century Roots of the Swedish System of Compulsory Schooling", en *Paedagogica Historica, supplementary series*, 4, 1998, págs. 23s.

INTERNACIONALIZACIÓN

del conjunto de la sociedad lo que en el trabajo de Boli queda, curiosamente, sin aclarar. La razón de ello no debe verse en un defecto de la teoría, sino sencillamente en que la documentación empírica de este proceso es enormemente escasa, al contrario de lo que ocurre con la *reconstrucción social* en el terreno de lo político, lo económico y lo social. Así es que, en el núcleo mismo de la posición neoinstitucionalista, cuando se trata de responder el interrogante fundamental que el libro plantea –es decir, el porqué de la escolarización masiva–, Boli recurre a un razonamiento de tipo funcionalista. Los procesos de transformación social e institucional parecen ser gobernados por fuerzas que los actores ignoran por completo; en lugar de una descripción detallada de esta redefinición de la escuela, se nos presentan *imperativos institucionales* cuasiobjetivos que asumen las nuevas demandas de socialización de los niños y conducen –en apariencia automáticamente– a la adaptación institucional de la organización de la sociedad a los cambios operados. Este modelo explicativo, que opera fundamentalmente en el nivel de las fuerzas abstractas de "causación social"[20] e imagina una agencia (*agency*) humana movida por *imperativos institucionales*, se sirve de un modelo demasiado simplificado de la actividad del hombre. Pasa por alto el que todos "los agentes están en conocimiento de buena parte de los condicionamientos de su actividad, y que dicho conocimiento no es algo contingente a sus actos, sino constitutivo de los mismos"[21]. La identificación de los *imperativos institucionales* debería ubicarse en el plano de los actores sociales individuales y colectivos de un momento histórico dado y no en el nivel abstracto de los sistemas. La cuestión fundamental no es identificar imperativos institucionales semiobjetivos, sino la del motivo por el cual ciertas disposiciones institucionales llegan a resultar *imperativas* a los ojos de los actores sociales, entre quienes se hallan, ya no solamente los clérigos y funcionarios estatales, sino los contribuyentes locales que cubren los costos del sistema. En este aspecto, se puede extender la crítica: aun aceptando que

---

20. Giddens, Anthony: *In Defence of Sociology. Essays, Interpretations and Rejoinders*, Polity Press, Cambridge, 1996, pág. 69. Giddens critica la preocupación que muestra la sociología tradicional dominante por encontrar tales fuerzas abstractas de "causación social" y su poca atención hacia la "naturaleza [purposive] de la conducta humana" (pág. 73).
21. Ídem, pág. 69.

LA INTERPRETACIÓN NEOINSTITUCIONALISTA DE LA ESCOLARIZACIÓN MASIVA

ciertos *imperativos institucionales* abstractos dieron forma a la escolarización masiva, resulta extremadamente difícil –cuando no imposible– identificar el de la escolarización masiva desde una perspectiva metodológica. ¿Cómo probar que la escolarización masiva era, en verdad, el único medio de socialización del *nuevo ciudadano*? Los análisis de tipo funcional conducen muy fácilmente a un razonamiento teleológico *ex post* y a una grave subestimación de la apertura de cualquier situción histórica dada.

En su justificada crítica al razonamiento funcionalista, Boli sostiene acertadamente que no existe motivo alguno por el cual las sociedades deban necesariamente "conservar la integración social, el equilibrio y la integridad funcional"[22]. Los casos de inestabilidad y aun de colapso social abundan. Su argumentación puede, sin embargo, ser dirigida contra su propia visión del surgimiento de la escolarización masiva. Así como no existe razón inherente alguna por la cual una sociedad deba conservar su estabilidad, tampoco existe otra por la cual se deba dar satisfacción automática a los *imperativos institucionales*, cualquiera sea el modo en que se los identifique y defina. Fundamental resultaría, en cambio, hacer visible el proceso concreto por el cual la reconstrucción social *produjo* la escolarización masiva y respaldar esta demostración a partir de las fuentes históricas disponibles.

Recientes trabajos acerca del surgimiento de la escolarización pública obligatoria en Suecia corroboran en parte la explicación de Boli, señalando, al mismo tiempo, en otra dirección[23]. Los hallazgos de un grupo de historiadores de la economía con sede en Lund indican que,

---

22. Boli, 1989, *op. cit.*, pág. 13.
23. El Departamento de Historia de la Economía de la Universidad de Lund es responsable de varias contribuciones de importancia en este terreno, cf. por ejemplo Nilsson, Anders; Pettersson, Lars, y Svensson, Patrick: "Agrarian Transition and Literacy: The Case of Nineteenth Century Sweden", en *European Review of Economic History*, 3, 1999. Véanse también los aportes de Lindmark, Daniel: *Pennan, plikten, prestigen och plogen. Den folkliga skrivkunnighetens spridning och funktion före folkskolan*, Institutionen för religionsvetenskap, Umeå, 1994; Lindmark, Daniel: *Uppfostran, undervisning, upplysning: linjer i svensk folkundervisning före folkskolan*, Institutionen för religionsvetenskap, Umeå, 1995; y Petterson, Lars: *Frihet, jämlikhet, egendom och Bentham. Utvecklingslinjer i svensk folkundervisning mellan feodalism och kapitalism, 1809-1860*, Almqvist y Wiksell, Stockholm, 1992.

INTERNACIONALIZACIÓN

en el proceso por medio del cual amplios sectores de la población llegaron a estimar la escolarización masiva como algo deseable, los motivos económicos desempeñaron un papel de mayor relevancia de la que Boli les adjudica. En su estudio de la modernización de la economía agraria y la alfabetización en una provincia del sur de Suecia (Escania), Nilsson, Pettersson y Svensson hallaron que la creciente demanda de escolarización estaba vinculada a los cambios operados en el sistena económico, lo que hacía de la alfabetización –y más particularmente de la capacidad de escribir– una ventaja significativa[24]. Los agricultores que sabían escribir podían explotar mejor las posibilidades que presentaban, por ejemplo, el comercio y el mercado crediticio[25]. En especial, los campesinos propietarios comenzaron a considerar como inversión los recursos que destinaban a la educación de sus hijos[26]. De ser correctos los hallazgos del grupo de Lund, el surgimiento de la escolarización masiva se debió no solo a un nuevo *modelo* de sociedad, sino a una transfomación concreta, en el marco de la cual la inversión realizada en educación se volvió rentable para amplios sectores de la población.

Uno de los aspectos de los sistemas de escolarización masiva surgidos en el siglo XIX que los neoinstitucionalistas más enfatizan es el de su *universalidad*, es decir, el hecho de que, al menos en teoría, tuvieran como fin la inclusión del total de la población comprendida entre determinadas edades. De la observación de varios casos en el contexto europeo,

---

24. Cf. además la importancia que ciertas tendencias del pensamiento mercantilista del siglo XVIII otorgaban a una educación mejor y más amplia. Cf. Klose, Gunilla: "Svensk 'folkskoleekonomi' före 1770", en *Utbildningshistoria [= Årsböcker i svensk undervisningshistoria 170]*, 1992, pág. 203.
25. El hecho de que la escolarización solo tuviera un efecto muy limitado sobre la tasa de alfabetismo (cf. Nilsson, Anders, y Svärd, Birgitta: "Writing Ability and Agrarian Change in Early 19th-Century Rural Scania", en *Scandinavian Journal of History*, 19, 1994, págs. 265 y 271) no alcanza para refutar este argumento: siendo el caso que incluso los investigadores modernos, que cuentan con la ventaja de poder mirar hacia atrás, tienden a sobreestimar la importancia de la escolarización, tenemos toda la razón de creer que los actores históricos también lo hicieron así. De este modo, la creciente demanda de alfabetización puede ser un explicación del aumento en la escolarización, aunque, por el contrario, el aumento en la escolarización no explica la evolución de la alfabetización.
26. Cf. Nilsson, Anders, y Pettersson, Lars: *Education, Knowledge, and Economic Transformation. The Case of Swedish Agriculture*, Ekonomisk-historiska föreningen, Lund, 1992, pág. 13.

LA INTERPRETACIÓN NEOINSTITUCIONALISTA DE LA ESCOLARIZACIÓN MASIVA

entre ellos el de Suecia, surge el interrogante de si es del todo correcto caracterizar como universalista el sistema de escolarización masiva desarrollado en el siglo XIX. El sistema era, naturalmente, universalista en el sentido de que, con la promulgación de la ley de enseñanza primaria en 1842, todo niño debía recibir el mismo tipo de instrucción. Sin embargo, esta instrucción no debía tener lugar necesariamente en la *folkskola*, la escuela primaria común. No fue sino hasta entrado el siglo XX que la *folkskola* pasó a ser una escuela común accesible a todos los niños y, en definitiva, obligatoria. Anteriormente la enseñanza primaria y la secundaria constituían, en Suecia como en la mayor parte de Europa, dos sistemas separados[27], divididos tajantemente el uno del otro y con una clara segmentación[28] por clases. Solamente una exigua proporción de los ingresantes a la escuela secundaria provenía de la *folkskola*; la mayoría se preparaba en forma privada[29]. Los sistemas de la educación primaria y secundaria estaban segregados no solo institucionalmente; diferían también marcadamente en los currículos y los métodos de enseñanza. El currículo de la escuela secundaria (reservada a los varones) estaba modelado sobre el del *gymnasium* alemán clasicista, mientras que la enseñanza primaria se centraba en la instrucción religiosa y los rudimentos de lectura, escritura y aritmética. El método básico de instrucción de la enseñanza secundaria era el herbartiano, mientas que en los primeros tiempos de la *folkskola* predominó el método Bell-Lancaster[30]. Es en virtud de divisorias tajantes dentro del primer sistema de escolarización masiva en Suecia que Pettersson rechaza las "hipótesis de una escuela de ciudadanos de carácter nacional" por razones *cronológicas* y considera, en lo fundamental, el surgimiento de la escolarización masiva como el resultado de una demanda creciente de disciplinamiento social[31].

---

27. Si se incluye la enseñanza secundaria para señoritas, las que en el siglo XIX tenían vedado el acceso a las escuelas secundarias públicas y debían asistir a instituciones privadas, se podría hablar incluso de tres sistemas.
28. El concepto de segmentación, es decir, la existencia de formas de enseñanza paralelas, destinadas en lo fundamental a distintos grupos sociales, fue desarrollado por Fritz Ringer en *Education and Society in Modern Europe*, Indiana University Press, Bloomington, 1979.
29. Cf. por ejemplo Richardson, Gunnar: *Svensk utbildningshistoria. Skola och samhälle förr och nu*, Studentlitteratur, Lund, 1999, págs. 69s.
30. Petterson, 1992, *op. cit.*, pág. 312.
31. Ídem, págs. 311ss.

INTERNACIONALIZACIÓN

La segmentación entre la enseñanza primaria y la secundaria tal vez no sea, con todo, la única razón para poner en duda el carácter universalista del sistema educativo, ya que se ha llegado incluso a interpretar que el sistema de la *folkskola* se encontraba diferenciado en su interior de acuerdo con categorías sociales. Nilsson, Pettersson y Svensson, por ejemplo, ven en la creación de la *småskola* (un tipo más elemental de *folkskola*, que fue posteriormente incorporado como paso previo a esta última) un intento de los campesinos propietarios por impedir el acceso de los estratos sociales más bajos al ciclo completo de la *folkskola*. Del mismo modo, se interpreta la creación de las *folkhögskolor* como un intento de los campesinos por "acrecentar la fomación de capital humano dentro de su grupo"[32] y no en toda la sociedad de manera universal. Similar tipo de argumentación presenta Lindmark respecto de la fundación de escuelas parroquiales a comienzos del siglo XIX, antes de la promulgación de la ley de enseñanza primaria de 1842[33].

De modo que, en el surgimiento del sistema sueco de escolarización masiva, se verificaban claras manifestaciones de segmentación. Aun considerando que la institucionalización de la escolarización masiva condujo finalmente a los sistemas universalistas del día de hoy, una interpretación universalista de los primeros sistemas de escolarización masiva se revela como ahistórica, como el resultado de proyectar en el pasado las condiciones del presente.

Nilsson señala con acierto que se requieren más microinvestigaciones que encaren el interrogante de "cuándo, por obra de quién y por qué se establecieron escuelas antes de la promulgación de la ley de escolaridad obligatoria de 1842"[34]; los datos obtenidos hasta la fecha sugieren, sin embargo, que el surgimiento de la escolarización masiva podría tener vínculos más estrechos con la modernización económica de lo que la teoría neoinstitucionalista admite.

En resumen, esta teoría es capaz de dar cuenta de ciertos aspectos del surgimiento de la escolarización masiva en Suecia, mientras que otros (el carácter no universalista de la primera escolarización masiva

---

32. Nilsson, Pettersson y Svensson, 1999, *op. cit.*, pág. 92.
33. Lindmark, 1998, *op. cit.*, pág. 32.
34. Nilsson, Anders: "What do Literacy Rates in the 19th Century Really Signify? - New Light on an old Problem from Unique Swedish Data", en *Paedagogica Historica*, 35, 2, 1999, pág. 295.

LA INTERPRETACIÓN NEOINSTITUCIONALISTA DE LA ESCOLARIZACIÓN MASIVA

y el papel de las transformaciones económicas) se dejan explicar mejor por medio de las teorías que compiten con ella. El hecho es que la teoría neoinstitucionalista, al poner su foco en un solo factor –la evolución de una nueva conceptualización del individuo y el Estado– como responsable fundamental del surgimiento, crecimiento y difusión de los sistemas educativos, vuelve muy difícil una explicación de este tipo. Los neoinstitucionalistas reconocen que, en la actualidad, la existencia del modelo de las naciones avanzadas, que poseen ya sistemas educativos altamente evolucionados, brinda a este proceso una fuerza adicional, si bien el principio básico que se observa desde el siglo XVIII hasta el XXI continúa siendo el mismo. Esta asunción bien puede contar con cierta plausibilidad tratándose de la difusión y de los contornos particulares de los sistemas educativos en la actualidad[35]; por otra parte, la identificación de un único factor como responsable del surgimiento, evolución y difusión de los sistemas de escolarización masiva sin duda confiere a la teoría un elevado grado de elegancia y *prolijidad*.

Sin embargo, debemos precavernos de proyectar hacia el pasado explicaciones que funcionan en el presente o al menos tratarlas siempre como hipótesis potencialmente refutables y cuya validez debe someterse a un riguroso contraste empírico. Margaret Archer nos ha prevenido acerca de los riesgos de asumir la invariabilidad histórica de la constelación de factores que provocan la evolución en materia educativa (y de asumir que se trate de un factor único)[36]. Para sostener la

---

35. Estos procesos de difusión y adopción son, sin embargo, bastante más complicados en apariencia y están determinados por el entorno cultural preexistente en una medida mayor de lo que supone en ocasiones la bibliografía neoinstitucionalista, como lo demuestra la investigación llevada a cabo recientemente en el campo de la difusión internacional del saber educativo; cf. Schriewer, Jürgen: *Welt-System und Interrelations-Gefüge. Die Internationalisierung der Pädagogik als Problem Vergleichender Erziehungswissenschaft*, Humboldt-Universität zu Berlin, Berlín, 1994; ciertos trabajos neoinstitucionalistas tienden asimismo a subestimar el hecho de que existen factores de poder que colaboran en dar forma a la difusión de un modelo nuevo de sociedad y de escolarización masiva (por ejemplo cuando el Banco Mundial condiciona su ayuda económica a países del "Tercer Mundo" a la adopción de determinadas reformas educativas).

36. Cf. Archer, Margaret: "Introduction: Theorizing About the Expansion of Educational Systems", en Margaret Archer (comp.): *The Sociology of Educational Expansion. Take-off, Growth and Inflation in Educational Systems*, Sage, Londres y Beverly Hills, 1982, en especial págs. 3-7.

explicación fundamentalmente monocausal del surgimiento de la escolarización masiva en Suecia que plantea *New Citizens*..., se debe presentar un respaldo empírico más amplio del que Boli ofrece. Toda vez que resulta claro que, en la actualidad, la educación forma parte del *paquete de la modernidad*, mucho menos claro resulta, en primer lugar, cómo llegó a fomar parte del mismo, y en tanto no se dé al interrogante central (el porqué de la escolarización) una respuesta más convincente que la de unos *imperativos institucionales* generados por un nuevo modelo de sociedad, se está extendiendo, más allá de lo adecuado, la capacidad explicativa del factor único de desarrollo identificado por los neoinstitucionalistas.

Así como puede haber más de un factor de desarrollo y distintas constelaciones de factores en distintas épocas, también pueden variar de acuerdo a la época las funciones que el sistema educativo desempeña. Además, como señaló Michael Apple en su reseña de *New Citizens*[37], las distintas funciones de los sistemas educativos pueden entrañar inconsistencias o incluso contradicciones. La educación bien puede asumir papeles contradictorios; ser, por ejemplo, "opresiva y liberadora a la vez"[38], y es posible que, hasta cierto punto, así lo haga siempre. El modelo básico de la teoría neoinstitucionalista tiende, sin embargo, a ocultar estas incongruencias internas. Su enfoque en un único factor de desarrollo y en una única función para la escuela dificulta la explicación de estas inconsistencias y contradicciones internas, y puede conducir fácilmente a la creación de un cuadro de la realidad social –y de la escuela en particular– demasiado homogéneo y prolijo.

Así es que, en ciertos aspectos, la respuesta neoinstitucionalista que Boli ofrece al interrogante fundamental que él mismo plantea (el porqué de la escolarización) no representa un avance explicativo respecto de otros acercamientos como, por ejemplo, las teorías funcionalistas que con tanta intensidad se critican. La única solución posible para esta severa falla en el razonamiento neoinstitucionalista es la de abandonar el nivel abstracto de los sistemas y poner más atención en la ob-

---

37. Apple, Michael: Reseña de John Boli, *New Citizens for a New Society*, Pergamon, Oxford, 1989, en *American Journal of Sociology*, 95, 1990, pág. 1337.
38. Kelly, Gail P., y Altbach, Philip G.: "Comparative Education: Challenge and Response", en *Comparative Education Review*, 30, 1, 1986, pág. 95.

LA INTERPRETACIÓN NEOINSTITUCIONALISTA DE LA ESCOLARIZACIÓN MASIVA

servación del proceso discursivo concreto de redefinición de los fines y la función de la escuela. Los interrogantes centrales están planteados en la manera en la cual la transformación radical de una institución ya existente –*la escuela*– llegó a ser considerada por los actores históricos como un *imperativo institucional* y en el modo en que esta redefinición radical pudo ser llevada a cabo con tanto éxito. Una mirada más atenta a los detalles del proceso real no trae en sí aparejada una debilitación de la explicación teórica; por el contrario, el potencial explicativo que la teoría encierra solo puede ser utilizado mediante un tratamiento más integrado de la reconstrucción social, por un lado, y del material empírico concerniente a la redefinición de la escuela, por otro. Así pues, un manejo más serio del detalle histórico podría aportar no solo una mejor interpretación de los hechos, sino además una interpretación más satisfactoria desde el punto de vista teórico.

3. Conclusión: la teoría abarcativa y los testimonios empíricos

En Boli, así como en amplios sectores de la sociología histórica, puede observarse cierta tendencia a prestar muy poca atención a la integración de la teoría y el material empírico[39]. Uno se lleva la impresión de que la teoría ya no es considerada como un constructo hipotético cuya capacidad explicativa deba ser puesta a prueba en la realidad social. Ya no se cree que las suposiciones que sirven de base deban ser falseadas o modificadas en virtud de testimonios empíricos que no concuerden con el marco teórico. Reveladoras, al respecto, resultan las observaciones preliminares que Boli efectúa acerca del propósito de su libro: afirma, en la introducción, que no ve su trabajo como una *prueba* de la teoría neoinstitucionalista del surgimiento de la escolarización masiva, sino antes bien como una "ilustración de la utilidad y la capacidad

---

39. Cf. también el debate acerca del manejo de teoría y pruebas materiales en el campo de la sociología histórica iniciado por John Goldthorpe a principios de 1990. Cf. Goldthorpe, John: "The Uses of History in Sociology: Reflections on Some Recent Tendencies", en *British Journal of Sociology*, 42, 1991; y las respuestas a Goldthorpe en *British Journal of Sociology*, 42, 1991; y 45, 1994.

explicativa de la teoría"⁴⁰. No queda en absoluto claro el significado que tales palabras puedan tener en el contexto de una investigación académica. La única manera de *ilustrar* la *utilidad* de una teoría es, precisamente, someterla a prueba mediante su aplicación a los datos empíricos. Al tratarse de una *ilustración* que no es a la vez prueba, la imagen que se obtiene de la realidad social puede derivar fácilmente de una deducción a partir del cuadro que la teoría predice. Los datos empíricos pasan a funcionar, en tal caso, como mero sostén de la teoría, y no como la medida última del potencial explicativo de la misma⁴¹.

Probablemente sea el destino de toda *teoría abarcativa*⁴² precisar de diferenciaciones y modificaciones cuando entran en contacto con los datos empíricos de la realidad. Esto no disminuye, sin embargo, la importancia de tales teorías en el proceso de la investigación: es solo gracias a la teoría, después de todo, que es posible plantear interrogantes para la investigación. Si una *teoría abarcativa* de calidad genera interrogantes de calidad para la investigación, habrá cumplido entonces con su propósito primero, sin importar si no *sobrevive* inalterada el curso de la investigación. Es de vital importancia, empero, no perder nunca de vista, en el proceso de investigación, el carácter hipotético de la teoría y otorgar a las fuentes empíricas, llegado el caso, el ejercicio de su "derecho de veto"⁴³ en contra de las generalizaciones excesivas

---

40. Boli, 1989, *op. cit.*, pág. 2.
41. Cf. asimismo la reseña de *New Citizens* realizada por el historiador Willem Frijhoff, quien critica la ocasional arbitrariedad y eclecticismo de la selección de las fuentes en el libro de Boli, así como también su lectura de la bibliografía especializada (cf. Frijhoff, 1991, *op. cit.*, pág. 472).
42. Utilizo la denominación de "teoría abarcativa" [Grand Theory] en el sentido amplio que hoy se le adjudica, es decir, el de una teoría que reclama para sí un potencial de explicación de gran amplitud (cf. por ejemplo Skinner, Quentin: "Introduction: The Return of Grand Theory", en Quentin Skinner [comp.]: *The Return of Grand Theory in the Human Sciences*, Cambridge University Press, Cambridge, 1985). Este empleo general del término difiere del sentido original que le diera C. Wright Mills, en el cual "teoría abarcativa" denota el esfuerzo por construir una "teoría general de la sociología" (pág. 35) en un nivel de abstracción tal que imposibilita una adecuada conexión entre la teoría y la observación (cf. Mills, C. Wright: *The Sociological Imagination*, Oxford University Press, Londres etc., 1959, en especial págs. 24-49).
43. Cf. Koselleck, Reinhart: "Standortbindung und Zeitlichkeit. Ein Beitrag zur historiographischen Erschließung der geschichtlichen Welt", en Reinhart.

LA INTERPRETACIÓN NEOINSTITUCIONALISTA DE LA ESCOLARIZACIÓN MASIVA

de la teoría. Caso contrario, se corre el riesgo de que los estudios de casos-modelo basados en un marco teórico *abarcativo* ofrezcan solamente deducciones a partir de la teoría en la que tienen origen. El estudio de las particularidades y diferencias que presentan los casos estudiados debe ser considerado como un paso necesario para el análisis, que complementa el estudio de los patrones y estructuras de evolución generales[44]. Los distintos condicionamientos y caminos seguidos en una evolución no deben terminar oscurecidos por el imperativo de conservar la *prolijidad* de la teoría y sus explicaciones.

Volviendo al trabajo de Boli, lo que estas consideraciones sugieren es que habría debido realizarse una investigación más detallada del proceso concreto de redefinición de la escuela y que la investigación acerca de la reconstrucción social tendría que presentar un nivel mayor de integración con la referida al proceso discursivo concreto de redefinición de la escuela. Al centrar su atención en el nivel de las transformaciones que afectaron a la reconceptualización del mundo en su conjunto, los neoinstitucionalistas tienden a perder de vista la escuela y el proceso de redefinición radical por el cual la institución centenaria de *la escuela* fue redefinida como la principal agencia de socialización de los niños, habiendo servido antes por un largo espacio de tiempo las demandas educativas, por cierto específicas y socialmente excluyentes, de la Iglesia y el Estado. También el carácter profundamente no universalista de la primera escolarización masiva y los incentivos materiales que los padres obtenían al enviar a sus hijos a la escuela deberían haber sido objeto de una presentación más detallada.

Estas consideraciones no solo tienen validez en el caso de Suecia. Para dotar el argumento central de los neoinstitucionalistas de una base empírica más sólida, sería de gran ayuda estudiar, con el enfoque investigativo neoinstitucionalista, los procesos fundamentales de reconceptualización del mundo social en varios países, estableciendo entre ellos relaciones más estrechas de lo que hasta ahora se ha hecho.

Koselleck: *Vergangene Zukunft. Zur Semantik geschichtlicher Zeiten*, Suhrkamp, Fráncfort del Meno, 1992, pág. 206
44. Cf. además las observaciones de Schriewer acerca de los fenómenos contradictorios, aunque dialécticamente vinculados, de la "internacionalización y la emergencia de estructuras nacionales específicas" (Schriewer, 1994, *op. cit.*, en especial pág. 30).

En otros términos, se requieren más estudios en profundidad de casos-modelo desde la perspectiva neoinstitucionalista. Ello puede dar lugar, posiblemente, a distintas interpretaciones para distintos países, lo cual probablemente empañe un tanto el *prolijo* cuadro de la explicación neoinstitucionalista del surgimiento de la escolarización masiva. Al mismo tiempo, sin embargo, estas investigaciones han de proveer la base empírica sólida que la interpretación neoinstitucionalista del surgimiento de la escolarización masiva tanto necesita. La teoría ya no ha de *levitar* por encima de los datos empíricos, eliminándose así la necesidad de un razonamiento funcionalista en el corazón mismo de la argumentación.

La interpretación que Boli presenta del surgimiento de la escolarización masiva no ha desplegado aún todo su potencial. Presenta como rasgo en común con la teoría neoinstitucionalista cierta tendencia a la elaboración de explicaciones monocausales así como también una pintura homogeneizante de la función de la escuela; en los trabajos de esta corriente, suele desestimarse la importancia de las inconsistencias y contradicciones internas. De todos modos, la conexión que se establece entre el surgimiento de la escolarización masiva y las transformaciones que Boli describe con gran detalle nos proporciona un punto de partida a la vez útil y estimulante para una investigación histórica comparativa del surgimiento de la escolarización masiva que presenta considerables ventajas si se lo compara con otras teorías. Sin embargo, su elemento principal –la afirmación de que la evolución de la escolarización masiva está ligada a una reconceptualización fundamental de la sociedad– queda, en el libro de Boli, todavía en el plano de la hipótesis. Para alcanzar un potencial de explicación pleno, debería haberse sometido el proceso de redefinición de la escuela a un escrutinio empírico de mayor amplitud.

4. Referencias bibliográficas

Apple, Michael: "Reseña de John Boli, *New Citizens for a New Society*", Pergamon, Oxford, 1989, en *American Journal of Sociology*, 95, 1990.

Archer, Margaret: "Introduction: Theorizing About the Expansion of Educational Systems", en Archer, Margaret (comp.): *The Sociology of Educational Expansion. Take-off, Growth and Inflation in Educational Systems*, Sage, Londres y Beverly Hills, 1982.

Boli, John: *New Citizens For a New Society. The Institutional Origins of Mass Schooling in Sweden*, Pergamon, Oxford, 1989.
Boli, John, y Ramírez, Francisco O.: "Compulsory Schooling in the Western Cultural Context", en Arnove, Robert; Altbach, Philip G. y Kelly, Gail P. (comps.): *Emergent Issues in Education: Comparative Perspectives*, SUNY Press, Albany, NY, 1992.
Bowles, Samuel, y Gintis, Herbert: *Schooling in capitalist America. Educational Reform and the Contradictions of Economic Life*, Routledge y Kegan Paul, Londres, 1976.
Durkheim, Émile: *Über die Teilung der sozialen Arbeit (eingeleitet von Niklas Luhmann)*, Suhrkamp, Fráncfort del Meno, 1977.
Frijhoff, Willem: "Reseña de John Boli: *New Citizens for a New* Society", Pergamon, Oxford, 1989, en *Paedagogica Historica*, 27, 1991.
Giddens, Anthony: *In Defence of Sociology. Essays, Interpretations and Rejoinders*, Polity Press, Cambridge, 1996.
Goldthorpe, John: "The Uses of History in Sociology: Reflections on Some Recent Tendencies", en *British Journal of Sociology*, 42, 1991.
Green, Andy: *Education and State Formation: The Rise of Education Systems in England, France and the USA*, Macmillan, Basingstoke, 1990.
Hunter, Ian: *Rethinking the School. Subjectivity, Bureaucracy, Criticism*, St. Martin's Press, Nueva York, 1994.
Kelly, Gail P., y Altbach, Philip G.: "Comparative Education: Challenge and Response", en *Comparative Education Review*, 30, 1, 1986.
Klose, Gunilla: "Svensk 'folkskoleekonomi' före 1770", en *Utbildningshistoria [= Årsböcker i svensk undervisningshistoria 170]*, 1992.
Koselleck, Reinhart: "Standortbindung und Zeitlichkeit. Ein Beitrag zur historiographischen Erschließung der geschichtlichen Welt", en Koselleck, Reinhart: *Vergangene Zukunft. Zur Semantik geschichtlicher Zeiten*, Suhrkamp, Fráncfort del Meno, 1992.
Lindmark, Daniel: *Pennan, plikten, prestigen och plogen. Den folkliga skrivkunnighetens spridning och funktion före folkskolan*, Institutionen för religionsvetenskap, Umeå, 1994.
___ *Uppfostran, undervisning, upplysning: linjer i svensk folkundervisning före folkskolan*, Institutionen för religionsvetenskap, Umeå, 1995.
___ "Writing Instruction, Formal Schooling, and the Increasing Wealth of the Freeholding Peasants: Early 19th Century Roots of the Swedish System of Compulsory Schooling", en *Paedagogica Historica, supplementary series*, 4, 1998.
Meyer, John W., y Ramírez, Francisco O.: "The World Institutionalization of Education", en Schriewer, Jürgen (comp.): *Discourse Formation in Comparative Education*, Peter Lang, Fráncfort del Meno, 2000.

Mills, C. Wright: *The Sociological Imagination*, Oxford University Press, Londres etc., 1959.
Nilsson, Anders, y Pettersson, Lars: *Education, Knowledge, and Economic Transformation. The Case of Swedish Agriculture*, Ekonomisk-historiska föreningen, Lund, 1992.
Nilsson, Anders: "What do Literacy Rates in the 19th Century Really Signify? – New Light on an old Problem from Unique Swedish Data", en *Paedagogica Historica*, 35, 2, 1999.
Nilsson, Anders; Pettersson, Lars, y Svensson, Patrick: "Agrarian Transition and Literacy: The Case of Nineteenth Century Sweden", en *European Review of Economic History*, 3, 1999.
Nilsson, Anders, y Svärd, Birgitta: "Writing Ability and Agrarian Change in Early 19th-Century Rural Scania", en *Scandinavian Journal of History*, 19, 1994.
Petterson, Lars: *Frihet, jämlikhet, egendom och Bentham. Utvecklingslinjer i svensk folkundervisning mellan feodalism och kapitalism, 1809-1860*, Almqvist y Wiksell, Estocolmo, 1992.
Ramírez, Francisco O., y Boli, John: "The Political Construction of Mass Schooling: European Origins and Worldwide Institutionalization", en *Sociology of Education*, 60, 1987.
Richardson, Gunnar: *Svensk utbildningshistoria. Skola och samhälle förr och nu*, Studentlitteratur, Lund, 1999.
Ringer, Fritz K.: *Education and Society in Modern Europe*, Indiana University Press, Bloomington, 1979.
Schriewer, Jürgen: *Welt-System und Interrelations-Gefüge. Die Internationalisierung der Pädagogik als Problem Vergleichender Erziehungswissenschaft*, Humboldt-Universität zu Berlin, Berlín, 1994.
Skinner, Quentin: "Introduction: The Return of Grand Theory", en Skinner, Quentin (comp.): *The Return of Grand Theory in the Human Sciences*, Cambridge University Press, Cambridge, 1985.

LAS POLÍTICAS EDUCATIVAS EN UN MEDIO GLOBAL. PASADO Y PRESENTE

HACIA UNA HISTORIA SOCIAL EUROPEA DE LA EDUCACIÓN

HARTMUT KAELBLE
(Universidad Humboldt, Berlín)

Hasta el momento, la historia social de la educación en Europa se ha venido escribiendo, en su mayor parte, como historia nacional o como historia comparada de las diferencias entre las naciones de Europa occidental y no como una historia de las tendencias educativas en Europa en su totalidad.

En la historiografía reciente, este hecho resulta sorprendente por varias razones. Las diferencias entre las naciones en el campo de la educación se han hecho, en el transcurso del último medio siglo, menos notables. Es claro, sin embargo, que las instituciones educativas siguen conservando un carácter manifiestamente diferente. No existe, en Italia, nada semejante al *Oxbridge* inglés; en Alemania, nada similar a las *grandes écoles* francesas; en España, nada comparable a los internados escoceses. Pero las tasas de alumnos y estudiantes se equilibraron de manera patente. Es evidente la internacionalización de los sistemas de calificaciones y títulos. Además, se registra un aumento palpable del intercambio entre sistemas de distintos países –un fenómeno que se había registrado desde siempre–, sobre todo, lógicamente, entre universidades. En las postrimerías del siglo XX, realizar estudios universitarios en el extranjero perdió el encanto de lo exótico. Cerca de un tercio de millón de adultos jóvenes europeos ha realizado sus estudios en el extranjero, en su mayoría dentro de Europa, aunque en ocasiones también fuera de ella. En último término, las políticas educativas rara vez se pusieron en práctica dentro del marco del –en apariencia– glorioso aislamiento de una nación –si es que tal cosa sucedió en verdad alguna vez. Claro está que las políticas educativas tampoco se decidieron por medio de una imitación servil de sistemas educativos ajenos; lo que, por lo general, caracterizó las políticas educativas nacionales en Europa fue, por el contrario, la observación y la comparación del extranjero, sin importar si se trataba de la fundación o reforma de jardines de infantes, escuelas profesionales o universidades. Esta dimensión internacional ha sido siempre una constante en la obra del homenajeado en este volumen. Tampoco la historia de la educación debería cerrarle sus puertas. Además de las historias nacionales de la educación, ya establecidas y, sin duda necesarias, haría falta escribir, a partir de ellas, una historia europea de la educación que no se agote en el análisis de las diferencias entre naciones; debe, antes bien, dedicarse a la observación de las tendencias europeas comunes, sin limitarse, por ello, a la Europa occidental.

El presente trabajo representa un modesto aporte empírico tendiente a una Historia de la Educación europea y, como tal, debe limitar su temática a las constricciones que plantea la longitud de un artículo. Nos hemos de concentrar, pues, en la historia de las posibilidades de formación en la segunda mitad del siglo XX, su extraordinaria expansión y sus convergencias dentro de Europa.

1. La expansión de la oferta educativa y sus causas

Durante la segunda mitad del siglo XX se produjo en Europa una enorme expansión de la enseñanza. Ningún otro medio siglo de la historia fue testigo de una expansión tan fulminante de la educación en Europa. Sin embargo, a menudo, se olvida que esta expansión se verificó en todos los niveles de la enseñanza y no solo en las universidades, es decir, los establecimientos que con mayor intensidad ocupan a la opinión pública. Cuatro áreas de expansión son las que caracterizan a Europa a lo largo de esta época. Lamentablemente, debe quedar fuera de discusión la formación profesional, ya que su expansión presenta límites mucho menos claros.

HACIA UNA HISTORIA SOCIAL EUROPEA DE LA EDUCACIÓN

Alfabetización. La primera transformación radical que tuvo lugar, en la segunda mitad del siglo XX, fue la erradicación definitiva del analfabetismo en Europa. El fin del analfabetismo tradicional, que tenía sus bases en una escasa escolarización, no es un aspecto que deba ser relegado a los libros sobre historia del siglo XIX. Suele no tenerse en cuenta que, en 1950, el analfabetismo estaba todavía muy extendido en Europa, si bien de manera desigual. La Europa meridional y oriental estaban, en ese entonces, muy lejos de lograr la erradicación que había tenido lugar en Europa central y septentrional ya en el siglo XIX. Hacia 1950, un 44% de la población de Portugal era analfabeta, así como un 18% de la de España, un 14% de la de Italia, un 27% de la de Yugoslavia, un 26% de la de Grecia, un 24% de la de Bulgaria y un 23% de la de Rumania. Por regla general, estos porcentajes se incrementaban entre la población adulta de mayor edad así como en las regiones más pobres de dichos países. Por ejemplo, en las regiones italianas de Calabria y Basilicata casi la mitad de la población mayor de cinco años no sabía leer ni escribir. El sistema escolar no estaba todavía establecido de manera satisfactoria en la totalidad de Europa. Los padres de familias campesinas no demostraban gran interés por la educación de sus hijos, así como tampoco lo hacían los terratenientes o, en las ciudades, los empleadores de obreros sin educación por la formación de sus trabajadores. Por otra parte, ni el Estado ni la Iglesia se movilizaban en favor de una erradicación completa del analfabetismo.

Solo en el transcurso de la segunda mitad del siglo XX se llegó a la erradicación permanente del analfabetismo tradicional –basado en una escasa escolarización– del territorio europeo. Hacia 1980, el mismo alcanzaba, en Italia y España, valores tan solo del 4%; en 1991, del 5% en Grecia; en 1991, del 7% en Yugoslavia; en Portugal, en cambio, permanecía, para 1991, todavía en un 12%, e incluso ascendía en Turquía a un 21% en 1990[1]. Diversos factores contribuyeron a este retroceso

---

1. En lo referido al período en torno a 1950, véase UNESCO: *Statistical Yearbook 1965*, UNESCO, París, 1965, págs. 42ss.; en lo referido al período en torno a 1980, véase UNESCO: *Statistical Yearbook 1991*, UNESCO, París, 1991, págs. 133s.; UNESCO: *Statistical Yearbook 1995*, UNESCO, París, 1995, págs. 1ss.; UNESCO: *Statistical Yearbook 1998*, UNESCO, París, 1998, págs. 1ss. Véase además Flora, Peter: *State, Economy and Society in Western Europe, 1815-1970*, 2 tomos, tomo 1, Campus, Fráncfort del Meno, 1984, pág. 80.

del analfabetismo: la presión de la opinión pública internacional, apoyada por la publicación de índices de analfabetismo por parte de la UNESCO; la presión de la opinión de la intelectualidad nacional en cada país; la decisión que los gobiernos mostraban por una erradicación definitiva del analfabetismo, observada tanto en los regímenes democráticos como en los comunistas, pero no en los autoritarios o fascistas; la creciente presión de las nuevas tecnologías y de la inclusión de maquinarias y nuevos materiales en los terrenos de la agricultura, la construcción, la industria y la economía doméstica modernas, cuya aplicación y utilización resulta imposible si no se sabe leer y escribir; y la migración de analfabetos a las regiones de Europa central, en virtud de la cual se verificó un retroceso en las tasas de analfabetismo –al menos en los hijos de los migrantes, quienes a menudo retornaban a sus países de origen.

Jardines de infantes. Un segundo incremento de importancia en la expansión de la enseñanza –muchas veces soslayado– lo constituye el aumento registrado, en toda Europa, en la asistencia a los jardines de infantes. Solo en la segunda mitad del siglo XX, la asistencia a un jardín de infantes pasó a formar parte del currículo normal de los europeos. Los jardines de infantes existían ya desde 1950, pero solo una minoría asistía. Ahora bien, si los jardines de infantes forman parte del sistema de enseñanza o no, es objeto de discusión. En la República Federal de Alemania, por ejemplo, se los incluye, más bien, en el sector de la asistencia social; mientras que en Francia pertenecen al sistema de educación escolar. De todos modos, con el correr de la segunda mitad del siglo XX, terminó por imponerse la tendencia de dar comienzo a la instrucción de los niños en jardines de infantes u otros establecimientos preescolares antes de la edad de escolarización obligatoria. Mientras que la edad de escolarización sufrió modificaciones mínimas, se comenzaba de hecho con la instrucción en una edad cada vez más temprana. Cuanto más cerca se está del año 2000, tanto más razonable resulta la inclusión de los jardines de infantes en la Historia de la Educación, más que exclusivamente en la de las políticas familiares o sociales.

Por todos estos motivos, las estadísticas no contemplan los jardines de infantes de manera tan precisa como lo hacen con las escuelas y

HACIA UNA HISTORIA SOCIAL EUROPEA DE LA EDUCACIÓN

universidades –al menos no en el nivel internacional–. Solo a partir de 1970 pasarán estos a ser objeto de investigación sistemática por parte de la UNESCO. Sin embargo, pueden suministrarse algunas cifras para dar una idea de su desarrollo. A mediados de los '60, asistía al jardín de infantes en Francia –país pionero en la institución– poco menos de la mitad de los niños de tres años. Para mediados de los años '70, el porcentaje asciende hasta el 80%; mientras que en la República Federal de Alemania llegaba a un 50%[2]. A finales del siglo XX, en cambio, una enorme mayoría de los niños de entre cuatro y cinco años de edad asistía, en gran parte de los países europeos, a un jardín de infantes o establecimiento preescolar. No obstante, incluso a finales del siglo XX, se verifican apreciables diferencias que no admiten una explicación única. En algunos países ricos, como Suiza y Finlandia, pero también en países más pobres, como Croacia, Serbia, los Estados bálticos, Portugal y Polonia, solo una minoría de los niños en edad preescolar asistían, a finales del siglo XX, a jardines de infantes. En el caso de Turquía, esta minoría es incluso insignificante. Estos países constituyen, con todo, una excepción a la tendencia general europea hacia los jardines de infantes[3].

Los motivos de la imposición de la asistencia a los jardines de infantes, en la Europa de la segunda mitad del siglo XX, son también variados. Una primera razón de peso decisivo la constituyó el crecimiento en el empleo de las madres. Sin los jardines de infantes, el empleo de las madres habría resultado, a la larga, imposible. Paralelamente al empleo de las madres, también las actitudes de los padres acerca de la educación de sus hijos parecen haber variado en la mayoría de los casos. Esto constituye otra razón de peso para los jardines de infantes y su respaldo por parte del Estado. Una filosofía distinta se impuso de manera diferente en cada país europeo: la infancia ya no estaba, como en la familia europea tradicional, exclusivamente orientada hacia los padres. Se atribuyó, además, un valor educativo más alto, en lo que respecta a la

---

2. INSEE (comp.): *Donées sociales 1987*, INSEE, París, 1987, pág. 548; Statistisches Bundesamt Wiesbaden (comp.): *Statistisches Jahrbuch für die* BRD *1976*, Kohlhammer, Stuttgart, 1976, pág. 58; Statistisches Bundesamt Wiesbaden (comp.): *Statistisches Jahrbuch für die* BRD *1979*, Kohlhammer, Stuttgart, 1979, pág. 396.
3. Cf. UNESCO, 1995, *op. cit.*, págs. 356ss.

INTERNACIONALIZACIÓN

formación de habilidades sociales, a un contacto temprano de los niños con otros de su misma edad y con el mundo exterior. Por otra parte, el jardín de infantes obtuvo de los padres una confianza mayor en virtud de la profesionalización de las maestras y de una formación más adecuada para la educación infantil. Por último, fueron desapareciendo las alternativas al jardín de infantes: las calles, plazas, patios, campos y bosques, que habían sido antes espacios de juego para los niños, fueron convirtiéndose, por efecto del tránsito vehicular, en lugares cada vez más peligrosos e inadecuados para los niños. También fue despareciendo la red de educadores sustitutos de los padres que podía ocupar el lugar del jardín de infantes; es decir, abuelos, hermanas solteras de los padres, hermanos mayores, vecinos. Esto fue así por dos razones: o bien su propia actividad laboral iba en aumento, o por lo general vivían, dada la creciente movilidad espacial de los europeos, en otra localidad y solo podían hacerse cargo de los niños en sus vacaciones. De igual modo, fueron haciéndose cada vez menos frecuentes las empresas familiares, en las cuales estaban incluidos los niños desde pequeños y en cuyo marco podía cuidarse de ellos. Sin embargo, las alternativas al jardín de infantes no desaparecieron del todo. Los abuelos siguieron desempeñando, sobre todo en países con grandes diferencias entre generaciones, un papel de relevancia en la educación cotidiana de los niños –siempre y cuando vivieran en la misma localidad–. En las clases pudientes siguió contándose con asistentas domésticas, muchachas *au pair* o mujeres de experiencia. Pero estas constituían, en su mayoría, un añadido al jardín de infantes, llegando a sustituirlo cada vez con menor frecuencia.

Escuelas secundarias. La tercera expansión fundamental del sistema de enseñanza europeo es una bien conocida: la expansión de las escuelas secundarias. No obstante, esta expansión no es fácil de describir, ya que la definición de *escuela secundaria* difiere de un país a otro, además de haber experimentado modificaciones en este período. En ciertos países, como por ejemplo la antigua República Federal de Alemania, la escuela primaria terminaba, por lo general, a los diez años, es decir, mucho antes de la culminación de la enseñanza obligatoria. Toda una serie de grados de la escuela secundaria estaban ya sujetos a la obligatoriedad y, por ello, la expansión de la escuela secudaria da la impresión de haberse

HACIA UNA HISTORIA SOCIAL EUROPEA DE LA EDUCACIÓN

producido en la antigua República Federal de manera más bien lenta. En otros países, como la República Democrática Alemana, la España postfranquista o Italia, la escuela primaria terminaba solo a los doce años. Se cuenta como *escuela secundaria* en especial la edad de los alumnos en la que se verifica una expansión en la obligatoriedad o la asistencia a clases. Es por ello que la expansión de las escuelas secundarias parece más rápida, si bien no siempre es posible efectuar una comparación directa, que la expansión de la asistencia a ella.

Por supuesto, la expansión de las escuelas secundarias no era un fenómeno nuevo. Ya en las postrimerías del siglo XIX comenzó a aumentar el número de alumnos secundarios y, con ello, las discusiones sobre el tema. Sin embargo, la asistencia a las escuelas secundarias siguió siendo privilegio de una pequeña parte de la población; el bachillerato, en especial, continuó siendo prerrogativa de una muy reducida minoría. Esta escuela secundaria de minorías era la regla en Europa aún en los años 1950. En la mayor parte de los países europeos, asistía a la escuela secundaria un 10-35% de las respectivas clases de edad. Solo en unos pocos países, como Gran Bretaña, Suecia, Dinamarca, los Países Bajos y la antigua República Federal de Alemania, concurría ya una mayoría a la escuela secundaria –al menos, según los datos estadísticos recogidos por la UNESCO en aquel entonces–; de acuerdo con los cómputos de Peter Flora, en cambio, los datos correspondientes a estos últimos países de Europa occidental son incorrectos[4].

En los años 1960 y 1970 se arribó, en toda Europa, a una situación totalmente nueva: la escuela secundaria pasó a ser una escuela *normal*. Hacia el año 2000, la mayoría de los alumnos ya no abandonaba la escuela luego de la enseñanza primaria, aproximadamente a los catorce años, o bien antes, como lo hacía a mediados de siglo. Una enorme mayoría de los alumnos asistía a la escuela secundaria, al menos por un par de años. Solo una minoría, perteneciente a estratos sociales desclasados o marginados, seguía la antigua trayectoria escolar y no concurría a la escuela secundaria, en caso de que existiera alguna alternativa a esta. En especial, fueron las primeras clases de la escuela secundaria –las que no conducían al bachillerato– las que pasaron a conformar la

---

4. UNESCO: *Statistical Yearbook 1964*, UNESCO, París, 1964, págs. 109-111; Flora, 1984, *op. cit.*, págs. 553ss.

escuela *normal* en la segunda mitad del siglo xx. Hacia 1970, asistía ya una mayoría de los jóvenes europeos a la escuela secundaria, si bien esta estaba organizada según criterios de edad que diferían de un país a otro. Hasta 1970, el porcentaje europeo promedio de asistencia había alcanzado el 66%. La asistencia a la escuela secundaria permanecía en un porcentaje todavía inferior al 50% solo en unos pocos países, entre los que se contaban, en especial, países de Europa oriental como Albania, Checoslovaquia, Hungría y Rumania. No obstante, a más tardar en los años 1970, estos últimos países se habían sumado también a la tendencia general que se imponía en Europa, ya que la mayoría de sus alumnos concurría, en esa década, a la escuela secundaria. Cabe decir, por otra parte, que en la Unión Soviética la asistencia a la escuela secundaria tuvo una evolución acorde al promedio europeo. Turquía, en cambio, permaneció largo tiempo fuera del patrón europeo: solo en los años 1980 llegó la mayoría de los jóvenes a asistir a la escuela secundaria; sin embargo, hasta mediados de la década de 1990, lo hizo únicamente una minoría entre las muchachas[5]. Resulta revelador que, por el contrario, ya en aquella época y en un número de países europeos muy diferentes (por ejemplo, en Bulgaria, Finlandia, Francia, Hungría, Portugal, Suecia y Gran Bretaña), la asistencia de las muchachas a la escuela secundaria era más alta que la de los jóvenes.

    Un cambio todavía más profundo lo constituyó el paso de los alumnos a las clases superiores –las que conducen al bachillerato–. Este cambio prolongó la escolaridad y condujo a una modificación todavía más tajante de la experiencia curricular de muchos ciudadanos europeos. El porcentaje de jóvenes que asistía a la escuela hasta la edad de 18 o 19 años era, hacia 1950, todavía muy bajo, por lo general representaba una minúscula proporción de las respectivas clases de edad. Esta participación cobró un aumento todavía más significativo que la de la asistencia a la escuela secundaria; según los cálculos de Peter Flora, sin embargo, se verificaron enormes diferencias intraeuropeas: en Inglaterra y Gales, se produjo un aumento rápido y brusco de un 25%, en 1946, a un 52%,

---

5. Cf. UNESCO: *Statistical Yearbook 1972*, UNESCO, París, 1972, págs. 109ss.; UNESCO: *Statistical Yearbook 1982*, UNESCO, París, 1982, págs. III-68ss.; UNESCO, 1995, *op. cit.*, págs. 3-65ss. De acuerdo con estas estadísticas, en Portugal una mayoría concurría a la escuela secundaria en los años 1970, mientras que en los años 1980 solo lo hacía una minoría, y poco tiempo después otra vez una mayoría.

HACIA UNA HISTORIA SOCIAL EUROPEA DE LA EDUCACIÓN

en 1975; en Finlandia, de un 9%, en 1945, a un 45%, en 1975; en Suecia, de un 4%, en 1945, a un 33%, en 1975; incluso en Irlanda se pasó de un 8%, en 1945, a un 33%, en 1975. En Francia, la antigua República Federal de Alemania, Bélgica y Noruega el aumento fue acorde al promedio europeo, con un alza de unos pocos puntos porcentuales, hasta alcanzar aproximadamente una quinta parte de los jóvenes entre el fin de la Segunda Guerra Mundial y la década de 1970. Por debajo del promedio estuvo el crecimiento, durante el mismo período, en los Países Bajos, Italia y Suiza, con un alza que llegó solo a una sexta y novena parte en sus respectivas clases de edad[6].

Los motivos de este extraordinario incremento en el número de los alumnos secundarios son variados y deben buscarse tanto en la demanda de educación por parte de padres y alumnos como en la demanda de personal cualificado por parte del mercado laboral, así como también en las políticas educativas. La demanda de educación secundaria de parte de alumnos y padres se intensificó, en la segunda mitad del siglo XX, por tres motivos. Los ingresos reales experimentaron, a partir de la década de 1950, un incremento nunca visto hasta entonces. Para muchos europeos, una educación secundaria para sus hijos ya no representaba una merma en sus ingresos tan significativa como lo hubiera sido en la primera mitad del siglo XX. Ámbitos sociales que nunca antes habían sentido la obligación de enviar a sus hijos a la escuela –campesinos, artesanos, pequeños comerciantes, trabajadores especializados– podían costearse, con frecuencia cada vez mayor, la educación secundaria de sus hijos, la cual, a su vez, había pasado a cobrar cierta importancia para sus propios oficios. Además, las tasas de natalidad decrecientes y la disminución en el número de hijos intensificaban la demanda de educación secundaria, ya que la financiación de un período de escolarización más prolongado resultaba considerablemente más leve que en las familias numerosas de la primera mitad del siglo. Se registró también un cambio fundamental de estrategia respecto de las hijas. Las familias comenzaron a invertir en una mejor formación escolar para sus hijas[7].

Por otra parte, también creció la demanda de egresados cualificados por parte de la economía. La brusca expansión de los puestos de

---

6. Flora, 1984, *op. cit.*, págs. 553ss.
7. Volveremos sobre este punto más adelante.

empleado en la industria, la expansión del sector de servicios, el alza de la productividad en la agricultura, la industria y los servicios exigía una cualificación mayor de la mano de obra. La demanda de asalariados no cualificados, que no tenían más formación que la de la escuela primaria, era cada vez menor. Por último, las políticas escolares estatales, en buena parte de Europa, o bien impulsaron la expansión de la escuela secundaria guiándola hacia fines predeterminados, o, al menos, la aceptaron y apoyaron. La financiación pública de la expansión de la escuela secundaria, la inversión realizada en edificios escolares y salarios, se vio, sin duda, extraordinariamente facilitada por el boom económico del período entre 1950 y 1970. No obstante, las inversiones en materia de educación siguieron, por lo general, en aumento, aun en los tiempos económicamente difíciles posteriores a los años 1970.

Universidades. La más conocida de las cuatro formas de expansión de la enseñanza, registradas en la segunda mitad del siglo XX, es el crecimiento del número de estudiantes universitarios. Tampoco esta expansión era algo absolutamente nuevo: la cantidad de estudiantes comenzó a cobrar un incremento duradero ya a finales del siglo XIX. De todos modos, hasta mediados del siglo XX esta expansión solo tuvo lugar en una estrecha capa de la población. Hacia 1950, el porcentaje de adultos jóvenes europeos que estudiaban en la universidad todavía era de solo un 4% y, de estos, solo una minoría eran mujeres. En la segunda mitad del siglo XX, en cambio, las carreras universitarias cobraron un peso fundamentalmente distinto. A finales de siglo, cursaban estudios universitarios dos de cada cinco adultos jóvenes. Los estudios universitarios han pasado a ser un período importante en la vida de una considerable parte de los jóvenes europeos. Si se toma en cuenta el promedio europeo, el porcentaje de estudiantes universitarios en la población de entre 20 y 24 años de edad experimentó un alza de solo un 4%, en 1950, a un 14%, en 1970; luego a un 30%, en 1990, y a más del 40%, en 1995 (cf. Tabla 1). A finales de siglo, la cantidad de estudiantes inscriptos en las universidades europeas era de 13 millones –una cifra inimaginable para un europeo de mediados de siglo–, y trepa a 18 millones si se incluyen Rusia y Turquía (así como también otros tipos de establecimiento de enseñanza superior). Aun con este fulminante aumento del número de estudiantes, Europa va todavía muy a la zaga de

HACIA UNA HISTORIA SOCIAL EUROPEA DE LA EDUCACIÓN

los Estados Unidos, cuyo sistema de enseñanza es difícilmente comparable. Otras sociedades industrializadas (por ejemplo, Japón) muestran, empero, cifras de estudiantes similares (cf. Tabla 1)[8].

No obstante, este aumento en el número de estudiantes no se desarrolló con la misma rapidez en todos los países europeos. En la segunda mitad del siglo xx, se presentaron tres diferencias.

La primera diferencia se registró entre Europa occidental y el bloque comunista. En el período de posguerra, así como en los años 1950, las plazas universitarias crecieron de manera relativamente rápida en la mayor parte de los países comunistas, con el fin de corregir el retraso en lo que hace a las necesidades de personal cualificado y de imponer, al mismo tiempo, la igualdad de oportunidades en la educación universitaria. El número de estudiantes creció a un ritmo más rápido que el promedio de Europa occidental. Por ello, en 1960, la tasa de estudiantes, en la mayoría de los países comunistas, se ubicaba por encima del promedio europeo. El comunismo significaba, en aquella época, una garantía de más plazas universitarias. En los países europeos occidentales este crecimiento se verificó, por lo general, de forma más lenta: la enseñanza secundaria y las carreras universitarias resultaban para muchas familias, en el período de posguerra, demasiado costosas, y la mayor parte de los gobiernos no contaban con la voluntad o los medios financieros para provocar una aceleración en la consolidación de las universidades. La dinámica de este desarrollo se invirtió en los años '60 y '70. En la mayor parte de los países europeos occidentales, por razones económicas y políticas, el número de estudiantes comenzó a crecer más rápidamente. En 1990, uno de cada tres adultos jóvenes (promedio de Europa occidental) cursaba estudios universitarios. En la mayor parte de los países comunistas, en especial en Checoslovaquia, Hungría, Rumania y la República Democrática Alemana, la expansión de las universidades se vio frenada. En el momento de transformación, acaecido en 1989/90, solamente menos de uno de cada cinco adultos jóvenes cursaban estudios universitarios en los países anteriormente comunistas. Esta grieta entre Oriente y Occidente se hizo más evidente en los años 1980 y parece no haberse superado desde las transformaciones de 1989/91 (cf. Tabla 1).

---

8. UNESCO: *Statistical Yearbook 1999*, UNESCO, París, 1999, págs. II-246ss.

INTERNACIONALIZACIÓN

Tabla 1: Población universitaria en Europa, 1910-1995
(Relación: Estudiantes/Población total 20-24 años de edad)[9]

País	1910	1950	1960	1970	1980	1990	1995
Albania	-	-	5	6	8	10	10
Bélgica	1	3	9	18	26	40	54
Bulgaria	1	5	11	15	16	31	39
Alemania (RFA)	1	4	6	14	26	34	44
Alemania (RDA)	-	2	10	14	23	22	-
Dinamarca	(1)	6	9	18	28	37	45
Finlandia	1	4	7	13	32	49	70
Francia	1	4	7	16	25	40	71
Grecia	0	3	4	13	17	25	43
Gran Bretaña	1	3	9	14	19	30	50
Irlanda	-	4	9	14	18	29	39
Italia	1	4	7	17	27	31	41
Yugoslavia	-	4	9	16	28	16	18
Países Bajos	1	8	13	20	29	40	49
Noruega	1	3	7	16	26	42	59
Austria	4	5	8	12	22	35	47
Polonia	-	6	9	11	18	22	25
Portugal	0	2	3	8	11	23	37
Rumania	1	3	5	10	12	10	23
Suecia	1	4	9	21	31	32	46
Suiza	2	4	6	8	18	26	33
España	1	2	4	9	23	37	49
Checoslovaquia	-	4	10	10	18	16	22
Hungría	2	3	7	10	14	14	24
Europa	*1*	*4*	*8*	*14*	*22*	*30*	*42*
Coef. Var. *Europa*	65	34	31	26	27	33	30
Europa Occ.	1	4	7	15	22	34	48
Coef. Var. *Europa Occ.*	66	36	33	27	26	21	20

9. Fuentes: 1910-1970: Kaelble, Hartmut: *Soziale Mobilität und Chancengleichheit im 19. und 20. Jahrhundert: Deutschland im internationalen Vergleich*, Vandenhoeck & Ruprecht, Gotinga, 1983, pág. 200; 1980-1990: UNESCO, 1995, *op. cit.*, págs. 3ss.; UNESCO, 1998, *op. cit.*, págs. 3ss.; Staatliche Zentralverwaltung für Statistik (comp.): *Statistisches Jahrbuch der DDR 1981*, Staatsverlag der DDR, Berlín, 1981, pág. 343. Solo se tuvieron en cuenta los países europeos de mayor superficie. Los Estados que formaran parte de las antiguas Unión Soviética y Yugoslavia no fueron considerados, por no disponerse en su caso de una sucesión temporal anterior a 1995; no obstante, se incluyen sus datos en el promedio y coeficiente europeos de 1995.

HACIA UNA HISTORIA SOCIAL EUROPEA DE LA EDUCACIÓN

Una segunda diferencia fue que el crecimiento en las plazas universitarias dependía también, tanto en Europa oriental como en Europa occidental, de la prosperidad económica. En algunos de los países más pobres de Europa, como Portugal, Grecia o Rumania, las tasas de estudiantes permanecieron por debajo del promedio europeo. Las posibilidades de formación eran, en estos países, las más bajas de Europa, aunque más altas que en el caso de Turquía. En otros países particularmente prósperos, como Noruega, Dinamarca, Finlandia y Francia, el número de estudiantes experimentó un aumento particularmente rápido, hasta llegar a abarcar a la mayoría de los adultos jóvenes (cf. Tabla 1). Sin embargo, las diferencias en sistemas políticos y niveles de prosperidad no alcanzan para explicar todas las particularidades. Un papel importante lo desempeñan las características individuales que los estudios universitarios presentan en cada país. Es solo a partir de estas características individuales que puede explicarse que un país rico de Europa occidental como Suiza tuviera, hacia 1980, tasas de estudiantes tan bajas como un país comunista pobre, como Polonia; o que un Estado próspero, como Alemania Occidental, tuviera, hacia 1990, una tasa inferior a la de un país bastante más pobre, como España. Estas diferencias dentro de Europa son atribuibles, en buena parte, a una definición diferente del sector de la enseñanza superior, a la inclusión o exclusión de los establecimientos de formación profesional o docente.

A pesar de todas las diferencias mencionadas, las tasas de estudiantes evolucionaron, en casi todos los países europeos, en la misma dirección. La expansión de la educación superior se aceleró hasta alcanzar magnitudes nunca antes vistas y difícilmente imaginables. Existen varios motivos para esta expansión de la enseñanza universitaria que se desarrolló sobre la base de la expansión de la escuela secundaria.

El primer motivo de importancia lo constituyó la creciente demanda de educación superior por parte de los adultos jóvenes. Dicha demanda experimentó un brusco ascenso, en especial, durante el boom económico que se registró de manera similar en toda Europa entre los años 1950 y 1970: el aumento en los ingresos de los padres y las becas estatales facilitaban la financiación de los estudios. Por ello, la tasa de estudiantes se incrementó abruptamente en el período del boom económico, hasta cuadruplicarse en toda Europa. Sin embargo, pasado el boom económico, los ingresos se mantuvieron en un nivel

INTERNACIONALIZACIÓN

suficientemente alto, de modo que los adultos jóvenes estaban en condiciones de financiar sus estudios en un número significativamente mayor que en 1950.

Otro motivo de importancia era la creciente demanda de mano obra con cualificación universitaria. La expansión de las universidades se vio estimulada asimismo por la demanda de profesionales por parte del sector económico, una administración pública en rápida expansión, el sector científico y educativo.

Incluso con las crisis cíclicas que experimentan ciertas ramas del mercado laboral profesional, esta tendencia a una demanda creciente de personal profesional se mantuvo en el largo plazo.

Un motivo más para la expansión de la educación superior lo constituyó el debate público transnacional a escala europea sobre los estudios universitarios: el *efecto Sputnik*; el temor a una decadencia de Occidente frente a la cantidad de profesionales, que crecía rápidamente en la Europa comunista; el modelo que planteaba el éxito a nivel económico y cultural de los Estados Unidos, con su número de estudiantes en continuo crecimiento; la discusión sobre el futuro del planeta, que solo se concebía a partir de un nivel mayor de conocimientos; el debate sobre la igualdad de oportunidades, que solo podía imponerse mediante la apertura de nuevas universidades y creación de más plazas de estudio; el temor de algunos países europeos a caer en el atraso económico por falencias educativas.

Fue en vista de los desafíos que planteaba este debate, que la mayoría de los gobiernos europeos se decidió a apoyar también la expansión de la enseñanza superior –cuya mayor parte se encontraba en manos estatales–, tanto por medio de un mejor financiamiento del sector educativo como a través de la creciente demanda estatal de personal profesional.

Particularmente significativo fue el aumento en la demanda de educación superior por parte de las mujeres. Por ejemplo, si esta demanda hubiese crecido con tasas similares a las de los hombres, la proporción de estudiantes habría alcanzado en Europa, hacia 1995, solo a un tercio de los adultos jóvenes y no por encima de los dos quintos, como es el caso.

Hacia 1950, las mujeres padecían notables desventajas respecto de los hombres en lo que hace a sus oportunidades de acceso a la ense-

HACIA UNA HISTORIA SOCIAL EUROPEA DE LA EDUCACIÓN

ñanza media y superior. El reclamo por mejores oportunidades de acceso para las mujeres era, sin embargo, desde hacía tiempo, tema de debate en la opinión pública europea. Los impedimentos legales que dificultaban el acceso de las mujeres a la enseñanza superior habían sido, en principio, levantados ya antes de la Primera Guerra Mundial. No obstante, la efectivización de esta igualdad en el derecho a la educación debió confrontarse con las normas y valores muy distintos de padres, profesores y académicos, de sus posteriores empleadores en el mercado laboral, de políticos y, en parte, también de las mujeres mismas, en un proceso que habría de extenderse por más de medio siglo. Hacia 1950, se había logrado ya algún avance: en el promedio europeo, alrededor de una cuarta parte de los estudiantes universitarios eran mujeres.

Sin embargo, las jóvenes europeas estaban todavía, por motivos diversos, muy lejos de lograr la plena igualdad de oportunidades en comparación con los hombres.

A finales del siglo xx, por el contrario, había logrado imponerse por completo la igualdad básica en el acceso de las mujeres al sector educativo. En la década de 1970, asistían, en casi toda Europa, un número igual de hombres y mujeres a las escuelas secundarias. En las universidades, esta igualdad básica en el acceso se concretó en los años '90; solamente en unos pocos países (Chequia, Alemania, los Países Bajos, Suiza, Austria, Grecia) la proporción de mujeres era inferior a la de los hombres.

Lo que se observaba, por lo general, era la situación inversa: tanto en la Europa occidental como en la oriental, la proporción de mujeres era considerablemente más alta que la de hombres. El promedio europeo de estudiantes mujeres era, en 1999, del 52% del total de estudiantes (cf. Tabla 2).

Con todo, en ciertas áreas académicas relacionadas a las ciencias naturales y la técnica, las mujeres pudieron abrirse paso solo con excepcional lentitud. La igualdad de oportunidades de acceso a la universidad tuvo un efecto vacilante, ante todo en la igualdad en el acceso a una ocupación profesional.

INTERNACIONALIZACIÓN

Tabla 2: Porcentaje de mujeres entre los estudiantes universitarios europeos, 1950-1995[10]

País	1950	1960	1970	1980	1990	1995
Albania	33	18	33	50	52	53
Bélgica	16[a]	26	36	44	48	50
Dinamarca	24	35	36	49	52	54
Bulgaria	33	-	51	56	51	61
Alemania (RFA)	16	23	27	41	41	45
Alemania (RDA)	23[b]	32	43	58	52[d]	-
Finlandia	37	46	48	48	52	53
Francia	34[a]	41[a]	45[a]	50[a]	53	55
Grecia	24	26	32	41	49	48
Gran Bretaña	22[a]	23	33	46[c]	48	50
Irlanda	30	28	34	41	46	51
Italia	26[a]	27	38	43	50	53
Yugoslavia	33	29	39	45	52	53
Países Bajos	21	26	28	40	44	47
Noruega	16[a]	34	30	48	53	55
Austria	21[a]	23	29	42	46	48
Polonia	36	41	47	56	56	57
Portugal	26[a]	30	46	48	56	57
Rumania	33	33	43	43	47	53
Suecia	23[a]	36	42	52[c]	54	56
Suiza	13[a]	17[a]	24	30	35	
España	14	24	27	44	51	53
Chequia	-	34	36	40	44	47
Hungría	24	33	43	50	50	52
Europa	25	30	38	42	49	52
Coef. Var. Europa	*29*	*24*	*19*	*17*	*14*	*7*
Europa Occ.[d]	22	29	34	41	49	52
Coef. Var. Europa Occ.	*31*	*26*	*21*	*15*	*11*	*7*
Europa Or.	34	33	42	50	50	54
URSS/Rusia	53	43	49	-	54	56
Turquía	20	20	19	25	34	-
EE.UU.	30	37	41	51	54	56
Japón	11[a]	19[a]	28	33	40	44

[a] = Definición "Establecimiento de enseñanza superior" igual a Universidad. [b] = 1951. [c] = 1985/86. [d] = 1988 Promedio sin ponderar.

10. Véase Kaelble, 1983, *op. cit.*, pág. 222; UNESCO, 1964, *op. cit.*, págs. 219ss.; UNESCO: *Statistical Yearbook 1977*, UNESCO, París, 1978, págs. 324 ss.; UNESCO: *Statistical Yearbook 1986*, UNESCO, París, 1986, págs. III-266ss.; UNESCO: *Statistical*

HACIA UNA HISTORIA SOCIAL EUROPEA DE LA EDUCACIÓN

Los motivos de la apertura de la universidad a la mujeres deben buscarse, por un lado, en un cambio en el plan de vida de las mujeres y, por otro, en los mercados laborales y las políticas educativas. Las mujeres ya no consideraban el empleo como una etapa transitoria anterior al matrimonio o a la llegada del primer hijo, que tal vez pudiera reanudarse una vez finalizada la crianza en la familia. Antes bien, la actividad laboral pasó a ser, como en el caso de los hombres, una ocupación de por vida. Este plan de vida posibilitó una apertura más amplia de las carreras universitarias, las que, por lo general, demandaban más tiempo que los empleos que la mujeres solían ejercer hasta entonces y, por ello, no terminaban de encajar en su plan de vida tradicional. Por otra parte, la demanda de mano de obra profesional creció en tal medida que la población masculina no alcanzaba por sí sola a satisfacerla, de modo que resultaba imposible que permanecieran excluidas del mercado laboral las capacidades potenciales de la mitad de la población, es decir, de las mujeres. Además, el debate público sobre la mujer en la universidad, promovido por políticos, periodistas, intelectuales y movimientos feministas alcanzó, en las políticas educativas, un grado de influencia igual al de las decisiones de padres y mujeres jóvenes respecto de su formación.

2. Convergencias y transferencias en Europa

El que se hayan mitigado los contrastes en la educación a nivel europeo, en la segunda mitad del siglo XX, es algo que se presta a discusión. Aunque no pueda hablarse de un debate en sentido pleno, se advierten con absoluta claridad dos posicionamientos distintos.

Persistencia de las diferencias. Se sostiene, por un lado, la tesis de la persistencia de las desigualdades a nivel europeo. En su favor se alega,

---

Yearbook 1992, UNESCO, París, 1993, págs. 342ss.; UNESCO, 1995, *op. cit.*, págs. 357ss.; UNESCO, 1999, *op. cit.*, págs. II-213ss. Solo se tuvieron en cuenta los países europeos de mayor superficie. Los Estados que formaran parte de las antiguas Unión Soviética y Yugoslavia no fueron considerados, por no disponerse en su caso de una sucesión temporal anterior a 1995. La categoría "Europa oriental" se conservó en 1995 al solo efecto de su comparación.

INTERNACIONALIZACIÓN

ante todo, que no existió una asimilación de las instituciones de enseñanza ni se produjo un acercamiento en los principios rectores de las políticas educativas. En lo que hace al sistema educativo europeo, exigencias económicas y políticas del todo similares encontraron, en cada país, respuestas diferentes, ya que cada uno montó su sistema sobre la base de tradiciones educativas específicas y accionó y tomó sus decisiones de acuerdo a una cultura política específica.

Fue de este modo que surgieron las grandes diferencias de principios y objetivos que se verifican en la política educativa de cada país, en los tipos nacionales de escuelas y universidades, en los contenidos y métodos pedagógicos de la enseñanza escolar y universitaria, en las tasas de alumnos y estudiantes, en las oportunidades para las mujeres, las clases bajas y los inmigrantes, así como también en la calidad de la enseñanza.

Estas diferencias no admiten discusión. Sin contar las singularidades de cada país por separado, después de 1945 se produjeron tres nuevas divergencias transnacionales: el proceso de distanciamiento entre la Europa oriental comunista y el occidente, que condujo, antes de 1989, a crecientes y cambiantes divergencias no solamente en los contenidos políticos de la educación, sino también en las condiciones de acceso a los estadios superiores de la escuela secundaria y las universidades, en las posibilidades de formación de las mujeres y las clases bajas. Segundo, la divergencia entre países partidarios de la reforma y los que manifestaban su escepticismo respecto de la misma, en especial en la época de las grandes reformas educativas de posguerra y los años 1950 y 1960. Por último, la divergencia entre los sistemas educativos de orientación internacional y los de orientación nacional, que comenzó a registrarse como novedad en los años 1980 y 1990.

En favor del argumento de la persistencia de las diferencias, se aduce además la inexistencia, en la segunda mitad del siglo xx, de factores de peso que hubieran podido dar lugar a una convergencia masiva de los sistemas educativos en Europa. No hubo un mercado de educación unitario a nivel europeo, así como tampoco una política educativa común que pudiera imponer una convergencia en las educaciones europeas. Se contaba, por supuesto, con tendencias educativas de nivel global, que una influyente opinión pública internacional presentaba a los gobiernos nacionales; pero ninguna fue tan eficaz, en

HACIA UNA HISTORIA SOCIAL EUROPEA DE LA EDUCACIÓN

la segunda mitad del siglo xx, como para poder desplazar las características especiales de las educaciones locales y nacionales[11].

Por otro lado, se sostiene la tesis de que nuevas tendencias habrían mitigado los contrastes intraeuropeos y de que se habrían producido, en la segunda mitad del siglo xx, nuevas transferencias dentro de Europa. Esta interpretación encuentra apoyo en los cinco procesos siguientes:

Nivelación de las tasas de escolaridad. En el transcurso de la segunda mitad del siglo xx se redujeron las diferencias en la extensión de la asistencia a escuelas y universidades entre los países europeos. La erradicación del analfabetismo en Europa meridional y oriental, y la consiguiente reducción de la disparidad más profunda dentro del continente constituyeron un primer paso de importancia en la atenuación de las divergencias entre naciones dentro de Europa. Además, se redujeron, en todos los niveles, las divergencias dentro de Europa en la asistencia a la escuela y la universidad. Esta atenuación fue particularmente apreciable en Europa occidental. Hacia 1950, los contrastes entre los países europeos eran todavía extremos. En los Países Bajos –por aquel entonces el Estado con mayor número de estudiantes universitarios– realizaba sus estudios superiores un porcentaje de adultos jóvenes cuatro veces superior al de Portugal o España. Alrededor de 1995, la misma tasa era en Finlandia –entonces el país con mayor número de estudiantes– solo dos veces mayor que la de Portugal o Suiza, países estos con una cantidad de estudiantes relativamente reducida (cf. Tabla 1). Con todo, en Europa en su conjunto, esta reducción de las diferencias resultó evidente, si bien interrumpida por agudizaciones limitadas, sobre todo en la década de 1980 y las transformaciones de 1989/91 (cf. Tabla 1). Incluso las posibilidades de fomación de las mujeres experimentaron un desarrollo similar en la segunda mitad del siglo xx, en toda Europa –incluida la occidental–. Hacia 1950, las diferencias en las cuotas de mujeres eran todavía considerables. En Suiza,

---

11. A propósito de esta postura, véase MacLean, Martin: "Education", en Max-Stephan Schulze (comp.): *Western Europe: Economic and Social Change since 1945*, Longman, Londres, 1988; Teichler, Ulrich: *Europäische Hochschulsysteme: Die Beharrlichkeit vielfältiger Modelle*, Campus, Fráncfort del Meno, 1990.

la proporción de estudiantes mujeres era solo la mitad que en Noruega. A mediados de los años '90 se había reducido considerablemente esta brecha, por ejemplo, entre la República Federal de Alemania, con un porcentaje particularmente bajo del 45%, y Portugal, con un porcentaje particularmente alto del 57% (cf. asimismo los coeficientes de variación en las Tablas 1 y 2). Sin lugar a dudas, esta situación no dio lugar a una Europa (o a una Europa occidental) completamente homogénea. La fórmula *national peculiarities survived* encuentra, aún en el año 2000, puntos de apoyo. Pero las diferencias no permanecieron inalteradas: fueron reduciéndose.

Transferencias. Las transferencias entre países europeos experimentaron, en el transcurso de la segunda mitad del siglo XX, un aumento nunca antes visto. Los intercambios de alumnos, estudiantes y docentes entre países europeos registraron un sólido crecimiento. Mientras que, hacia 1980, unos 120.000 estudiantes extranjeros procedentes de Europa cursaban sus carreras en universidades europeas, en 1995 lo hacían unos 350.000. Si se incluye Rusia, la cifra asciende, en 1995, a 375.000 extranjeros europeos[12]. Especial importancia como destinos internacionales para los estudiantes cobraron, además de Gran Bretaña, Francia, Alemania, España e Italia, otros países más pequeños, como Bélgica, Suiza y Austria.

Para este aumento en el intercambio de estudiantes existen, como en los casos anteriores, múltiples motivos. La intensificación en el intercambio de alumnos y estudiantes universitarios fue una de las enseñanzas que la política europea extrajo de la catástrofe de la Segunda Guerra Mundial. El intercambio de alumnos y estudiantes universitarios recibió un sólido fomento después de la Segunda Guerra Mundial, con el fin de crear vínculos internacionales más estrechos entre los adolescentes y adultos jóvenes, para así asegurar la concordia entre las naciones europeas y la paz en Europa. La Comisión Europea comprendió que el intercambio de alumnos y estudiantes universitarios revestía una importancia fundamental para la construcción de Europa y la formación de una identidad europea. Se organizaron importantes progra-

---

12. Cómputos extraídos de UNESCO: *Statistical Yearbook 1985*, UNESCO, París, 1985, págs. III-440; UNESCO, 1999, *op. cit.*, págs. II-486ss.

HACIA UNA HISTORIA SOCIAL EUROPEA DE LA EDUCACIÓN

mas de becas para estadías en el extranjero, entre los cuales el Programa Erasmus-Sócrates de la Unión Europea habría de resultar el más exitoso. Por otra parte, el intercambio de alumnos y estudiantes universitarios también experimentó un aumento en virtud del interés personal de los estudiantes por mejorar sus conocimientos de idiomas y por reunir ventajas para su carrera; pero también se debe tomar en cuenta que la creciente prosperidad económica europea posibilitaba la financiación de las estadías en el extranjero.

Las transferencias educativas intraeuropeas no se limitaban, empero, a la migración de personas. También registraron un aumento las transferencias educativas, que encontraron una aceptación gradualmente mayor. Cada vez en menor medida, se recurría a la comparación del sistema educativo de otro país con el único objeto de defender el propio y de señalar la inferioridad de los conceptos educativos del extranjero. La comparación de sistemas educativos servía, cada vez más, al fin de recopilar información sobre alternativas, de aprender de otros países, de transferir y adaptar otros conceptos educativos al propio.

Debates europeos. Más allá de sus manifiestas diferencias y peculiaridades en las reformas educativas y políticas culturales, se sostuvieron, en la mayor parte de los países europeos, debates sobre la Educación que presentaban características similares y estaban estrechamente imbricados entre sí, dado que se registraba un fortalecimiento de las redes de especialistas, y que organismos internacionales, tales como la OECD, la UNESCO y, posteriormente también, la UE, comenzaban a tomar parte e impulsar dichas discusiones. En los años 1950 y la primera parte de la década del '60, el debate giró en torno de la conmoción povocada por el atraso de la Europa occidental y la inclusión de las Ciencias Naturales en la enseñanza, mientras que, en la primera parte de los años '60, se puso además el acento sobre el estrecho lazo existente entre la educación y el crecimiento económico, y la necesidad de una rápida expansión de la oferta educativa y de una planificación más sólida. En las décadas de 1960 y 1970, se discutió en torno a la desigualdad de posibilidades y a las desventajas a las que estaban expuestas las clases bajas y las mujeres; en los años '80, en cambio, se planteó el tema de la calidad de la educación, la enseñanza y los docentes, de la integración de los inmigrantes, los minusválidos y los excluidos sociales, mientras que, en la década de 1990, se promovieron temas tales como la educación permanente, las dificultades del acceso al mercado laboral de los egresados con formación profesional –incluidos los universitarios–, la financiación pública o privada de la formación profesional y el redescubrimiento de la formación y la investigación como factores de crecimiento económico. Estas coincidencias en los debates educativos internacionales constituyeron una parte esencial en el acercamiento europeo.

La Unión Europea. La Unión Europea desempeñó un papel acotado, pero no por ello irrelevante, en las tendencias de acercamiento en Europa, al acentuar el proceso de convergencia e interconexión en cuatro direcciones. En los años 1980, puso en marcha el Programa Erasmus-Sócrates, destinado a promover los estudios en el extranjero dentro de Europa; el programa más ambicioso en su tipo, pese a padecer, hasta el día de hoy, de deficiencias financieras. Concretó, por medio de distintos planes generales, la formación de un programa de apoyo a la investigación europea con vastos recursos financieros, lo que intensificó los contactos entre los investigadores europeos y dio lugar a numerosas transferencias. Con un presupuesto de 17.000 millones de euros, este programa tiene una envergadura mayor que muchos programas de apoyo nacionales. Además, la Unión Europea facilitó los estudios universitarios en otros países europeos a través de propuestas específicas, como la introducción de un sistema europeo unificado de calificaciones en las universidades y el reconocimiento mutuo de títulos universitarios. Por último, gracias a su política general de simplificación de los desplazamientos dentro de la Unión Europea, que tuvo repercusión sobre los seguros, las transferencias bancarias y las condiciones de inscripción, facilitó considerablemente la estadía en el extranjero de alumnos, estudiantes y docentes europeos.

Similares motivaciones. Por último, resultó crucial para los acercamientos producidos en Europa el hecho de que la expansión de la educación, junto con otras transformaciones, en las cuales no hemos de detenernos, se vio influida por factores idénticos o semejantes. La demanda de formación expresada de manera privada por adultos jó-

HACIA UNA HISTORIA SOCIAL EUROPEA DE LA EDUCACIÓN

venes y padres experimentó, después de la Segunda Guerra Mundial, un cambio que asumió, en toda Europa, direcciones similares. El alza de ingresos producida por el boom económico, que ya no habría de registrar retrocesos, llevó al establecimiento de nuevas prioridades en las economías hogareñas y abrió la posibilidad de una mayor inversión en la educación de los hijos, sobre todo de las hijas mujeres. Las tasas de natalidad y el número de hijos, que decrecieron en toda Europa, favorecieron la misma tendencia. Al contar con un número menor de hijos, las familias podían evaluar mejor las oportunidades de educación. En este marco, se produjo un cambio a nivel europeo en las concepciones acerca de la Educación. Hombres y mujeres jóvenes tenían ahora un proyecto de vida distinto, en el cual el tiempo dedicado a la fomación era considerablemente más prolongado y más influyente. Estas nuevas concepciones representaron un cambio a nivel general en Europa que afectó más a las mujeres que a los hombres. Simultáneamente se registró, en toda Europa, un cambio fundamental en la demanda de egresados universitarios por parte de la sociedad industrial de los años 1950 y 1960, y uno mucho más considerable en la sociedad de prestación de servicios de los años 1980 y 1990. Los títulos de nivel medio y superior cobraron una importancia cada vez mayor, aumentó la formación, creció la demanda de hombres y mujeres cualificados. Por estas razones, el mercado también sirvió de sostén a la expansión de la educación. En último término, el debate acerca de las políticas educativas que hemos esbozado antes se desarrolló siguiendo líneas similares en toda Europa, influyendo, por lo general, en las decisiones de padres, adultos jóvenes y empleadores, al igual que en las de políticos y funcionarios. En las tendencias generales de este debate se incluían no solo las temáticas antes mencionadas, sino también una nueva concepción de la modernidad, incluso la lucha contra el analfabetismo y la expansión de la enseñanza registradas después de la Segunda Guerra Mundial; además, cierta disposición por parte de la opinión pública y los especialistas a aprender de los sistemas educativos extranjeros, lo que se vio decisivamente facilitado por el hecho de que, al menos en la Europa occidental, un número de países cada vez mayor pasara a ser una democracia, suprimiendo así las barreras básicas entre las democracias y los regímenes comunistas, fascistas o autoritarios; finalmente, el nuevo valor que los europeos acordaban otorgar a la internacionalidad, lo cual dio lugar a que la realización de estudios en el extranjero y la adopción de modelos educativos de otros países fueran evaluados bajo una luz en principio positiva.

Todos estos acercamientos no significan, en modo alguno, que en Europa se hubieran desarrollado un mercado educativo homogéneo, una política educativa unitaria ni idénticos niveles de inversión en los adultos jóvenes y padres. Tampoco sería esto de desear, ya que la diversidad europea admite a menudo más innovaciones que una Europa totalmente unificada. Las diferencias que subsistían no se mantuvieron, empero, inalteradas, sino que se modificaron, acentuándose unas y mitigándose otras. De ello resulta que, al lado de las varias historias de la educación nacionales con sus importantes peculiaridades, existe también una Historia de la Educación europea que no es simplemente una sumatoria de las historias nacionales, sino que surge de los aspectos comunes a la mayoría de los países europeos y también –un tema que no podemos desarrollar aquí– de sus aspectos específicos en contraste con los sistemas educativos extraeuropeos. De esta historia, muy poco es lo que sabemos.

3. Referencias bibliográficas

Flora, Peter: *State, Economy and Society in Western Europe, 1815-1970*, 2 tomos, tomo 1, Campus, Fráncfort del Meno, 1984.
INSEE (comp.): *Donées sociales 1987*, INSEE, París, 1987.
Kaelble, Hartmut: *Soziale Mobilität und Chancengleichheit im 19. und 20. Jahrhundert: Deutschland im internationalen Vergleich*, Vandenhoeck & Ruprecht, Gotinga, 1983.
MacLean, Martin: "Education", en Schulze, Max-Stephan (comp.): *Western Europe: Economic and Social Change since 1945*, Longman, Londres, 1988.
Staatliche Zentralverwaltung für Statistik (comp.): *Statistisches Jahrbuch der DDR 1981*, Staatsverlag der DDR, Berlín, 1981.
Statistisches Bundesamt Wiesbaden (comp.): *Statistisches Jahrbuch für die BRD1976*, Kohlhammer, Stuttgart, 1976.
___(comp.): *Statistisches Jahrbuch für die BRD 1979*, Kohlhammer, Stuttgart, 1979.
Teichler, Ulrich: *Europäische Hochschulsysteme: Die Beharrlichkeit vielfältiger Modelle*, Campus, Fráncfort del Meno, 1990.
UNESCO: *Statistical Yearbook 1964*, UNESCO, París, 1964.

UNESCO: *Statistical Yearbook 1965*, UNESCO, París, 1965.
_____*Statistical Yearbook 1972*, UNESCO, París, 1972.
_____*Statistical Yearbook 1977*, UNESCO, París, 1978.
_____*Statistical Yearbook 1982*, UNESCO, París, 1982.
_____*Statistical Yearbook 1985*, UNESCO, París, 1985.
_____*Statistical Yearbook 1986*, UNESCO, París, 1986.
_____*Statistical Yearbook 1991*, UNESCO, París, 1991.
_____*Statistical Yearbook 1992*, UNESCO, París, 1993.
_____*Statistical Yearbook 1995*, UNESCO, París, 1995.
_____*Statistical Yearbook 1998*, UNESCO, París, 1998.
_____*Statistical Yearbook 1999*, UNESCO, París, 1999.

CONTINUIDADES Y CAMBIOS EN EL CAMPO EDUCATIVO GLOBAL. INFLUENCIAS EXTERNAS EN LA FORMACIÓN DOCENTE EN ARGENTINA Y BRASIL

JASON BEECH
(Universidad de San Andrés, Buenos Aires)

El objetivo de este artículo es ofrecer un análisis de las influencias internacionales en el desarrollo de los sistemas de formación docente en Argentina y en Brasil desde su constitución en el siglo XIX hasta las reformas de la década de 1990. Como contrapunto al análisis específico de la formación docente en estos dos países, se ofrece una serie de reflexiones acerca de los cambios que ocurrieron en el campo educativo global en estos períodos, afectando la manera en que circulan los discursos acerca de la educación, quiénes son los actores que participan del intercambio y cómo se recontextualizan los discursos internacionales al ser adoptados en contextos específicos.

La circulación de ideas en el campo educativo global no es un nuevo fenómeno, sino que se trata de un proceso que ha llamado la atención de los especialistas en educación comparada, al menos desde la época en que Jullien de Paris (1775-1848) comenzó con su proyecto de crear una *ciencia de la educación comparada*. A través de una serie de cuestionarios e investigaciones empíricas, Jullien pretendía extraer las mejores prácticas de cada uno de los sistemas educativos europeos de la época para generar un modelo de educación ideal que sería aplicable a cualquier contexto[1]. Siguiendo esta visión práctica

---
1. Beech, Jason: "The theme of educational transfer in comparative education: a view over time", en: *Research in Comparative and International Education*, 1, 1, 2006.

de la educación comparada, unas décadas más tarde, en el siglo XIX, muchos Estados contrataron a educadores reconocidos para que recorrieran distintos países en busca de ideas y modelos a imitar que sirvieran para la construcción y el perfeccionamiento de sus sistemas educativos modernos. Así, educadores como Victor Cousin de Francia, Horace Mann, John Griscom y William T. Harris de EE.UU., Matthew Arnold y J.P. Kay-Shuttleworth de Inglaterra, Leo N. Tolstoy de Rusia, Domingo F. Sarmiento de Argentina y José Pedro Varela de Uruguay, entre muchos otros, se dedicaron a viajar y escribieron reportes en los que recomendaban a sus gobiernos seguir ciertos modelos y también evitar otros[2]. La historia de la transferencia de modelos educativos de un contexto a otro podría continuar hasta llegar a las influencias de las agencias internacionales en las reformas educativas de América Latina en los '90 (tema que será abordado brevemente en este artículo) o a la gran cantidad de investigadores que han viajado en los últimos años a estudiar el sistema educativo de Finlandia a partir de los resultados obtenidos por este país en los exámenes PISA.

Desde el punto de vista de las teorías neoinstitucionalistas, esta circulación internacional de ideas ha hecho que los sistemas educativos, a nivel mundial, se parezcan mucho entre sí. Según esta postura, la forma que adquirieron cada uno de los sistemas educativos no puede ser explicada a partir de las características sociohistóricas particulares de cada nación. Son más bien el resultado de la existencia de una *cultura mundial*[3]. Esta interpretación ha sido objeto de diversas críticas en el campo de la educación comparada. Dale sugiere que la evidencia que estos autores usan para arribar a sus conclusiones se basa en categorías establecidas a un nivel de generalidad muy alto, y que presentan poca evidencia acerca de cómo estas categorías son interpretadas en cada lugar[4]. En este sentido, lo que más sistemáticamente se critica del trabajo de Meyer y Ramírez (y otros autores de la corriente neoinstitu-

---

2. Ídem.
3. Meyer, John W., y Ramírez, Francisco O.: "The World Institutionalization of Education", en Schriewer, Jürgen (comp.): *Discourse Formation in Comparative Education*, Peter Lang, Fráncfort del Meno, 2000.
4. Dale, Roger: "Globalization: A New World for Comparative Education?", en Schriewer, Jürgen (comp.): *Discourse Formation in Comparative Education*, Peter Lang, Fráncfort del Meno, 2000.

CONTINUIDADES Y CAMBIOS EN EL CAMPO EDUCATIVO GLOBAL

cionalista) es que no logran captar los procesos de indigenización[5] o recontextualización[6] a través de los cuales estos modelos, que se diseminan a nivel internacional, se entrelazan con comportamientos políticos, significados sociales y patrones culturales preexistenes que cambian su significado y la manera en que funcionan[7].

Siguiendo estas últimas posturas, el argumento de la presente contribución es que existen ciertas teorías y prácticas pedagógicas internacionales que circulan a nivel global, pero que estas son luego reinterpretadas y recontextualizadas a medida que se localizan en contextos específicos. Asimismo, se sostiene que el debate acerca de los procesos de la circulación de discursos educativos internacionales y globales, y su interpretación en contextos específicos, no puede darse en abstracto, sino que debe contextualizarse en el tiempo y el espacio para poder ser comprendido en su totalidad, ya que a lo largo de la historia ha habido cambios significativos con relación a quiénes son los actores que participan del intercambio de ideas educativas y cuáles son los centros de atracción y los mecanismos de difusión y adopción de estas ideas.

Como se dijo, el artículo contextualizará estos debates a través de un análisis comparativo de las influencias internacionales en la formación docente en Argentina y en Brasil. El texto se dividirá en cuatro secciones, siguiendo cuatro momentos decisivos de la historia de los sistemas de formación docente de ambos países. La primera se centrará en las influencias de la escuela normal y el positivismo; la segunda, en el Movimiento de la Escuela Nueva; la tercera analiza el período en que

---

5. Schriewer, Jürgen: "The Method of Comparison and the Need for Externalization: Methodological Criteria and Sociological Concepts", en Schriewer, Jürgen y Holmes, Brian (comps.): *Theories and Methods in Comparative Education*, Peter Lang, Fráncfort del Meno, 1992; Schriewer, Jürgen: "Comparative Education Methodology in Transition: Towards a Science of Complexity?", en Schriewer, Jürgen (comp.): *Discourse Formation in Comparative Education*, Peter Lang, Fráncfort del Meno, 2000a; Schriewer, Jürgen: "World System and Interrelationship Networks: The Internationalization of Education and the Role of Comparative Inquiry", en Popkewitz, Thomas S. (comp.): *Educational Knowledge: Changing Relationships between the State, Civil Society, and the Educational Community*, State University of New York Press, Albany, 2000b.
6. Steiner-Khamsi, Gita: "Transferring Education, Displacing Reforms", en Schriewer, Jürgen (comp.): *Discourse Formation in Comparative Education*, Peter Lang, Fráncfort del Meno, 2000.
7. Schriewer, 2000a, *op. cit.*

las agencias internacionales surgieron como actores fundamentales del campo educativo global, promoviendo el desarrollismo en las décadas de 1960 y 1970. Finalmente, la cuarta parte se centra en la interpretación que tuviera, en Argentina y en Brasil, el modelo de educación para la era de la información que difundieron las agencias internacionales en la década de 1990.

1. Normalismo: los orígenes de la formación docente en Argentina y Brasil

En esta sección se analiza en forma resumida la influencia del positivismo y del sistema educativo francés en los orígenes de los sistemas de formación docente en Argentina y en Brasil. Se sugiere que, a pesar de que la escuela normal fue usada como modelo en ambos países, en cada uno de los contextos de recepción hubo interpretaciones específicas del modelo, lo que derivó en patrones de desarrollo de los sistemas muy diferentes en cada uno de ellos.

La creación del sistema educativo en Argentina fue parte del proyecto estatal que procuraba construir una Argentina *moderna*. La escuela fue considerada fundamental para promover *la civilización* y cierta unidad cultural en un territorio extenso y culturalmente diverso[8]. La otra estrategia usada en la época para *civilizar* el país fue la promoción de la inmigración europea[9]. Se creía que los europeos funcionarían como agentes civilizadores que, con su cultura y actitud hacia el trabajo, servirían como modelos para la población local. Sin embargo, los inmigrantes introdujeron nuevas y distintas tradiciones culturales, lenguas y valores, aumentando la diversidad cultural en el país. Por lo tanto, reforzaron la necesidad de una escuela primaria que homogeneizara a la población y legitimara el poder del Estado central.

---

8. Bertoni, Lilia Ana: *Patriotas, cosmopolitas y nacionalistas. La construcción de la nacionalidad argentina a fines del siglo XIX*, Fondo de Cultura Económica, Buenos Aires, 2001; Botana, Natalio: *El orden conservador. La política argentina entre 1880 y 1916*, Sudamericana, Buenos Aires, 1998; Tedesco, Juan Carlos: *Educación y sociedad en la Argentina (1880-1945)*, Ediciones Solar, Buenos Aires, 1986.
9. Tedesco, 1986, *op. cit.*

CONTINUIDADES Y CAMBIOS EN EL CAMPO EDUCATIVO GLOBAL

La élite argentina del momento tenía una posición ambigua con relación a la cultura que debía transmitir la escuela: promovían un estilo de vida *europeo* pero, al mismo tiempo, querían evitar que se perpetuaran las culturas específicas de cada una de las comunidades de inmigrantes por considerarlas divisivas. Por lo tanto, encontrar a los agentes que transmitieran la nueva cultura dominante era un gran problema. Era necesario crear un ejército de *maestros patrioteros*, como indicaba el eslogan de la época[10].

El Estado asumió la responsabilidad de formar a los docentes usando como modelo la escuela normal francesa. La idea era tener docentes que fueran lo más homogéneos posible, para que fueran intercambiables entre sí y que, de esta forma, se evitara cualquier desviación en la transmisión de la cultura que iba a unificar a la población. En 1869, se crea la primera escuela normal en la ciudad de Paraná y, para 1885, el Estado Nacional ya había fundado 18 de estas instituciones (al menos una en cada una de las 14 provincias). Para 1889, ya había 34 escuelas normales en Argentina.

El positivismo tuvo mucha influencia en el tipo de conocimiento que se ofrecía a los maestros en la escuela normal[11]. Cuando el Estado nacional creó el sistema educativo en Argentina, tuvo que desplazar a la Iglesia Católica, que había tenido decisiva influencia en la mayoría de las actividades educativas hasta el momento. La fe en Dios y en los principios morales de la Iglesia fue reemplazada por una fe secular en la ciencia y en las leyes naturales. Sin embargo, aunque los contenidos de los principios morales de la Iglesia Católica fueron desplazados, sus formas se mantuvieron. El respeto por el Padre, el Hijo y el Espíritu Santo fue reemplazado por el respeto a la escuela, la ciencia y la patria. Las escuelas eran *templos del conocimiento* y los maestros *sacerdotes de la civilización.*

El Estado promovió un rol claro para los docentes: transmitir la cultura dominante y luchar contra la ignorancia (definida como la continuidad de cualquier cultura diferente a la que promovía el sistema

---

10. A continuación, salvo mención contraria, seguiremos en la descripción de la emergencia del sistema de formación docente en Argentina el análisis de Alliaud, Andrea: *Los maestros y su historia: los orígenes del magisterio argentino*, Centro Editor de América Latina, Buenos Aires, 1993.
11. Gvirtz, Silvia: *Nuevas y viejas tendencias en la docencia (1945-1955)*, Centro Editor de América Latina, Buenos Aires, 1991.

INTERNACIONALIZACIÓN

educativo). Se esperaba que los docentes funcionaran como modelos, enseñando a través de su conducta ejemplificadora: "Recordando que el ejemplo enseña más que el precepto..., lo que se demanda al institutor, es menos el saber que el talento de comunicar"[12]. En la escuela normal se enfatizaba el amor a la patria, el altruismo y la generosidad, la higiene y, especialmente, los *buenos hábitos* y el apego al orden.

El énfasis en la formación moral de los maestros cumplía con la primera parte del eslogan positivista *orden y progreso*. A continuación, en la jerarquía establecida a partir de la influencia positivista, estaba el conocimiento pedagógico que proveería los métodos científicamente validados que, de ser seguidos estrictamente por los docentes, garantizarían la eficacia del proceso de aprendizaje. La última posición en la jerarquía la ocupaba el conocimiento de las disciplinas a ser enseñadas. Se esperaba que los docentes supieran lo justo y necesario para poder llevar adelante su tarea, pero no más. Como decía el director de una escuela normal en 1910: "La escuela normal no debe proponerse formar sabios... El exceso de estudios trae resultados contraproducentes"[13].

Tampoco con relación al conocimiento pedagógico se pretendía que los docentes supieran más de lo necesario: "El lavado y la cocina también tienen sus reglas de química y de física, pero la lavandera y la cocinera necesitan más la escuela de la práctica, que engolfarse en los principios de la ciencia que nunca llegan a estudiar"[14]. En esta línea, la práctica era considerada fundamental en la formación de los docentes. Entre 1869 y 1898, el Estado nacional contrató a un grupo de 65 maestras estadounidenses para que colaboraran con la educación, especialmente con la formación de maestros[15]. Cada escuela normal tenía su escuela de aplicación. Los docentes con experiencia conducían *lecciones modelo* en estas instituciones mientras los futuros docentes observaban y aprendían por imitación. El modelo debía seguirse en cada detalle. Cualquier desviación era considerada peligrosa. Por lo tanto, la formación que recibían los maestros en Argentina en esta

---

12. Memorias 1883, citado en Alliaud, 1993, *op. cit.*
13. Citado en Alliaud, 1993, *op. cit.*
14. Memorias 1883, citado en Alliaud, 1993, *op. cit.*
15. Pineau, Pablo: "Docentes indecentes: las maestras fundadoras y el respeto a los valores", en Antelo, Estanislao (comp.): *La escuela más allá del bien y el mal: ensayos sobre la transformación de los valores educativos*, AMSAFE, Santa Fe, 2001.

CONTINUIDADES Y CAMBIOS EN EL CAMPO EDUCATIVO GLOBAL

época se asemejaba al aprendizaje de un oficio, más que a una formación profesional. Durante el período de creación del sistema educativo en Argentina, la estrategia de Estado fue sumamente exitosa, logrando que dos tercios de la población en edad escolar asistiera a la escuela, en la que se promovía una identidad nacional homogénea. La formación docente enfatizaba el rol de los maestros como promotores de esta identidad nacional y, ya en 1940, las escuelas normales graduaban más maestros de los que el sistema podía absorber[16]. A pesar de que se iniciaron varias reformas de los planes de estudio de la formación docente, ninguna de ellas perduró y el plan de 1903, con las características descriptas anteriormente, se mantuvo en sus líneas básicas hasta 1943.

Mientras tanto, en Brasil, con la creación del Imperio (1822-1889), la Corte Imperial asumió la responsabilidad de la educación de las élites y de los funcionarios para la burocracia estatal que estaba en proceso de formación. Toda responsabilidad de la enseñanza básica y la formación docente quedó en manos de las provincias (luego convertidas en estados)[17]. En una sociedad con desigualdades profundas y basada en el trabajo esclavo, los gobiernos provinciales no le asignaron recursos significativos a la educación. Por el contrario, la estrategia que se usó para intentar *civilizar* a Brasil fue la promoción de la inmigración europea[18].

De todos modos, muchas de las provincias crearon un sistema educativo sobre la base de las influencias positivistas, y la escuela normal francesa fue usada como modelo para la formación docente. Sin embargo, el desarrollo de estos sistemas fue lento e irregular. Dado que la educación del pueblo no era una preocupación central de las autoridades imperiales ni de las provinciales, la propia escuela carecía de legitimidad social suficiente[19].

---

16. Tedesco, 1986, *op. cit.*; Gvirtz, 1991, *op. cit.*
17. Tanuri, Leonor Maria: "História da formação de professores", en *Revista Brasileira de Educação*, Numero especial: "500 anos de educação escolar", n. 14, 2000; Villela, Heloísa de Oliveira: "O Mestre-Escola E a Professora", en Teixeira Lopes, Eliane Marta; Mendes Faria Filho, Luciano y Greive veja, Cynthia (comps.): *500 anos de Educação no Brasil*, Autentica, Belo Horizonte, 2000.
18. Skidmore, Thomas E.: *Brazil: five centuries of change*, Oxford University Press, Nueva York y Oxford, 1999.
19. Mendes Faria Filho, Luciano: "Instrução elementar no século XIX", en Teixeira Lopes, Eliane Marta; Mendes Faria Filho, Luciano y Greive Veja, Cynthia (comps.): *500 anos de Educação no Brasil*, Autentica, Belo Horizonte, 2000.

INTERNACIONALIZACIÓN

La primera escuela normal en Brasil se creó en Río de Janeiro en 1835 y, en los siguientes años, muchas provincias fundaron su propia escuela normal siguiendo el modelo de la primera. Sin embargo, por diversos motivos estas escuelas cerraron y recién a partir de 1870 la escuela normal se consolidó, pasando de 4 instituciones, en 1867, a 22, en 1883[20]. Hacia el final del Imperio (1889), la mayoría de las provincias no tenía más que una escuela normal (o dos si tenían una para varones y otra para mujeres). Los planes de estudio no llegaban al nivel de la escuela secundaria. Incluían los contenidos de la escuela primaria, a los que se les agregaba un curso de *Pedagogía* al que, en algunos casos, se sumaba otro en *Legislación y administración de la educación*[21]. También se enfatizaban los contenidos relacionados con la formación moral de los candidatos. Más adelante, a medida que la profesión docente se feminizaba y que las tareas de la maestra empezaban a verse como una extensión de las maternas, se incluyeron nuevas materias como *Economía Doméstica* y *Trabajo con agujas*[22].

La llegada de la República no generó cambios significativos en el campo educativo[23]. En 1900, el 58,8% de la población era considerada analfabeta. En 1920, la proporción seguía siendo casi la misma (60,1%)[24]. El principio de descentralización se mantuvo, dejando la responsabilidad de la educación básica y la formación docente en manos de los estados (antes provincias), lo que derivó en enormes diferencias en cuánto y cómo cada estado desarrolló su sistema educativo.

Por lo tanto, aunque las influencias externas fueron similares en Argentina y en Brasil, los resultados en la práctica fueron muy diferentes. En Brasil, el sistema educativo estaba descentralizado, lo que generó grandes disparidades regionales con respecto al desarrollo de los sistemas educativos estaduales y, aproximadamente, dos tercios de la

---

20. Tanuri, 2000, *op. cit.*
21. Villela, 2000, *op. cit.*
22. Lopes Louro, Guacira: "Mulheres Na Sala De Aula", en Mary Del Priore (comp.): *Historia das Mulheres no Brasil*, Editora Contexto, San Pablo, 2000.
23. Berger, Manfredo: *Educação e Dependência*, DIFEL, Rio de Janeiro y San Pablo, 1977.
24. Santos Ribeiro, Maria Luisa: *História da educação Brasileira: A organização escolar*, Cortez y Moraes, San Pablo, 1979; Skidmore 1999, *op. cit.*

población era analfabeta. Tal como se mostrará más adelante, la educación de las masas y la construcción de una identidad nacional a través del sistema educativo recién se convirtió en un tema central a nivel nacional en las décadas de 1920 y 1930. Finalmente, a pesar de no tener datos disponibles sobre la cantidad de graduados de las escuelas normales, cifras posteriores sugieren que para 1930, Brasil no había logrado la expansión del sistema de formación docente necesaria para cubrir los requerimientos de las escuelas[25].

Estas importantes diferencias en el modo en que el positivismo, la escuela normal y otras influencias externas fundacionales fueron interpretadas y puestas en práctica, ayudan a entender cómo influencias posteriores fueron recontextualizadas de manera diferente a medida que se encontraban con contextos distintos en Argentina y en Brasil. Como ejemplo de este proceso, en la siguiente sección se analiza cómo el Movimiento de la Escuela Nueva fue adoptado y adaptado en cada uno de estos países.

2. Interpretaciones del Movimiento de la Escuela Nueva en Argentina y Brasil

El concepto de *Escuela Nueva* (Éducation nouvelle o Reformpädagogik) fue creado para denominar al renacimiento pedagógico y educativo que surgió en varias partes del mundo a principios del siglo xx y que tomó impulso después de la Primera Guerra Mundial. Adolphe Ferrière, uno de los fundadores del movimiento, definía el tipo de educación que se promovía como aquella en la cual la experiencia del niño sirve como base para la educación intelectual a través del uso apropiado del trabajo manual y de la educación moral, y a través de un sistema de autonomía relativa para los alumnos. El movimiento fue interpretado de manera diferente en partes de Europa y en América, generando varios movimientos y reformas pedagógicas, y escuelas nue-

---

[25]. En 1964, el Censo Escolar reveló que solo 56% de los docentes de primaria en Brasil se habían graduado del sistema de formación docente. Del 44% de los maestros sin formación profesional específica, 71,6% solo había terminado la primaria. Tanuri, 2000, *op. cit.*

vas que promovían una educación centrada en el alumno[26]. Tal como se verá a continuación, también en Argentina y en Brasil hubo distintas interpretaciones de este movimiento.

Para 1930, las condiciones sociales y económicas en las que se había creado la República en Brasil habían cambiado. Con el crecimiento de la industrialización en el país, surgió una burguesía industrial que comenzó a disputar el poder de la élite terrateniente. Se fortaleció la clase media urbana y las clases trabajadoras comenzaron a organizarse en sindicatos y a experimentar con huelgas[27].

Otro cambio significativo de la época puede verse en la actitud hacia los afro-brasileños. La estrategia de *blanquear* a la población que había prevalecido durante las primeras décadas de la República fue abandonada. Esta estrategia se basaba en la creencia de que la *raza blanca* era superior. Por lo tanto, la élite brasileña suponía que al promover la inmigración europea podrían "blanquear al elemento no-blanco"[28]. Por el contrario, desde fines de la década de 1920 y en la de 1930, las personas de color –especialmente las de origen africano– empezaron a ser vistas como un factor positivo de la sociedad brasileña[29]. En este contexto de cambio y crecientes preocupaciones por la creación de una nación *moderna*, las concepciones racistas fueron debilitadas y reemplazadas por un énfasis en la salud, la higiene y la educación como medios para contrarrestar el *atraso* de los que no eran blancos. La construcción de una nación brasileña en la que convivieran blancos, indígenas, africanos e inmigrantes implicaba el desafío de la *regeneración social*, particularmente para los grupos que en el pasado habían sido excluidos de la participación social y política[30].

---

26. Menin, Ovide: "Encuentro Binacional Escuela Nueva en Argentina y Brasil. Estado del arte y perspectiva de investigación", en Gvirtz, Silvia (comp.): *Escuela Nueva en Argentina y Brasil: visiones comparadas*, Miño y Dávila, Buenos Aires, 1996.
27. Cowen, Robert, y Figueiredo, Maria: "Brazil", en Cookson Jr., Peter W.; Sadovnik, Alan R. y Semel, Susan F. (comps.): *International Handbook of Educational Reform*, Greenwood Press, Londres, 1992.
28. Skidmore, 1999, *op. cit.*
29. Ídem.
30. Gonçalves Vidal, Diana: "Escola Nova e processo educativo", en Teixeira Lopes, Eliane Marta; Mendes Faria Filho, Luciano y Greive veja, Cynthia (comps.): *500 anos de Educação no Brasil*, Autentica, Belo Horizonte, 2000.

CONTINUIDADES Y CAMBIOS EN EL CAMPO EDUCATIVO GLOBAL

Por primera vez en la historia de Brasil, la educación de todo el pueblo ocupó un lugar importante en la agenda nacional. La opinión pública estaba alarmada por los datos del censo de 1920: la cantidad de analfabetos se había duplicado en 20 años[31]. Los cambios sociales de la época incluyeron una *revolución* educativa cuyo objetivo fue la masificación de la educación básica. Entre los reformistas, primaba la idea de que si lo que se buscaba era crear una nueva sociedad, no era suficiente con expandir el tipo de escuelas que existían hasta ese momento. Era claro que estas no habían sido diseñadas para la educación de las masas. Por el contrario, las nuevas condiciones sociales requerían de una completa reformulación del sistema educativo[32].

Las nuevas teorías pedagógicas se encontraron, una vez más, fuera de Brasil. Los reformistas se apropiaron del Movimiento de la Escuela Nueva, que estaba, en ese momento, en el pico de su popularidad internacional (1920-1940). Se organizaron visitas de pedagogos europeos a Brasil y varios educadores brasileños fueron enviados a estudiar al *Teacher's College* de la Universidad de Columbia en Estados Unidos[33]. Con el objetivo de acercar a los educadores brasileños a los debates pedagógicos internacionales, se crearon varias series editoriales conformadas por traducciones de textos extranjeros. Autores tales como Dewey, Decroly y Ferrière aparecían citados frecuentemente en los textos de los autores brasileños[34].

En este contexto, la *Escuela Nueva* fue adoptada como un movimiento pedagógico fundacional que se asentó sobre un sistema educativo poco desarrollado en Brasil. El movimiento fue tomado como base para la elaboración de varias reformas oficiales, fue difundido por las editoriales y usado como fuente para cambiar los planes de estudio en la educación básica y en la formación docente. Dada la nueva actitud hacia los que no eran blancos, el Estado les asignó a los docentes el rol de colaborar con el progreso del país a través la civilización

---

31. Berger 1977: *op. cit.*
32. Ídem.
33. Gonçalves Vidal, 2000, *op. cit.*; Batista da Silva, Vivian: *Uma Historia das Leituras para Professores: Analise da producao e circulacao de saberes especializados nos manuais pedagogicos (1930-1971)*, presentado en el 25° Congreso de ANPED, Caxambu, Brasil, 2002.
34. Ídem.

de las masas, promoviendo *hábitos de trabajo* y una identidad brasileña[35].

El Movimiento de la Escuela Nueva implicó, además, una ruptura significativa con el método intuitivo de Pestalozzi, que había dominado la teoría y la práctica pedagógica hasta el momento. Mientras que el método intuitivo se basaba en la observación como la experiencia educativa más significativa para los niños, la Escuela Nueva se basaba en la acción del alumno. La observación seguía siendo importante, pero solo como una preparación para la experimentación del niño. Era el alumno el que construía su propio conocimiento. El aprendizaje fue más importante que la enseñanza y se promovía una nueva relación entre docente y alumno[36].

El nuevo método cuestionaba la manera en que tradicionalmente se había organizado el tiempo y el espacio en la escuela. El interés *psicológico* del alumno era el elemento crucial que definía el uso del tiempo y del espacio. Como decía un texto de la época:

> *No es la hora la que fija irremediablemente el límite de la lección, es la necesidad psicológica, el interés despertado el que el maestro debe aprovechar, tratando sin límite de tiempo el tema o el trabajo en el cual los alumnos se interesaron.*[37]

También se cambió el uso del espacio en el aula. La organización fija de los pupitres en fila fue reemplazada por formatos que permitían el trabajo en equipo[38].

Mientras tanto, en Argentina, entre 1880 y las primeras décadas del siglo xx, hubo muchos cambios sociopolíticos, tales como la inmigración masiva, el crecimiento de la clase media y su llegada al poder en 1916[39]. El sistema educativo había sido (y continuaba siendo) muy exitoso en su función de construir y promover una identidad nacional. Por lo tanto, los cambios sociopolíticos influyeron en gran medida

---

35. Beech, Jason: *International agencies, educational discourse, and the reform of teacher education in Argentina and Brazil (1985-2002): a comparative analysis*. Tesis de Doctorado no publicada, Institute of Education, University of London, 2005.
36. Gonçalves Vidal, 2000, *op. cit.*
37. De Azevedo citado en Gonçalves Vidal, 2000, *op. cit.*
38. Ídem.
39. Tedesco, 1986, *op. cit.*

CONTINUIDADES Y CAMBIOS EN EL CAMPO EDUCATIVO GLOBAL

en la universidad, pero al llegar al poder las clases medias no revisaron ni reformaron el sistema de educación básica que les había servido como instrumento para ganar poder. Al no tener lugar en la retórica oficial, el Movimiento de la Escuela Nueva en Argentina solo fue difundido por algunas publicaciones privadas destinadas a los docentes y fue adoptado por algunas instituciones en experiencias aisladas[40]. Dada la manera en que se difundieron las ideas de la Escuela Nueva en Argentina es difícil evaluar cuánto influyó en las prácticas pedagógicas en las escuelas. Lo que es claro es que la adopción y adaptación de este movimiento, en Argentina, fue muy diferente al compararlo con Brasil, en donde la Escuela Nueva tuvo una enorme influencia en varias reformas educativas oficiales y en el currículo oficial[41].

Recién en 1943, con la llegada de Perón al poder, se llevó a cabo un intento sistemático para cambiar la formación docente en Argentina. Se buscaron nuevas referencias ideológicas para la educación y Alemania e Italia surgieron como los modelos a seguir. Apareció así una reacción contra el positivismo en el discurso oficial. Un texto que introducía los nuevos planes de estudio, en 1948, ilustra esta reacción: "La orientación positivista, predominante desde la organización de nuestra enseñanza media sobreestimó el saber científico-natural con menoscabo de las disciplinas espirituales que tienden al desenvolvimiento integral de la personalidad"[42].

A partir de la distinción entre el orden material y el espiritual en la cual se basaban las teorías antipositivistas, la educación fue definida como externa al conocimiento científico y considerada como objeto del conocimiento filosófico. Hubo una enérgica reacción contra las orientaciones científicas y metodológicas que dominaban los planes de estudio de la formación docente, en una serie de reformas progresivas de estos planes. Los cambios más significativos fueron la introducción de materias especiales dedicadas al estudio de la *realidad argentina*[43] y un desplazamiento en la manera en que se definía el

---

40. Gvirtz, Silvina: *Escuela Nueva en Argentina y Brasil: visiones comparadas*, Miño y Dávila, Buenos Aires, 1996.
41. Ídem.
42. Citado en Gvirtz, Silvina: *Nuevas y viejas tendencias en la docencia (1945-1955)*, Centro Editor de América Latina, Buenos Aires, 1991, pág. 42.
43. Ídem.

conocimiento pedagógico, distanciándolo de la biología y acercándolo a la filosofía al ser incluido dentro del conocimiento espiritual[44].

Sin embargo, el análisis de la bibliografía que se usaba en las escuelas normales de la época sugiere que estos cambios que se expresaron en los planes de estudio tuvieron poca influencia en las prácticas en el aula[45]. Muchos de los libros que se usaban habían sido escritos antes de la reforma. Incluso entre aquellos que fueron escritos después de iniciadas las reformas, a pesar de que los autores hacían un esfuerzo explícito por declarar sus posiciones antipositivistas, las definiciones de la educación como una actividad espiritual se diluían en análisis más profundos del contenido. Muchos autores se referían a tests y a construcciones de tipologías que estaban más cerca del modelo biológico de la pedagogía, y la influencia del conocimiento científico de la época era notoria[46].

En consecuencia, tanto en el análisis de la escuela normal y el positivismo, como en el de la Escuela Nueva, queda claro cómo las características sociopolíticas de cada una de las sociedades influyó significativamente en la manera en que cada una de estas influencias fue adoptada. Cuando a mediados del siglo XIX la élite argentina decidió que se debía construir un sistema educativo como estrategia para homogeneizar a la población y legitimar el poder del Estado central, se encontraron con un gran problema: la necesidad de formar a los docentes que transmitieran la cultura *unificadora*. Se apropiaron del modelo de la escuela normal que había sido usado en Francia con un fin similar al finalizar la Revolución y luego había sido imitado en muchas otras partes del mundo. Mientras tanto, en Brasil, al no haber un proyecto claro para unificar a la población a través de una cultura homogénea, la influencia de la escuela normal fue más débil y dispersa.

Similarmente, cuando a partir de los cambios sociopolíticos en Brasil, en la década de 1930, la educación de las masas fue considerada un tema fundamental en la agenda política nacional, quienes estaban en el poder entendieron que se requería una completa reformulación del sistema educativo para adaptarlo a las nuevas condiciones sociales. Encontraron la *solución* en el Movimiento de la Escuela Nueva, que es-

---

44. Ídem.
45. Ídem.
46. Ídem.

taba en el pico de su popularidad en la época. Consecuentemente, este movimiento fue adoptado como fuente para las reformas oficiales en Brasil. Por el contrario, en Argentina, en donde el sistema educativo estaba consolidado, el Movimiento de la Escuela Nueva fue ignorado en el nivel oficial, donde se buscaron otras opciones que tampoco implicaron cambios significativos en la práctica.

En definitiva, en ambos países la manera en que se adoptaron y se adaptaron los discursos y modelos internacionales dependió, en gran medida, de las circunstancias sociopolíticas y educativas específicas de cada país. Esta clara relación entre características sociopolíticas y la manera a través de la cual cada país se apropió de las ideas pedagógicas que circulaban en el nivel internacional para desarrollar sus sistemas de formación docente, se debilita con la siguiente influencia externa que será analizada: el desarrollismo.

3. El desarrollismo en Argentina y en Brasil

Al compararla con las influencias externas analizadas en las secciones anteriores, la particularidad del desarrollismo es que fue promovido fundamentalmente por agencias regionales como la OEA y la CEPAL, y por las agencias internacionales a medida que estas surgían como actores fundamentales en el campo educativo a fines de la década de 1950, una vez que la reconstrucción de Europa de la posguerra se había terminado y se reorientaban los esfuerzos hacia el *desarrollo* del mundo[47]. Bajo la influencia de las teorías desarrollistas y tecnocráticas, tanto en Argentina como en Brasil, la educación empezó a justificarse en términos económicos, como un medio para la formación de *recursos humanos*[48]. El principal objetivo del sistema educativo –según lo expresaba la retórica oficial– era el de promover el desarrollo del país. El desarrollo era visto como un proceso lineal en el cual era necesario transitar

---

47. Beech, 2005, *op. cit.*
48. Southwell, Myriam: "Algunas características de la formación docente en la historia educativa reciente. El legado del espiritualismo y el tecnocratismo (1955-76)", en Puiggrós, Adriana (comp.): *Dictaduras y utopías en la historia reciente de la educación argentina (1955-1983)*, Editorial Galerna, Buenos Aires, 1997.

por ciertas etapas preconcebidas para poder convertirse en una sociedad industrializada y avanzada.

Siguiendo esta racionalidad técnica, se introdujo el concepto de planeamiento de la educación como una tecnología social fundamental que garantizaría la posibilidad de predecir y solucionar una gran variedad de problemas sociales, económicos y políticos[49]. El uso de evaluaciones diagnósticas estandarizadas, seguido por el planeamiento estratégico y la implementación de soluciones técnicas eran vistos como la manera más objetiva y racional de tomar decisiones[50].

Planeamiento y desarrollo eran los conceptos clave de la época que fueron difundidos por las agencias internacionales en América Latina desde la década de 1950. Entre muchas otras actividades, la UNESCO y la OEA organizaron una Conferencia de Ministros de Educación en Lima en 1956, hubo un Seminario Interamericano para el Planeamiento Integral en Washington en 1958 y, en ese mismo año, la UNESCO organizó la Conferencia Interamericana de Educación y Desarrollo Económico y Social[51].

En la retórica oficial, en Argentina y en Brasil, el desarrollo económico y la formación de *recursos humanos* aparecieron como los objetivos principales del sistema educativo. La enseñanza empezó a ser definida como una cuestión técnica y el énfasis se colocaba en el uso de métodos didácticos novedosos y en el uso de la tecnología aplicada al proceso de enseñanza. Con la introducción de tecnologías sociales tales como el *planeamiento de la educación* y la noción de *currículo* hubo una tendencia a incrementar la burocracia y la división del trabajo en los sistemas educativos. Los *expertos* en educación regresaron de sus estudios en el exterior[52] y empezaron a graduarse de las universidades de Argentina y Brasil, generando más diferencias entre aquellos que planeaban la educación y aquellos que la ponían en práctica.

Consecuentemente, en el caso del desarrollismo, no es tan claro que se haya incorporado en Argentina y en Brasil a partir de la identi-

---

49. Davini, María Cristina: *La Formación Docente en cuestión: política y pedagogía*, Paidós, Buenos Aires y México D.F., 1995.
50. Southwell, 1997, *op. cit.*
51. Ídem.
52. Oliveira Arapiraca, José de: *A USAID e a Educação Brasileira*, Editora Autores Associados y Cortez Editora, San Pablo, 1982.

CONTINUIDADES Y CAMBIOS EN EL CAMPO EDUCATIVO GLOBAL

ficación previa de ciertas necesidades específicas. Por el contrario, la simultaneidad y similitud con que fueron adoptadas estas influencias en el nivel oficial en ambos países sugieren que fueron las agencias internacionales las que evaluaron que los sistemas educativos de Argentina y de Brasil necesitaban, por ejemplo, el planeamiento de la educación, y promovieron esta y otras tecnologías sociales como si fueran un elixir universal que solucionaría los problemas educativos en estos (y otros) países.

Por lo tanto, algunos cambios en el campo educativo global y el modo en que se difunden los discursos internacionales acerca de la educación comenzaron a verse con la promoción de las teorías desarrollistas. El primer cambio tiene que ver con la aparición de nuevos actores en el campo: las agencias internacionales. La particularidad de estos organismos, al compararlos con otros actores del campo educativo –como los Estados nacionales, provinciales, municipales y las instituciones educativas– es que no son responsables por las prácticas educativas en un contexto específico; están abstraídos de la práctica y esto tiene algunas consecuencias en el tipo de ideas que promueven. En general, las agencias internacionales no proponen soluciones a problemas específicos de un contexto. Por el contrario, lo que hacen es tratar de identificar una serie de principios educativos universales que serían aplicables a cualquier contexto para mejorar la educación. Esta búsqueda de principios universales está implícitamente basada en el supuesto de que la educación puede ser vista como un aspecto independiente de la realidad social. Cuando promovían las teorías desarrollistas, las agencias internacionales no lo hacían como parte de la búsqueda de una solución específica a un problema puntual, sino que estaban difundiendo una serie de tecnologías sociales universales y abstractas (como, por ejemplo, el *planeamiento de la educación*) que, desde la lógica de estas agencias, podían ser usadas para mejorar la educación en cualquier contexto. Por lo tanto, en el caso de la influencia del desarrollismo, el actor principal de la transferencia no fue el Estado argentino o brasileño, sino las agencias.

El otro cambio importante en el modo en que se difunden los discursos educativos en el campo global se relaciona con la secuencia del proceso. Cuando la escuela normal y el Movimiento de la Escuela Nueva fueron adoptados en Argentina y Brasil, el proceso siguió un orden cronológico en el cual, en primer lugar, se identificó un problema específico local, luego se buscó una solución en el campo internacional y, finalmente, se transfirió una tecnología social que había sido probada en otros contextos. Por el contrario, cuando las agencias internacionales promueven principios educativos universales, en un mismo movimiento se definen los problemas y se proponen las soluciones a ellos. Por lo tanto, la incorporación de las teorías desarrollistas a los sistemas educativos de Argentina y Brasil no fue una consecuencia de la identificación previa de problemas específicos en estos contextos, sino que fueron las agencias internacionales las que construyeron los problemas y al mismo tiempo ofrecieron las soluciones.

Estos cambios que empezaron a evidenciarse con las teorías del desarrollismo, se consolidaron en las décadas de 1980 y 1990, cuando agencias internacionales tales como la UNESCO, el Banco Mundial y la Organización para la Cooperación y el Desarrollo Económico (OCDE) promovieron un "modelo universal de educación para la era de la información"[53]. Aun cuando las propuestas de la UNESCO, el Banco Mundial y la OCDE presentan diferencias, todas se basan en una serie de supuestos que toman como un hecho ciertas predicciones sobre el futuro. Al mismo tiempo, la semejanza de estos supuestos en su trabajo indicaría que estas tres organizaciones comparten una visión del mundo muy similar[54].

---

53. Beech, 2005, *op. cit.*
54. Cabe aclarar que no se sugiere aquí que las propuestas de la UNESCO, el Banco Mundial y la OCDE sean exactamente iguales. Existen varios trabajos que se ocupan de describir sus diferencias e incluso dan cuenta de la existencia de elementos contradictorios entre sí (ver, por ejemplo, Jones, Phillip W. y Coleman, David: *The United Nations and Education: Multilateralism, Development and Globalisation*, Routledge Falmer, Taylor and Francis Group, Londres, 2005). No obstante, lo que se sugiere es que existe un elemento común en el nivel de los supuestos (o del sistema general del pensamiento) en el que se basan estas propuestas. Como dice Foucault: "Si se quiere intentar un análisis arqueológico del saber mismo, no son pues estos célebres debates los que deben servir como hilo conductor y articular el propósito. Es necesario reconstruir el sistema general del pensamiento, cuya red, en su positividad, hace posible un juego de opiniones simultáneas y aparentemente contradictorias. Es esta red la que define las condiciones de posibilidad de un debate o de un problema" (Foucault, Michel: *Las palabras y las cosas*, Siglo XXI Editores, Madrid, 1999, pág. 81).

CONTINUIDADES Y CAMBIOS EN EL CAMPO EDUCATIVO GLOBAL

Un análisis de la noción de futuro que subyace a las propuestas de estas tres agencias revela una sorprendente similitud en la manera en que dichas agencias entendieron el futuro como *la era de la información*. Sus propuestas se basaban en la idea de que el futuro presentaría un *mundo de cambios veloces y permanentes* influido por el ritmo de los *avances* tecnológicos. Por supuesto que tal predicción tiene consecuencias para la educación. La UNESCO, por ejemplo, sostiene que estos cambios serán tan rápidos y profundos que requieren que "la educación, más que adaptarse al presente, deba anticipar el futuro"[55]. La OCDE considera que uno de sus roles más importantes es identificar nuevas políticas educativas que estén "más allá de las políticas y el pensamiento actual en los países"[56]. Por otro lado, el Banco Mundial predice que "el futuro presentará grandes desafíos para los países en todos los estadios de desarrollo educativo y económico"[57]. Luego, el Banco Mundial "identifica esos desafíos",[58] y finalmente alega tener la receta para abordarlos: "Los desafíos educativos descriptos en el capítulo 2 pueden ser resueltos si se introducen reformas en línea con los cambios en el financiamiento y en la administración de la educación que se mencionan en los capítulos 3 y 4"[59].

Por lo tanto, una de las funciones autoproclamadas de estas organizaciones es no solo la de diseñar soluciones para los problemas educativos actuales, sino también la de identificar –o, mejor dicho, predecir– los problemas que nos esperan en el futuro. De esta manera, la UNESCO, la OCDE y el Banco Mundial se posicionan como los *expertos científicos* que pueden predecir el futuro y que, además, pueden diseñar un modelo de educación universal que se adapta a este futuro (imaginario) al que muchas veces llaman *la era de la información*. Como consecuencia, en las propuestas educativas de estas agencias se puede identificar un único modelo de educación para la *era de la información*, en lugar de tres modelos diferentes.

---

55. Mayor, Federico, y Tanguiane, Sema: UNESCO - *an Ideal in Action: The Continuing Relevance of a Visionary Text*, UNESCO, París, 1997.
56. Papadopoulos, George S.: *Education 1960-1990: The OECD Perspective*, OECD, París, 1994.
57. World Bank: *The Dividends of Learning: World Bank Support for Education*, World Bank, Washington, D.C., 1990.
58. Ídem.
59. Ídem.

El modelo universal de educación promovido por estas agencias se basaba en: descentralización/autonomía escolar, educación permanente, currículo centralizado basado en competencias (comunicación, creatividad, flexibilidad, aprender a aprender, trabajo en equipo, resolución de problemas), sistemas centralizados de evaluación y la profesionalización docente[60]. Este modelo fue presentado como un ideal para la mayor parte de los contextos educativos. Debía ser utilizado para juzgar la mayoría de los sistemas y luego, una vez detectadas las fallas, tomado como modelo de reforma. Asimismo, dentro de este modelo se incluían algunas definiciones de cómo debería ser un docente de esta nueva era.

Este modelo universal de formación docente para la era de la información define a los docentes como profesionales cuya principal misión es la de preparar a los estudiantes para insertarse en un mundo laboral de cambios permanentes propulsados por los avances tecnológicos. Por lo tanto, los buenos docentes vendrían a ser aquellos que aprenden a lo largo de toda su carrera, que están abiertos al mundo del trabajo y a la comunidad, que son flexibles, adaptables y capaces de trabajar en equipo y reflexionar acerca de su propia práctica[61].

Por otro lado, en cuanto a los conocimientos pedagógicos que estos docentes necesitan, las recomendaciones de las agencias enfatizan la adaptabilidad, la flexibilidad nuevamente y la experimentación. Por tal motivo, a los docentes se les debería enseñar a usar una gran variedad de estrategias pedagógicas para que puedan elegir, utilizando su autonomía y su creatividad, la mejor para cada ocasión, adaptándose al contexto y a las necesidades individuales de cada alumno, aunque siempre enfatizando una pedagogía centrada en el alumno. Estos sabe-

---

60. Beech, 2005, *op. cit.*
61. Beech, Jason: "Docentes del futuro: La influencia de las agencias internacionales en las reformas de formación docente en Argentina y Brasil en los '90", en Martínez Lázaro Lorente, Luis y Martínez Usarralde, Maria Jesús (comps.): *Lecturas de educación comparada y Educación Internacional*, Servei de Publicacions de la Universitat de Valencia, Valencia, 2003; Beech, Jason: "Construyendo el futuro: UNESCO, el Banco Mundial, la OCDE y su modelo universal para la formación docente", en *Cuaderno de Pedagogía*, Centro de Estudios en Pedagogía Crítica, vol. 7, n. 12, Rosario, Argentina, 2004.

res pedagógicos deberían, según la UNESCO, el Banco Mundial y la OCDE, obtenerse principalmente a través de la práctica en escuelas[62].

Finalmente, en cuanto a la posibilidad y a la manera en que los docentes deberían participar de las definiciones de los contenidos de sus clases, las agencias enfatizan la autonomía y la creatividad para que los docentes puedan seleccionar los contenidos de acuerdo al contexto específico en el que trabajan y de acuerdo a las necesidades de los alumnos, pero siempre en el marco de líneas generales que debería establecer el poder central[63].

Tanto Argentina como Brasil implementaron, en los años '90, reformas globales de sus sistemas educativos, en el sentido de que no se propuso cambiar algunos aspectos puntuales del sistema educativo, sino que se propuso un cambio global que –al menos desde la legislación– establece un nuevo modelo de educación. Por ejemplo, en Brasil, la nueva *Lei de Diretrizes e Bases da Educação* (LDB) fue aprobada en el año 1996. La visión reformista que dominó Brasil en aquel momento dio lugar a una gran variedad de regulaciones, proyectos y programas: Educación para Todos, el Plan Decenal de Educación, los Parámetros Curriculares Nacionales y los Lineamientos Curriculares Nacionales para la educación básica, la educación superior, la educación preescolar y la formación docente, el Sistema de Evaluación Nacional para la Educación Básica (SAEB), un plan denominado Examen Nacional de Cursos que evalúa diferentes cursos universitarios a través de un examen para graduados, un Examen Nacional para graduados del Nivel Medio, la descentralización de la educación primaria al nivel municipal, el Fondo para el Mantenimiento y el Desarrollo de la Enseñanza Primaria y el Mejoramiento de la Docencia, y la Ley de Autonomía Universitaria[64].

De manera similar, la Ley de Transferencia de los Servicios Educativos fue aprobada en Argentina en el año 1992 y, un año más tarde, la Ley Federal de Educación (LFE) lanzó la *refundación* del sistema educativo argentino. Se sancionó además una Ley de Educación

---

62. Ídem.
63. Ídem.
64. Beech, Jason: "Alta fidelidad: la influencia de las agencias internacionales en las reformas de formación docente en Argentina y Brasil en los '90", en Pinto de Almeida, Maria de Lourdes (comp.): *Politicas de Formaçao de Professores*, ALINEA/UCDB, Campo Grande, 2007.

INTERNACIONALIZACIÓN

Superior, fue restituido el Consejo Federal de Educación, se firmó el Pacto Federal Educativo y se transformó la estructura del sistema educativo argentino en su totalidad –tradicionalmente este había estado dividido en una educación primaria de siete años y una educación secundaria de cinco años–. Asimismo, se establecieron varios programas como el Sistema Nacional de Evaluación Educativa (SINEC), la Comisión Nacional de Evaluación y Acreditación Universitaria (CONEAU), el Pacto Social Educativo, la Red Federal de Formación Docente Continua, así como Contenidos Básicos Comunes para la Educación Preescolar, la Educación General Básica, el Polimodal (educación secundaria) y la Formación Docente[65].

La justificación para un cambio tan importante se basó en la supuesta necesidad de adaptarse a *presiones externas*. En otras palabras, la lógica dominante era que había una serie de cambios que se estaban dando a *nivel global* (la globalización, la era de la información, las economías del conocimiento) y que, dado que los Estados nacionales no estaban en condiciones de controlarlos, las políticas educativas debían reformar los sistemas educativos construidos para las sociedades de finales del siglo XIX y principios del siglo XX con el propósito de adaptarlos a las nuevas condiciones sociales[66]. En muchos casos, estas reformas significaron profundas rupturas con las políticas educativas previas de sus respectivos países. Por ejemplo, la cultura enciclopedista que había dominado la regulación curricular –que enfatizaba aquellos contenidos relacionados con la provisión de información y de datos– fue reemplazada por un currículo basado en el dominio de competencias.

Aunque cabe aclarar que las reformas argentina y brasileña no son exactamente iguales, al analizar los documentos oficiales de la época puede verse que el modelo universal para la formación docente promovido por las agencias internacionales fue seguido en ambos países[67]. En Argentina y en Brasil, los Contenidos Básicos Comunes y las Directrices Curriculares Nacionales para la formación de docentes que se diseñaron en la década de 1990 se basan en principios tales como la transmisión de competencias (y no de información); la edu-

---

65. Beech, 2005, *op. cit.*
66. Ídem.
67. Beech, 2003, *op. cit.*; Beech, 2004, *op. cit.*

CONTINUIDADES Y CAMBIOS EN EL CAMPO EDUCATIVO GLOBAL

cación permanente; la necesidad de que los docentes se abran a la comunidad y entiendan el contexto en el que trabajan para poder adaptar los contenidos y métodos didácticos a las características específicas de sus alumnos; el trabajo en equipo para que los docentes colaboren con los aspectos administrativos y organizativos de las escuelas en que trabajan, y la idea de que la formación de los docentes debe centrarse fuertemente en la práctica y, especialmente, en la reflexión acerca de la propia práctica. Asimismo, se propone que los docentes deben dominar una gran variedad de métodos pedagógicos para poder elegir el mejor para cada situación (aunque se enfatiza una pedagogía centrada en el alumno) y que deben participar de la selección de contenidos para sus clases, dentro del marco general que establece el Estado central[68].

Por lo tanto, los cambios en el campo educativo global que comenzaron a ser visibles con el desarrollismo, se consolidaron en la década de 1990, cuando las agencias promovieron su modelo universal de educación para la era de la información. Dado que estas agencias son actores del campo educativo que están abstraídos de la práctica, su modelo no fue tomado de un contexto práctico específico. El modelo no había sido *probado* en la práctica. Por el contrario, se trata de un modelo abstracto que fue diseñado sobre la base de una serie de predicciones sobre el futuro que fueron legitimadas por su estatus *científico*[69].

Asimismo, el cambio en la secuencia del proceso que había sido identificado con el desarrollismo también se hace más claro con la influencia de las agencias en las reformas de los años '90 en Argentina y en Brasil. La simultaneidad y similitud de las reformas globales que se implementaron en estos países (que tenían trayectorias educativas diferentes) sugieren que estas reformas no se desencadenaron a partir de un análisis detallado de los problemas específicos de cada uno de estos sistemas educativos. Por el contrario, una de las características del modelo universal de educación para la era de la información es que no solo incluye las *soluciones* a la mayoría de los problemas educativos, sino que, al mismo tiempo, construye estos problemas. El modelo universal abstracto se ofrece como una norma a partir de la cual es posible medir

---

68. Ídem.
69. Beech, 2005, *op. cit.*

INTERNACIONALIZACIÓN

las deficiencias de las prácticas educativas existentes en un determinado contexto. Así, al definir los *problemas* en un contexto educativo determinado, las agencias internacionales fijan la agenda de los debates acerca de cómo *mejorar* esos sistemas educativos. Una vez que se identificaron los problemas, existe una cantidad limitada de temas que pueden ser debatidos y una opción limitada de políticas que pueden pensarse para *solucionar* estos *problemas*. Por supuesto que estas posibles soluciones también se incluyen en el modelo que se ofrece. Por lo tanto, en el proceso de definir los problemas de un determinado contexto y, al mismo tiempo, ofrecer las soluciones a esos problemas, el modelo que promueven las agencias internacionales limita el espacio discursivo para pensar la educación en un determinado contexto.

Sin embargo, a pesar de que a nivel de la retórica oficial las reformas educativas en Argentina y en Brasil (y en muchos otros países de América Latina) son muy similares, una exploración de cómo estas reformas fueron interpretadas por quienes las tienen que poner en práctica reveló varias consecuencias inesperadas de la localización de las propuestas de las agencias internacionales en la práctica[70]. Un ejemplo de estos procesos puede verse en los efectos de la reforma de la regulación curricular en Argentina[71]. Como se mencionó en las secciones anteriores, tradicionalmente, en Argentina los docentes no tenían participación en la definición de los contenidos que debían transmitir. La reforma de los años '90 enfatizaba la creatividad y la autonomía de los docentes, quienes debían tener cierta libertad para elegir los contenidos específicos de cada clase de acuerdo al contexto local y a las características de los estudiantes, aunque respetando las guías formuladas por el Estado central, luego adaptadas por los gobiernos provinciales[72]. Sin embargo, según sostuvieron algunos docentes y formadores de docentes que fueron entrevistados, muchos, al enfrentarse con una autonomía para la cual no estaban preparados, comenzaron a usar los índices de los manuales elaborados por las editoriales para estructurar

---

70. Ídem.
71. Gvirtz, Silvina, y Beech, Jason: "From the intended to the implemented curriculum in Argentina: Exploring the relation between regulation and practice", en *Prospects*, vol. 34, n. 3, 2004.
72. Beech, 2003, *op. cit.*; Beech, 2004, *op. cit.*
73. Beech, 2005, *op. cit.*

sus cursos[73]. Por lo tanto, dado que los nuevos documentos curriculares no proveían una guía detallada sobre qué contenidos debían ser incluidos ni en qué orden, al menos algunos docentes buscaron otra guía que pudiera reemplazar el currículo prescriptivo con el que estaban acostumbrados a trabajar. Vemos así que una idea que es aceptable en abstracto (que los docentes deberían tener cierta autonomía para definir los contenidos específicos de sus clases) deriva en consecuencias inesperadas una vez que se la localiza en la práctica y sufre el proceso de recontextualización.

Incluso hubo casos en los cuales políticas muy similares tuvieron efectos muy diferentes en distintos contextos. Por ejemplo, las recomendaciones de las agencias internacionales referidas al uso del tiempo en la formación docente –que sostenían que la práctica en las escuelas debía ocupar más tiempo en los programas– fueron interpretadas de manera muy diferente en Argentina y en Brasil. En Brasil, la influencia de la Escuela Nueva ya incluía la idea de que los futuros docentes debían experimentar con clases reales, construyendo su propio conocimiento pedagógico. Consecuentemente, los futuros docentes pasaban gran parte de su tiempo en las prácticas pedagógicas en las escuelas. Los formadores de docentes entrevistados consideraban la extensión del tiempo dedicado a estas prácticas como *delirante* e imposible de administrar. En Argentina, desde el punto de vista de los formadores de docentes, las prácticas pedagógicas en las escuelas eran insuficientes. Por lo tanto, la extensión del tiempo asignado a estas actividades fue vista como un gran avance y como la respuesta a una demanda histórica de los formadores de docentes[74]. En definitiva, a medida que el modelo abstracto de las agencias internacionales se localizó en diferentes contextos, los efectos prácticos variaron en forma significativa dependiendo de las características específicas de cada uno de los contextos de recepción, características íntimamente vinculadas a la historicidad de los sistemas y las prácticas. Por lo tanto, aunque el modelo promovido por las agencias internacionales es universal (no considera las características específicas de los contextos en los que influye), la manera en que el modelo se adopta y adapta, así como sus efectos, dependen de las características de los contextos de recepción.

---

74. Ídem.

INTERNACIONALIZACIÓN

4. Reflexiones finales sobre el campo educativo global

Este capítulo intentó demostrar cómo los sistemas educativos (en este caso los de formación docente en Argentina y Brasil) han estado y continúan estando sujetos a influencias internacionales. A lo largo de la historia, han surgido modelos transnacionales[75] y teorías pedagógicas que han tomado un estatus supranacional[76], influyendo en las políticas y prácticas educativas en distintos contextos. Aunque esta difusión de ideas ha formado parte de la generación de cierto isomorfismo en los sistemas educativos mundiales, no puede soslayarse que, a medida que estos discursos se localizan, son reinterpretados a través de procesos de recontextualización o indigenización que cambian sus significados de manera significativa[77].

También se intentó demostrar en este capítulo que, más allá de esta continuidad, el campo educativo global ha sufrido importantes cambios a lo largo de la historia y que, por lo tanto, los análisis de la internacionalización de la educación deben situarse en el tiempo y el espacio para poder ser comprendidos cabalmente. Por ejemplo, los centros de atracción desde los cuales surgieron los *modelos transnacionales* en el siglo XIX fueron países como Prusia, Francia y, más tarde, algunos estados de EE.UU. como Massachusetts. En la segunda mitad del siglo XX, y especialmente tras el lanzamiento del Sputnik, los educadores norteamericanos se vieron atraídos por la educación en la URSS (Trace, 1961) y por los estilos pedagógicos que vieron en las escuelas inglesas[78]. Algunos años más tarde, los países del Sudeste Asiático atrajeron la atención de los educadores occidentales ya que el *milagro económico* de los *tigres asiáticos* parecía poder ser explicado, en gran medida, por factores educativos. Un ejemplo de este interés puede verse en el re-

---

75. Schriewer, 2000a, *op. cit.*
76. Alexander, Robin: *Culture and Pedagogy: International Comparisons in Primary Education*, Blackwell Publishing, Oxford, 2000.
77. Schriewer, 2000a, *op. cit.*; Steiner-Khamsi, Gita: "Transferring Education, Displacing Reforms", en Schriewer, Jürgen (comp.): *Discourse Formation in Comparative Education*, Peter Lang, Fráncfort del Meno, 2000.
78. Ravitch, Diane: *The troubled crusade: American education, 1945-1980*, Basic Books, Nueva York, 1983.

CONTINUIDADES Y CAMBIOS EN EL CAMPO EDUCATIVO GLOBAL

porte del Departamento de Educación de los Estados Unidos (1987) titulado *Japanese Education Today* (La Educación Japonesa Hoy) y en el libro de Stevenson y Stigler (1993) *The learning gap: why our schools are failing and what can we learn from Japanese and Chinese education* (La brecha en el aprendizaje: por qué nuestras escuelas están fallando y qué podemos aprender de la educación japonesa y china).

Mientras tanto, en América Latina y en gran parte de los países catalogados como *en desarrollo*, las agencias internacionales se han convertido en la principal fuente de ideas para la política educativa. Muchas veces se cree que esto se debe a las condiciones que imponen organizaciones como el Banco Mundial a países con enormes deudas externas. Aunque por supuesto esto explica una parte de este fenómeno, el propio Banco Mundial reconoce que solo provee el 0,5% del total del gasto en educación en los países *en desarrollo*[79], por lo que no se trata solamente de un tema financiero. Otras instituciones, como la UNESCO, no tienen el poder formal ni financiero para imponer sus ideas. Sin embargo, son extremadamente influyentes porque las soluciones simples y *mágicas* que ofrecen como un elixir que podría solucionar casi todos los problemas educativos en la mayoría de los contextos son muy atractivas para los gobiernos en tiempos de incertidumbre[80].

También los mecanismos a través de los cuales se difunden los modelos y las teorías supranacionales han cambiado a lo largo de la historia. Por ejemplo, como se mencionó en la introducción a este capítulo, en el siglo XIX las ideas y modelos pedagógicos se difundían a través de los viajes que realizaban ciertos educadores contratados por sus gobiernos. En la actualidad, los mecanismos de difusión de las ideas pedagógicas se han complejizado notoriamente. No solamente por el uso de las tecnologías de la información, sino también porque han surgido nuevos actores en el campo educativo global que participan activamente de este intercambio.

Por ejemplo, existen consultores carismáticos que viajan alrededor del mundo recomendando soluciones educativas y cambios a nivel de

---

79. World Bank: *Priorities and Strategies for Education: A World Bank Sector Review*, World Bank, Washington, D.C., 1995.
80. Ball, Stephen J.: "Big Policies/Small World: An Introduction to International Perspectives in Education Policy", en *Comparative Education*, vol. 34, n. 2, 1998.

INTERNACIONALIZACIÓN

las escuelas, los distritos y del Estado[81]. También las universidades, en muchas partes del mundo, están siendo presionadas para complementar los fondos que reciben del Estado[82]. Como sugería Lyotard[83], en la actualidad el conocimiento se produce para ser vendido en el mercado. Por lo tanto, si el departamento de educación de una universidad desarrolla cierto modelo para hacer las escuelas más *efectivas y eficientes* debería vender ese conocimiento para contribuir a la performance de la organización. Aunque por supuesto las universidades han participado del mercado de las consultorías por mucho tiempo, la situación actual en el financiamiento de estas instituciones ha generado incentivos adicionales para que las instituciones creen o amplíen sus áreas de *desarrollo internacional* que se dedican, en gran medida, a vender soluciones educativas a países de los catalogados como *en desarrollo* y, de esta manera, se convierten en actores importantes en el intercambio internacional de modelos y teorías pedagógicas.

La Unión Europea también influye en las políticas educativas de sus países miembros de distintas maneras[84]. En el caso de otros bloques regionales, las actividades ligadas a educación han sido más aisladas. Las corporaciones que proveen servicios educativos también se están convirtiendo en actores relevantes en lo que ven como un *mercado educativo global*[85]. En países como Gran Bretaña y Suecia, el sector público está terciarizando algunos de sus servicios educativos a empresas públicas. Algunas de las empresas que participan de estas alianzas ofrecen consultorías y servicios educativos en varios países a gobiernos locales y nacionales[86].

---

81. Ver por ejemplo www.michaelfullan.ca.
82. Cowen, Robert: "Performativity, post-modernity and the university", en *Comparative Education*, vol. 32, n. 2, 1996.
83. Lyotard, Jean-François: *The Postmodern Condition: A Report on Knowledge*, Manchester University Press, Manchester, 1984.
84. Nóvoa, António: "Ways of thinking about Education in Europe", en Nóvoa, António y Lawn, Martin (comps.): *Fabricating Europe: The formation of and Education Space*, Kluwer Academic Publishers, Dordrecht, 2002.
85. Ball, Stephen J.: *Education plc: Understanding Private Sector Participation in Public Sector Education*, Routledge, Londres y Nueva York, 2007; Ball, Stephen J.: "Globalización, comodificación y privatización: tendencias internacionales en educación y política educativa", en *Revista de Política Educativa* n. 1, 2009.
86. Ball, 2007, *op. cit.*

Por supuesto que la manera de operar de estas empresas no puede equiparase con el trabajo que hace la UNESCO o con la imitación de la escuela normal francesa que se hizo en Argentina y en Brasil. Son procesos diferentes. Justamente por eso, a medida que nuevos actores se involucran en el intercambio de ideas y en los procesos de transferencia de *soluciones* educativas de un contexto a otro, el campo educativo global se complejiza y la educación comparada como disciplina necesita desarrollar nuevos abordajes teóricos y conceptuales para poder comprender los procesos mediante los cuales las ideas y modelos transnacionales circulan en el mundo actual y cómo afectan las prácticas educativas específicas en diferentes contextos.

5. Referencias bibliográficas

Alexander, Robin: *Culture and Pedagogy: International Comparisons in Primary Education*, Blackwell Publishing, Oxford, 2000.

Alliaud, Andrea: *Los maestros y su historia: los orígenes del magisterio argentino*, Centro Editor de América Latina, Buenos Aires, 1993.

Ball, Stephen J.: "Big Policies/Small World: An Introduction to International Perspectives in Education Policy", en *Comparative Education*, vol. 34, n. 2, 1998.

___ *Education plc: Understanding Private Sector Participation in Public Sector Education*, Routledge, Londres y Nueva York, 2007.

___ "Globalización, comodificación y privatización: tendencias internacionales en educación y política educativa", en *Revista de Política Educativa*, n. 1, 2009.

Batista da Silva, Vivian: *Uma Historia das Leituras para Professores: Analise da producao e circulacao de saberes especializados nos manuais pedagogicos (1930-1971)*, presentado en el 25° Congreso de ANPED, Caxambu, Brasil, 2002.

Beech, Jason: "Docentes del futuro: La influencia de las agencias internacionales en las reformas de formación docente en Argentina y Brasil en los '90", en Martínez Lázaro Lorente, Luis y Martínez Usarralde, María Jesús (comps.): *Lecturas de educación comparada y Educación Internacional*, Servei de Publicacions de la Universitat de Valencia, Valencia, 2003.

___ "Construyendo el futuro: UNESCO, el Banco Mundial, la OCDE y su modelo universal para la formación docente", en *Cuaderno de Pedagogía*, Centro de Estudios en Pedagogía Crítica, vol. 7, n. 12, Rosario, Argentina, 2004.

___ *International agencies, educational discourse, and the reform of teacher education in Argentina and Brazil (1985-2002): a comparative analysis.* Tesis de Doctorado no publicada, Institute of Education, University of London, 2005.

___ "The theme of educational transfer in comparative education: a view over time", en: *Research in Comparative and International Education,* 1, 1, 2006.

___ "Alta fidelidad: la influencia de las agencias internacionales en las reformas de formación docente en Argentina y Brasil en los '90", en Pinto de Almeida, Maria de Lourdes (comp.): *Politicas de Formaçao de Professores,* ALINEA/UCDB, Campo Grande, 2007.

Berger, Manfredo: *Educação e Dependência,* DIFEL, Rio de Janeiro y São Paulo, 1977.

Bertoni, Lilia Ana: *Patriotas, cosmopolitas y nacionalistas. La construcción de la nacionalidad argentina a fines del siglo XIX,* Fondo de Cultura Económica Buenos Aires, 2001.

Botana, Natalio: *El orden conservador. La política argentina entre 1880 y 1916,* Sudamericana, Buenos Aires, 1998.

Cowen, Robert, y Figueiredo, Maria: "Brazil", en Cookson, Peter W. Jr.; Sadovnik, Alan R. y Semel, Susan F. (comps.): *International Handbook of Educational Reform,* Greenwood Press, Londres, 1992.

___ "Performativity, post-modernity and the university", en *Comparative Education,* vol. 32, n. 2, 1996.

Dale, Roger: "Globalization: A New World for Comparative Education?", en Schriewer, Jürgen (comp.): *Discourse Formation in Comparative Education,* Peter Lang, Fráncfort del Meno, 2000.

Davini, María Cristina: *La Formación Docente en cuestión: política y pedagogía,* Paidos, Buenos Aires y Mexico D.F., 1995.

Foucault, Michel: Las palabras y las cosas, Siglo XXI editores, Madrid, 1999.

Gonçalves Vidal, Diana: "Escola Nova e processo educativo", en Teixeira Lopes, Eliane Marta; Mendes Faria Filho, Luciano y Greive veja, Cynthia (comps.): *500 anos de Educação no Brasil,* Autentica, Belo Horizonte, 2000.

Gvirtz, Silvia: *Nuevas y viejas tendencias en la docencia (1945-1955),* Centro Editor de América Latina, Buenos Aires, 1991.

___ *Escuela Nueva en Argentina y Brasil: visiones comparadas,* Miño y Dávila, Buenos Aires, 1996.

___ y Beech, Jason: "From the intended to the implemented curriculum in Argentina: Exploring the relation between regulation and practice", en *Prospects,* vol. 34, n. 3, 2004.

Jones, Phillip W., y Coleman, David: *The United Nations and Education: Multilateralism, Development and Globalisation,* Routledge Falmer, Taylor and Francis Group, Londres, 2005.

Lopes Louro, Guacira: "Mulheres Na Sala De Aula", en Del Priore, Mary (comp.): Historia das Mulheres no Brasil, Editora Contexto, São Paulo, 2000.
Lyotard, Jean-François: *The Postmodern Condition: A Report on Knowledge*, Manchester University Press, Manchester, 1984.
Mayor, Federico, y Tanguiane, Sema: UNESCO - *an Ideal in Action: The Continuing Relevance of a Visionary Text*, UNESCO, Paris, 1997.
Mendes Faria Filho, Luciano: "Instrução elementar no século XIX", en Teixeira Lopes, Eliane Marta; Mendes Faria Filho, Luciano y Greive veja, Cynthia (comps.): *500 anos de Educação no Brasil*, Autentica, Belo Horizonte, 2000.
Menin, Ovide: "Encuentro Binacional Escuela Nueva en Argentina y Brasil. Estado del arte y perspectiva de investigación", en Gvirtz, Silvia (comp.): *Escuela Nueva en Argentina y Brasil: visiones comparadas*, Miño y Dávila, Buenos Aires, 1996.
Meyer, John W., y Ramírez, Francisco O.: "The World Institutionalization of Education", en Jürgen Schriewer (comp.): *Discourse Formation in Comparative Education*, Peter Lang, Fráncfort del Meno, 2000.
Nóvoa, António: "Ways of thinking about Education in Europe", en Nóvoa, António y Lawn, Martin (comps.): *Fabricating Europe: The formation of and Education Space*, Kluwer Academic Publishers, Dordrecht, 2002.
Oliveira Arapiraca, José de: *A USAID e a Educação Brasileira*, Editora Autores Associados y Cortez Editora, San Pablo, 1982.
Papadopoulos, George S.: *Education 1960-1990: The OECD Perspective*, OECD, Paris, 1994.
Pineau, Pablo: "Docentes indecentes: las maestras fundadoras y el respeto a los valores", en Antelo, Estanislao (comp.): *La escuela más allá del bien y el mal: ensayos sobre la transformación de los valores educativos*. AMSAFE, Santa Fe, 2001.
Ravitch, Diane: *The troubled crusade: American education, 1945-1980*. Basic Books, Nueva York, 1983.
Santos Ribeiro, Maria Luisa: *História da educação Brasileira: A organização escolar*, Cortez y Moraes, San Pablo, 1979.
Schriewer, Jürgen: "The Method of Comparison and the Need for Externalization: Methodological Criteria and Sociological Concepts", en Schriewer, Jürgen y Holmes, Brian (comps.): *Theories and Methods in Comparative Education*, Peter Lang, Fráncfort del Meno, 1992.
___ "Comparative Education Methodology in Transition: Towards a Science of Complexity?", en Schriewer, Jürgen (comp.): *Discourse Formation in Comparative Education*, Peter Lang, Fráncfort del Meno, 2000a.
___ "World System and Interrelationship Networks: The Internationalization of Education and the Role of Comparative Inquiry", en Popkewitz, Thomas S. (comp.): *Educational Knowledge: Changing Relationships between*

the State, Civil Society, and the Educational Community, State University of New York Press, Albany, 2000b.

Skidmore, Thomas E.: *Brazil: five centuries of change*, Oxford University Press, Nueva York y Oxford, 1999.

Southwell, Myriam: "Algunas características de la formación docente en la historia educativa reciente. El legado del espiritualismo y el tecnocratismo (1955-76)", en Puiggros, Adriana (comp.): *Dictaduras y utopías en la historia reciente de la educacion argentina (1955-1983)*, Editorial Galerna, Buenos Aires, 1997.

Steiner-Khamsi, Gita: "Transferring Education, Displacing Reforms", en Schriewer, Jürgen (comp.): *Discourse Formation in Comparative Education*, Peter Lang, Fráncfort del Meno, 2000.

Tanuri, Leonor Maria: "História da formação de professores", en Revista Brasileira de Educação, Número especial: '500 anos de educação escolar', n. 14, 2000.

Tedesco, Juan Carlos: *Educación y sociedad en la Argentina (1880-1945)*, Ediciones Solar, Buenos Aires, 1986.

Villela, Heloísa de Oliveira: "O Mestre-Escola E a Professora", en Teixeira Lopes, Eliane Marta; Mendes Faria Filho, Luciano y Greive Veja, Cynthia (comps.): *500 anos de Educação no Brasil*, Autentica, Belo Horizonte, 2000.

World Bank: *The Dividends of Learning: World Bank Support for Education*, World Bank, Washington, D.C., 1990.

___ *Priorities and Strategies for Education: A World Bank Sector Review*, World Bank, Washington, D.C., 1995.

LA REFORMULACIÓN DE LA TRANSFERENCIA EDUCATIVA COMO ESTRATEGIA POLÍTICA

GITA STEINER-KHAMSI
(Teacher's College, Columbia University)[1]

En el terreno de la educación comparada, se abre una gran brecha entre quienes implementan transferencias educativas y quienes las estudian. Un error corriente entre quienes las efectúan consiste en pensar que los que estudian la educación comparada contrastan sistemas educativos y luego se dedican a transferir selectivamente aquello que *funciona* de un sistema a otro. De acuerdo con esta perspectiva, los analistas políticos, por ejemplo, creen que la *ventaja comparativa* radica frecuentemente en *aprender de otro lado* o en las *lecciones aprendidas del extranjero*[2]. Esta aproximación normativa de los estudios comparados tendiente al *mejoramiento* (el extraer modelos de los sistemas que se

---

1. El original del título en inglés utiliza el término "borrowing", vinculado a la apropiación, al tomar prestado. Este término es el opuesto a "lending" que es "prestar" o dar en préstamo. Para evitar el vocabulario equívoco del "préstamo educativo" se ha decidido, en este caso, utilizar el término de transferencia. Si bien la transferencia incluye tanto el prestar como el tomar prestado, el término conserva el carácter de un desplazamiento entre el contexto original que "presta" y el contexto que toma "prestado" (nota de los compiladores).
2. Phillips, David: "Learning from Elsewhere in Education: Some perennial problems revisited with reference to British interest in Germany", en *Comparative Education*, 36, 3, 2000; véase también Schriewer, Jürgen: "The Method of Comparison and the Need for Externalization: Methodological Criteria and Sociological Concepts", en Jürgen Schriewer y Brian Holmes (comps.): *Theories and Methods in Comparative Education*, Peter Lang, Fráncfort del Meno, 1990.

perciben como eficaces) posee un gran poder de atracción. De hecho, ha generado un interés enorme por los estudios comparados, lo que sigue resultando un misterio para los comparatistas.

Los estudiosos de la educación comparada se han referido reiteradamente a la transferencia de modelos educativos –y han advertido contra el mismo– como un ejemplo del modo en que los encargados de su implementación abusan del estudio comparado de sistemas educativos hasta llegar a aislar la educación de su contexto. Por ejemplo, Robert Cowen ha vuelto recientemente sobre la centenaria pregunta de Sadler acerca de lo que puede aprenderse del estudio de los sistemas extranjeros, demostrando que, en la práctica, el estudio comparado de los sistemas educativos ha dado pábulo a un *culto del cargamento*, es decir, a la exportación e importación masivas de modelos educativos a través de fronteras nacionales[3].

1. Los argumentos en favor del método comparativo: una perspectiva histórica

El escepticismo que gran número de comparatistas contemporáneos experimentan frente a la transferencia educativa no debe hacernos perder de vista el hecho histórico de que los primeros comparatistas vieron, en la transferencia, una de las justificaciones clave para comparar *sistemas extranjeros*.

Entre los primeros comparatistas, su defensor más ardiente fue quizá Víctor Cousin, quien recomendaba una aproximación a los estudios comparados en tres pasos: primero, estudiar en un sistema educativo particular sus problemas y necesidades locales; segundo, buscar sistemas educativos que hubieran resuelto problemas similares y que se hubieran visto confrontados con similares necesidades; finalmente, recomendar la adopción de las soluciones alcanzadas por dichos sistemas educativos[4]. Numerosos comparatistas destacan los logros de

---

3. Cowen, Robert: "Comparing Futures or Comparing Pasts?", en *Comparative Education*, 36, 3, 2000.
4. Una visión histórica de la contribución de Victor Cousin a la educación comparada puede encontrarse en Brewer, Walter V.: *Victor Cousin as a Comparative Educator*, Teachers College Press, Nueva York, 1971; y en Vermeren, Patrice:

LA REFORMULACIÓN DE LA TRANSFERENCIA EDUCATIVA

Victor Cousin en lo que hace a la promoción de la credibilidad científica para los estudios comparados de los sistemas educativos. El estudio de Cousin sobre los sistemas educativos, que se vincula estrechamente con lo que hoy en día podríamos llamar el estudio local de *evaluación de necesidades*, fue un paso preliminar en la justificación posterior de la transferencia de un sistema educativo a otro o, en términos más generales, de un contexto a otro. Este primer alegato de Cousin en favor de la transferencia educativa, en el que se daba por sentada la similitud entre los sistemas educativos, contribuyó de manera decisiva a convencer a los observadores escépticos de la utilidad del método comparativo.

La pregunta acerca del *porqué de la comparación* ha sido reformulada de diversas maneras durante el último siglo y medio. La pregunta de Sir Michael Sadler, por ejemplo, acerca de *lo que puede aprenderse del estudio de los sistemas extranjeros*, viene planteándose incesantemente desde hace cien años[5]. En efecto, parece que, en nuestra tarea comparativa, sufrimos colectivamente del *efecto Zeigarnik*[6]. Dado que en el ámbito de la educación comparada se ha preferido evitar dar una respuesta a esta pregunta, la misma puede volver a plantearse constantemente y aflorar en investigaciones sobre terrenos relacionados, como la transferencia educativa. La pregunta de Sadler continúa, de hecho, rondando hoy en día la educación comparada. La ambivalencia que Sadler demuestra hacia la transferencia educativa parece ser compartida por muchos otros comparatistas. La educación compa-

---

Victor Cousin: le jeu de la philosophie, L'Harmattan, París, 1995. Véase también la nueva línea de investigación asumida por Joyce Goodman, quien documenta el papel instrumental de Sarah Austin (1793-1867) —activista política, académica, escritora y traductora de Cousin— en la diseminación de la obra de Victor Cousin en el Reino Unido: Goodman, Joyce: *Lecture in the History of Education Program* [conferencia pronunciada el 17 de diciembre de 2001], Columbia University, Teachers College, Nueva York, 2001.

5. Véase Bereday, George Z. F.: "Sir Michael Sadler's 'Study of Foreign Systems of Education" [reimpresión de las notas de un discurso pronunciado por M. E. Sadler, Christ Church, Oxford el sábado 20 de octubre de 1900 ante la Guilford Educational Conference], en *Comparative Education Review*, 7, 3, 1964; véase también Cowen, 2000, *op. cit.*

6. Bluma Zeigarnik, psicóloga rusa, fue el primera en describir, en 1927, la tendencia psicológica a recordar tareas incompletas antes que tareas completas.

rada cuenta con una larga historia de advertencias contra la transferencia y, a la vez, de una aceptación absoluta de la misma. Los primeros investigadores de la educación comparada asumieron posturas vacilantes en lo que hace a la utilización de los estudios comparados de sistemas educativos al servicio de la transferencia de reformas educativas. En su carácter de estudiosos, tendían a advertir contra la transferencia selectiva; como implementadores, en cambio, la promovían al proporcionar pruebas científicas de la comparabilidad de los dos sistemas involucrados: el primero, del que se tomaban, y el segundo, al cual se le transferían las reformas. Sir Michael Sadler (1861-1943), cuyo discurso del año 1900 acerca del "estudio de sistemas de educación extranjeros"[7] es objeto de reiteradas citas, advertía, en él, contra la transferencia selectiva de sistemas educativos de un continente a otro, mientras que en la práctica estaba activamente involucrado en esta actividad. Sadler, por un lado, en su condición de intelectual y académico, señaló a menudo la imprecisión que conllevaba la comparación y la transferencia efectuada de un contexto (nacional y cultural) a otro; mientras que, por otro, como consejero colonial e implementador de políticas, dio su sello de aprobación científica a la transferencia del modelo educativo destinado a los afro-americanos en el sur segregacionista de EE.UU. –conocido como el modelo Hampton-Tuskegee[8].

El abordaje del tema de la comparación transnacional, como método que puede llevar a una descontextualización de la educación, fue la temática que adoptó también, en sus estudios, un discípulo de Sadler, Isaac L. Kandel. Kandel, quien fuera por más de tres décadas (1915-1946) docente del *Teachers College* de la Universidad de Columbia y, por casi dos (1946-1962), consultor de la UNESCO, abogó manifiestamente

---

7. Sadler, 1900, reimpreso en Bereday, 1964, *op. cit.*
8. Carta de Michael E. Sadler a Booker T. Washington del 23 de septiembre de 1901, Archivo Washington, caja 203 (Washington, D.C.: Biblioteca del Congreso, 1901), citado en Berman, Edward H.: "Tuskegee-in-Africa", en *The Journal of Negro Education*, 48, 2, 1972, pág. 99. En cuanto a la importancia de obtener "el sello de aprobación científica" para la transferencia de modelos educativos de un contexto a otro, considerando el caso de la transferencia del modelo Hampton-Tuskegee desde los Estados Unidos hacia las colonias británicas en África, véase Steiner-Khamsi, Gita, y Quist, Hubert: "The Politics of Educational Borrowing: Re-opening the Case of Achimota in British Ghana", en *Comparative Education Review*, 44, 3, 2000.

LA REFORMULACIÓN DE LA TRANSFERENCIA EDUCATIVA

por un estudio contextualizado de los sistemas educativos, también conocido como método historiográfico en educación comparada. El *Education Yearbook*, que editó entre 1924 y 1944, consistía en una recopilación de estudios de tipo historiográfico dedicados a un solo país (*one-country studies*) o a casos particulares, y fue desarrollado con la intención de identificar el *carácter nacional* que presumiblemente subyace en cada sistema educativo[9]. Sin embargo, como asesor del gobierno a cargo de la reorganización de los sistemas educativos de Japón y Alemania, y como representante de de las Fuerzas Aliadas (puestos que ocupó durante la Segunda Guerra Mundial y después de la misma, respectivamente), transfirió *modelos de re-educación* de un contexto al otro. En su condición de estudioso, Kandel fue un agudo historiógrafo y contextualizador; pero, en cuanto asesor y funcionario del gobierno, promovió la transferencia transnacional, descontextualizando de hecho la educación.

2. El abordaje de la descontextualización

Dado que es una situación de larga data el que los comparatistas adviertan, en teoría, sobre los peligros de la descontextualización y que, al mismo tiempo, lleven adelante en la práctica transferencias educativas de un contexto a otro, se plantean ciertos interrogantes específicos: ¿cómo han elaborado los comparativistas la discrepancia entre la teoría y la práctica de la educación comparada? Y más en particular: ¿qué justificación han aportado para la transferencia educativa de un contexto a otro? Estas preguntas refieren a temáticas que pertenecen al dominio de la sociología del conocimiento. Es importante tener presente que los investigadores de la educación comparada no son los únicos en abordar las complejidades del método comparado. De hecho, su preocupación es compartida por estudiosos de diversos campos de las ciencias sociales, tales como la Ciencia Política, la Sociología, la

---

9. Para una descripción más detallada de la obra de Kandel y del método historiográfico en la educación comparada en particular, véase Pollack, Erwin: "Isaac Leon Kandel (1881-1965)", en *Prospects*, 3, 1993. Philip G. Altbach se refiere mordazmente a los estudios historiográficos por país de Kandel como a una "educación en ... serie" (Altbach, Philip: "Trends in Comparative Education", en *Comparative Education Review*, 35, 3, 1991).

Religión, la Historia o la Filosofía comparadas. Una respuesta sumaria al dilema básico del método comparativo –una que, curiosamente, ha sido poco estudiada– es la que puede formularse, por el momento, en los siguientes términos: el comparatista establece primero la comparabilidad y luego transfiere de un contexto a otro o, si lo enmarca metodológicamente, transfiere de un caso a otro.

Naturalmente, la cuestión de la comparabilidad es un tema clave para cualquier investigador que se ocupe de estudios comparados. Nada es comparable *per se*[10]. A menos que el investigador identifique algo en común o, más exactamente, construya una dimensión específica sobre cuya base se puedan comparar dos o más casos/contextos, no hay comparación posible (manzanas y naranjas solo pueden ser comparadas si existe un acuerdo sobre el constructo *fruta*). Por ello, el establecimiento de un *tertium comparationis* –es decir, la identificación de un constructo sobre cuya base sea posible comparar dos o más sistemas educativos– ha sido una preocupación metodológica clave de los investigadores de la educación comparada[11]. Es importante señalar aquí que el *tertium comparationis* fue variando en diferentes momentos, conforme al marco interpretativo que los comparatistas utilizaran. Desde una perspectiva histórica, *civilización, modernización, desarrollo* y *democracia,* por citar solo algunos de tales constructos, han servido, cada uno de ellos, como marco interpretativo o como *tertium comparationis* en la justificación de la comparación de sistemas educativos.

---

10. Para más detalles acerca de la metodología comparada, véase Berg-Schlosser, Dirk: "Comparative Studies: Method and Design", en *International Encyclopedia of the Social and Behavioural Sciences,* Elsevier, Ámsterdam, 2002; Przeworski, Adam, y Teune, Henry: *The Logic of Comparative Social Inquiry,* Wiley, Nueva York, 1970; Tilly, Charles: *From Past to Future,* Rowman and Littlefield, Lanham, M.D., 1997; Tilly, Charles: "Micro, Macro, and Megrim", en Jürgen Schlumbohm (comp.): *Mikrogeschichte: komplementär oder inkommensurabel?,* Wallstein, Gotinga, 1998; Tilly, Charles: *Big Structures, Large Processes, Huge Comparisons,* Russel Sage Foundation, Nueva York, 1984; Ragin, Charles C.: *The Comparative Method: Moving Beyond Qualitative and Quantitative Strategies,* University of California Press, Berkeley, 1987; véase también la edición especial de *Comparative Social Research,* 16, 1997.

11. Véase la breve discusión acerca de *tertium comparationis* en Hilker, Franz: "What can the Comparative Method Contribute to Education?", en *Comparative Education Review,* 7, 3, 1964; para una discusión más extensa acerca de *tertium comparationis,* véase Berg-Schlosser, 2002, *op. cit.*

LA REFORMULACIÓN DE LA TRANSFERENCIA EDUCATIVA

Los primeros comparativistas, como Sadler y Kandel, se valieron de la Teoría de la Civilización (*Civilisation Theory*) para construir comparabilidad. Se consideraba comparables a los individuos, grupos o naciones en los que se observaba una pertenencia a un mismo estado de *civilización*. Se identificaba, en general, el estado de desarrollo particular de cada una de las *razas*, naciones y sistemas educativos[12]. Los afroamericanos, los nativos americanos y los africanos (y, de allí en más, todos los pueblos colonizados en el imperio colonial británico) pertenecían, en esta visión, al mismo nivel de civilización (el bajo). Al percibirse estos grupos como comparables, la transferencia de modelos educativos de un continente (Norteamérica) a otro (África) se consideraba metodológica y moralmente admisible. Por ejemplo, Jesse Thomas Jones, titular de la Comisión Phelps-Stokes para la educación en África, justificaba la transferencia del modelo Hampton-Tuskegee americano al continente africano del siguiente modo:

> *Pese a que las condiciones de las aldeas del África difieren en muchos aspectos de las de los Estados Unidos, donde estas actividades [las de Hampton y Tuskegee] tuvieron gran influencia en el mejoramiento de la vida rural, las similitudes son suficientemente numerosas y reales como para justificar la creencia de que los planes antes descriptos pueden ser adaptados a las condiciones coloniales del África.*[13]

De manera similar, dado que los Estados nacionales de reciente formación en Europa y los Estados Unidos se encontraban en el mismo nivel de civilización (el alto), la transferencia transatlántica de modelos educativos vinculados con la constitución del Estado nacional y la escolarización obligatoria era igualmente justificable. En 1944, Kandel escribía: "El desarrollo de la educación parece haber seguido el mismo

---

12. Anthony Welch pone de relieve también los enfoques evolutivos de Isaac L. Kandel y Nicholas Hans para comparar sistemas de educación, en "New Times, Hard Times: Re-reading Comparative Education in an Age of Discontent," en Jürgen Schriewer (comp.): *Discourse Formation in Comparative Education*, Peter Lang, Fráncfort del Meno, 2000; las referencias de Welch a la teoría evolutiva de Kandel y Hans se encuentra en las páginas 190s.
13. Jones, Jesse Thomas: *Education in Africa. A Study of West, South and Equatorial Africa by the African Education Commission*, Phelps-Stokes Fund, Nueva York, 1922, pág. 141.

ritmo en la mayoría de los países. El siglo XIX se inició con un movimiento orientado a establecer sistemas de educación básica universal y obligatoria"[14].

Según Kandel y otros investigadores de la educación de la época, la etapa siguiente en el desarrollo de sistemas educativos la constituyó la expansión de la escolarización secundaria, seguida de la implementación de educación técnica y profesional, para culminar con el establecimiento de un sistema de educación superior.

En la primera mitad del siglo XX, los estudiosos de Europa y los Estados Unidos descubrieron el Tercer Mundo como laboratorio para la investigación social y los estudios educativos. Estos investigadores estaban fascinados con lo que los sistemas educativos del Primer Mundo podían aprender de los países menos desarrollados y con lo que, por su parte, los países del Tercer Mundo podían adoptar de las experiencias en educación y en construcción de nación de los países más civilizados. En 1944, por ejemplo, Kandel afirmaba que la reforma jamaiquina del siglo XX podía beneficiarse con las lecciones que el Reino Unido había aprendido un siglo antes. Hondamente conmovido por las dificultades que la implementación de una reforma educativa de base encontraba en Jamaica, Kandel señalaba que el sistema educativo jamaiquino tenía que "enfrentar todas estas demandas educativas de una sola vez, mientras que otros países las han ido satisfaciendo paulatinamente, paso por paso"[15]. Kandel invitó a los funcionarios educativos jamaiquinos a aprender de las experiencias de otros sistemas educativos: "Jamaica cuenta, no obstante, con la ventaja de poder evitar los errores que otros países cometieron en el pasado y que se encuentran ahora en proceso de corrección. Jamaica cuenta con la ventaja adicional de tener la posibilidad de sacar provecho de los esfuerzos educativos y las prácticas de otros países"[16]. Hacía mención específica

---

14. Kandel, 1944, reimpreso como "The 1944 Kandel Report on Education", en *The Jamaican Gleaner*, Otoño 1999. El informe fue publicado en cuatro partes, aparecidas el 19, 20, 21 y 25 de octubre de 1999. Debe advertirse que no se cuenta con una paginación por la cual introducir las citas realizadas en este trabajo. Todas las citas pertenecen a la primera y a la segunda parte del informe (publicadas el 19 y el 20 de octubre de 1999, respectivamente).
15. Kandel 1944, reimpreso en 1999, *op. cit.*, 1ra parte.
16. Ídem.

LA REFORMULACIÓN DE LA TRANSFERENCIA EDUCATIVA

a la reforma educativa en Inglaterra: "Desde el punto de vista de la administración y la organización de la educación, Jamaica se encuentra hoy [1944] en la misma situación que Inglaterra en los últimos años del siglo XIX."[17]

En el terreno de la educación, hubo estudiosos de renombre, entre ellos John Dewey, que no ocultaban su entusiasmo por esta especie de vuelta atrás en el desarrollo educativo que posibilitaba el aprendizaje a partir de los errores cometidos en el pasado por los países *educativamente avanzados* y la transferencia de una versión mejorada a los países *educativamente nuevos*. En comparación con muchos otros estudiosos de la época, John Dewey tenía sus dudas respecto de la transferencia de modelos educativos de *países educacionalmente avanzados* a *países menos civilizados, menos complejos* y *menos desarrollados*. Sin embargo, su visita a México en 1926 constituyó un punto de inflexión. Al regresar de su estancia en el programa mexicano de educación rural, *renació su fe* en esos países. Dewey estaba fascinado con la oportunidad que ofrecían los países *educativamente nuevos* de "empezar desde cero, contando con las teorías y las prácticas más ilustradas de los países educativamente más avanzados"[18].

Los académicos de aquel entonces veían en la transferencia educativa un beneficio recíproco: los países del Tercer Mundo podían beneficiarse de las reformas educativas previamente sometidas a prueba y mejoradas en los países del Primer Mundo; a su vez, los países del Primer Mundo podían estudiar en profundidad las diversas etapas del desarrollo educativo en los países *educativamente nuevos* del Tercer Mundo. Esto último hacía de todo sistema educativo tercermundista un laboratorio para los investigadores europeos y norteamericanos. Por otra parte, Kandel esperaba obtener de los pueblos en los que *la escolarización estuviera solo en sus inicios* nuevas perspectivas que le permitieran elaborar una teoría de la educación más abarcativa. En la edición de 1931 del Anuario del Instituto Internacional escribía:

> *La educación en las posesiones coloniales no puede ser considerada como una cuestión aislada sobre la que el educador no tiene injerencia. En realidad, dado*

---

17. Ídem.
18. Citado en Goodenow, Ronald K.: "The Progressive Educator and the Third World: A First Look at John Dewey", en *History of Education*, 29, 1, 1990, pág. 29.

> *que desde cierto punto de vista las condiciones son más simples y más fáciles de someterse a análisis, estas áreas constituyen laboratorios en los cuales la nueva filosofía de la educación puede ponerse a prueba, quizá de mejor manera que bajo las complicadas condiciones de Europa y de los Estados Unidos, donde existen tradiciones de larga data. No es improbable que la experimentación con pueblos en los que la escolarización está, por así decir, solo en sus inicios pueda llegar, dentro de un tiempo, a brindar importantes aportes a la teoría general de la educación[19].*

Con el giro hacia lo cuantitativo registrado en la educación comparada en los años '60 y '70[20], los indicadores sociales, políticos y econó-

---

19. Kandel, Isaac L.: "Introduction", en Isaac L. Kandel (comp.): *Educational Yearbook 1931 of the International Institute of Teachers College, Columbia University*, Teachers College, Columbia University, Nueva York, 1932, pág. xiv.
20. Philip Altbach utiliza el término "giro cuantitativo" (*quantitative turn*) para describir el cambio de paradigma ocurrido durante los años 60 y 70: el "giro cuantitativo" en la educación comparada reflejó, entre otros factores, un nuevo encuadre en los estudios transnacionales ("cross-national") antes que en los estudios dedicados a un solo país. Como resultado de ello, al encuadre de la disciplina en la historia de la educación —hasta entonces el principal marco de la educación comparada— se sumaron otros encuadres disciplinares nuevos procedentes de las ciencias sociales, en particular de la psicología, economía, sociología y ciencia política. En retrospectiva, se advierte que este "giro cuantitativo" tuvo una vida relativamente breve. Desde comienzos de los 90, un número creciente de investigaciones ha formulado críticas hacia el énfasis puesto sobre la comparación cuantitativa entre países (en estudios comparados del tipo OCDE o IEA), y demandado unidades de análisis más pequeñas y a la vez más significativas (las "comunidades"), niveles de análisis múltiples y, en general, estudios de carácter más cualitativo. Entre otros, los siguientes autores elaboraron reflexiones acerca del cambio de paradigma tanto en la metodología como en la teoría de la educación comparada: Altbach, 1991, *op. cit.*; Paulston, Rolland G.: "Mapping Discourse in Comparative Education Texts", en *Compare*, 23, 2, 1993; Bray, Mark, y Thomas, R. Murray: "Levels of Comparison in Educational Studies: Different Insights from Different Literatures and the Value of Multilevel Analyses", en *Harvard Educational Review*, 65, 3, 1995; Schriewer, Jürgen: "Comparative Education Methodology in Transition: Towards a Science of Complexity?", en Jürgen Schriewer (comp.): *Discourse Formation in Comparative Education*, Peter Lang, Fráncfort del Meno, 2000; LeTendre, Gerald: "Cross-National Studies and the Analysis of Comparative Qualitative Research", en Gita Steiner-Khamsi, Judith Torney-Purta y John Schwille (comps.): *New Paradigms and Recurring Paradoxes in Education for Citizenship: An International Comparison*, Elsevier Science, Oxford, 2002.

LA REFORMULACIÓN DE LA TRANSFERENCIA EDUCATIVA

micos pasaron a reemplazar las vagas nociones anteriores de sistemas educativos *más desarrollados* y *menos desarrollados* con mediciones más precisas. Se redefinió la noción de *desarrollo* en términos mensurables cuantitativamente, tales como el Índice de Desarrollo Humano (*Human Development Index*), PBI y PBN. Una preocupación de la educación comparada cuantitativa del último medio siglo –instalada en su mayor parte en el campo específico de la investigación de indicadores educativos– fue la de construir una comparabilidad en función de parámetros cuantitativos. Debe señalarse, sin embargo, que la definición del concepto de desarrollo en términos más precisos y mensurables no ha implicado un avance para el campo de los estudios comparados. Por el contrario, todo indica que la atención brindada a las cuestiones metodológicas tuvo el efecto de dejar de lado las antiguas críticas conceptuales en torno de la idea de *desarrollo*. De hecho, la utilización de índices más sofisticados y complejos solo hizo más difícil el abandonar el índice de *desarrollo*, con toda su carga ideológica implícita[21]. El uso del concepto de desarrollo como indicador sociológico siguió siendo problemático, a pesar de que los enfoques metodológicos para medirlo se hubieran sofisticado.

Desde el punto de vista de la metodología, tanto los indicadores de comparabilidad cualitativos, como los cuantitativos, tenían como misión explorar la semejanza o la desemejanza del contexto, y proveer así la justificación ansiada por funcionarios y analistas políticos para la transferencia de un modelo educativo de un contexto (semejante) a otro (semejante). Valdría la pena dedicar otro trabajo (no es la intención de este capítulo hacerlo) a rastrear la historia de la educación comparada partiendo de los *tertium comparationis* utilizados en distintos períodos con el fin de definir o establecer lo que determinados sistemas educativos tienen en común. Como ya ha quedado mencionado, estos *tertium comparationis* fueron variando en los distintos períodos históricos en una gama de análisis que abarca desde los distintos *estadios*

---

21. Un enfoque foucaultiano en educación, como, por ejemplo, el propuesto por Thomas Popkewitz, podría ser útil aquí para delinear la historia de exclusión, vigilancia y compartimentalización basada en los *tertium comparationis* utilizados en los estudios comparativos. Véase, por ejemplo, Popkewitz, Thomas S., y Brennan, Marie (comps.): *Foucault's Challenge. Discourse, Knowledge, and Power in Education*, Teachers College, Columbia University, Nueva York, 1998.

de civilización, el *grado* de modernización, el *alcance* del desarrollo evidenciado en una determinada sociedad, hasta, más recientemente, la comparación de países y sistemas educativos de acuerdo a su *nivel* de democracia. Lado a lado con esta aproximación epistemológica a la comprensión del desarrollo interno de la educación comparada, otro aspecto que requiere de un estudio y una documentación más detallada es la historia de exclusiones que plantean estos indicadores o *tertium comparationis*.

Este breve resumen de un siglo de investigación, en unas cuantas páginas, tiene el solo propósito de ilustrar la postura de que los comparatistas tienen tras de sí una larga historia de especificar las condiciones en las cuales la controversial práctica de la transferencia educativa es permisible científicamente. En los últimos cien años, los marcos teóricos han ganado en "heterodoxia"[22] y los abordajes metodológicos han asumido una variedad de formas, lo que posibilita a la educación comparada, el abrevar en otras disciplinas de las ciencias sociales; sin embargo, la manera de racionalizar la transferencia educativa sigue siendo básicamente la misma. Los comparatistas han justificado la controversial práctica de esa transferencia, que requiere *sui generis* de descontextualización y desterritorialización, construyendo primero la comparabilidad, estableciendo luego la semejanza o desemejanza de los contextos y aduciendo, por último, argumentos en favor o en contra de la transferencia educativa.

3. Un nuevo programa de investigación: la teoría de la externalización de Schriewer

La teoría de la externalización de Jürgen Schriewer señala, de manera más explícita que cualquier otro comparatista, un cambio radical de rumbo respecto de las investigaciones previas en materia de la transfe-

---

22. Paulston (1993) utiliza el término "heterodoxia" en el terreno de la educación comparada para referirse a la nueva era en la educación comparada en la cual se abandonó la "ortodoxia" signada por el funcionalismo y el estructuralismo; la misma fue reemplazada por una multitud de bases teóricas diferentes entre las cuales podían elegir los investigadores.

LA REFORMULACIÓN DE LA TRANSFERENCIA EDUCATIVA

rencia educativa, a las cuales he hecho mención más o menos detallada en el apartado anterior[23]. En la última década, la investigación comparativa en el terreno de la transferencia y la adopción de medidas –lo que comúnmente se denomina en alemán y otras lenguas europeas como *difusión* y *recepción*, respectivamente– ha atravesado, bajo la influencia de la obra de Schriewer, un cambio evidente en su paradigma.

A diferencia de los esfuerzos normativos de los primeros comparatistas de renombre –ejemplificados en el apartado anterior por Victor Cousin, sir Michael Sadler e Isaac Kandel–, que buscaban una respuesta a los interrogantes: ¿qué puede aprenderse, qué puede importarse del exterior? (recepción) y ¿qué puede enseñarse, qué puede exportarse al exterior? (difusión), lo que Schriewer describe, analiza e intenta comprender en detalle es la *causa* y el *modo* en que las referencias al exterior se utilizan para promover la reforma educativa a nivel local. A tal fin, examina las *políticas de la transferencia educativa* (la *causa*), así como también el *proceso de transferencia* (el *modo*), y halla que las referencias a sistemas del exterior (la adopción de discursos) funcionan como una estrategia política para proveer un sentido adicional (*Zusatzsinn*, en alemán), peso o legitimidad a reformas que despiertan controversias a nivel local. Al abordar las dimensiones discursivas, estratégicas y políticas de la transferencia educativa, ha echado nueva luz sobre un terreno de investigación de larga data en la educación comparada. Se trata, empero, del campo más ampliamente aplicado y menos estudiado a la vez de la educación comparada. Más aún, la relevancia de los libros y ensayos de Schriewer trasciende, con mucho, el ámbito de la investigación de la transferencia educativa y el método comparativo; son un aporte a una explicación más abarcadora

---

23. Una descripción de la teoría de la externalización se puede encontrar en Schriewer, 1990, *op. cit.*; Schriewer, Jürgen; Henze, Jürgen; Wichmann, Jürgen; Knost, Peter; Barucha, Susanna y Taubert, Jörn: "Konstruktion von Internationalität: Referenzhorizonte pädagogischen Wissens im Wandel gesellschaftlicher Systeme (Spanien, Sowjetunion/Russland, China)", en Helmut Kaelble y Jürgen Schriewer (comps.): *Gesellschaften im Vergleich*, Peter Lang, Fráncfort del Meno, 1998; Schriewer, 2000a, *op. cit.*; y "World System and Interrelationship Networks. The Internationalization of Education and the Role of Comparative Inquiry", en Thomas Popkewitz (comp.): *Educational Knowledge*, SUNY Press, Albany, 2000b.

y coherente del fenómeno de la globalización y la convergencia internacional en el terreno educativo.

El presente capítulo está dedicado al seminal abordaje del estudio de la transferencia educativa que Schriewer realiza. Una breve exposición de la teoría de la externalización, seguida de una ejemplificación de las aplicaciones de su teoría en áreas de investigación que no se vinculan, por lo general, con la educación comparada, tiene por fin demostrar la concisión y la relevancia de la obra de Schriewer. Es mi propósito poner de relieve dos áreas de investigación en particular: la aplicación de la teoría de la externalización a la educación y el cambio político y la utilización de la externalización como marco metodológico para explicar la globalización, y la convergencia internacional en el terreno educativo.

4. Bases teóricas de la externalización

Un número de investigadores cada vez mayor se interesa por el análisis de la política de las transferencias educativas y, en particular, por examinar los motivos políticos que deciden la importación o exportación de una reforma educativa[24]. En este campo de investigación, se imponen un par de observaciones.

En primer lugar, las referencias a sistemas educativos del exterior (la *externalización*) tiende a hacer aparición más frecuente en las situaciones en las que se plantean reformas locales que encuentran un nivel ele-

---

24. Halpin, David, y Troyna, Barry: "The Politics of Educational Borrowing", en Comparative Education, 31, 3, 1995; Phillips, David: "Borrowing Educational Policy", en David Finegold, Laurel McFarland y William Richardson (comps.): Something Borrowed? *Something Learned? The Transatlantic Market in Education and Training Reform,* The Brookings Institution, Washington, D.C., 1993; Respecto de las publicaciones alemanas puede consultarse, por ejemplo, Zymek, Bernd: *Das Ausland als Argument in der pädagogischen Reformdiskussion: Schulpolitische Rechtfertigung, Auslandspropaganda, internationale Verständigung und Ansätze zu einer Vergleichenden Erziehungswissenschaft in der internationalen Berichterstattung deutscher pädagogischer Zeitschriften, 1871-1952,* Henn, Ratingen, 1975; o Gonon, Philip: *Das internationale Argument in der Bildungsreform: Die Rolle internationaler Bezüge in den bildungspolitischen Debatten zur schweizerischen Berufsbildung und zur englischen Reform der Sekundarstufe II,* Peter Lang, Berna, 1998.

LA REFORMULACIÓN DE LA TRANSFERENCIA EDUCATIVA

vado de oposición política: la privatización de la educación, la evaluación unificada de los alumnos, la reforma educativa basada en resultados, o la desindicalización de los docentes[25]. En segundo término, en el momento de aplicación local (implementación), los modelos exteriores adoptados raramente se ajustan a sus fuentes originales, ya sea porque han sido adaptados a las circunstancias locales y recontextualizados, o porque las referencias a las lecciones que deben aprenderse del exterior solo tenían por función la justificación de una reforma educativa desarrollada a nivel exclusivamente local. Por esta razón, en más de una oportunidad, las referencias a las reformas educativas en el exterior, que habían servido originalmente como modelo, se ven erradicadas una vez implementadas las reformas locales[26]. En tercer lugar, los hacedores de políticas educativas en ocasiones hacen referencias de tono internacional e importan reformas educativas aplicadas con éxito en el exterior, sin advertir que sus propios desvanes (locales) disponen de modelos de reforma similares[27]. Impulsados por observaciones de este tipo, los estudiosos de las políticas comparadas han comenzado a explorar las dimensiones políticas de la transferencia educativa.

Existen, por lo menos, dos teorías sociales –la teoría de las transacciones exteriores de Margaret Archer[28] y la de los sistemas autorreferenciales de Niklas Luhmann[29]– que pueden postularse como marco

---

25. Véase, por ejemplo, Jester, Timothy: *Standards-Based Educational Reform in an Alaskan School District: Implications for Implementation*, Teachers College, Columbia University, Nueva York, 2001.
26. Véase, por ejemplo, Spreen, Carol Anne: *Globalization and Educational Policy Borrowing: Mapping Outcomes-Based Education in South Africa*, tesis doctoral, Graduate School of Arts and Sciences, Columbia University, Nueva York, 2000; Silova, Iveta: *From Symbols of Occupation to Symbols of Multiculturalism: Reconceptualizing Minority Education in Post-Soviet Latvia*, tesis doctoral, Graduate School of Arts and Sciences, Columbia University, Nueva York, 2001.
27. Véase, por ejemplo, Steiner-Khamsi y Quist, 2000, *op. cit.*
28. Archer, Margaret S.: "Structuration versus Morphogenesis", en Shmuel N. Eisenstadt y Horst Jürgen Helle (comps.): Macro-Sociological Theory. Volume 1: Perspectives on Sociological Theory, Sage, Beverly Hills y Londres, 1985, págs. 58-88; Archer, Margaret S.: "Sociology of One World: Unity and Diversity", en *International Sociology*, 6, 2, 1991, págs. 131-147; Culture and Agency. The Place of Culture in Social Theory, Cambridge University Press, Cambridge, 1996.108 Stuttgart, 1979.

teórico para un estudio de la política de las transferencias educativas. La teoría de los sistemas autorreferenciales (Luhmann) sostiene que los sistemas educativos se perpetúan mediante referencias internas, en especial las referencias a (1) racionalidad científica, (2) tradición y valores, y (3) organización. Sin embargo, en tiempos de cambios sociales, económicos y políticos veloces, las referencias internas no logran justificar la introducción o la persistencia de las reformas. Es precisamente en tales circunstancias que la externalización permite efectuar una ruptura radical con el pasado e importar o adoptar modelos, discursos o prácticas de otros sistenas educativos.

La educación ofrece un punto privilegiado para el estudio de la referencialidad. De hecho, se hace en el terreno de la educación un uso casi endémico de referencias –tanto internas como externas, locales o internacionales– como fuentes de autoridad; la educación está expuesta a una constante presión de la opinión pública en lo que hace a la legitimación de sus políticas y prácticas. En su dominio, todos y cada uno de los ciudadanos se siente habilitado a actuar como *experto nato* y parte interesada. Esto no quiere decir que en otros sectores de las políticas públicas (por ejemplo, reformas legales, impositivas o del sistema de salud) se susciten menos discusiones; pero es predominantemente en la educación donde cada uno de los ciudadanos se siente capacitado y autorizado para participar, según la formulación de Habermas, en la "acción comunicativa"[30] y la toma de decisiones. Queda claro que la discusión por parte de la opinión pública es un aspecto esencial de toda reforma educativa. Como resultado de ello, los encargados de tomar decisiones en el ámbito educativo experimentan una presión constante de la opinión pública por justificar sus cursos de acción frente a un *público informado* que hace oír sus opiniones.

En la formulación de su teoría de la externalización, Schriewer toma gran cantidad de elementos de la teoría de los sistemas autorreferenciales (Luhmann) y, en menor medida, del trabajo de Margaret Archer acerca de las transacciones exteriores. Schriewer postula la transferencia educativa –y en especial las referencias a las *lecciones del exterior*– como acto de externalización. Analiza la aparición de las referencias a sistemas

---

30. Habermas, Jürgen: *Theory of Communicative Action. Volume 1*, Heinemann, Londres, 1984.

LA REFORMULACIÓN DE LA TRANSFERENCIA EDUCATIVA

educativos ajenos en el discurso político y la investigación pedagógica, para concluir que es precisamente en momentos en los que las políticas y prácticas educativas se ven sometidas a discusión que los encargados de la toma de decisiones y los pedagogos recurren a referencias internacionales de este tipo, es decir, utilizan las experiencias de otros sistemas educativos como fuentes de autoridad[31]. Las referencias internacionales permiten, así, legitimar la introducción a nivel local de reformas que, de otro modo, se verían sujetas a discusión. Bajo ciertas circunstancias, la autorreferencialidad, esto es, para decirlo más exactamente, las referencias internas a la racionalidad científica, las tradiciones y valores, y la organización, que Luhmann define como las estrategias autorreferenciales mínimas de un sistema dado, pierden su eficacia como estrategias políticas. Esto significa que, bajo ciertas circunstancias, estas tres estrategias autorreferenciales de uso corriente no son suficientes para justificar la implementación de políticas y prácticas educativas específicas o para ganar el apoyo masivo de la opinión pública. Por ejemplo, los estudios pedagógicos que recomiendan una reforma de la educación (referencia a la *racionalidad científica*) pueden presentarse como falseados o motivados por intereses políticos. La segunda estrategia autorreferencial, *las cosas siempre han sido así* o *este es el modelo que responde a las demandas de la comunidad* (referencias a las *tradiciones y valores*), bien puede también carecer de apoyo en la opinión pública. Por último, la tercera estrategia de uso corriente (referencia a la *organización*), que lleva a establecer asociaciones guiadas por el sentido común para elaborar conceptos tales como efectividad-coste, administrabilidad o viabilidad, tampoco puede lograr su cometido de defender una política o práctica educativa sometida a discusión.

Es en esos momentos de discusión exacerbada que los encargados de la toma de decisiones en el terreno educativo deben encontrar otras fuentes de autoridad que les permitan justificar sus políticas y prácticas. El impulso hacia la externalización, es decir, hacia las lecciones del exterior, suge allí donde las estrategias de legitimación autorreferenciales fracasan.

---

31. Esto es lo que en la investigación alemana se conoce como "das internationale Argument"; véase Zymek,1975, *op. cit.*; Schriewer, 1990, *op. cit.*; Schriewer et al., 1998, *op. cit.*

La teoría de la externalización de Schriewer puede aplicarse particularmente al análisis de las reformas educativas en tiempos de transición política (por ejemplo, el post-apartheid, el post-socialismo), ya que es precisamente entonces cuando las referencias internas o autorreferencias, es decir las *experiencias positivas* del pasado, quedan anuladas.

5. La externalización en tiempos de cambio político

En otro artículo[32] he tenido ocasión de presentar un informe y discutir con mayor detalle el estudio de tres casos modelo: la Letonia post-soviética, la Sudáfrica del post-apartheid y la Suiza post-aislacionista. En aquella oportunidad mi intención fue abogar por la utilización de la teoría de la externalización como marco de interpretación para el examen de los cambios en la educación y la política. En el presente trabajo, he de limitarme a presentar un resumen de los casos modelo y a reiterar mi línea de argumentación.

En los tres países, se dio una presión de la opinión pública por desarrollar e introducir un nuevo modelo de reforma escolar que rompiera radicalmente con las experiencias pasadas y que debía, como aspecto más visible, tomar distancia de las anteriores líneas de acción. Por razones políticas, la autorreferencialidad o las referencias internas no constituían una alternativa viable. En su lugar, se optó por la externalización como estrategia política.

5.1. Letonia como caso modelo

En *From Sites of Occupation to Symbols of Multiculturalism: Transfer of Minority Education Discourse in Post-Soviet Latvia* [De sitios de la ocupación a símbolos del multiculturalismo: la transferencia del discurso de la educación para las minorías en la Letonia post-soviética], Iveta Silova examina la supresión de las referencias a la Unión Soviética y su pos-

---

32. Steiner-Khamsi, Gita: "Re-Territorializing Educational Import: Explorations into the Politics of Educational Borrowing", en António Nóvoa y Martin Lawn (comps.): *Fabricating Europe – The Formation of an Education Space*, Kluwer Academic Publishers, Dordrecht, 2002.

LA REFORMULACIÓN DE LA TRANSFERENCIA EDUCATIVA

terior reemplazo por referencias a la Europa occidental[33]. Silova interpreta este desplazamiento como un indicador del nuevo espacio geopolítico y educativo del que la Letonia de finales del milenio había aspirado a ser parte en lo político y económico. Lo fascinante, en este cambio de alianzas políticas, es que ha afectado solamente el nivel discursivo, pero no la práctica de la escolarización segregada. Sigue existiendo una separación de los sistemas escolares para hablantes del letón y del ruso y otras lenguas minoritarias respectivamente; pero las escuelas segregadas ya no son vistas como *sitiales de la ocupación*, sino que se las reformula como *símbolos de multiculturalismo*.

A comienzos de la década de 1990, el gobierno letón se vio fuertemente atacado por distintos organismos europeos (el Consejo Europeo, la Unión Europea, la OSCE) y organizaciones internacionales de derechos humanos debido a la discriminación hacia los hablantes y residentes rusos de la Letonia post-soviética que se reflejaba, entre otros aspectos, en la práctica de la separación de las escuelas para letones y rusos. Este sistema educativo dual había sido puesto en práctica en toda la Unión Soviética y tenía su origen en la *política de nativización* de Stalin, en cuyos postulados las culturas nacionales debían ser "nacionales en la forma, pero socialistas en el contenido"[34]. Con la anexión de Letonia a la Unión Soviética en 1944, se establecieron dos sistemas educativos separados para las dos *nacionalidades* de mayor importancia numérica en la República Socialista Soviética de Letonia, uno para los letones y otro para los rusos. Tomando como marco la obra de Michel Foucault[35], Silova interpreta la política de escolarización separada como una *tecnología disciplinaria* basada en el cercamiento, la división y la clasificación, que permitía una vigilancia eficaz de los sentimientos nacionalistas de las minorías, los que, caso contrario, podían resultar

---

33. Silova, 2001, *op. cit.*; véase además Silova, Iveta: "Returning to Europe: The Use of External References in Reconceptualizing Minority Education in Post-Soviet Latvia, en Nóvoa y Lawn, 2002, *op. cit.*; y Silova: "From Sites of Occupation to Symbols of Multiculturalism: Transfer of Global Discourse and the Metamorphosis of Russian Schools in Post-Soviet Latvia", en Gita Steiner-Khamsi (comp.): *Lessons from Elsewhere: The Politics of Educational Borrowing and Lending*, Teachers College Press, Nueva York, 2004.
34. Stalin, citado por Silova, 2004, *op. cit.*, pág. 17.
35. Ídem, págs. 18ss.

INTERNACIONALIZACIÓN

una amenaza para el proyecto de implantar un nacionalismo pan-soviético. Además, las escuelas separadas para alumnos rusos presentaban la ventaja de fomentar su lealtad hacia la *madre patria*, es decir, hacia Rusia, y de impedir que cobrasen un apego excesivo a la república en la que residían. Tras el cambio político producido a comienzos de la década de 1990, en momentos en los que el gobierno se encontraba sujeto a la presión internacional por demostrar su transición de la *sociedad plurinacional* bajo el orden soviético hacia un país que, con la tutela del Consejo y la Unión Europea, se esforzaba por ser reconocido como una *sociedad pluralista*, se adoptó la decisión política de cambiar la semántica del sistema escolar separado. El sistema dual siguió ocupando sólidamente su lugar, pero se operó una transformación, una "metamorfosis"[36] en el sentido que se le asignaba: las escuelas separadas pasaron a ser vistas no ya como sitiales de la ocupación (rusa), sino como símbolos del multiculturalismo (europeo occidental).

Este nuevo discurso, es decir, la reinterpretación de las escuelas separadas como *multiculturalismo*, encontró gran acogida entre letones y rusos por igual, pero, como señala Silova, por razones muy distintas en cada caso: "Para ellos [los rusos residentes en la Letonia post-soviética], la admisión de este nuevo discurso representaba que ya no habría más amenazas de discriminación étnica ni más razones para temer que las escuelas rusas fueran cerradas, los docentes despedidos y los alumnos asimilados en las escuelas letonas. Por último, las escuelas rusas, libradas a su arbitrio, tenían la sensación de poder determinar su futuro. Una mayor importancia encierra el hecho de que las minorías rusas apelan a las estrategias de internacionalización que consisten en hacer referencia a la educación multicultural occidental como mecanismo para externalizar el tema de la autonomía y ganar apoyo internacional para sus requerimientos a nivel local"[37].

El desplazamiento discursivo de la segregación al multiculturalismo encontró también terreno fértil en la comunidad letona: "En la visión de las escuelas letonas, de sus docentes, alumnos y padres, la existencia de la estructura de escuelas separadas les permite avanzar con la 'cura' de su identidad nacional y el fortalecimiento del carácter nacio-

---

36. Ídem, pág. 21.
37. Ídem, pág. 27.

LA REFORMULACIÓN DE LA TRANSFERENCIA EDUCATIVA

nal de una manera más rápida e inocua. Al seguir percibiéndose a sí mismos como minoría y contar con la preocupación de defender su identidad propia frente a la lengua rusa o, en la actualidad cada vez más, a la inglesa, muchos letones de raza temen que la incoporación de otros en la identidad letona traiga consigo la pérdida o al menos la modificación de su 'letonidad'. Así, la perpetuación de la separación en la escuelas de acuerdo con criterios étnicos, que se expone como expresión de multiculturalismo, significa para los letones no tener que 'abordar' el tema de la minoría rusa en las escuelas de lengua letona"[38].

5.2. Suiza como caso modelo

En líneas similares a las del caso modelo presentado por Silova, que examina la creación de un nuevo *espacio europeo* en las políticas educativas de Letonia en detrimento del antiguo espacio soviético, nuestro segundo caso modelo, el de Suiza, explora la conformación del mismo espacio (europeo), esta vez a expensas de la esfera de influencia estadounidense.

De manera sorprendente, Suiza, conocida por su localismo y su *helvetische Verspätung*[39] [demora helvética] en acomodarse a los estándares internacionales en general y en adoptar las tendencias internacionales en materia de reforma educativa en particular, pasó, a mediados de la década de 1990, a ocupar el primer plano en la promoción de la importación de modelos de reforma escolar no europeos. En especial, el Ministerio de Educación del cantón de Zúrich fue el más ardiente defensor de una reforma educativa basada en estándares estadounidenses, de una administración con base en el nivel escolar, una educación basada en los resultados y una reforma escolar orientada al mercado. Sin embargo, en los últimos cuatro o cinco años se produjo un cambio significativo: a mediados de los años 1990, el Ministerio de Educación hacía referencia explícita a modelos estadounidenses de reforma educativa y llegó de hecho a contratar asesores y empresas de ese país con

---

38. Ídem, págs. 27s.
39. Con "helvetische Verspätung" hacemos referencia al retraso con que Suiza (la Confederación Helvética) suele adoptar reformas que han tenido lugar diez o veinte años antes en otros países.

el fin de elaborar un paquete de reformas destinado a las escuelas del cantón de Zúrich. Dos años más tarde, tras un período de acaloradas discusiones y protestas de parte de los sindicatos de docentes, dicha referencia fue dejada de lado y el Ministerio tomó distancia públicamente de los modelos estadounidenses de reforma educativa. En virtud de este cambio, el Ministerio abandonó sus referencias externas a las reformas educativas provenientes de los Estados Unidos y comenzó a hacerlas con respecto a las reformas europeas, en especial a las reformas efectuadas en los Países Bajos y Dinamarca. El Ministerio echó mano, además, a los *estándares globales* en materia de reforma educativa con el fin de legitimar la introducción de sus discutidas reformas en el cantón de Zúrich.

Al igual que en otros países europeos, el denominador común mínimo que aúna a los distintos partidos que conforman la coalición neoliberal en parlamentos y gobiernos de Suiza, ya sea a nivel nacional, cantonal o municipal es el de reducir *un aparato estatal sobredimensionado* y relajar el control estatal, permitiendo así que las fuerzas del mercado regulen los asuntos públicos. Lo que comenzó como una amplia reforma de la administración pública –el *New Public Management*– cuyos fines eran la introducción de una administación reducida y eficaz, la reducción del aparato estatal, la abolición de la carrera de funcionario y el reemplazo del estatuto de funcionario por una política de ascensos y contratación basada en el rendimiento, habría pronto de suministrar los lineamientos de una reforma educativa de envergadura en el cantón de Zúrich. En su versión adaptada al sector educativo, el NPM (*New Public Management*) fue recontextualizado como una reforma educativa eficaz orientada al mercado que habría de tener sus bases en una administración centrada en la escuela, en la elección y en un exhaustivo control de calidad en las escuelas. El iniciador del NPM y ferviente admirador de los modelos de reforma escolar estadounidenses, un antiguo profesor de Economía, Ernst Buschor, venía de ser electo como ministro de Educación. Antes de su elección, Buschor se encontraba a la cabeza del Ministerio de Salud, organismo en el cual pudo poner en práctica, por primera vez, su confianza en el NPM y en la *administración de calidad total* (*Total Quality Management*, TQM). La transferencia de las reformas inspiradas en el TQM resultan interesantes, pero no novedosas. Más sorprendente es, empero, la segunda transferencia, una para la cual no existen antecedentes en la

LA REFORMULACIÓN DE LA TRANSFERENCIA EDUCATIVA

historia de las reformas educativas en Suiza: la adopción de modelos de reforma estadounidenses para los sistemas de salud y educación. La estrategia de externalización asumida por el ministro, es decir, sus referencias a estas reformas en el campo de la salud y la educación, se toparon, en un primer momento, con cierto escepticismo y, más tarde, con resistencia activa, dado que, entre todos los sectores públicos de la sociedad estadounidense, son precisamente estos –salud y educación– los que gozan de la mala reputación de perpetuar la desigualdad, la pobreza y la exclusión social. Pese a todo, la denominación más general para las reformas asumidas en el cantón de Zúrich era la de NPM, utilizando así un acrónimo norteamericano para una reforma suiza, y navegó, hasta 1998, bajo la bandera estadounidense de la eficacia, la eficiencia y el mejoramiento de la calidad.

A pesar de las discusiones públicas que suscitó la importación de modelos de reforma estadounidenses, se ha reconocido el mérito de Buschor en desarrollar visiones radicalmente nuevas y diferentes de la reforma gradual puesta en práctica por el anterior ministro. La celeridad, así como también el amplio alcance de las reformas implementadas por Buschor en todos los niveles del sistema (jardín de infantes, escuela primaria, educación secundaria y terciaria) y en todas las áreas (dirección, finanzas, currículos, formación docente, etc.), tuvieron impacto en buena parte de la población y de la comunidad educativa, que encontraba las reformas anteriores demasiado lentas, demasiado fraccionales, demasiado locales y demasiado ineficaces. Lo que Buschor prometió fueron cambios fundamentales y la adaptación de los *estándares educativos internacionales*; tales promesas eran algo inaudito en un país en el cual, hasta no hace mucho, se promovía el patriotismo local y una dirección local de los asuntos públicos, y cuyos políticos de nivel local rechazaban cualquier tipo de referencias *exteriores* como *presiones del extranjero*, aunque las mismas *provinieran de Berna*, la capital del país. De hecho, hasta entrados los años '80, Berna siguió siendo el *Ausland*, es decir que todo lineamiento de acción a nivel federal que *Berna* pusiese a consideración de los cantones –en su mayoría bajo la forma de recomendación con carácter no vinculante– era visto como una intervención foránea, como injerencia extraña.

¿Cómo logró traducirse entonces la externalización de Buschor, sus *lecciones aprendidas del exterior*, en este caso en particular de los

INTERNACIONALIZACIÓN

Estados Unidos, en una reforma escolar a nivel local en Zúrich? Al igual que en otros préstamos, las lecciones provenientes de la reforma escolar de los Estados Unidos se transfirieron al contexto suizo solo de manera selectiva. Tres fueron, en particular, los conceptos de reforma efectiva y orientada al mercado que Buschor adoptó selectivamente de los modelos estadounidenses de "escuela eficaz"[40]: la participación del sector privado en la reforma educativa, una educación basada en los resultados y la competencia entre las escuelas como impulso para el mejoramiento de la calidad. Los tres conceptos adoptados fueron puestos en práctica de varias maneras. Por primera vez en la historia escolar del cantón de Zúrich, se otorgó al sector privado el acceso a las escuelas. Tras haber quedado sorprendido por la amplia utilización de elementos tecnológicos en las escuelas de California, Buschor decidió, a su regreso a Suiza, contratar los servicios de la firma Arthur Andersen Consulting con el fin de elaborar un paquete de reformas escolares que hiciera hincapié en el uso de tecnología educativa en las escuelas primarias[41]. Además, apoyó una expansión masiva de la industria de la educación local, lo que resultó en la creación de numerosas pequeñas empresas con un personal de uno o dos miembros que ofrecían sus servicios en lo relativo a la evaluación, desarrollo organizativo, supervisión o desarrollo de currículos escolares. El segundo concepto, el de una educación basada en los resultados, promovió el control sustentado en el rendimiento y la satisfacción de los alumnos. Por último, Buschor alentó, en teoría, la competencia entre los establecimientos escolares, que habría de ser impulsada por la comercialización que las escuelas hicieran de su propio *perfil* o currículo frente a los clientes potenciales, es decir, los padres.

---

40. Es importante resaltar la naturaleza selectiva del proceso de referencia y préstamo. Una visión más abarcativa de los aspectos esenciales de las "escuelas eficaces" puede encontrarse en Levin, Henry M.: "Effective Schools in Comparative Focus", en Robert Arnove et al. (comps.): *Emergent Issues in Comparative Education*, SUNY Press, Albany, 1992. Para una perspectiva comparativa internacional de las "escuelas eficaces", véase Levin, Henry M., y Lockheed, Marlaine E. (comps.): *Effective Schools in Developing Countries*, The Falmer Press, Londres, 1993.
41. El proyecto ("Schulprojekt 21") se ha implementado en doce distritos escolares del cantón de Zúrich. En la actualidad abarca tanto la introducción de tecnología como el uso del idioma inglés en la educación primaria.

LA REFORMULACIÓN DE LA TRANSFERENCIA EDUCATIVA

Es importante destacar que, con la introducción de empresas dedicadas a la industria escolar, la educación basada en los resultados y la orientación hacia el mercado, no se produjeron, empero, los alarmantes efectos secundarios que sus críticos señalaban basándose en la experiencia de los Estados Unidos. El NPM de Buschor y la reforma de las *escuelas eficaces* no acarrearon consigo una expansión de la evaluación estandarizada, ni la libre elección, ni la privatización ni que se publicaran en los periódicos tablas clasificatorias de escuelas; tampoco hubo empresas que se hicieran cargo de los currículos y la dirección de las escuelas, ni que despidieran a los docentes y directores *ineficaces* para contratar, en su lugar, personal escolar sin cualificaciones, barato y desindicalizado. Por el contrario, estas reformas que estaban destinadas a producir cambios fundamentales en la financiación, la dirección y la organización de la escuela del siglo XXI, desembocaron en un solo cambio visible: la creación del cargo de director de escuela de carrera. Resulta sorprendente la modestia de estos resultados, si se tiene en cuenta el gran impacto y la atención que los medios de comunicación prestaron a la reforma de Buschor a mediados de los años '90.

La diferencia entre la modestia de los resultados y la magnitud de la promesa de reforma puede explicarse como una reacción ante la enorme resistencia que encontró el proyecto de importación de modelos estadounidenses de reforma escolar y la contratación de empresas consultoras norteamericanas con el objeto de remozar las escuelas suizas. Entre los críticos de mayor importancia se encontraba el sindicato de docentes, el VPOD[42], que dedicó al tema varias ediciones de su publicación *Magazin für Schule und Kindergarten*, así como también la organización de reuniones y conferencias; el principal blanco de sus críticas al proyecto de reforma de Buschor era la cortedad de miras de sus soluciones administrativas, que estaban desprovistas de todo programa pedagógico que pudiera mejorar la calidad de las escuelas[43]. Buschor y su equipo respondieron a estos comentarios críticos haciendo hincapié

---

42. "Verein des Personals der Öffentlichen Dienste" en alemán (Unión del Personal del Sector Público).
43. Steiner-Khamsi, Gita: "Lehren aus Deregulierung und Schulwahl in den USA", en *Magazin fur Schule und Kindergarten* 100/101, 1997; Steiner-Khamsi: "Szenario 2010 zur wirkungsorientierten Schulreform", en *Magazin fur Schule und Kindergarten*, 1ª parte: 108, 1998; 2ª parte: 109, 1998.

INTERNACIONALIZACIÓN

en que el modelo de Zúrich de una escuela basada en los resultados, orientada al mercado y *eficaz* representaba tan solo una versión aligerada de los modelos de reforma tomados del exterior, es decir, una versión adaptada al contexto suizo de pequeñas escuelas vecinales y a la larga historia de educación pública gratuita. En 1999, cuatro años después de la puesta en marcha de la adopción del paquete de reformas, el personal del ministerio evitaba esmeradamente el empleo de toda referencia externa a los Estados Unidos, poniendo de relieve, en cambio, la novedad y la originalidad del modelo de Zúrich de escuelas eficaces. Se pasó a dar relevancia a las "escuelas públicas con autonomía parcial"[44]; se trataba de establecimientos de educación primaria o del primer nivel secundario en los que se designaba al director por elección, se establecía un *perfil escolar* propio y se llevaba a cabo una autoevaluación constante. Ya no se oían en público menciones a una privatización parcial, a la libre elección de la escuela y al mejoramiento de la calidad a través de la competencia. Lo que había comenzado como una reforma radical que prometía un reacondicionamiento del sistema en su totalidad se encontraba, cuatro años después de su inicio, reducido a una modesta reforma administrativa que promovió, como medida principal, la profesionalización de los directores al crear, por primera vez, carreras y programas de perfeccionamiento en las áreas de dirección y administración escolar.

Finalmente, a comienzos de 2000, el ministro de Educación volvió públicamente la espalda a una transferencia educativa de los Estados Unidos (que había sido su idea). En la conferencia de prensa en la que se presentó el nuevo modelo de reforma educativa, el ministro de Educación definió el carácter de la misma con los siguientes términos: "La reforma escolar [que se propone] es una señal política de rechazo a cualquier americanización de nuestro sistema educativo"[45].

En 2000, Buschor cambió su marco de referencia espacial de los Estados Unidos a la Europa continental, más específicamente a los mo-

---

44. "Teilautonome Volksschulen" en alemán.
45. En el original alemán: "Die Volksschulreform ist daher ein politisches Zeichen, das einer Amerikanisierung im Schulwesen eine klare Absage erteilt", Regierungsrat Ernst Buschor, "Für eine zukünftige öffentliche Volksschule", en *Pressemitteilung für die Medienorientierung der Bildungsdirektion*, Bildungsdirektion des Kantons Zürich, Zürich, 16 de mayo de 2000.

LA REFORMULACIÓN DE LA TRANSFERENCIA EDUCATIVA

delos de reforma escolar de los Países Bajos y Dinamarca. Por ejemplo, en una entrevista concedida a uno de los principales periódicos de Zúrich, el ministro de Educación declaró explícitamente que el modelo utilizado para las escuelas del cantón era el modelo de reforma escolar de los Países Bajos[46]. En contraposición a las reformas escolares estadounidense y británica, amplia y fervientemente discutidas y debatidas, los modelos neerlandés y danés eran menos conocidos en la comunidad educativa suiza y, por ello, estaban menos sujetos a críticas y controversia. Las referencias externas a las experiencias de los Países Bajos y Dinamarca ofrecían, además, dos ventajas adicionales. Ambos modelos europeos evidenciaban, hasta cierto punto, una orientación hacia el mercado social, antes que hacia el mercado libre, con la que, en Europa, se vincula a la mayor parte de los modelos de reforma provenientes de los Estados Unidos. El ministro de Educación efectuó una revisión, por ejemplo, de su proyecto de distribución financiera que incluía ciertos indicadores sociales, de modo tal que las comunidades con dificultades financieras y alumnos con un nivel de ingresos bajo recibieran fondos públicos para cubrir las necesidades básicas. En virtud de dicho cambio en los marcos de referencia, la atención pasó a centrarse en el "mejoramiento de la escuela y en una administración con base en la misma", antes que en la *eficacia de la escuela* y una orientación hacia el mercado[47]. En consecuencia, la primera ventaja consistió en que las referencias a los Países Bajos y Dinamarca consiguieron apaciguar las críticas dirigidas contra el Ministerio de Educación por implantar reformas neoliberales que dejaban de lado las cuestiones de la igualdad y la diversidad. La segunda ventaja consistió en reterritorializar la reforma escolar en curso dentro de un espacio europeo ya existente y que, de hecho, había dado cuerpo a las reformas introducidas en la educación secundaria superior, el nivel terciario bajo y las universidades, pero sin tener impacto, hasta 1999, en las reformas de la

---

46. Teuwsen, Peer: "Ernst Buschors Mission", en *Das Magazin. Wochenendbeilage des Tages-Anzeigers*, 1, 2000.
47. En lo referido a la controversia desatada antes entre los "enfoques de mejoramiento de la escuela" y los "enfoques de efectivización de la escuela", véase Sammons, Pam: *School Efectiveness. Coming of Age in the Twenty-First Century*, Sweets and Zeitlinger Publishers, Lisse, 1999.

escuela primaria y secundaria[48]. Buschor logró que su reforma se sumase, con éxito, al auge de la europeización. Consiguió reformular sus aspectos controversiales (en especial, la administración con base en la escuela, las *escuelas públicas con autonomía parcial*), incluyendo, además, las asignaturas de Inglés[49] e Informática en la escuela primaria como parte de un propósito de mayor envergadura: la necesidad de adaptar el sistema educativo suizo a los estándares de la educación en Europa.

Haciendo un repaso, la reforma de la *escuela eficaz* refleja tres etapas de transferencia diferentes que se superponen de modo parcial. En la primera etapa, se hicieron referencias externas explícitas a los modelos de reforma escolar de los Estados Unidos. Cuando el modelo importado comenzó a encontrar resistencia y a afrontar dificultades en su implementación, se lo reformuló de manera de presentarlo como un modelo local nuevo que, según se afirmaba, solo mostraba tenues semejanzas con los originales del exterior. En consecuencia, en esta segunda etapa, se dejó de lado la externalización, se anuló la referencia a modelos de reforma del exterior y se puso de relieve la indigenización. En otro trabajo, he examinado con más detalle esta etapa, de las políticas educativas en particular: se trata de una etapa en la que predomina la *amnesia institucional*, es decir, que las instituciones estatales y sus representantes dan la impresión de haber olvidado o no poder recordar que su modelo de reforma fue tomado originalmente del exterior[50]. En la tercera etapa, se vinculó, finalmente, la reforma de la *escuela eficaz* con el proyecto de

---

48. Los siguientes son ejemplos que sirven para ilustrar el proceso de europeización que se ha encarado en varios niveles del sistema educativo: en el nivel secundario superior, la introducción de la "Berufsmaturität" y la concesión a prestatarios privados de educación técnica y formación profesional; en el nivel terciario inferior, la transformación de las "Höhere Fachschulen" en "Fachhochschulen" y, en el nivel universitario, la introducción de aranceles relativamente módicos.
49. Lo que dio lugar, en el otoño de 1999, a una vehemente protesta por parte de los habitantes de los cantones de habla francesa e italiana, quienes censuraron la falta de patriotismo de Buschor al favorecer en las escuelas la enseñanza del inglés por encima de la del francés. Se lo criticó además por imponer la enseñanza del inglés en las escuelas primarias sin consultar previamente a los ministros de Educación de los restantes 25 cantones suizos.
50. Steiner-Khamsi, Gita: "Vergleich und Subtraktion: Das Residuum im Spannungsfeld zwischen Globalem und Lokalem", en Jürgen Schriewer y Hartmut Kaelble

LA REFORMULACIÓN DE LA TRANSFERENCIA EDUCATIVA

mayor envergadura de europeizar la totalidad de los sistemas educativos de Suiza. En esta última etapa, el ministro de Educación y su personal se valieron de referencias a las *lecciones aprendidas* de otros países europeos, en especial de los Países Bajos y Dinamarca. Además, se procedió a reinterpretar la reforma escolar de Zúrich, modelada originalmente en las reformas de los Estados Unidos, como ejemplar de las nuevas tendencias europeas en materia de reforma escolar, reterritorializándola, de este modo, dentro del espacio educativo europeo.

5.3. Sudáfrica como caso modelo

En su trabajo *Globalization and Educational Policy Borrowing: Mapping Outcomes Based Education in South Africa* [La globalización y las políticas del préstamo educativo: Relevamiento del sistema educativo basado en los resultados en Sudáfrica], Carol Anne Spreen aborda la temática de la transferencia de políticas educativas[51]. Examina, en particular, la circulación de distintos modelos de sistema educativo basado en los resultados (*outcome-based education*, OBE) en Australia, Nueva Zelanda, Canadá y los Estados Unidos, y la posterior importación de los mismos en Sudáfrica, efectuada por expertos locales y apoyada por organismos bilaterales, en el período inmediatamente posterior al fin del apartheid en 1994. El centro de su investigación lo constituye la incorporación y adaptación local de elementos de la OBE procedentes de reformas en Australia, Nueva Zelanda, Canadá y los Estados Unidos en el *Curriculum 2005* vigente en la actualidad en Sudáfrica.

Su estudio del préstamo educativo en la Sudáfrica del post-apartheid como caso modelo está basado en dos abordajes metodológicos que resultan adecuados para el estudio de la transferencia educativa también en otros países, Europa incluida.

En primer lugar, Spreen analiza la adaptación y recontextualización locales del modelo de reforma escolar de la OBE de modo que pudiera dar satisfacción tanto a los intereses políticos como a los de las alianzas

---

(comps.): *Vergleich und Transfer - Komparatistik in den Sozial-, Geschichts- und Kulturwissenschaften in den Geistes- und Sozialwissenschaften*, Campus, Fráncfort del Meno, 2003.
51. Spreen, 2000, *op. cit.*

entre los grupos sudafricanos dedicados a la educación; en esto se basa su enfoque en el proceso mismo del préstamo y en sus actores. Este acercamiento biográfico, que pone en práctica por medio de entrevistas semiestructuradas con expertos en educación y representantes de las partes interesadas, le permiten clarificar las estructuras de interconexión y cooperación internacional que posibilitaron la aceleración de los préstamos de políticas educativas en el contexto sudafricano. Con este acercamiento, pudo demostrar que, según los actores intervinientes, se variaban tanto las versiones nacionales de la OBE adoptadas como la importancia que se adjudicaba a las mismas, en especial a aquellas que pudieran ayudar a legitimar o impulsar los programas políticos de las personas involucradas.

Spreen determina, en segundo término, las distintas etapas de la transferencia educativa. Su investigación de las ventajas y desventajas políticas de la *externalización*, es decir, de las referencias a modelos de reforma del exterior, se basa en los marcos interpretativos de la socióloga Archer y del comparatista Schriewer. Lo llamativo en su estudio son las decisiones tomadas por los expertos políticos y educativos de Sudáfrica a principios del proceso de transferencia (entre 1994 y 1996), que incluían referencias explícitas a las *lecciones aprendidas* del exterior. En esta etapa, la *externalización*, las referencias a modelos provenientes de Australia, Nueva Zelanda, Canadá, los Estados Unidos y Escocia cursaban bajo bandera de la internacionalización, como señal de renuncia al régimen aislacionista del apartheid y de inclusión en un espacio educativo nuevo, el correspondiente a las naciones de Norteamérica y otros países libres, democráticos y económicamente desarrollados del Primer Mundo. En esta primera etapa de la transferencia internacional, resultó de especial ayuda la gran participación del Congreso de Sindicatos de Sudáfrica (Congress of South African Trade Unions, COSATU), un aliado político de importancia del Congreso Nacional Africano (African National Congress, ANC) y del nuevo gobierno del post-apartheid. El COSATU y el movimiento sindical fueron los primeros en adoptar los principios de la OBE en sus programas de educación para los trabajadores, convirtiéndose en la principal fuerza que abogaba por la adopción de la OBE en la totalidad del sistema educativo formal.

Sin embargo, esta primera etapa, en la cual los grupos de interés político, los representantes del ANC y el COSATU, hacían explícita referencia

LA REFORMULACIÓN DE LA TRANSFERENCIA EDUCATIVA

a modelos de la OBE tomados de otros países, duró solamente dos años. Comenzó a surgir un gran número de visones críticas de la importación educativa y, en especial, de la OBE. Esto señaló el principio de una nueva etapa de transferencia en la cual los grupos de interés se vieron sometidos a una presión pública que demandaba la revocación de su anuncio de que el sistema educativo sudafricano copiaba o imitaba modelos de reforma educativa de otros países. Toda referencia a las *lecciones aprendidas del exterior* resultaba, de hecho, en un detrimento del proceso de implementación. Con la aparición de la crítica a la importación de reformas escolares, el marco de referencia externo resultó anulado y los expertos en materia de reforma educativa pasaron a destacar su adaptación local, la *indigenización* o *hibridación* del modelo original.

Basándose en los trabajos acerca de la externalización y las transacciones externas escritos por Margaret Archer[52], Spreen identifica tres etapas de la transferencia educativa en el contexto sudafricano[53]. En el primer período (las décadas de 1970 y 1980), la transferencia educativa operaba como transacción externa y se la utilizaba en función de las referencias externas; en el segundo período (1990-1995), se utilizó la transferencia en función de la legitimación, pudiéndoselo interpretar como forma de manipulación política; en el tercer período (1996-1998), se produjo un desplazamiento de la externalización a la internalización. Este tercer período se caracterizó por la desaparición de las referencias externas o internacionales. A los fines del presente estudio, las etapas de mayor relevancia se produjeron durante el segundo período (1990-1994), en el cual la importación de la OBE se llevó a cabo acompañada de referencias explícitas a modelos del exterior, y durante el tercero (1996-1998), en el cual dichas estrategias de externalización (las referencias externas e internacionales) resultaron suprimidas, siendo reemplazadas por referencias internas.

Para volver de lleno a la pintura de la externalización y la teoría de la autorreferencialidad expuestas con anterioridad, es mi intención plantear una discusión de los casos modelo en función de dicho marco teórico. En tiempos de cambios políticos masivos, las autorreferencias a la racionalidad científica, las tradiciones y valores, y la organización

---

52. En particular, Archer, 1985, *op. cit.*; y Archer, 1991, *op. cit.*
53. Spreen, 2000, *op. cit.*, págs. 272ss.

–las que, en opinión de Luhmann, constituyen las referencias internas más comunes a la hora de justificar la persistencia o la introducción de reformas– cesan de tener valor como estrategias de legitimación. Es políticamente necesario, en dichos tiempos de cambio político, una ruptura con un pasado odiado y un nuevo rumbo que apunte hacia un futuro político desligado de la herencia de un pasado que se rechaza. En lugar de perseverar en las autorreferencias, lo que las lecciones aprendidas del exterior, la transferencia de políticas y la externalización traen aparejado es la oportunidad de resituar el sistema educativo tanto en el plano internacional como en el nacional.

6. La teoría de la externalización y el estudio de la globalización y la convergencia

Los políticos y encargados de las tomas de decisión en distintas partes del planeta recurren cada vez con mayor intensidad a la *globalización* –no solo en el área de la economía sino también en la de la educación– como argumento en favor de la reestructuración y la reorganización de las políticas nacionales. Los políticos y encargados de las tomas de decisiones parecen recurrir a reformas en el exterior –en especial, a las tendencias extranjeras que se considera exitosas– como herramientas para sustanciar la necesidad de cambios espectaculares a nivel local o nacional.

Es mi intención en este punto insistir en que la investigación de las transferencias educativas, y en particular la teoría de la externalización de Schriewer, nos proporcionan importantes indicios para la comprensión de los procesos de globalización, a la vez que nos permiten examinar otra temática de mayor envergadura: la de la convergencia educativa. ¿Son los sistemas educativos nacionales, en realidad, cada vez más similares como resultado de la globalización?

No hay duda de que el flujo transnacional de comunicaciones y la transferencia global de ideas se han incrementado espectacularmente en los últimos años, dando lugar a un nuevo *panorama de ideas* global[54].

---

54. Appadurai, Arjun: "Disjuncture and Difference in the Global Cultural Economy", en Michael Featherstone (comp.): *Global Culture, Nationalism, Globalization and Modernity*, Sage, Newbury Park, 1994. Appadurai explica su concepto de "panorama de ideas" en págs. 299ss.

LA REFORMULACIÓN DE LA TRANSFERENCIA EDUCATIVA

Este panorama de ideas supranacionales es el que, en la actualidad, une espacios geográficos tradicionalmente distintos. Por ejemplo, existen hoy un *panorama de ideas* relativo a la reforma educativa, conceptos de *educación correcta* y de *reforma eficaz de la escuelas* que afloran tanto en el Primer Mundo como en el Tercero y el anterior Segundo Mundo. Varios comparatistas han señalado el papel que las organizaciones multilaterales y las organizaciones no gubernamentales internacionales[55] desempeñan en la promoción de determinados enfoques de la reforma educativa, que luego se encargan de financiar y difundir por todos los rincones del planeta. Tal ha sido el éxito que han tenido sus estrategias de transferencia educativa, que podemos preguntarnos si no nos encontramos ante la emergencia de un nuevo modelo educativo internacional. Otros estudios ponen de relieve este papel de *prestamistas* y analizan la manera en la que las organizaciones multilaterales, las asociaciones profesionales y las organizaciones no gubernamentales internacionales diseñan, difunden y supervisan un modelo educativo internacional. En su papel de "sociedad civil global"[56] o "internacional"[57], estas organizaciones internacionales se consideran encargadas de la reforma educativa a nivel mundial, mientras que los Estados nacionales son relegados al papel de receptores, adaptadores locales, implementadores.

La proliferación de referencias a la *globalización* por ambas partes involucradas en la transferencia es espectacular. Schriewer ha acuñado la vigorosa expresión "semántica de la globalización"[58] para denotar la enorme presión política y económica que se ejerce sobre los políticos y los encargados de la toma de decisiones con el fin de que estos

---

55. Edwards, Michael, y Hulme, David (comps.): *The Magic Bullet: NGO Performance and Accountability in the Post-Cold War World*, Kumarian Press, West Hartford, 1996; Lindenberg, Marc, y Bryant, Coralie (comps.): *Going Global: Transforming Relief and Develop-ment NGO s*, Kumarian Press, West Hartford, 2001.
56. Mundy, Karen, y Murphy, Lynn: "Transnational Advocacy, Global Civil Society? Emerging Evidence from the Field of Education", en *Comparative Education Review*, 45, 1, 2000.
57. Spivak, Gayatri C.: *A Critique of Postcolonial Reason. Toward a History of the Vanishing Present*, Harvard University Press, Cambridge, 1999; sus referencias a las ONGs internacionales como la "sociedad civil internacional" quedan explicadas en págs. 399ss.
58. Schriewer, 2000, *op. cit.*, pág. 330.

comparen sistemas educativos y *aprendan* unos de otros. Esta semántica de la globalización promueve implícitamente la desterritorialización y la descontextualización de la reforma, y plantea un desafío a la antigua concepción del sistema educativo como sistema culturalmente determinado. Tal ha sido la efectividad de la semántica de la globalización que los analistas y profesionales de la política recurren a menudo a un nuevo tipo de patriotismo, que sostiene que, con el fin de sobrevivir económica y políticamente en la *aldea global* de nuestros días, los Estados nacionales deben trascender sus límites nacionales[59]. Schriewer ha demostrado, así como también lo han hecho Mundy y Murphy[60], el considerable aporte de la *sociedad civil global* y otros actores internacionales que operan en nombre de la globalización en la construcción y la creación de una *educación global* a nivel discursivo.

Si tenemos presente que Schriewer enfoca la externalización como una estrategia discursiva de construcción de políticas, es esencial distinguir si se ha adoptado del exterior un discurso de reforma educativa (por ejemplo, el discurso de las *escuelas eficaces*) o si se han importado modelos concretos (por ejemplo, modelos de *escuela eficaz*). Tal distinción entre discurso (referencias a modelos educativos del exterior) y práctica (su adopción o importación concreta) es crucial para el estudio de la globalización y la convergencia. Nos permite comprender la causa por la cual los encargados de las decisiones políticas en distintas partes del mundo utilizan conceptos similares (por ejemplo, el de *escuela eficaz*) *como si* los sistemas educativos se encontrasen en un proceso de convergencia gradual hacia un conjunto de modelos uniformes de reforma educativa. La teoría de la externalización explica la causa por la cual vemos aparecer los contornos de un *modelo global de sistema educativo* en el nivel discursivo sin presenciar a la vez una convergencia en las prácticas educativas.

Desde el punto de vista histórico, la actual semántica de la globalización recuerda otros programas anteriores de tipo expansionista y transnacional. Cada una de las anteriores campañas educativas a nivel del discurso, como las semánticas de la civilización, de la modernización, del desarrollo o de la democratización contaron tanto con un

---

59. Véase Jones, 1998, *op. cit.*
60. Schriewer, 2000, *op. cit.*; Mundy y Murphy, 2000, *op. cit.*

LA REFORMULACIÓN DE LA TRANSFERENCIA EDUCATIVA

programa transnacional como con una repercusión similares a las de la globalización. Desde una perspectiva histórico-crítica, se puede ver, en la semántica de la globalización, una campaña más del tipo de la "educación para..."[61]. Al igual que sus primas mayores, viene a ejercer una presión externa sobre las reformas educativas locales. La dirección en la que se muevan las reformas educativas a nivel local dependerá, sin embargo, de las reacciones que las mismas susciten a nivel local, es decir, de la resistencia o la adaptación que las influencias externas encuentren. Por ello, suele haber un grado de convergencia mayor entre las voces de los analistas políticos o investigadores que justifican sus modelos que entre las reformas educativas en sí.

7. Las fases del proceso de externalización: ejemplos de la investigación estadounidense

La obra de Schriewer, traducida a varios idiomas, ha encontrado amplia repercusión también en los organismos de investigación de los Estados Unidos. Por ejemplo, en la Universidad de Columbia se han presentado varias tesis que adoptan la teoría de la externalización como marco interpretativo o como "modelo mental"[62] para el estudio de las políticas de transferencia educativa.

Mientras que Schriewer tiende a centrarse en el período en el que la externalización tiene lugar (fase 1 en el siguiente cuadro), las tesis antes mencionadas aplican su teoría de la externalización al análisis de las otras fases del ciclo de políticas educativas. En otras publicaciones[63] hemos propuesto extender la aplicación de la teoría de Schriewer a la comprensión de la posterior *recontextualización* (fase 2) e *internalización* (fase 3) de los modelos de reforma educativa adoptados.

El siguiente cuadro ilustra la transición que va de las autorreferencias a las referencias externas (transferencia) y distingue tres fases en

---

61. Steiner-Khamsi, Gita: "Transferring Education, Displacing Reforms", en Schriewer, 2000, *op. cit.*, pág. 180.
62. Tilly, Charles: *From Past to Future*, Rowman and Littlefield, Lanham, 1997, págs. 20ss.
63. Steiner-Khamsi, 2000, *op. cit.*; Steiner-Khamsi, 2002, *op. cit.*; Steiner-Khamsi y Quist, 2000: *op. cit.*

este proceso: la externalización (fase 1), la recontextualización (fase 2) y la internalización (fase 3). Una aplicación abarcativa de la teoría de la externalización que cubra la totalidad de las fases del proceso de transferencia demuestra que es una estrategia política eficaz para interceptar y detener momentáneamente la autorreferencialidad. Pero, al mismo tiempo, la externalización tiene un período de vida breve por varias razones. Una vez producida la internalización del modelo de reforma educativa adoptado (fase 3), se borra todo rastro de referencias externas, reintroduciéndose las autorreferencias como justificación de la política y práctica educativas.

Teoría de la externalización (políticas de la transferencia educativa)				
Autorreferencialidad	Transferencia (referencias externas)			Autorreferencialidad
3 estrategias de legitimación:	3 fases del proceso de transferencia			3 estrategias de legitimación:
referencias internas a:	Fase 1	Fase 2	Fase 3	referencias internas a:
a) conocimiento científico b) tradición y valores c) organización	Externalización	Recontextualización	Internalización	a) conocimiento científico b) tradición y valores c) organización

El marco propuesto por Schriewer pone en movimiento, además, un sinnúmero de cuestiones metodológicas de interés para los comparatistas. He señalado, por ejemplo, que el estudio comparativo de los procesos de transferencia transnacional se adapta perfectamente a la comprensión del contexto[64]. La estrategia de centrarse metodológicamente en lo *residual*, es decir, el análisis de lo que no ha resultado afectado por la influencia externa o ha demostrado resistencia activa a las transformaciones y cambios inducidos desde el exterior, puede decirnos algo respecto de las alianzas y tensiones políticas a nivel local.

---

64. Steiner-Khamsi, 2002, *op. cit.*

LA REFORMULACIÓN DE LA TRANSFERENCIA EDUCATIVA

En lo que resta del presente apartado quisiera llamar la atención sobre algunas de las tesis presentadas en el *Teachers College* y en la *Graduate School of Arts and Sciences* de la Universidad de Columbia[65] que han utilizado explícitamente la teoría de la externalización de Schriewer en su examen de la externalización (fase 1), la recontextualización (fase 2) o la internalización (fase 3).

7.1. Externalización (fase 1)

Timothy Jester efectúa un análisis de las diferentes interpretaciones brindadas para la educación basada en estándares según se trate del nivel del distrito o del nivel escolar[66]. En este caso, las autoridades educativas de Alaska procedieron a llevar a cabo una completa evaluación de necesidades antes de adoptar un sistema educativo basado en estándares. Incluidas en esta evaluación estaban las escuelas situadas en aldeas Yupik que Jester examina. En la fase siguiente, las autoridades educativas dieron a la importación de un modelo externo el carácter de solución (universal) para los problemas locales. Jester ilustra las causas y el modo en el cual las autoridades educativas de Alaska reconciliaron, en el nivel de la "verbalización de políticas"[67], dos estrategias políticas de carácter divergente, haciendo hincapié, la una, en el relevamiento de las *necesidades locales*, y la otra, en la adopción de una *solución global*.

Talia Yariv-Mashal investiga las "Panteras Negras Israelíes", un movimiento político de tipo campesino iniciado por activistas sefardíes que tuvo comienzo en 1971[68]. Adoptando el nombre y la estrategia de las Panteras Negras de los Estados Unidos, las Panteras Negras Israelíes

---

65. Por varios motivos, entre ellos históricos, el Teachers College es sede de dos programas internacionales de doctorado en educación comparada: el programa de Educación Internacional y Comparada (título: Ph.D.) está vinculado a la Graduate School of Arts and Sciences, mientras que el programa de Desarrollo Educativo Internacional depende del Teachers College de la Universidad de Columbia.
66. Jester, 2001, *op. cit.*
67. Cuban, Larry: "How Schools Change Reforms", en *Teachers College Record*, 99, 3, 1998.
68. Yariv-Mashal, Tali: *Educating Israel: Educational Entrepreneurship in Israel's Multicultural Society*, Palgrave/MacMillan, Nueva York, 2006.

lograron introducir en Israel el movimiento de reforma integracionista por medio de referencias externas al movimiento antisegregacionista de los Estados Unidos. De su estudio, surgen diferencias notables en lo que hace al contexto social. Tanto las formas de exclusión practicadas en Israel hacia los sefaradíes, como la sustancia del movimiento (insistencia en la formación profesional y en escuelas superiores más amplias) presentan un carácter muy distinto del registrado en los Estados Unidos hacia los afroamericanos.

William DeJong-Lambert traza una descripción de la respuesta de la comunidad académica polaca ante la prohibición de la investigación genética que tuvo lugar en varios de los Estados de la ex-Unión Soviética desde finales de la década de 1940 hasta principios de la de 1960[69]. Se describía la genética como una ciencia *reaccionaria, imperialista*, que pretendía justificar las desigualdades del capitalismo y promover los planes de acción del capitalismo burgués. Este estudio es una muestra del modo en que anteriores autorreferencias a la *objetividad científica* fueron reemplazadas por otras que se correspondían con el nuevo contexto político basado en la ideología marxista-leninista de la ciencia. Pese al reemplazo de la sustancia del argumento, la estrategia discursiva, esto es, las referencias a la *objetividad científica*, permanecieron inalteradas. DeJong-Lambert pone en evidencia las tensiones que surgieron en la transición de un marco ideológico al otro y la lucha por sobrevivir en la clandestinidad científica de la comunidad académica polaca de un sistema de referencia (la genética) marginalizado y reprimido.

7.2. Recontextualización (fase 2)

Carol Kissane presenta un estudio comparado de las *sociedades en transición*, centrándose en Kazajstán y la región del Asia Central[70]. Su análisis se centra en la importación e hibridación para el uso escolar de programas de Educación Cívica provenientes de los Estados Unidos y

---

69. DeJong-Lambert, William: *The New Biology: Lysenkoism in Poland*, VDM Verlag, Saarbruck, 2008.
70. Kissane, Carolyn: *Schools and History "in Transition". The Case of Kazakhstan*, Columbia University, Graduate School of Arts and Sciences, tesis doctoral, Nueva York, 2001.

LA REFORMULACIÓN DE LA TRANSFERENCIA EDUCATIVA

Europa. Investiga, en su estudio, la estrategia política dual seguida en las reformas educativas en Kazajstán: una activa adopción de las transferencias transnacionales y un desarrollo local de currículos y textos. Esta estrategia política dual se deja explicar en virtud de varios factores económicos y políticos. Por ejemplo, la importación de programas de Educación Cívica provenientes de los Estados Unidos y Europa no es solo prueba fehaciente de los *esfuerzos democratizadores*: se debe tener en cuenta, además, el financiamiento internacional vinculado a la adopción de dichos programas. Simultáneamente, se nota un predominio de lineamientos de tipo étnico-nacionales que hacen su entrada en la educación cívica, los currículos de Historia y los libros de texto. A diferencia de los programas de democratización adoptados, estos últimos rara vez se someten a discusión pública.

Elizabeth Cassity investiga, desde una perspectiva histórica, las referencias a la *identidad regional* utilizadas por la Universidad del Pacífico del Sur en Fiyi para ganar en autonomía institucional respecto de sus primeros patrocinantes (el gobierno australiano) y apaciguar así a sus beneficiarios (residentes en Fiyi y otros Estados nacionales vecinos de pequeña extensión), quienes veían en el establecimiento de la Universidad del Pacífico del Sur la emergencia de un poder hegemónico regional[71].

Dana Burde estudia la transferencia a países que se encuentran superando conflictos de la *excelente práctica* de estimular el control comunal sobre las escuelas, corporizada en las asociaciones de docentes y padres (Parent-Teacher Associations, PTA)[72]. En opinión tanto de los especialistas en ciencias sociales como de los portadores de asistencia humanitaria, las asociaciones cívicas pequeñas (tales como las PTA) constituyen las unidades ideales para la construcción de la sociedad civil. Como resultado de ello, varias organizaciones no gubernamentales internacionales han estimulado las PTA como promotoras de numerosos beneficios tanto para la escuela como para la sociedad en su conjunto. Burde investiga en de-

---

71. Cassity, Elizabeth A.: *Spheres of Influence and Academic Networks: A History of Official Australian Aid to the University of the South Pacific (USP), 1960-1990,* Columbia University, Graduate School of Arts and Sciences, tesis doctoral, Nueva York, 2001.
72. Burde, Dana S.: *Creating Community? PTAs in (post) Conflict Zones,* Columbia University, Graduate School of Arts and Sciences, tesis doctoral, Nueva York, 2001.

talle las causas por las cuales los miembros del personal y los asociados locales en Bosnia y Herzegovina llegaron a interpretar la *participación comunal* de un modo muy distinto del que lo hacían los miembros del personal y los patrocinantes en los Estados Unidos.

7.3. Internalización (fase 3)

Ya se ha hecho mención, en el presente trabajo, a las tesis de Iveta Silova y Carol Anne Spreen. Silova examina la supresión de las referencias a la Unión Soviética y su posterior reemplazo por referencias a Europa occidental en la reforma del sistema educativo bilingüe de Letonia[73]. Interpreta este desplazamiento de un sistema de referencias soviético a otro europeo occidental como indicador en la educación del nuevo espacio geopolítico al que Letonia había aspirado política y económicamente, y en el que se prepara a vivir en los primeros años del nuevo milenio. Lo notable de este cambio de alianzas políticas en particular es que ha afectado el nivel discursivo pero no la práctica de la educación escolar segregada. Pese a la persistencia de dos sistemas de educación separados –uno para los hablantes del letón y otro para los hablantes del ruso y otras lenguas minoritarias–, ya no se considera a las escuelas segregadas como *sitiales de la ocupación*, sino que se las ha reformulado como *símbolo de multiculturalismo*.

Spreen sostiene, por su parte, que el predominio de la retórica global en las reformas locales ha sido objeto de una documentación relativamente extensa en la educación comparada. Menor atención han recibido, sin embargo, los procesos por los cuales se incorporan y adaptan dichas reformas, y el modo en el cual se las comprende a nivel local. Valiéndose de un marco culturalista, su tesis explica la adopción, transformación e internalización del sistema educativo basado en los resultados (Outcome-Based Education, OBE) por parte de los encargados de la política y el sistema educativo en la Sudáfrica del post-apartheid[74]. Por medio del relevamiento y la comparación de las definiciones y propósitos de los currículos vinculados a la OBE en distintos países y continentes, el estudio de Spreen ofrece una muestra del carácter no está-

---

73. Silova, 2002, *op. cit.*
74. Spreen, 2000, *op. cit.*

LA REFORMULACIÓN DE LA TRANSFERENCIA EDUCATIVA

tico de tales reformas y de las considerables transformaciones a las que se ven sometidas tales ideas con el fin de ajustarlas a las necesidades y nociones locales acerca de la naturaleza, el propósito y la función de la educación. Su detallada descripción del proceso de indigenización de la OBE en Sudáfrica demuestra que, para poder ser implementadas con éxito, las reformas debieron antes ser identificadas como *de confección casera*, relevantes y aplicables a nivel local. Con su marco culturalista, el estudio de Spreen muestra el grado en que distintos mecanismos pueden facilitar o dificultar desplazamientos globales y la relevancia de extraer de la retórica un cierto sentido a nivel local.

Bernhard Streitwieser estudia el modo en el que los docentes de la ex República Democrática Alemana afrontaron las transferencias educativas impuestas desde Alemania Occidental[75]. Se trata, en su caso, de un estudio sobre la internalización, dado que investiga cómo los docentes de las escuelas de Alemania Oriental integran la distinción entre los conceptos de *Erziehung* (que pone de relieve el desarrollo personal y social) y *Bildung* (que pone de relieve los conocimientos), hecha por la pedagogía alemana occidental, en un concepto unificado que guarda, en cierto aspecto, ecos de las concepciones de la educación de los tiempos del socialismo.

Estas tesis, presentadas en el transcurso de los últimos dos años en la Universidad de Columbia, investigan empíricamente la teoría de la externalización de Schriewer. Es posible que, con otras tesis actualmente en curso, este enfoque de investigación en particular siga atrayendo la curiosidad y el interés de los académicos. No cabe duda de que el creciente volumen de la investigación empírica en materia de la transferencia educativa –tanto en los Estados Unidos como en otros lugares– es un magnífico tributo al novedoso marco interpretativo propuesto por Schriewer. Coherente y precisa en sus formulaciones, la teoría de la externalización se presta al estudio de las interacciones transnacionales en el ámbito de las políticas educativas y, sobre una base más amplia, al relevamiento de los procesos de globalización y de convergencia internacional en la educación.

---

75. Streitwieser, Bernhard: *Negotiating Transformation: East Berlin Teachers in the Post-Unification Decade*, Columbia University, Graduate School of Arts and Sciences, tesis doctoral, Nueva York, 2000.

INTERNACIONALIZACIÓN

8. Referencias bibliográficas

Altbach, Philip: "Trends in Comparative Education", en *Comparative Education Review*, 35, 3, 1991.

Appadurai, Arjun: "Disjuncture and Difference in the Global Cultural Economy", en Featherstone, Michael (comp.): *Global Culture, Nationalism, Globalization and Modernity*, Sage, Newbury Park, 1994.

Archer, Margaret S.: "Structuration versus Morphogenesis", en Eisenstadt, Shmuel N. y Helle, Horst Jürgen (comps.): *Macro-Sociological Theory. Volume 1: Perspectives on Sociological Theory*, Sage, Beverly Hills y Londres, 1985.

___ "Sociology of One World: Unity and Diversity", en *International Sociology*, 6, 2, 1991.

Bereday, George Z. F.: "Sir Michael Sadler's 'Study of Foreign Systems of Education [reimpresión de las notas de un discurso pronunciado por M. E. Sadler, Christ Church, Oxford, el sábado 20 de octubre de 1900 ante la Guilford Educational Conference], en *Comparative Education Review*, 7, 3, 1964.

Berg-Schlosser, Dirk: "Comparative Studies: Method and Design", en *International Encyclopedia of the Social and Behavioural Sciences*, Elsevier, Ámsterdam, 2002.

Berman, Edward H.: "Tuskegee-in-Africa", en *The Journal of Negro Education*, 48, 2, 1972.

Bray, Mark, y Thomas, R. Murray: "Levels of Comparison in Educational Studies: Different Insights from Different Literatures and the Value of Multilevel Analyses", en *Harvard Educational Review*, 65, 3, 1995.

Brewer, Walter V.: *Victor Cousin as a Comparative Educator*, Teachers College Press, Nueva York, 1971.

Burde, Dana S.: *Creating Community? PTAs in (post) Conflict Zones*, Columbia University, Graduate School of Arts and Sciences, tesis doctoral, Nueva York, 2001.

Buschor, Ernst: "Für eine zukünftige öffentliche Volksschule", en *Pressemitteilung für die Medienorientierung der Bildungsdirektion*, Bildungsdirektion des Kantons Zürich, Zürich, 16 de mayo de 2000.

Cassity, Elizabeth A.: *Spheres of Influence and Academic Networks: A History of Official Australian Aid to the University of the South Pacific (USP), 1960-1990*, Columbia University, Graduate School of Arts and Sciences, tesis doctoral, Nueva York, 2001.

Cowen, Robert: "Comparing Futures or Comparing Pasts?", en *Comparative Education*, 36, 3, 2000.

Cuban, Larry: "How Schools Change Reforms", en *Teachers College Record*, 99, 3, 1998.

LA REFORMULACIÓN DE LA TRANSFERENCIA EDUCATIVA

DeJong-Lambert, William: *The New Biology: Lysenkoism in Poland*, VDM Verlag, Saarbruck, 2008.
Edwards, Michael, y Hulme, David (comps.): *The Magic Bullet: NGO Performance and Accountability in the Post-Cold War World*, Kumarian Press, West Hartford, 1996.
Gonon, Philip: *Das internationale Argument in der Bildungsreform: Die Rolle internationaler Bezüge in den bildungspolitischen Debatten zur schweizerischen Berufsbildung und zur englischen Reform der Sekundarstufe II*, Peter Lang, Berna, 1998.
Goodenow, Ronald K.: "The Progressive Educator and the Third World: A First Look at John Dewey", en *History of Education*, 29, 1, 1990.
Goodman, Joyce: *Lecture in the History of Education Program* [conferencia pronunciada el 17 de diciembre de 2001], Columbia University, Teachers College, Nueva York, 2001.
Habermas, Jürgen: *Theory of Communicative Action. Volume 1*, Heinemann, Londres, 1984.
Halpin, David, y Troyna, Barry: "The Politics of Educational Borrowing", en *Comparative Education*, 31, 3, 1995.
Hilker, Franz: "What can the Comparative Method Contribute to Education?", en *Comparative Education Review*, 7, 3, 1964.
Jester, Timothy: *Standards-Based Educational Reform in an Alaskan School District: Implications for Implementation*, Teachers College, Columbia University, Nueva York, 2001.
Jones, Jesse Thomas: *Education in Africa. A Study of West, South and Equatorial Africa by the African Education Commission*, Phelps-Stokes Fund, Nueva York, 1922.
Kandel, Isaac L.: "Introduction", en Kandel, Isaac L. (comp.): *Educational Yearbook 1931 of the International Institute of Teachers College, Columbia University*, Teachers College, Columbia University, Nueva York, 1932.
___ "The 1944 Kandel Report on Education", en *The Jamaican Gleaner*, Otoño 1999.
___ y Hans, Nicholas: "New Times, Hard Times: Re-reading Comparative Education in an Age of Discontent", en Schriewer, Jürgen (comp.): *Discourse Formation in Comparative Education*, Peter Lang, Fráncfort del Meno, 2000.
Kissane, Carolyn: *Schools and History "in Transition". The Case of Kazakhstan*, Columbia University, Graduate School of Arts and Sciences, tesis doctoral, Nueva York, 2001.
LeTendre, Gerald: "Cross-National Studies and the Analysis of Comparative Qualitative Research", en Steiner-Khamsi, Gita; Torney-Purta, Judith y Schwille, John (comps.): *New Paradigms and Recurring Paradoxes in Education for Citizenship: An International Comparison*, Elsevier Science, Oxford, 2002.

Levin, Henry M.: "Effective Schools in Comparative Focus", en Arnove, Robert et al. (comps.): *Emergent Issues in Comparative Education*, SUNY Press, Albany, 1992.

___ y Lockheed, Marlaine E. (comps.): *Effective Schools in Developing Countries*, The Falmer Press, Londres, 1993.

Lindenberg, Marc y Bryant, Coralie (comps.): *Going Global: Transforming Relief and Develop-ment NGOs*, Kumarian Press, West Hartford, 2001.

Luhmann, Niklas: *Essays on Self-Reference*, Columbia University Press, Nueva York, 1990.

___ y Schorr, Karl-Eberhard (comps.): *Reflexionsprobleme im Erziehungswesen*, Klett-Cotta, Stuttgart, 1979.

Mundy, Karen, y Murphy, Lynn: "Transnational Advocacy, Global Civil Society? Emerging Evidence from the Field of Education", en *Comparative Education Review*, 45, 1, 2000.

Paulston, Rolland G.: "Mapping Discourse in Comparative Education Texts", en *Compare*, 23, 2, 1993.

Phillips, David: "Borrowing Educational Policy", en Finegold, David; McFarland, Laurel y Richardson, William (comps.): *Something Borrowed? Something Learned? The Transatlantic Market in Education and Training Reform*, The Brookings Institution, Washington, D.C., 1993.

___ "Learning from Elsewhere in Education: Some perennial problems revisited with reference to British interest in Germany", en *Comparative Education*, 36, 3, 2000.

Pollack, Erwin: "Isaac Leon Kandel (1881-1965)", en *Prospects*, 3, 1993.

Popkewitz, Thomas S., y Brennan, Marie (comps.): *Foucault's Challenge. Discourse, Knowledge, and Power in Education*, Teachers College, Columbia University, Nueva York, 1998.

Przeworski, Adam, y Teune, Henry: *The Logic of Comparative Social Inquiry*, Wiley, Nueva York, 1970.

Ragin, Charles C.: *The Comparative Method: Moving Beyond Qualitative and Quantitative Strategies*, University of California Press, Berkeley, 1987.

Sammons, Pam: *School Efectiveness. Coming of Age in the Twenty-First Century*, Sweets and Zeitlinger Publishers, Lisse, 1999.

Schriewer, Jürgen: "The Method of Comparison and the Need for Externalization: Methodological Criteria and Sociological Concepts", en Schriewer, Jürgen y Holmes, Brian (comps.): *Theories and Methods in Comparative Education*, Peter Lang, Fráncfort del Meno, 1990.

___ "Comparative Education Methodology in Transition: Towards a Science of Complexity?", en Schriewer, Jürgen (comp.): *Discourse Formation in Comparative Education*, Peter Lang, Fráncfort del Meno, 2000a.

LA REFORMULACIÓN DE LA TRANSFERENCIA EDUCATIVA

___ "World System and Interrelationship Networks. The Internationalization of Education and the Role of Comparative Inquiry", en Popkewitz, Thomas (comp.): *Educational Knowledge*, SUNY Press, Albany, 2000b.

Silova, Iveta: *From Symbols of Occupation to Symbols of Multiculturalism: Re-conceptualizing Minority Education in Post-Soviet Latvia*, tesis doctoral, Graduate School of Arts and Sciences, Columbia University, Nueva York, 2001.

___ "Returning to Europe: The Use of External References in Reconceptualizing Minority Education in Post-Soviet Latvia", en Nóvoa, António y Lawn, Martin (comps.): *Fabricating Europe – The Formation of an Education Space*, Kluwer Academic Publishers, Dordrecht, 2002.

___ "From Sites of Occupation to Symbols of Multiculturalism: Transfer of Global Discourse and the Metamorphosis of Russian Schools in Post-Soviet Latvia", en Steiner-Khamsi, Gita (comp.): *Lessons from Elsewhere: The Politics of Educational Borrowing and Lending*, Teachers College Press, Nueva York, 2004.

Spivak, Gayatri C.: *A Critique of Postcolonial Reason. Toward a History of the Vanishing Present*, Harvard University Press, Cambridge, 1999.

Spreen, Carol Anne: *Globalization and Educational Policy Borrowing: Mapping Outcomes-Based Education in South Africa*, tesis doctoral, Graduate School of Arts and Sciences, Columbia University, Nueva York, 2000.

Steiner-Khamsi, Gita: "Lehren aus Deregulierung und Schulwahl in den USA", en *Magazin fur Schule und Kindergarten* 100/101, 1997.

___ "Szenario 2010 zur wirkungsorientierten Schulreform", en *Magazin fur Schule und Kindergarten*, 1ª parte: 108, 1998; 2da parte: 109, 1998.

___ "Transferring Education, Displacing Reforms", en Schriewer, Jürgen (comp.): *Discourse Formation in Comparative Education*, Peter Lang, Fráncfort del Meno, 2000.

___ "Re-Territorializing Educational Import: Explorations into the Politics of Educational Borrowing", en Nóvoa, António y Lawn, Martin (comps.): *Fabricating Europe – The Formation of an Education Space*, Kluwer Academic Publishers, Dordrecht, 2002.

___ "Vergleich und Subtraktion: Das Residuum im Spannungsfeld zwischen Globalem und Lokalem", en Schriewer, Jürgen y Kaelble, Hartmut (comps.): *Vergleich und Transfer – Komparatistik in den Sozial-, Geschichts- und Kulturwissenschaften in den Geistes- und Sozialwissenschaften*, Campus, Fráncfort del Meno, 2003.

___ y Quist, Hubert: "The Politics of Educational Borrowing: Re-opening the Case of Achimota in British Ghana", en *Comparative Education Review*, 44, 3, 2000.

Streitwieser, Bernhard: *Negotiating Transformation: East Berlin Teachers in the Post-Unification Decade*, Columbia University, Graduate School of Arts and Sciences, tesis doctoral, Nueva York, 2000.

Teuwsen, Peer: "Ernst Buschors Mission", en *Das Magazin. Wochenendbeilage des Tages-Anzeigers*, 1, 2000.
Tilly, Charles: *Big Structures, Large Processes, Huge Comparisons*, Russel Sage Foundation, Nueva York, 1984.
___ *From Past to Future*, Rowman and Littlefield, Lanham, M.D., 1997.
___ "Micro, Macro, and Megrim", en Schlumbohm, Jürgen (comp.): *Mikrogeschichte: komplementär oder inkommensurabel?*, Wallstein, Gotinga, 1998.
Vermeren, Patrice: *Victor Cousin: le jeu de la philosophie*, L'Harmattan, París, 1995.
Yariv-Mashal, Tali: *Educating Israel: Educational Entrepreneurship in Israel's Multicultural Society*, Palgrave/MacMillan, Nueva York, 2006.
Zymek, Bernd: *Das Ausland als Argument in der pädagogischen Reformdiskussion: Schulpolitische Rechtfertigung, Auslandspropaganda, internationale Verständigung und Ansätze zu einer Vergleichenden Erziehungswissenschaft in der internationalen Berichterstattung deutscher pädagogischer Zeitschriften, 1871-1952*, Henn, Ratingen, 1975.

LA REFLEXIÓN PEDAGÓGICA EN UN MEDIO GLOBAL. FUNDAMENTOS Y PROCESOS

EL VIAJE, LAS CIENCIAS SOCIALES Y LA FORMACIÓN DE LAS NACIONES EN LA EDUCACIÓN COMPARADA DE PRINCIPIOS DEL SIGLO XIX

NOAH W. SOBE
(Universidad Loyola, Chicago)

En los estudios y escritos metodológicos que describen los inicios del campo suele hacerse mención casual de los orígenes de la educación comparada en las comparaciones de los viajeros del los siglos XVIII y XIX[1]. Sin embargo, puede verse, hasta el día de hoy, en el viaje a distintos sitios una de las características que confieren mayor unidad a la obra de los investigadores contemporáneos en materia de educación internacional y comparada. Son los desplazamientos de políticas educativas, pedagogías, currículos y personas –sean estas estudiantes, eruditos o inmigrantes– lo que constituye gran parte de lo que los comparatistas estudian como investigadores y a menudo practican ellos mismos como profesionales. Los recientes trabajos sobre el poscolonialismo y la posmodernidad han enfocado su atención teórica y empírica en la posicionalidad, la espacialidad y la subjetividad como componentes críticos para la comprensión del poder y el conocimiento implicados en esta forma de viaje y transferencias, todo lo cual señala al desplazamiento como parte relevante tanto de la práctica autorreflexiva como de la investigación rigurosa. Es, pues, a justo título que los viajes y desplazamientos son temas centrales en la educación comparada y han hecho sentir su presencia, si

---

1. Véase Brickman, William W: "A Historical Introduction to Comparative Education", en *Comparative Education Review*, 3, 1960; también con un tratamiento más extenso, Hilker, Franz: *La Pédagogie Comparée. Introduction à son histoire, sa théorie et sa pratique*, Institute Pédagogique National, París, 1964.

INTERNACIONALIZACIÓN

bien de distintas maneras, en la historia de las problemáticas de la dependencia y la modernización que han estructurado en distintos momentos (y siguen aún dando forma a) la investigación en este campo. El investigador viajero cuyo interés se centra en un objeto que, como él, se desplaza, debería ser, no obstante, tema de un examen intelectual más riguroso en el campo de la educación comparada e internacional. El problema es, a la vez, epistemológico e histórico; la línea de investigación que aquí se propone es un estudio de la aparición de la educación comparada a principios del siglo XIX, vista como ciencia social posibilitada por una amalgama de prácticas sociales y considerándola en relación con cambios epistemológicos más vastos.

El escritor y pensador francés Marc-Antoine Jullien de Paris (1780-1830) es considerado como uno de los *pioneros* de la educación comparada. En una serie de publicaciones aparecidas entre 1816 y 1817, Jullien planteó una propuesta de investigación en el terreno de la educación comparada y es por ello que se ha visto en él un *antecesor*, un *precursor*, un "anticipator coherente" del campo[2]. He de valerme del plan de Jullien *Esquisse et Vues Préliminaires d'un ouvrage sur l'Éducation Comparée* [Proyecto y observaciones preliminares para una obra de educación comparada][3] como apoyo principal para abordar la lógica y el razonamiento que coincidieron, a principios del siglo XIX, en esta pro-

---

2. Véanse, por tomar solo los ejemplos más recientes, Arnove, Robert F., y Torres, Carlos Alberto: *Comparative Education: The Dialectic of the Global and the Local*, Rowman y Littlefield, Lanham, 1999, pág. 3; y Palmer, Robert Roswell: *From Jacobin to Liberal: Marc-Antoine Jullien, 1775-1848*, Princeton University Press, Princeton, N.J., 1993.

3. El título completo en español es *Proyecto y consideraciones preliminares para una obra sobre la educación comparada, concerniente en primer lugar, a los veintidós cantones suizos y partes de Alemania e Italia; con la intención de examinar más adelante, según el mismo plan, los restantes Estados europeos; y cuestionario sobre la educación destinado a proveer material para Tablas de Comparación Educativa, destinadas a personas que, con el deseo de estudiar el presente estado de la educación y la instrucción pública en los distintos países de Europa, quisieran colaborar en la tarea conjunta, cuyo bosquejo y objetivo aquí se expone.* Para la elaboración de este artículo me he basado en la traducción inglesa de 1964: *Jullien´s Plan for Comparative Education, 1816-1817* (trad. por Stewart Fraser), Bureau of Publications, Teachers College, Columbia University, Nueva York, 1964; de aquí en adelante he de referirme a la obra simplemente como *Proyecto para una obra de educación comparada*.

puesta para hacer de la educación comparada un campo de estudio. Mi interés se centra en los aspectos que hicieron posible el proyecto de Jullien con su intersección, lo que le diera visos de sensatez. Uno de los argumentos centrales de este trabajo es que el bosquejo de Jullien –y la educación comparada en general– surgen del estudio, categorización y teorización que acompañaron las prácticas y discursos del viaje europeo de finales del siglo XVIII y principios del XIX.

He de abordar el texto de Jullien desde diversos ángulos; una de las tesis de este artículo es que una comprensión cabal de esta forma de la educación comparada del siglo XIX puede resultar relevante para nuestra manera de entender la educación comparada hoy. Esta noción se basa, sin embargo, en una apoyatura historiográfica que demanda cierto comentario previo, aun cuando sus lineamientos principales han de quedar perfectamente a la luz en el transcurso del siguiente análisis y su escritura. Mi interés se centra en examinar esta forma de la educación comparada como discurso que deriva su legibilidad/inteligibilidad en virtud de sus relaciones con otras formaciones. En consecuencia, se intentará poner de relieve el razonamiento y la lógica que se integran en la propuesta de Jullien. Si bien este trabajo plantea, en cierta medida, una historia intelectual, al examinar las relaciones entre ideas, no será su propósito establecer deudas conceptuales o árboles genealógicos. En estos términos, en su sentido convencional, la propuesta de Jullien estuvo *perdida* para la educación comparada por un siglo más o menos, hasta ser redescubierta y resucitada de manera magnífica por Isaac Kandel a principios de los años 1940[4]. Desde ese momento, ha gozado de una variada difusión, especialmente como *bona fide* disciplinaria, ya que dotaba al campo de un *padre fundador* (resulta reveladora la especificidad en el género) del cual se podía descender y contra el cual era posible, a la vez, rebelarse.

---

4. Kandel, Isaac: "International Cooperation in Education: An Early Nineteenth Century Aspiration", en *Educational Forum*, 7, 1, 1942. En verdad, se trató del segundo *descubrimiento* del texto de Jullien; el primero lo hizo un estudiante húngaro, Franz Kemény, quien se topó, en 1879, con una edición en una librería de París. Véase Giraud, Jean: "Marc-Antoine Jullien de Paris (1775-1848)", en *Paedagogica Historica*, 15, 1975, pág. 390. Tras este hallazgo, la obra de Jullien solo gozó de una circulación limitada, siendo solo identificada como el *año cero* de la educación comparada en los '40.

El presente artículo intenta un acercamiento a Jullien tomando distancia de tales debates y de las concepciones hereditarias que rastrean un desarrollo de sus ideas a través en la obra de pensadores posteriores. De acuerdo con este último criterio, la obra de Jullien debería ser calificada como fracaso, como irrelevante: resulta manifiesto que nunca recibió respuesta alguna a los cuestionarios que había propuesto, que no surgió comité científico internacional alguno y que sus ideas fueron evidentemente *olvidadas* por un largo espacio de tiempo. Una situación vagamente análoga puede hallarse en otro gran proyecto del siglo XIX, el plan de Jeremy Bentham para rediseñar los edificios carcelarios. Independientemente de si las propuestas de Bentham fueran llevadas a la práctica en la construcción de edificios (no lo fueron, al menos inmediatamente), la noción de *panopticismo* elaborada por Foucault en su análisis ya clásico ha resultado penetrante y útil a estudiosos dedicados a una amplia gama de orientaciones[5]. Las propuestas de Jullien resultan, por su parte, útiles a la hora de pensar al estudioso de la educación internacional y comparada como investigador viajero cuyo interés se centra en el viaje como objeto, de pensar el campo de la educación internacional y comparada como ciencia social atrapada en la formación de los mundos nacional y cosmopolita.

1. El proyecto comparativo de Jullien y su cuestionario

El proyecto en el terreno de la educación comparada que Marc-Antoine Jullien de Paris publicó y se ocupó de difundir[6] consistía en una serie de preguntas mediante las cuales los informantes estaban en condicio-

---

5. Foucault, Michel: *Discipline and Punish: The Birth of the Prison*, Vintage Books, Nueva York, 1970 [*Vigilar y castigar. El nacimiento de la prisión*, Siglo XXI, México, varias reimpresiones].
6. El proyecto apareció por primera vez en el periódico suizo *Bibliothèque Universelle*, vols. III (1816) y IV (1817). Se publicó de manera casi simultánea en el *Journal d'Education* francés, desde diciembre de 1816 hasta enero y febrero de 1817. Jullien, publicista consumado, hizo entrega de su proyecto a su amigo, el patriota polaco Tadeusz Kosciuszko, con el fin de que este lo distribuyera, y envió una copia por correo a Thomas Jefferson.

nes de comunicar el estado de la educación en un lugar determinado. En la introducción a la primera serie de preguntas, se aclaraba que los informes provenientes de distintas áreas debían ser reunidos y comparados unos con otros. Visto con ojos contemporáneos, el cuestionario de Jullien aparece como una mezcla muy extraña; se requiere buena cantidad de explicaciones para arribar a la comprensión del *sentido* de su conjunto a principios del siglo XIX.

Las preguntas de Jullien abarcan un espectro notablemente amplio; estaban agrupadas, en cierta medida, de forma temática. Se publicaron dos series de preguntas, la primera sobre las *escuelas primarias o elementales* y la segunda sobre la *educación secundaria y clásica*. Las restantes series de preguntas, que debían versar sobre las *escuelas superiores y científicas, escuelas normales, instituciones de educación para señoritas* y *la educación, en el sentido de su relación con la legislación y las instituciones sociales*, aparentemente nunca llegaron a publicarse ni a prepararse. Las posibles respuestas a estas preguntas van de lo que hoy en día podría considerarse como juicios subjetivos hasta el sencillo informe fáctico. Una manera de abordar la lógica del *Proyecto para una obra de educación comparada* puede ser la forma en que no *tendría sentido* hoy en día formular todas estas preguntas al mismo tiempo y en el mismo tono.

Una breve selección tomada de los cuestionarios de Jullien puede bien incluir cierto número de preguntas que parecen ser simples problemas de cómputo o, directamente, cuestión de información. Lo vemos preguntar, por ejemplo:

> A.17. *¿En qué proporción se encuentra la cantidad de educadores respecto de la población total de la ciudad o sus alrededores?*
> A. 92. *¿A qué edad se enseña normalmente a los niños a leer, escribir y efectuar operaciones aritméticas? ¿Qué método se considera más sencillo para ello?*
> B. 76. *¿Cuáles son los* libros clásicos *que los maestros o profesores, en cada curso, consultan o enseñan, y ponen a disposición de los estudiantes?* [destacado en el original][7]

---

[7]. Dado que, por lo general, se conserva en las reimpresiones de su obra el esquema de numeración de Jullien, en lo que resta de este artículo he de citar las preguntas, en mérito a la simplicidad, por dichos números, sin referencia a la página en la cual aparecen.

INTERNACIONALIZACIÓN

El cuestionario incluye además preguntas que, leídas desde la perspectiva del presente, requieren, en cierto modo, del ejercicio del juicio o de cierta cualificación adicional para poder ser operacionalizadas. Tales son:

> *A. 78. ¿Ejercen las madres una influencia considerable en la educación moral primaria de sus hijos? ¿Cómo se canaliza dicha influencia?*
> *A. 83. ¿Cuál es la organización interna de las escuelas primarias? ¿Es su disciplina suave, benévola, paternal, o estricta y severa?*
> *A. 109. ¿Cuál es el trato corriente de los niños con sus padres en el hogar? ¿Cuál en la escuela con sus maestros y amigos?*

Buen número de preguntas son lo que podríamos denominar *preguntas guiadas*, entendiendo por esto que las pautas o la norma a la que se aspira queda sobremanera clara por la manera misma en la que la pregunta se formula. Por ejemplo:

> *A. 89. ¿Se han tomado las medidas tendientes a evitar que la competencia degenere en una rivalidad plena de odio, produciendo así en los niños, por un lado, los primeros sentimientos de vanidad, soberbia, ambición; y por el otro dolorosas impresiones de desaliento, aversión y envidia?*
> *A. 96. ¿Es de aplicación general en el país, o solo en unos pocos lugares, el nuevo método de enseñanza mutua venido de Inglaterra y conocido por el nombre de sus inventores, los Sres. Bell y Lancaster?*
> *B. 98. ¿Se ejercita en los niños desde temprana edad la capacidad de pensar y razonar aplicándola a la guía y examen de su conducta, de modo tal que, al alcanzar la juventud y la madurez, puedan prescindir fácilmente de guías en cualquier circunstancia que les ataña y confiar en su propio juicio?*

Tomadas en conjunto, estas preguntas dejan en muchos de nuestros observadores contemporáneos una marcada impresión de eclecticismo, de ser una colección extraña, un sistema extraño[8]. ¿Cuál es la

---

8. Véanse Bereday, George: *Comparative Method in Education*, Holt, Rinehart y Winston, Nueva York, 1964; y Debeauvais, Michel: "De Marc-Antoine Jullien aux indicateurs comparatifs de l'an 2000" (ponencia presentada en el 19° Congreso de CESE, Boloña, 2000).

lógica que une preguntas como la A. 106: "¿Existen vacaciones anuales?" con la B. 81: "¿Cómo se previene la codicia en los niños?", y que permite que ambas puedan ser formuladas y respondidas (al menos, potencialmente) en el mismo espacio? ¿Existe algún método o conjunto de asunciones acerca de una encuesta tal, o acerca del investigador y/o del informante que brinde a todas estas preguntas alguna razonabilidad?

El texto de Jullien podría dar lugar a un estudio de los presupuestos culturales que rodeaban a las escuelas y pedagogías francesas y europeas a comienzos del siglo XIX mucho más profundo del que es mi intención llevar adelante aquí. Se podría tratar de explicar qué impulsa a Jullien a formular preguntas específicas –por ejemplo, la pregunta A. 49: "¿Se encuentra la cabeza durante el sueño cubierta o descubierta, y por qué razón se prefiere un método al otro?"–. Para un estudio de tales características debería leerse el *Proyecto para una obra de educación comparada* de lado a lado con muchos otros textos y artefactos culturales de lo que la extensión de un capítulo en un libro permite. Un estudio tal ha de incluir, probablemente, el telón de fondo político y filosófico del *Emile* de Rousseau, tanto como los discursos médicos sobre actividad y descanso; parece claro que un estudio (o estudios) de tales características redundarían en un documento culturalmente harto específico. En comparación, el presente análisis queda en buena medida circunscrito a la manera en que el plan de Jullien cobra visos de posibilidad; pero adquiere amplitud en el sentido de intentar describir las *reglas* según las cuales puede tener lugar el proyecto comparativo de Jullien.

2. El observador viajero

El cuestionario de Jullien remite a una tradición: la de recopilar conocimientos acerca de un sitio mediante un inventario exhaustivo. Al mismo tiempo, pone de relieve el modelo del investigador como viajero que se encarga de recopilar y unir dichos datos. En el presente apartado he de tratar las trayectorias de observación, validez y certidumbre que otorgaran una base posible al proyecto de Jullien para la educación comparada. Comenzaré por los modelos de viaje y recolección de información con los que su proyecto se relaciona; trataré luego brevemente la manera en la que el viaje dio forma al desarrollo de las nociones de *observación* en el campo de la ciencia social; para finalizar, me detendré a poner lo anterior en relación con las distintas maneras en las que el texto de Jullien parece resaltar la tarea del observador, el científico y el comparatista.

Jullien extrajo buen número de sus preguntas palabra por palabra de un libro del Conde Leopold Berchtold, publicado en 1789, *Ensayo destinado a dirigir y ampliar las investigaciones del viajero patriótico*[9]. La obra de Berchtold ofrece cuatrocientas páginas de cuestionario, siguiendo la tradición del *viajero racional* desarrollada por los humanistas del siglo XVI. En su texto, Jullien señala con un asterisco las preguntas tomadas de Berchtold (por ejemplo, la que refiere al cubrimiento de la cabeza durante el sueño), cuya obra califica como "un libro muy interesante e instructivo"[10]. Esta relación nos remite, pues, a la tradición del viaje erudito, una de las precondiciones que hicieron posible el proyecto de Jullien.

Los cuestionarios, a menudo llamados *interrogatoria*, fueron utilizados asiduamente en los siglos XVI y XVII como guía para estructurar los diarios e informes de viaje, entre otros, los correspondientes al *grand tour*. El historiador intelectual Eric Leed propone que esta convención, a la que dieran forma los humanistas y médicos del primer humanismo, tuvo una importancia decisiva sobre las convenciones de la descripción en las ciencias sociales. Sobre la base del método *reductivo-compositivo* de Petrus Ramus, la idea de un viaje racional –esto es, como algo que requiere de un *método*– se desarrolló en aquellas ocasiones en las que el viajero (una vez más, la marca genérica es la apropiada), un observador caracterizado por su juventud, debía tomar nota del temperamento, los hábitos, las costumbres, la dieta y la lengua de los pueblos que iba encontrando. Según Leed, el viaje devino "el método primario por el cual los europeos investigaron, observaron y compilaron un mundo"[11]. Las 2.443 pre-

---

[9]. La traducción al francés apareció en 1797 como Berchtold, Leopold: *Essai pour diriger et étendre les recherches des voyageurs qui se proposent l'utilité de leur patrie* (trad. por C. P. de Lasteyrie), Chez du Pont, París, 1797.

[10]. El historiador estadounidense Stewart Fraser advierte que hay otras preguntas tomadas de Berchtold que no le son atribuidas.

[11]. Leed, Eric: *The Mind of the Traveler: From Gilgamesh to Global Tourism*, Basic Books, Nueva York, 1991, pág. 188.

guntas del ensayo de Berchtold estaban destinadas a dirigir y ampliar las investigaciones del viajero patriótico, dado que constituían una ayuda para recopilar información que podría resultar de utilidad; en la misma medida, el propósito del proyecto de Jullien era el de ser útil a las naciones de los patriotas que se unieran al mismo.

El elemento metodológico clave de este viaje científico de la modenidad temprana era el ojo observador e imparcial tomado de la filosofía de la observación de Bacon. La imagen popular del viajero como narrador de fábulas e historias exageradas comenzó a ser reemplazada, en el Renacimiento, por la idea del viajero como fuente confiable de conocimiento. De acuerdo con Leed, el saber del viajero era necesariamente un conocimiento distanciado y remoto, ya que en la idea del viajero científico residía "el concepto de que las observaciones de los viajeros eran apropiadas a la hora de reconocer y denominar objetos, de categorizar especies (...) pero eran insuficientes cuando se trataba de sondear las profundidades de la experiencia"[12]. Un sinnúmero de trabajos de reciente publicación dedicados al tema del viaje de los europeos –desde el punto de vista postcolonial, en su mayoría– ha resaltado la relevancia del encuentro con el otro, visto como proceso de intercambio que sirve a la autoconsolidación y a la clarificación del sujeto europeo autónomo[13]. Es de este mismo modo que el viajero científico de la modernidad temprana proyectaba su subjetividad en el mundo, al hacer cognoscible un mundo de objetos que pueden ser descritos, categorizados y denominados, siempre desde una perspectiva deliberadamente externa.

Particularmente relevante para el desarrollo de las ciencias sociales es la idea de que es posible ver desde fuera lo que resulta oscuro desde dentro. Vistos desde fuera, de acuerdo con la epistemología del viaje científico que se ha descrito, se puede lograr un conocimiento cabal de las escuelas y los sistemas educativos, que han sido considerados en la

---

12. Ídem, págs. 183s.
13. Véase, por ejemplo, Pratt, Mary Louise: *Imperial Eyes: Travel Writing and Transculturation*, Routledge, Londres y Nueva York, 1992; Grewal, Inderpal: *Home and Harem: Nation, Gender, Empire, and the Cultures of Travel, Post-Contemporary Interventions*, Duke University Press, Durham, N.C., 1996; Kaplan, Caren: *Questions of Travel: Postmodern Discourses of Displacement*, Duke University Press, Durham, N.C., 1996.

historia (y la historiografía) como sistemas endógenos *par extraordinaire*. El proyecto de educación comparada de Jullien apunta precisamente a un observador externo de tal clase; en su introducción se dice:

> *El observador estudia y compara, atenta y curiosamente, todos los posibles matices de las instituciones sociales, desde la democracia pura y absoluta hasta la aristocracia más compleja. Su afán es desmarañar las variantes que las distintas organizaciones políticas han impuesto en los sistemas de educación pública.*[14]

El cuestionario de Jullien se cimienta, pues, en la fe en la capacidad del observador para desmarañar con solvencia un sistema educativo. Se trata de una de las *reglas*, por así decir, de los elementos arquitectónicos sobre los cuales se articula el *Proyecto para una obra de educación comparada*. El investigador de la educación, en la visión de Jullien, es un viajero presunto que mira desde una situación externa privilegiada, una perspectiva que le permite observar, por ejemplo, si hay un período anual de vacaciones o la manera en la que se combate la codicia en los niños[15].

Al margen de este desplazamiento –o trayectoria– hacia la certidumbre que ofrece un ojo distanciado y externo, se verifica un desplazamiento concomitante, sin dar lugar a contradicción, hacia lo interno, un desplazamiento tendiente a recopilar el conocimiento que pueda

---

14. Jullien: *Proyecto para una obra de educación comparada*: op. cit., pág. 44.
15. Expongo aquí un modelo de sujeto observador un tanto distinto del que Jonathan Crary presenta en su excepcional trabajo sobre el tema (véase Crary, Jonathan: *Techniques of the Observer: On Vision and Modernity in the Nineteenth Century*, MIT Press, Cambridge, 1990). Crary examina la ruptura ocurrida en el siglo XIX con lo que él denomina el modelo de visión y observador *clásico* o renacentista. Sostiene Crary que, en la época clásica, era el procedimiento de la *camera obscura* lo que garantizaba, en cierta medida, la autoridad, identidad y universalidad del observador. En las primeras décadas del siglo XIX —tal es la argumentación de Crary—, la visión subjetiva pasó a ser un objeto de estudio clave, mientras que las relaciones incorpóreas de la *camera obscura* fueron resituadas en el cuerpo humano. Al volcar nuestra atención, como lo he hecho en el análisis precedente, a lo reportado por los viajeros, encontramos que la subjetividad de la visión aparece, por así decir, en el primer plano del pensamiento científico europeo en una fecha muy anterior. La mirada del viajero, en mi opinión, puede gozar de autoridad y universalidad precisamente debido a que ya se conoce explícitamente la subjetividad de su punto de vista, un aspecto que Crary reserva a la *camera obscura*.

EL VIAJE, LAS CIENCIAS SOCIALES Y LA FORMACIÓN...

existir en lo *interior*. Ha de resultar una vez más de provecho dirigir nuestra atención hacia las historias y análisis de los relatos de viajes.

Si la verdad en los informes de viajes –esto es, la certidumbre y validez de las observaciones efectuadas por el viajero– se constituye a través de su subjetividad autónoma, es conveniente, entonces, reparar en lo que queda excluido de su campo visual. El viajero de los siglos XVII y XVIII es resueltamente no omnisciente: la facultad de penetrar los asuntos y de describirlos desde una posición superior queda reservada a Dios. En su estudio acerca de la representación de los nativos americanos en las literaturas colonial inglesa y francesa, Gordon Sayre pone de relieve los medios de desplazamiento, señalando que, en la visión de los exploradores franceses y los colonos tramperos, que en su mayoría efectuaban sus viajes en canoa a lo largo de las vías navegables, el interior era el dominio del indígena, solamente cognoscible "por medio de extrapolar lo observado a lo que podría observarse si se traspusiese el telón arbóreo"[16]. La veracidad de sus relatos quedaba establecida en la confiabilidad que suscitaba el relato del testigo ocular. Sayre identifica un segundo tipo de literatura colonial etnográfica, proveniente, las más de las veces, del lado de los ingleses, cuyos asentamientos iban adentrándose gradualmente en los bosques, y en la cual los nativos americanos aparecían representados por medio de textos que categorizaban las esferas de la vida social y segregaban los encuentros coloniales de las representaciones culturales. Cuando los nativos americanos hacen su aparición en estas narrativas, "no se trata de un solo individuo que se comunica con los europeos en el marco temporal diegético de la narrativa [del explorador], sino de una forma plural, anónima y abstracta: los *sauvages américains*"[17]. La combinación de ambos modelos es eficaz: uno presenta al observador empírico y autónomo, cuyo ojo externo, alienado, crea las condiciones para el conocimiento; el otro es el sujeto que denomina y categoriza, que de los *interrogatoria* construye una *enciclopedia* y que, al pluralizar y abstraer, termina por restituir la visión general previamente excluida del campo visual.

---

16. Sayre, Gordon M.: *Les Sauvages Américains: Representations of Native Americans in French and English Colonial Literature*, University of North Carolina Press, Chapel Hill, 1997, pág. 114.
17. Ídem, pág. 110.

INTERNACIONALIZACIÓN

Adviértase que no es mi intención dar a entender que se trata aquí solamente de una recurrencia del conocido debate entre particularismo y generalismo. Mi interés es concentrarme en las formas (histórica y culturalmente determinadas) en las que puede recopilarse información acerca de un objeto, lo cual incluye, en primer lugar, las maneras en las que se puede establecer al objeto como visible y cognoscible. Si traigo a colación los ejemplos de la representación de los nativos americanos por parte de los europeos, lo hago con el fin de reflexionar acerca del funcionamiento de las nociones de *dentro* y *fuera* en la descripción de los sistemas escolares en distintos sitios. La mirada exterior del viajero del siglo XIX resulta inapropiada para ello –al igual que lo pensaba Jullien, como veremos más adelante–. Cuenta, sin embargo, con la facultad de establecer los objetos dignos de estudio, de especificar los planteamientos y de ver las cosas, así sea solo como contorno de un interior desconocido. Como complemento, la perspectiva *interna*, la mirada con capacidad de penetración, puede ingresar en el cuadro –y ya hemos de ver de qué manera ingresa en el proyecto de Jullien–. Mi postura es que estos dos componentes (o trayectorias) operan en combinación, constituyéndose integral y mutuamente, lo que implica que, en los términos del modo de razonar y la lógica que aquí se aplica, el conocimiento del interior deriva gradualmente en una visión general enciclopédica y abarcadora.

He mencionado antes que el observador de Jullien es un viajero presunto que mira desde el exterior; sin embargo, un examen más atento del *Proyecto para una obra de educación comparada* revela la necesidad de imprimir modificaciones a dicha tesis, a la hora de considerar qué encuestadores se propone utilizar. Jullien tiene el propósito de utilizar lo que podríamos llamar, en un lenguaje anacrónico, *informantes nativos*. Deben ser "hombres de acción e intelecto sensatos y de reputada conducta moral"[18]. Al poner por escrito sus expectativas respecto del comienzo de su proyecto en Suiza, señala:

> Tenemos (…) justificadas esperanzas, y en ciertos cantones la absoluta seguridad, de que muchos habitantes de Suiza, devotos por entero del bienestar de su país y dedicados a tareas relacionadas con la educación, han de brindarnos su experiencia, su ilustración y sus conocimientos, tanto los que ya poseen como

---

18. Jullien: *Proyecto para una obra de educación comparada*, op. cit., págs. 36s.

EL VIAJE, LAS CIENCIAS SOCIALES Y LA FORMACIÓN...

los que hayan de adquirir, respecto de personas, lugares e instituciones. Así, los colaboradores en nuestra empresa, cuyo proyecto damos a conocer con el fin de convocar a todos los interesados en participar en ella, tendrán la oportunidad y la ventaja de hacer un mejor ejercicio, de desarrollar y de fortalecer sus facultades de atención, comparación y raciocinio, aplicándolas a un fin determinado que resulta de gran interés para la humanidad.[19]

Las preguntas han de ser respondidas por ciudadanos suizos, quienes han de brindar informaciones acerca de la localidad en la que viven y las instituciones con las que conviven. En cierto modo, Jullien escoge basarse en un conocimiento y una observación *internos, locales*. Al mismo tiempo, espera que sus colaboradores locales hagan ejercicio de la atención, la comparación y el raciocinio. Los informantes deben ser, asimismo, investigadores. Su experiencia, razón y conocimiento deben estar sujetos a determinados lineamientos; podría decirse que, en esta forma de la educación comparada de principios del siglo XIX, existe una especie de *protocolo de entrevista*, el cual puede ser encapsulado en una noción del iluminismo acerca de la universalidad de la razón unida a convenciones específicas en lo referido a la reflexión y la observación en el terreno de las instituciones educativas. El investigador local que deba establecer si existe un período anual de vacaciones o cómo se combate la codicia en los niños, ha de operar en la tradición del observador que viaja por un lugar viéndolo desde el exterior, solo que, en esta ocasión, el ojo alienado debe volverse hacia el interior.

Argüir, como lo he hecho, que existe una superposición en el método y una irónica semejanza en la perspectiva entre el ciudadano suizo que responde al cuestionario y su(s) organizador(es) extranjeros, no significa, empero, que ambos roles lleguen a fundirse por completo el uno en el otro. Pese a todo, la diferencia no queda anulada: Jullien agrega a la ecuación el hecho de su condición de extranjero y el efecto que su papel como organizador último del proyecto pueda tener, al escribir: "Permítaseme ahora adelantar y refutar una objeción que a de ser de seguro formulada: *Es un extranjero*, dirán, un francés que pretende delinear una tabla de la educación comparada en varios cantones suizos"[20].

---

19. Ídem, págs. 44s.
20. Ídem, pág. 46.

INTERNACIONALIZACIÓN

Tal condición podía, no obstante, ser un aspecto conveniente; continúa Jullien:

> *Sin embargo, la condición de extranjero constituye una suerte de garantía de las cualidades de independencia e imparcialidad que convienen al autor de una obra en la cual los cantones suizos han de ser objeto de relación y comparación en asuntos tan importantes y delicados como los morales y educativos. Será más sencillo recopilar la verdad, la cual será expresada de modo más fidedigno. Se observará religiosamente toda la discreción debida a tan apreciada y generosa nación, sin por ello falsear la verdad de los hechos.*[21]

Este desplazamiento hacia lo *externo* es del todo compatible con el desplazamiento hacia lo *interno* que el *Proyecto para una obra de educación comparada* revela. Es por medio de la autoría final de Jullien, que Suiza y sus cantones quedarán representadas de manera válida y precisa. Su carácter de extranjero es precisamente condición para la *debida discreción*.

La mejor manera de comprender esta combinación del extranjero que garantiza la *independencia e imparcialidad* y el observador suizo que aporta sus conocimientos previos resulta de pensarla en los términos de los procesos de objetivación y subjetivación que operan en el texto. Lo que esta estrategia de análisis plantea es, precisamente, no postular una relación dialéctica entre lo objetivo y lo subjetivo. En lugar de ver el proyecto de Jullien en función de un eje en el cual la subjetividad está opuesta a la objetividad, podemos entenderlo como una combinación de observación y recopilación que produce determinadas subjetividades y objetiviza ciertas entidades. Este doble desplazamiento, en el que puede verse, en otras palabras, cómo la creación de un yo analítico-científico y un mundo cientificizado y analizado modernos, es el que establecen en Jullien su autor extranjero y su informante suizo. Se trata de una de las trayectorias cultural-epistemológicas más sólidas en las que puede basarse esta forma de la educación comparada, y uno de los aspectos más penetrantes –y duraderos– en el surgimiento de las ciencias sociales en sentido general.

---

21. Ídem

3. La sociedad científica

Esta forma de la educación comparada a principios del siglo XIX es reveladora en lo que respecta al establecimiento de la ciencia social. Jullien se refiere al estudio de la educación como una *ciencia*; por otra parte, la mayor parte de los estudios acerca de la obra de Jullien –tanto los que la alaban como los que la censuran– se han enfocado en su propuesta de una "ciencia de la educación"[22]. Es por ello que el peso de los análisis se ha concentrado en su plan de investigación, a menudo visto a través de los ojos de investigadores sociales posteriores. Aquí abordamos el análisis de la ciencia de Jullien desde un ángulo distinto: desde el punto de vista de los condicionamientos que hicieron posible este proyecto de ciencia. He comenzado a tratar más arriba la manera en la cual el *Proyecto para una obra de educación comparada* construye sus objetos y sujetos y las reglas en las que dicha construcción se basa. En el presente apartado, he de pormenorizar el análisis de la forma en la que el proyecto de Jullien *funciona* al observar las redes y los mundos en los que dichos objetos y sujetos se mueven. En el subtítulo, "Sociedad científica" refiere a la comunidad de investigadores que el proyecto de Jullien parece plantearse implementar. Mi punto de partida será una mayor consideración de las maneras de captar individuos para la investigación en educación comparada; se trata, en mi opinión, de una sociedad orientada hacia una identidad cosmopolita. Pasaré luego a examinar el segundo significado del subtítulo, que se relaciona con la existencia de una *sociedad* en términos más amplios y con la idea de que se trata de algo que puede ser conocido y estudiado –y, como veremos, manipulado– científicamente.

Las personas que habían de contestar el cuestionario de Jullien debían ser, además de investigadores, también comparatistas, y reunirse en la misma comunidad cosmopolita dedicada a un proyecto científico de alcance mundial. Al afirmar antes que el investigador *externo* y el investigador *interno* eran uno y el mismo sujeto, aun cuando se conservara en cierta medida la distinción entre ambos, lo hice ateniéndome al hecho de que tanto la subjetividad que el estudio habría de

---

22. Véase Noah, Harold J., y Eckstein, Max A.: *Toward a Science of Comparative Education*, Macmillan, Nueva York, 1968, pág. 59.

aportar y engendrar como los objetos que habrían de constituirse a partir del mismo eran elementos compartidos. Podríamos agregar que el autor extranjero, así como también el investigador suizo, eran *comparatistas*. De ello se desprende que en la elaboración de la respuesta remitida por un país o cantón en especial, aun tomados por separado, intervenían en cierto modo métodos o manipulaciones de tipo *comparativo*. Uno no puede menos que advertir la correspondencia existente entre esta práctica y el buen grado con que las modernas publicaciones en el terreno de la educación comparada admiten, dentro del ámbito de los estudios comparados, los trabajos dedicados a un solo país. En el caso de Jullien, la atribución de la calidad de *comparado* a un estudio dedicado a un solo cantón se deja explicar por el método utilizado y por los conocimientos que el colaborador aporta.

Otro proyecto científico internacional del siglo XVIII, cuyas semejanzas con el de Jullien resultan ilustrativas, lo constituyó la tarea de clasificación de las especies que se asocia con Carl Linneo y su sistema taxonómico. Un grupo de encuestadores formados por Linneo trazaron entonces un mapa mundial, clasificando flora y fauna, comunicándose tanto entre sí como con la base de Linneo en Upsala, intercambiando denominaciones para las especies, cuando no especímenes. He de regresar más adelante sobre la cuestión de la impronta de la *centralización* tanto en proyecto de investigación de Jullien como en el de Linneo. Advirtamos, por el momento, la similitud en el método: del mismo modo que las tácticas de la interrogación, la división y caracterización pueden emplearse para identificar familias en el mundo entero o variaciones en las especies de un sitio determinado, el cuestionario de Jullien podía utilizarse con el fin de caracterizar el sistema educativo de un país, un cantón o cualquier sitio específico. Esta elasticidad en los fines va unida a la modularidad en el método y cumple con la función de integrar a los investigadores en una comunidad única[23]. El estudio de un caso particular está pensado, implícitamente, en virtud de su comparación: las preguntas que se formulaban para Berna eran exactamente las mismas que se hacían en el caso de Bélgica. Está pensado en función de la comparación, además, porque solamente adquiere *sentido* si se lo ve como parte de un proyecto de investigación a

---

23. Véase el tratamiento del tema en Pratt, 1992, *op. cit.*, págs. 25 y passim.

nivel mundial: implícita en la lógica de un sistema destinado a la clasificación de variantes regionales está la noción de que tal sistema debe abarcar el mundo entero[24]. Algo que podría aplicarse a otros investigadores sociales, el investigador en el terreno de la educación comparada debía ser cosmopolita, un ciudadano del mundo. El enfocarse en un sitio en particular no puede hacerle perder la perspectiva de otros sitios.

El colaborador de Jullien precisa poseer la dimensión cosmopoplita en su identidad, conocer las tendencias internacionales en materia educativa y ser capaz de observar sus manifestaciones en un contexto local. En los comienzos del siglo XXI, se ha convertido en un lugar común el maravillarse (con crítico entusiasmo) del volumen y rapidez con que se transfieren/adoptan/exportan discursos y prácticas en el mundo entero; es una restricción conveniente el encontrar indicios de que, a comienzos del siglo XIX, se dio una circunstancia similar. Tomado solamente como base el proyecto de Jullien nos enteramos de que el método Bell-Lancaster estaba trascendiendo los límites de Inglaterra (Pregunta A. 96)[25], al igual que el método de Pestalozzi los de Suiza (A. 97)[26]; se señala que un ingeniero francés de nombre Regnier había ideado un sistema para medir fuerzas de gran utilidad en la educación física (B. 66), así como también que las ideas de un filósofo alemán, Basedow, estaban dando nueva forma a la educación moral y religiosa (B. 100). Jullien apunta, además, que en Austria y Rusia se había reproducido con éxito el modelo de la École Polytechnique de París[27]. En el texto, se otorga a la educación un carácter móvil, de objeto que se desplaza; de ahí resulta claro que la tarea del investigador de la educación comparada consiste en colocarse por encima de estas características, en ser

---

24. Pratt se refiere a esta lógica como la *comprensión total* de la empresa de formación de conocimientos abordada por Linneo. Ídem, pág. 30.
25. Como prueba de que el desplazamiento de discursos y prácticas educativas era un fenómeno de escala mundial ya a comienzos del siglo XIX, se puede mencionar que los aportes de Andrew Bell al *método Bell-Lancaster* tienen su origen en la tarea que él mismo desarrollara en la India.
26. Jullien mismo había pasado una temporada junto a Pestalozzi en Yverdon y contribuido en sus escritos a la difusión de las ideas del educador suizo. Véase el excelente tratamiento que del tema se hace en Gautherin, Jacqueline: "Marc-Antoine Jullien ('Jullien de Paris')", en *Prospects*, 23, 3/4, 1993.
27. Jullien: *Proyecto para una obra de educación comparada, op. cit.*, pág. 36.

un sujeto cosmopolita cuyos fundamentos locales están, en última medida, enmarcados en una perspectiva global.

El nexo que mantenía unidas tales redes cosmopolitas es, tanto en el proyecto de Linneo como en el de Jullien, el contacto epistolar. Mientras que en el caso específico de Jullien era el tráfico de cartas, antes que el de especímenes, lo que servía para mantener en contacto al conjunto de investigadores e investigaciones, ambos proyectos abrevaban, sin embargo, en la tradición epistolar de la ciencia europea de la modernidad temprana, en la cual el conocimiento se exponía a través de la correspondencia entre las sociedades científicas y del intercambio de objetos que pudieran ser de utilidad para conformar los gabinetes de curiosidades de los caballeros aficionados en Francia e Inglaterra[28]. Lo que distingue, como primer aspecto, los proyectos de Linneo y Jullien de las anteriores formas de la investigación científica es la limitación de su objeto de estudio a una temática determinada y el desarrollo de un conocimiento especializado en dicha materia. Esta especialización –aun cuando los campos continuaran siendo en cierta medida amplios: flora y fauna en un caso, la mayor parte de la educación en el otro– representaba, con todo, una acotación: lo que se constituía como objeto de investigación era todo un mundo.

Al referirnos antes a las preguntas formuladas en el *Proyecto para una obra de educación comparada*, señalé que el libro plantea una noción más bien amplia de los aspectos que integran el estudio de la educación. Cuando aplicamos, en este caso, la idea de *especialización*, lo hacemos, forzosamente, para referirnos al desarrollo de un saber especializado en el estudio de la educación, esto es, de índole opuesta a la práctica del intercambio de información entre sociedades científicas de carácter general[29]. Uno de los elementos llamados a formar parte de esta ciencia social especializada es el comité internacional que Jullien propone:

Una Comisión especial de educación, de pocos integrantes, compuesta por per-

---

28. Michel de Certeau sostiene, de manera similar, que dichas redes de aficionados establecieron un punto de partida para las *disciplinas* y la *institución del conocimiento*. Certeau, Michel de: *The Writing of History*, Columbia University Press, Nueva York, 1988, pág. 61.
29. Vale la pena mencionar, a modo de ejemplo, que Jullien era miembro de la *Societé établie à Paris pour l'amelioration de l'enseignement élémentaire*. Jan Kanty Krzyzanowski, quien en 1822 se hiciera cargo de la traducción de

> *sonas a cuyo cargo estará la recopilación –tanto por medios propios como por el contacto epistolar con miembros asociados criteriosamente seleccionados– de los materiales para la composición de una obra de carácter general sobre las instituciones y métodos de educación e instrucción en los distintos países europeos, los que han de ser puestos en relación y comparados en dicho informe.*[30]

En ocasión del *redescubrimiento* y difusión posterior de la obra de Jullien a mediados del siglo XX, esta comisión especializada dio mucho que hablar. Sus nuevos promotores no tardaron en identificarla con el ya existente Bureau International d'Éducation[31] y se la consideró luego como antecesora del auge de los organismos internacionales en la posguerra, en especial de los relacionados con las Naciones Unidas. Ahora bien, si se trata de la manera en la que esta forma de la educación comparada del siglo XIX se organizó como ciencia, sería un error exagerar la importancia de este impulso *centralizador*. He mostrado antes que los investigadores de Jullien debían ser comparatistas y tomar parte en este proyecto internacional de investigación con una mentalidad cosmopolita. La modularidad incorporada en el proyecto de Jullien, así como también en el de Linneo, establecía que ni Upsala ni la Comisión especial de educación, como centros de recopilación de datos, fueran elementos esenciales.

La clasificación y comparación podía llegar a tener lugar, por así decir, *en el campo*, ya que constituían las reglas móviles de la razón que hicieran posible el *Proyecto para una obra de educación comparada*. La característica más saliente de los comparatistas cosmopolitas de Jullien era el estar dedicados a un estudio especializado que, a su vez, era una ciencia divisible y recopilable.

Proyecto de Jullien al polaco, fue miembro fundador de una sociedad similar con sede en Lublin, la *Towarzystwo Przyjaciół Nauk*. Véase Dobrzanski, Jan: *Ze studiów nad szkolnictwem elementarnym Lubelszczyzny w pierwszeij polowie* XIX *wieku*, Zaklad Narodowy Imienia Ossolinskich Wydawnictwo Polskiej Akademii Nauk, Breslau, Varsovia, Cracovia, 1968, págs. 83-89.

30 Jullien: *Proyecto para una obra de educación comparada: op. cit.*, pág. 36 (cursivas en el original).

31. Rosselló, Pedro: *Les précurseurs du Bureau International d'Éducation: un aspect inédit de l'histoire de l´éducation et des institutions internationales*, Bureau International d'Éducation, Ginebra, 1943. En 1944, se publicó una versión inglesa del texto.

INTERNACIONALIZACIÓN

Los trabajos aparecidos en el siglo XX han puesto, a menudo, de relieve el paralelismo aparente que existe entre la situación histórica en la que Jullien escribió su proyecto y aquella en la que el mismo fue rescatado[32]. Jullien publicó su propuesta referida a la educación comparada en el período inmediatamente posterior a las guerras napoleónicas; el auge de los organismos internacionales registrado a fines de la década de 1940 y la de 1950 –que incluyó la investigación internacionalmente coordinada en el área de la educación– se produjo tras la catástrofe provocada por la Segunda Guerra Mundial y tenía como fin, según lo testimonian sus cartas de constitución, la construcción de un mundo estable y más pacífico. Se trata, pues, de un paralelo que requiere una mayor indagación, ya que revela importantes elementos de la lógica y las trayectorias en las que se basan las ciencias sociales.

El *Proyecto para una obra de educación comparada* de Jullien está sembrado de referencias a *revoluciones y guerras*, a *nuestros extensos períodos de levantamientos*, a *disturbios y conmociones violentas*, lo que cumple la función de dar realce a su tesis: se trata de la alternativa que debe evitarse. Común a ambos períodos de posguerra era la idea de que la escolarización era un medio tendiente a la mejora en lo que respecta a gobiernos y pueblos, así como también la del progreso constante en lo que hace a sus métodos. El paralelismo que resulta en particular importante de señalar consiste en que, en ambos períodos, se consideró necesario el *estudio* de la escolarización como medio para poner en práctica tales mejoras.

Si bien el período cubierto por su trabajo es otro, resultan particularmente interesantes para la consideración de estas dos apariciones de la educación comparada algunas de las observaciones realizadas por el historiador de las ciencias Bruno Latour, quien escribe:

> *La mayoría de las ciencias sociales se inventaron, hace ya un siglo, con el propósito de crear un atajo a procesos políticos, tras largos años de atroces guerras civiles y conflictos revolucionarios. Si contamos con una sociedad ya constituida como un conjunto único y que puede utilizarse para dar cuenta de la conducta de actores que ignoran lo que hacen, pero cuya estructura desconocida resulta visible al ojo penetrante del especialista en ciencias sociales, es entonces*

---

32. Véase Fraser, Stewart E.: "Commentary", en Jullien, *Proyecto para una obra de educación comparada, op. cit.*, págs. 94s.

posible asumir la ingente tarea de la ingeniería social tendiente a la producción del bien común, sin necesidad de construir antes la comunidad por medios políticos.[33]

La idea que Latour sugiere –es decir, que la constitución de las ciencias sociales implicó una especie de atajo– se formula tomando como fondo sus estudios y teorizaciones respecto de las enormes constelaciones políticas que los científicos naturales se ven forzados a movilizar en su trabajo, pero ponen de manifiesto, con todo, ciertos aspectos cruciales del proyecto de Jullien.

Si bien bajo el *Proyecto para una obra de educación comparada* subyacen las nociones de *sociedad* y *sociedades*, he de enfocar mi análisis en la forma en la que postula las entidades educativas como conjuntos únicos ya constituidos. Friedrich Tenbruck ha sugerido que el concepto de *sociedad* se ajusta a las condiciones, dictadas por el contexto, que dieron lugar a su estudio a comienzos del siglo XIX[34]; del mismo modo he de sostener que el concepto de *sistemas de educación pública* se ajusta a los requerimientos históricamente específicos de los métodos comparativos propusieron para su estudio. Jullien se proponía reunir información "acerca de las condiciones de la educación y la instrucción pública" y hace referencia además a "sistemas educativos"[35], lo cual genera algo bastante similar al *atajo* del que habla Latour. Sabemos que los comienzos del siglo XIX fueron un período en el que se desataron debates acerca de la conveniencia de una educación pública universal y obligatoria, y acerca de las formas convenientes que la intervención estatal debía asumir en la instauración de los sistemas educativos. Es entonces que hace su aparición la ciencia de la educación comparada, que está capacitada no solo para representar y caracterizar la educación en un sitio determinado, sino también para compararla con la de otros lugares. Provista de un sencillo dispositivo consistente en cuestionarios e

---

33. Latour, Bruno: "When Things Strike Back: A Possible Contribution of 'Science Studies' to the Social Sciences", en *British Journal of Sociology*, 51, 1, 2000, págs. 117s. (Destacado en el original).
34. Schriewer, Jürgen: *Welt-System und Interrelations-Gefüge. Die Internationalisierung der Pädagogik als Problem Vergleichender Erziehungswissenschaft*, Humboldt-Universität, Berlín, 1994.
35. Jullien: *Proyecto para una obra de educación comparada*: op. cit., págs. 33 y 37.

INTERNACIONALIZACIÓN

informes, distintas –y aparentemente inconexas– prácticas educativas de una serie de instituciones; los hábitos de higiene que la población haya aprendido o no, la filosofía que los maestros de pueblo utilizaban a la hora de explicar sus técnicas de instrucción, etc., todo ello podía ser relacionado y considerado como *sistema educativo* o *educación pública*. El proyecto de Jullien hace visibles estas conexiones y hace posible a sus comparatistas comenzar a dar cuenta de los actos de los individuos, comenzar asimismo con el plan de ingeniería social que supuso la escolarización de masas a principios del siglo XIX.

Una vez dicho esto, debemos notar que el objeto específico del estudio de Jullien queda un tanto ambiguo. Como bien señala Jacqueline Gautherin, la escala del estudio no es manifiesta, no se sabe en verdad si se han de comparar entidades geográficas, étnicas, políticas o administrativas[36]. Por ejemplo, Jullien nunca traza un esquema *satisfactorio* del sistema educativo como organización y, sin embargo, es esta vaguedad lo que brinda una pauta acerca de una de las formas del funcionamiento de las ciencias sociales. Del mismo modo en que se puede eternamente debatir, refinar y refundir el concepto de *sociedad*, se puede reelaborar, analizar o cartografiar indefinidamente el concepto de *sistema educativo*. Son estos evasivos objetos precisamente aquellos en torno a los cuales debemos movernos constantemente en nuestro carácter de investigadores sociales y de la educación comparada: debemos encararlos desde ángulos distintos, alegar que nuestros predecesores pasaron por alto una dimensión o matiz de los mismos. En las ciencias sociales modernas, disciplinas y campos se basan en el presupuesto de que existe un *algo* ya constituido que requiere de la mirada adecuada para obtener organización y visibilidad[37].

El proyecto de Jullien opera como una ciencia social, dado que la constitución de estos objetos globales (la *sociedad*, los *sistemas educativos*) iba acompañada del imperativo de que tales objetos *requerían* que se operase sobre ellos. La red cosmopolita que abarcaba tanto la comisión especial de educación como al resto de los colaboradores y en cuyo circuito de intercambio de infomación habría de basarse esta

---

36. Gautherin, 1993, *op. cit.*, pág. 765.
37. Dejo a otros estudiosos la cuestión de si las perspectivas que se identifican como posmodernas realizan un desplazamiento de este fenómeno.

forma de la educación comparada de comienzos del siglo XIX, presentaba, como nexo adicional, otro imperativo: el de la necesidad de la intervención. La educación comparada tenía en sí la promesa de una ingeniería social efectiva debido a que era capaz de reconstituir los mismos objetos que tomaba en consideración. Jullien deja sentada esta postura en términos claros. El *Proyecto para una obra de educación comparada* sostiene que las guerras y revoluciones ruinosas solo pueden surgir de la ignoracia y del relajamiento de los "lazos religiosos, morales y sociales" (esto es, los lazos que conforman la sociedad) y propone que "el regreso a la religión y la moralidad" puede efectuarse por medio de la educación pública, "sin la cual sería imposible reformar las costumbres y los caracteres individuales y nacionales" La entidad educativa, caracterizada en esta ocasión como *educación pública*, debe ser objeto de estudio y de reforma, dado que "en pocas palabras, es solo a través de la regeneración de la sociedad humana, paso a paso (...), que se puede albergar la esperanza de poner un fin a las desventuras de países e individuos".[38] En el razonamiento que Jullien desarrolla, la reconstitución de la sociedad ocupa un puesto urgente y obligatorio. No se trata –debemos notar– de un problema que atañe solamente al gobierno; la educación comparada que Jullien propone tiene por intención suministrar información útil a varios destinatarios.

El estudio científico de los problemas sociales con la vista puesta en la intervención tiene sus antecedentes en las ciencias jurídicas y políticas de los siglos XVII y XVIII; sin embargo, –sostiene Peter Wagner–, los mencionados estudios estaban destinados al uso casi exclusivo de un gobernante absoluto, lo que establece un notable contraste con relación a los surgidos tras las revoluciones francesa y norteamericana[39]. La idea de que la situación posrevolucionaria permitía u obligaba a los individuos a crear sus propias reglas de acción y orden social[40] se ve incluida en el proyecto de Jullien en dos niveles. En primer lugar, se incluye en el nivel de los programas educativos y de las reformas a

---

38. Todas las citas provienen de Jullien: *Proyecto para una obra de Educación Comparada*, op. cit., pág. 34.
39. Wagner, Peter: *A History and Theory of the Social Sciences*, Sage Publications, Londres, 2001, págs. 40 y passim.
40. Véase id., pág. 39, así como los argumentos avanzados en Wood, Gordon S.: *Radicalism of the American Revolution*, Vintage Books, Nueva York, 1992.

introducir; tómese como ejemplo la pregunta B. 98, citada al comienzo del presente artículo: "¿Se ejercita en los niños desde temprana edad la capacidad de pensar y razonar aplicándola a la guía y examen de su conducta, de modo tal que, al alcanzar la juventud y la madurez, puedan prescindir fácilmente de guías...?". En segundo término, la obligación hacia el gobierno de sí mismo y la creación de reglas se encuentra incluida en la ciencia de la educación misma de Jullien. Según su razonamiento, la comparación da lugar a la deducción de "ciertos principios, de determinadas reglas, de modo tal que la educación se convierta casi en una ciencia exacta, *antes que quedar librada a las limitaciones y la estrechez de miras, a los caprichos y el arbitrio de quienes hoy la controlan*"[41].

Aun cuando el *Proyecto para una obra de educación comparada* considera el interés que los gobiernos puedan tener por la educación comparada, es fundamental tomar nota de la forma en la que el texto disemina la capacidad y la responsabilidad de producir reglas e implementar reformas educativas[42]. Es también importante advertir que, en el pasaje antes citado, se propone un estudio de la educación en oposición a los *caprichos y arbitrariedades* de las autoridades políticas; se instituye una ciencia social como dominio fuera del control de los gobiernos, como algo capaz de imponer presiones sobre los mismos. Es así que la comunidad cosmopolita de investigadores de la educación comparada adquiere coherencia en la forma de una red científica, a partir de cuyos esfuerzos pueden constituirse sistemas educativos y sociedades.

4. La comparación de Suiza

En el apartado anterior se comparó el *Proyecto para una obra de educación comparada* con el proyecto taxonómico de Linneo y se lo colocó den-

---

41. Jullien: *Proyecto para una obra de educación comparada*, op. cit., págs. 40s. (cursivas: N.S.).
42. Véase, a este respecto, la discusión de Ian Hunter acerca de los *intelectuales administrativos* que comenzaron a actuar como agentes de las tecnologías políticas e intelectuales en el siglo XIX. Hunter, Ian: "Aesthetics and Cultural Studies", en Grossberg, Lawrence et al. (comps.): *Cultural Studies*, Routledge, Nueva York, 1992, pág. 363.

EL VIAJE, LAS CIENCIAS SOCIALES Y LA FORMACIÓN...

tro del marco general de la evolución de las ciencias sociales. Solo una breve mención fue hecha sobre la naturaleza *comparativa* de la empresa de Jullien, al definir al comparatista que el plan propone como un sujeto cosmopolita, cuya investigación en un sitio determinado debe ser puesta en conjunto con las de otros quienes, de manera similar, estudiaban los sistemas educativos y se preparaban para intervenir sobre los mismos. En este último apartado, he de considerar con mayor detalle la dimensión comparativa, así como también los parámetros de comparación que Jullien esperaba que Suiza aportara. He de discutir, además, la manera en la que estos dos aspectos entran en el cuadro de los cambios que acompañaron el surgimiento de las ciencias sociales a comienzos del siglo XIX.

A principios del siglo XIX, se fundaron también otras disciplinas comparadas: entre otras, Wilhelm von Humboldt propuso su antropología comparada en 1795; Georges de Cuvier, la anatomía comparada en 1800; Anselm von Feuerbach dio inicio al derecho comparado en 1810 y, pocos años después, Franz Bopp habría de exponer su lingüística comparada. Schriewer comenta que la investigación comparada era en aquella época "el *non plus ultra* de la modernidad"[43], pero sería de desear una exploración de los resultados obtenidos de la comparación.

La comparación ofrecía, a nivel epistemológico, la promesa, en cierta medida, de certeza y totalidad en el conocimiento. En su obra *Las palabras y las cosas*, Michel Foucault afirma que el sistema de ordenamiento del Renacimiento, que estaba basado en la semejanza, fue reemplazado en la Ilustración, que él denomina "edad clásica", por un razonamiento basado en la comparación. En el centro de esta *episteme*, se encontraba la tabla que suministraba los medios para concebir las relaciones entre los objetos desde el punto de vista del orden y la medida. Cualquier análisis tenía como objetivo establecer y fijar la identidad de un objeto con relación a sus diferencias respecto de otros; de ello se obtenía cierta cantidad de conocimiento como resultado[44]. Como vimos en el apartado anterior, el interés de Jullien se centraba en deducir *ciertos principios* y *de-*

---

43. Schriewer, 1994, *op. cit.*, pág. 308.
44. Foucault, Michel: *The Order of Things. An Archaelogy of the Human Sciences*, Phanteon Books, Nueva York, 1971 [*Las palabras y las cosas*, Siglo XXI, México, varias reimpresiones].

INTERNACIONALIZACIÓN

terminadas reglas, lo que resultaría posible, siempre que se contase con "una recopilación de datos y observaciones recogidos en una carta analítica"[45], esto es, una tabla. El propósito de la ciencia de la educación de Jullien parece haber sido obtener, por medio de la comparación, la totalidad de un determinado conocimiento acerca de la educación, lo que encaja con la descripción que Foucault hace de la *episteme* de la Ilustración. La manera en la cual se establecían las relaciones de diferencia y las reglas según las que se llegaba a articular el sistema, es un aspecto que requiere un examen más atento.

Como hemos visto en varios de los pasajes citados anteriormente, Jullien tenía el propósito de comenzar su investigación comparada en Suiza, para luego extenderla a otras naciones de Europa. A ojos de sus contemporáneos, Suiza era una opción razonable: a finales del siglo XVIII y comienzos del XIX, aparecía ante Europa como un país con diversas formas de gobierno y una amplia variedad de asambleas democráticas locales. Así proveyó un marco excelente para los estudios sobre el gobierno que Edward Gibbon redactó en 1775. Después de 1798, cuando Napoleón convirtió Suiza en un protectorado, las asambleas locales suizas fueron un sitio de peregrinación para los europeos que veían en ellas "un valor trascendental, un antídoto teórico contra las locuras y excesos de la Revolución Francesa"[46]. Lo que Suiza ofrecía era un laboratorio en el cual la variedad de casos o entornos diferentes habría de suministrar las condiciones de diferencia necesarias para un estudio comparado. En palabras de Jullien:

> *La amplia variedad de climas, lenguas, religiones, organización política y gobiernos que se registra en los veintidós cantones de la Confederación Helvética permite encontrar en el país una infinita variedad de instituciones y sistemas educativos, que reproducen todas las formas posibles de educación que se conocen, ya sea antigua o moderna, o compuesta de una mezcla de formas tradicionales y de cambios introducidos en nuestra época, ya sea dirigidos por organismos seculares o religiosos, ya sea gravosamente subordinados al gobierno o independientes en su accionar.*[47]

---

45. Jullien: *Proyecto para una obra de educación comparada*, op. cit., pág. 40.
46. Bernard, Paul P.: *Rush to the Alps: The Evolution of Vacationing in Switzerland*, East European Quarterly Press, Boulder, 1978, págs. 23 y passim.
47. Jullien: *Proyecto para una obra de educación comparada*, op. cit., pág. 43.

EL VIAJE, LAS CIENCIAS SOCIALES Y LA FORMACIÓN...

El motivo fundamental que se alega para el estudio de Suiza nos muestra la utilización de la comparación para construir una totalidad de conocimiento acerca de la educación en "todas las formas posibles que se conocen", además de mostrarnos la manera en la que se organizan las diferencias entre dichas formas. Jullien ha introducido lo que Gautherin denomina "el sentido de lo específico"[48]; y como parte relevante de esa especificidad ha introducido también un aspecto temporal de importancia.

Si aplicamos, una vez más, las posturas de Foucault en *Las palabras y las cosas*, observamos que Jullien aparece como una especie de figura de transición entre dos *epistemes*, como un autor situado en el preciso punto entre finales del siglo XVIII y principios del XIX en el que la figura del *hombre* empieza a interponerse con la *tabla* y la *finitud* propia del hombre a establecer las bases del conocimiento. En opinión de Foucault, es el funcionalismo de Georges de Cuvier lo que representa la ruptura decisiva, por la cual las identidades continuas que podían ser ubicadas en una tabla (la *episteme* de la Ilustración) resultan reemplazadas por estructuras orgánicas que se relacionan por la analogía de sus funciones (la *episteme* moderna). Aun cuando en el *Proyecto para una obra de educación comparada* se hace referencia a la obra de Cuvier en el terreno de la Anatomía Comparada como modelo para la educación comparada,[49] Jullien no termina de dar cuenta, como lo señala Gautherin[50], de los elementos de sus comparaciones como elementos funcionales. Sin embargo, Jullien posee una percepción de la historicidad del sujeto humano que cuadra con la descripción que Foucault hace de lo que sobrevino al cambio registrado hacia 1800. En la visión de Jullien, los cantones suizos representan espacios temporales que revelan tanto formas de educación *antiguas* como *modernas* y, en su descripción de las ventajas que Suiza ofrece al comparatista, se cuenta el pronóstico de encontrar allí *una mezcla* de tiempos que puede reflejar "los cambios introducidos en nuestra época",[51] es decir, el producto de la intervención de individuos que accionan sobre su sociedad y su

---

48. Gautherin, 1993, *op. cit.*, pág. 764.
49. Jullien: *Proyecto para una obra de educación comparada*: *op. cit.*, pág. 41.
50. Sostien Gautherin que Jullien basó su proyecto, en cambio, sobre el concepto de *valor*. Véase Gautherin, 1993, *op. cit.*, pág. 765.
51. Jullien: *Proyecto para una obra de educación comparada*: *op. cit.*, pág. 39.

sistema educativo. Esta forma de la educación comparada de principios del siglo XIX presenta características que la asemejan a la idea postulada por Foucault de que en las *ciencias humanas* del siglo XIX surge una noción de *hombre* como sujeto condicionado que construye sus representaciones en función de tales condicionamientos[52]. La noción de la *autorreferencialidad* (la instrucción pública crea pueblos; los pueblos crean sus sistemas educativos) está estrechamente relacionada con la situación descrita antes como posrevolucionaria, en la que los individuos se ven forzados a crear sus propias reglas. Es la incertidumbre creada por esta situación la que alienta en un contraste básico con las ciencias sociales: la diferencia, en palabras de Schriewer, "entre las supuestas 'leyes' de la naturaleza humana y la 'libertad indelegable' del hombre"[53]. Sería erróneo persistir en la ambición de Jullien por descubrir *ciertos principios* y *determinadas reglas* y decidir la ausencia de esta tensión de su proyecto. La comparación de Jullien tenía el propósito de resultar en un cierto conocimiento acerca de la educación; no obstante, presenta, al mismo tiempo, una percepción de la historicidad y de la incertidumbre respecto del porvenir desconocido que *los cambios introducidos en nuestra época* plantean, es decir, las intervenciones que intentan *actualizar* lo antiguo en lo moderno.

En el proyecto de Jullien, la sucesión temporal se presenta como condición de diferencia, como una de las formas de establecer relaciones: es decir, como una de las formas en las que se puede proceder a la comparación. Ligado a esto está el *sentido de lo específico* que también participa en la fijación de estas diferencias. Jullien propone "clima, lenguas, religión, organización política y gobierno" como elementos que especifican la diferencia. Lo que hace es usar, en la terminología de su época, la noción de *contexto*. El *Proyecto para una obra de educación comparada* otorga a lo particular una fuerza expresiva y explicativa. Las diferencias en los sistemas educativos son atribuibles a diferencias en el clima, las lenguas, las religiones, la organización política y los gobiernos. Lo notable de esta lista es que combina un elemento que podría verse como *natural*, el clima, con otras formaciones, por ejemplo la organización política, que son en parte (al menos en lo que respecta a

---

52. Foucault,1971, *op. cit.*
53. Schriewer, 1994, *op. cit.*, pág. 309.

"los cambios introducidos en nuestra época") debidos a la acción del *hombre*. Es el contexto, visto como la particularidad de un sitio localizado temporalmente y articulado de modo expresivo y explicativo, lo que precisamente conforma el *pegamento* que mantiene unidas educación y nación, que liga el *Sprachgeist* y el *Volkgeist* con los esfuerzos conscientes de los individuos por dar forma a sus instituciones.

Jullien escribe que, con la ayuda de tablas comparativas, "se puede establecer fácilmente cuáles [países de Europa] avanzan, cuáles están en retroceso, cuáles estacionarios"[54]. No debemos ver en este sistema de distinciones la idea de *tabla de clasificaciones* que nos es familiar por los estudios de la IEA realizados en los últimos años. El propósito fundamental de la comparación en el proyecto de Jullien era el de proveer un aparato explicativo que permitiera dilucidar las relaciones de diferencia. Se puede expandir, pues, la afirmación hecha en el apartado anterior –la ciencia social de Jullien postula entidades educativas ya constituidas que explican las acciones humanas y dan cuenta de ellas– para incluir la idea de que estas entidades educativas son además *explicables*, y que la comparación puede establecer con claridad sus relaciones de diferencia; puede establecer también esquemas explicativos de las instituciones/sistemas educativos que las unen a una especificidad local que surge tanto de la *naturaleza* como del *hombre* y se articula en un lugar y tiempo determinados.

Jullien tiene muy en claro hacia dónde se dirigen las sucesiones temporales, los cambios en el tiempo. En su *Proyecto para una obra de educación comparada*, escribe:

> *La recopilación y comparación de datos procedentes de los cantones ha de dar lugar a la idea de efectuar préstamos mutuos de lo que sus instituciones tienen de bueno y valioso. Así, la* mentalidad cantonal, *estrecha y exclusivista, dará paso a una mentalidad nacional helvética, con lo cual quedará mejor establecida y consolidada la unidad política de Suiza. (Lo mismo puede aplicarse a toda la familia europea)*.[55]

---

54. Jullien: *Proyecto para una obra de educación comparada, op. cit.*, pág. 37.
55. Ídem, pág. 46. Destacado: N.S.

5. Conclusión. Lo cosmopolita y lo nacional: la forja de la nación y el mundo

En esta forma de la educación comparada de principios del siglo XIX, la especificación de la diferencia y la especificación de lo local van unidas a un proyecto científico de ingeniería social aplicado a los sistemas educativos y a las sociedades que de ellos resultan. Queda claro, empero, que no es una noción axiomática el que la determinación de una diferencia lleve aparejada su anulación, y no es mi propósito trabar discusión con Derrida y otros en la teorización de este aspecto. Determinar diferencias, según la consideración de Jullien, habría de posibilitar que la "mentalidad helvética" tomara el lugar de la "cantonal" (y por cierto no será la última vez que la ciencia social sea desplegada a la hora de formar naciones). El *Proyecto para una obra de educación comparada* tenía el fin de clarificar o enfocar los sistemas nacionales de educación; la educación comparada debía, además, colaborar en la consolidación de dichos sistemas, consolidando a su vez la nación. La acotación que Jullien introduce entre paréntesis –"lo mismo puede aplicarse a toda la familia europea"– autoriza a pensar que los límites de la educación comparada no se detienen en los nacionales, que pueden colaborar en la sustitución de la "mentalidad helvética" por una "mentalidad europea". Podemos apreciar aquí que la nación, en su carácter de fuerza básica en la organización de la tarea y los colaboradores de las ciencias sociales y tal y como se la va construyendo a comienzos del siglo XIX, se presenta en relación a lo cosmopolita, es decir, la percepción de que existe una ética y una política que excede lo nacional. El proyecto de Jullien tiene una clara base nacional, su cometido es, después de todo, comparar los sistemas educativos *nacionales* de Europa. Pero, al mismo tiempo, considera las reformas educativas como "tendencias universales impresas en el espíritu humano"[56] e impregna la investigación de la educación comparada de un programa pronunciadamente cosmopolita.

El presente artículo tiene su origen en el interés por repensar históricamente los *sistemas educativos nacionales* y el modo en el que se establecieron como objeto de investigación. Existe un numeroso material bibliográfico en el cual se considera la escolarización y la educación en el

---

56. Ídem, pág. 36.

EL VIAJE, LAS CIENCIAS SOCIALES Y LA FORMACIÓN...

siglo XIX bajo su aspecto de componentes básicos de los proyectos de formación de naciones[57]; mi trabajo pretende efectuar un aporte a la discusión, al dedicar su atención al papel que la *comparación* desempeñó en tal proceso. Espero haber demostrado, como era mi propósito, la utilidad que reviste un análisis del proyecto de Marc-Antoine Jullien como muestra de una etapa en el establecimiento de las ciencias sociales. La figura del observador viajero, cuyos desplazamientos y mirada consolidan una posición subjetiva y organizan los objetos a analizar solo se vuelve posible merced a prácticas culturales que tienen una presencia perdurable en la reflexión acerca de los sistemas educativos. Con el repartimiento de la observación y la entrada del *conocimiento local* en este programa de investigación del siglo XIX, una forma de saber especializado comenzó a operar en una órbita cosmopolita. La sociedad científica –en cuanto grupo de investigadores– fue una de las maneras de atraer el proyecto nacional a esta órbita. Es fundamental advertir que fue esta una de las formas en las que, a su vez, se creó el cosmopolitismo. El sistema educativo nacional no encontraba su articulación en el marco de un cosmopolitismo preexistente; antes bien, se constituyeron el uno al otro recíprocamente. La sociedad científica –en cuanto unidad social, política, cultural, etc.– es, al igual que el sistema educativo y las técnicas que Jullien desarrollara para su estudio, recopilable y divisible. La comparación de sistemas educativos es una manera de intervención en las sociedades nacionales, o incluso en la sociedad mundial.

Como se ha señalado en la introducción, las ideas de Jullien para el estudio de la educación comparada nunca fueron llevadas a la práctica, no alumbraron una disciplina ni un debate permanente. Pese a todo, al abordarlo en profundidad como una *forma* de la educación comparada antes que relegarlo a la ignorancia o a una nota al pie en la historia del campo, el *Proyecto para una obra de educación comparada* pone ampliamente de manifiesto las líneas de razonamiento que componían el programa de la educación comparada a comienzos del siglo XIX. Se trata de *reglas* sin duda abiertas a redefinición y que han sido en efecto pulidas en el transcurso de los últimos doscientos años, pero que remiten, sin embargo, a las semejanzas que presenta la educación comparada en su

---

57. Me refiero, en particular, a la obra de John W. Meyer, Francisco O. Ramírez, Dominique Julia y Roger Chartier.

aspecto actual con el proceso de *modernización* de las ciencias sociales que comenzó a principios del siglo XIX. Vista desde esta perspectiva, la figura de Marc-Antoine Jullien puede ser considerada como *fundacional* y su proyecto sigue ejerciendo influencia. Es la influencia que une la educación comparada a la formación de naciones debida a las ciencias sociales y a la formación de un mundo cosmopolita, y la que se extiende sobre los comparatistas a la caza de desplazamientos.

6. Referencias bibliográficas

Arnove, Robert F. y Torres, Carlos Alberto: *Comparative Education: The Dialectic of the Global and the Local*, Rowman y Littlefield, Lanham, 1999.

Bernard, Paul P.: *Rush to the Alps: The Evolution of Vacationing in Switzerland*, East European Quarterly Press, Boulder, 1978.

Berchtold, Leopold: *Essai pour diriger et étendre les recherches des voyageurs qui se proposent l'utilité de leur patrie* (trad. por C. P. de Lasteyrie), Chez du Pont, París, 1797.

Bereday, George: *Comparative Method in Education*, Holt, Rinehart y Winston, Nueva York, 1964.

Brickman, William W: "A Historical Introduction to Comparative Education", en *Comparative Education Review*, 3, 1960.

Certeau, Michel de: *The Writing of History*, Columbia University Press, Nueva York, 1988.

Crary, Jonathan: *Techniques of the Observer: On Vision and Modernity in the Nineteenth Century*, MIT Press, Cambridge, 1990.

Debeauvais, Michel: "De Marc-Antoine Jullien aux indicateurs comparatifs de l'an 2000" (ponencia presentada en el 19° Congreso de CESE, Boloña, 2000).

Dobrzanski, Jan: *Ze studiów nad szkolnictwem elementarnym Lubelszczyzny w pierwszeij polowie XIX wieku*, Zaklad Narodowy Imienia Ossolinskich Wydawnictwo Polskiej Akademii Nauk, Breslau, Varsovia y Cracovia, 1968.

Foucault, Michel: *Discipline and Punish: The Birth of the Prison*, Vintage Books, Nueva York, 1970 [*Vigilar y castigar. El nacimiento de la prisión*, Siglo XXI, México, varias reimpresiones].

___ *The Order of Things. An Archaelogy of the Human Sciences*, Phanteon Books, Nueva York, 1971 [*Las palabras y las cosas*, Siglo XXI, México, varias reimpresiones].

Fraser, Stewart E.: "Commentary", en Jullien de Paris, Marc Antoine: *Plan for Comparative Education, 1816-1817* (trad. por Stewart E. Fraser), Bureau of Publications, Teachers College, Columbia University, Nueva York, 1964.

Gautherin, Jacqueline: "Marc-Antoine Jullien ('Jullien de Paris')", en *Prospects*, 23, 3/4, 1993.
Giraud, Jean: "Marc-Antoine Jullien de Paris (1775-1848)", en *Paedagogica Historica*, 15, 1975.
Grewal, Inderpal: *Home and Harem: Nation, Gender, Empire, and the Cultures of Travel, Post-Contemporary Interventions*, Duke University Press, Durham, N.C., 1996.
Hilker, Franz: *La Pédagogie Comparée. Introduction à son histoire, sa théorie et sa pratique*, Institute Pédagogique National, París, 1964.
Hunter, Ian: "Aesthetics and Cultural Studies", en Grossberg, Lawrence et al. (comps.): *Cultural Studies*, Routledge, Nueva York, 1992.
Jullien de Paris, Marc Antoine: *Plan for Comparative Education, 1816-1817* (trad. por Stewart E. Fraser), Bureau of Publications, Teachers College, Columbia University, Nueva York, 1964.
Kandel, Isaac: "International Cooperation in Education: An Early Nineteenth Century Aspiration", en *Educational Forum*, 7, 1, 1942.
Kaplan, Caren: *Questions of Travel: Postmodern Discourses of Displacement*, Duke University Press, Durham, N.C., 1996.
Latour, Bruno: "When Things Strike Back: A Possible Contribution of 'Science Studies' to the Social Sciences", en *British Journal of Sociology*, 51, 1, 2000.
Leed, Eric: *The Mind of the Traveler: From Gilgamesh to Global Tourism*, Basic Books, Nueva York, 1991.
Noah, Harold J. y Eckstein, Max A.: *Toward a Science of Comparative Education*, Macmillan, Nueva York, 1968.
Palmer, Robert Roswell: *From Jacobin to Liberal: Marc-Antoine Jullien, 1775-1848*, Princeton University Press, Princeton, N.J., 1993.
Pratt, Mary Louise: *Imperial Eyes: Travel Writing and Transculturation*, Routledge, Londres y Nueva York, 1992.
Rosselló, Pedro: *Les précurseurs du Bureau International d'Éducation: un aspect inédit de l'histoire de l'éducation et des institutions internationales*, Bureau International d'Éducation, Ginebra, 1943.
Sayre, Gordon M.: *Les Sauvages Américains: Representations of Native Americans in French and English Colonial Literature*, University of North Carolina Press, Chapel Hill, 1997.
Schriewer, Jürgen: *Welt-System und Interrelations-Gefüge. Die Internationalisierung der Pädagogik als Problem Vergleichender Erziehungswissenschaft*, Humboldt-Universität zu Berlin, Berlín, 1994.
Wagner, Peter: *A History and Theory of the Social Sciences*, Sage Publications, Londres, 2001.
Wood, Gordon S.: *Radicalism of the American Revolution*, Vintage Books, Nueva York, 1992.

INTERNACIONALIZACIÓN PEDAGÓGICA Y COMUNICACIÓN EN PERSPECTIVA HISTÓRICA: LA INTRODUCCIÓN DEL MÉTODO DE ENSEÑANZA MUTUA EN HISPANOAMÉRICA INDEPENDIENTE

EUGENIA ROLDÁN VERA
(DIE/CINVESTAV, México)[1]

1. El método de enseñanza mutua: una internacionalización temprana

El método de enseñanza mutua fue introducido en las escuelas elementales de Hispanoamérica, por primera vez, alrededor de 1818, durante el período de lucha de las colonias por su independencia política y económica. A ritmo sorprendente, el método se extendió por todo el continente en el lapso de unos cuantos años. Con su promesa de brindar instrucción elemental a grandes cantidades de alumnos en poco tiempo y a bajo costo –gracias al principio básico de que los niños podrían enseñar a otros niños, o sea *mutuamente*–, el método, de origen británico, fue adoptado con entusiasmo en forma más o menos simultánea por prácticamente todos los países americanos. Para 1828, una porción importante de las escuelas públicas y privadas de la región era de enseñanza mutua y, en casi todos los países, se habían promulgado leyes de oficialización (parciales o totales) del sistema –leyes que no fueron del todo correspondidas con el número real de escuelas que se

---

[1]. Esta investigación fue realizada en el curso de una estancia de investigación post-doctoral en Berlín (2002-2004), financiada por la Fundación Alexander von Humboldt. Agradezco a esta y al Centro de educación comparada de la Universidad Humboldt, así como al Instituto Iberoamericano de Berlín, las facilidades otorgadas para la realización de mi trabajo.

fundaron o se convirtieron al método mutuo, pero importantes al fin[2]. El método continuó gozando de popularidad en algunos países durante las décadas de 1830 y 1840 pero, en ese período, empezó a ser reemplazado por formas pedagógicas más frontales y centradas en el maestro. Solo en México la implementación del método tuvo una duración relativamente larga, siempre coexistiendo con otro tipo de escuelas: apenas en 1890, fue abolido oficialmente. Cabe aclarar que atendiendo a la simultaneidad en la adopción del método y la gran similitud en los procesos de expansión inicial del mismo en los países hispanoamericanos, para los propósitos de este trabajo utilizaré constantemente a la entidad abstracta *Hispanoamérica* sin reparar demasiado en las variaciones regionales, que indudablemente las hubo[3].

---

2. En Chile, el decreto del 22 de noviembre de 1821 obligó a todos los maestros de Santiago a aprender el método mutuo en la Escuela Central lancasteriana (caso contrario podrían perder sus trabajos). En la Gran Colombia, el decreto del 26 enero de 1822 mandaba la creación de una escuela normal lancasteriana en Bogotá, Caracas y Quito, y en el plan del 3 de octubre de 1826 se establecía que, en un plazo de catorce meses, todas las escuelas elementales del país (existentes o de nueva creación) deberían emplear el método mutuo. En Perú, por decreto del 6 de junio de 1822, todas las escuelas de Lima deberían convertirse al sistema mutuo en un lapso de 6 meses, y en un decreto del 31 enero de 1825 se ordenaba el establecimiento de una escuela normal lancasteriana en cada departamento del país. En Argentina, el método mutuo fue declarado oficial para las escuelas públicas y privadas de Buenos Aires en 1822. En México, el decreto del 16 abril de 1833 declaró oficial el método mutuo para todas las escuelas públicas del Distrito Federal, y la ley del 26 de octubre de 1843 puso a la Compañía Lancasteriana de la ciudad de México a cargo de la Dirección de Instrucción Primaria de todo el país (cargo que ocupó hasta el 6 de octubre de 1845). En Guatemala, el *Estatuto de Instrucción Primaria* del 31 de agosto de 1835 mandaba que, para 1838, todas las escuelas primarias de Guatemala deberían ser lancasterianas. En ese mismo año, 1838, el decreto reglamentario de instrucción pública de Ecuador oficializaba el método lancasteriano para todas las escuelas primarias del país.
3. Entre otros: Amunátegui Solar, Domingo: *El sistema de Lancáster en Chile i en otros países sud-americanos*, Imprenta Cervantes, Santiago, 1895; Báez Osorio, Miryam: "La escuela lancasteriana en Colombia", en *Revista de Ciencias de la Educación*, 155, 1993; Browning, Webster E.: "Joseph Lancaster, James Thomson, and the Lancasterian System of Mutual Instruction, with Special Reference to Hispanic America", en *The Hispanic American Historical Review*, 4, 1921; Caruso, Marcelo, y Roldán Vera, Eugenia (comps.): "The Monitorial System of Education in Latin America in the Early Nineteenth Century", en *Paedagogica Historica*, 41, 6, 2005; Fernández Heres, Rafael: *Sumario sobre la*

Hispanoamérica no fue la única región en la que este método de enseñanza fue positivamente apropiado y puesto en práctica. Adoptado en un gran número de países en los cinco continentes –de la India a Senegal y de Rusia a Australia– durante el primer tercio del siglo XIX, la enseñanza mutua constituye quizá el primer método escolar verdaderamente internacional de la era moderna. Sin embargo, a pesar de su expansión mundial, el método nunca gozó de exclusividad en un lugar y tiempo determinados, y su situación de competencia con otros modelos de la época es fundamental para comprender las formas en que fue definido e interpretado en los distintos contextos.

¿Cómo explicar el atractivo de este método de enseñanza y la rapidez en la expansión de un modelo importado en regiones geográficamente tan distantes del centro donde fue inicialmente desarrollado? En el caso concreto de Hispanoamérica, la teoría de la internacionalización en políticas educativas de Jürgen Schriewer ofrece un sólido marco para comenzar a formular una respuesta. Según esta teoría, existen ciertos momentos históricos en que las referencias internas de un grupo o sociedad son consideradas inadecuadas para alcanzar cierto objetivo y, por tanto, se buscan fórmulas en referencias externas; estas referencias son posteriormente re-contextualizadas (esto es, adaptadas al contexto local) e internalizadas, hasta que todo resabio externo en ellas es borrado y se convierten nuevamente en parte de la autorreferencialidad del grupo, sociedad o nación[4]. Este proceso de

---

escuela caraqueña de Joseph Lancaster (1824-1827), Arte, Caracas, 1984; López, Claudina N. y Narodowsky, Mariano: "El mejor de los métodos posibles: la introducción del método lancasteriano en Iberoamérica en el temprano siglo XIX", en Camara Bastos, Maria Helena y Mendes de Faria Filho, Luciano (comps.): *A escola elementar no século XIX: o método monitorial / mutuo*, Universidade de Passo Fundo, Passo Fundo, 1999; Roldán Vera, Eugenia: "The Monitorial System of Education and Civic Culture in Early Independent Mexico", en *Paedagogica Historica*, 35, 1999; "El niño enseñante: infancia, aula y Estado en el método de enseñanza mutua en Hispanoamérica independiente", en Barbara Potthast y Sandra Carreras (comps.): *Entre familia, sociedad y Estado: Niños y jóvenes en América Latina*, Vervuert/Iberoamericana, Berlín, 2005; Tanck de Estrada, Dorothy: "Las escuelas lancasterianas en la ciudad de México", en *Historia Mexicana*, 32, 4, 1973; *La educación ilustrada (1786-1836): Educación primaria en la ciudad de México*, El Colegio de México, México, 1999.

4. Schriewer, Jürgen: "The Method of Comparison and the Need for Externalization: Methodological Criteria and Sociological Concepts", en Schriewer, Jürgen y

externalización es común en períodos de transición política –como el que Hispanoamérica estaba viviendo en el primer tercio del siglo XIX– y juega un papel fundamental en la justificación de reformas que se consideran controvertidas en un momento dado[5]. Pensando en estos términos, uno puede argumentar ciertamente que, en Hispanoamérica independiente, el método de enseñanza mutua resultaba atractivo porque, al ofrecer instruir a un gran número de estudiantes en corto tiempo y a bajo costo, brindaba a las nuevas élites gobernantes un instrumento de legitimación en el nuevo orden republicano y representativo. Según el discurso de la época, en semejante orden la base misma de la autoridad política dependía de la existencia de una ciudadanía educada con facultades electorales y participativas, y eso solo podría lograrse mediante la expansión de la educación. Enfrentados al desafío de la educación de masas, los grupos dirigentes eligieron no buscar referencias en el interior de sus propios países en buena medida porque se encontraban en un proceso de ruptura con el pasado colonial, necesario para afianzar su autoridad. La inspiración fue tomada entonces de otros modelos percibidos como liberales y modernos (Inglaterra, Francia), a la vez que distantes de la antigua metrópoli colonial, sin que ello impidiera que la implementación local del método estuviera marcada por las propias formas heredadas del pasado virreinal. Además, y en parte debido a la asociación del método mutuo con el proyecto político liberal, algunos de los mecanismos pedagógicos del método fueron identificados como formadores de ciertos valores considerados especialmente adecuados para la forma de gobierno que los países habían elegido. Así, en el proceso de su re-contextualización en Hispanoamérica el método mutuo sufrió una transformación significativa: de su concepción británica inicial como

---

Holmes, Brian (comps.): *Theories and Methods in Comparative Education*, Peter Lang, Fráncfort del Meno, etc., 1990; "El método comparativo y la necesidad de externalización: criterios metodológicos y conceptos sociológicos", en *Educación comparada: teorías, investigaciones y perspectivas* [edición a cargo de Jürgen Schriewer y Francesc Pedró], Promociones y Publicaciones Universitarias, Barcelona, 1993.

5. Para América Latina véase Caruso, Marcelo, y Roldán Vera, Eugenia (comps.): *Importing Modernity in Post-Colonial State Formation*, Peter Lang, Fráncfort del Meno, 2007.

INTERNACIONALIZACIÓN PEDAGÓGICA Y COMUNICACIÓN...

un sistema para la educación de los hijos de los artesanos y obreros que contribuiría a prevenir el descontento y la subversión en una emergente sociedad industrializada, el método pasó a ser un mecanismo racional para la educación de ricos y pobres que habrían de formar la base ilustrada de una ciudadanía republicana y legitimadora del poder establecido[6].

Ahora bien, toda externalización constituye, ante todo, un proceso de comunicación. Las características histórico-sociales particulares del proceso comunicativo afectan cada una de las etapas de la externalización, de la transferencia a la re-contextualización y a la reformulación del conocimiento pedagógico. Son estas características las que permiten comprender aspectos tales como el ritmo de la expansión de un método importado, el peso específico de los distintos agentes involucrados en la difusión e implementación del mismo, y algunas de las variaciones culturales en su comprensión y apropiación. A la luz de esa preocupación, relativamente descuidada por la investigación educativa, en este trabajo analizaré las redes de comunicación impresa a través de las cuales tuvieron lugar la importación y apropiación en las primeras etapas de la introducción del método mutuo en Hispanoamérica. Me concentro especialmente en las redes de material impreso –manuales lancasterianos, material periodístico y correspondencia (impresa en medios locales tras ser recibida)–, aunque en la introducción del método mutuo tuvieron también mucho que ver las redes de individuos viajeros de un continente a otro y de un país a otro en el período independiente temprano[7].

Sostengo que las características y las limitaciones de la red de información impresa que transmitió el conocimiento acerca del método mutuo entre distintos contextos jugaron un papel importante en la forma en que este fue concebido y desarrollado, no solo en los países hispanoamericanos, sino también en los centros europeos desde los cuales la información acerca del método comenzó a difundirse. En este estudio,

---

6. Roldán Vera, 1999 y 2005, *op. cit.*
7. Roldán Vera, Eugenia, y Schupp, Thomas: "Bridges over the Atlantic: A Network Analysis of the Introduction of the Monitorial System of Education in Early-Independent Spanish America", en *Comparativ - Leipziger Beiträge zur Universalgeschichte und vergleichenden Gesellschaftsforschung*, 15, 2005.

empleo algunas propuestas del análisis de redes en las ciencias sociales, análisis que busca explicaciones del cambio social a partir de las interacciones establecidas entre objetos, individuos y grupos de individuos en una situación determinada. Este enfoque implica un cierto alejamiento de las explicaciones basadas únicamente en atributos categóricos de los actores involucrados –individuales o colectivos– tales como pertenencia a un grupo, conciencia de clase, afiliación política, credo, etnicidad, género, etc. y concentra su atención, en cambio, en las relaciones y los patrones de relaciones que son, hasta cierto punto, independientes de la voluntad, creencias y valores de los personajes[8]. Ahora bien, a pesar de la utilidad de este enfoque en el estudio de procesos de difusión de innovaciones, un importante factor limitante del análisis de redes en las ciencias sociales, señalada por varios críticos, es la falta de una adecuada conceptualización de la actividad humana y de la cultura debido al énfasis que pone en la dimensión supra-individual de las interacciones[9]. Un análisis de las redes de comunicación en el marco de un proceso de externalización puede superar este problema estudiando las formas en que las redes de comunicación a la vez posibilitan y constriñen, en términos culturales, sociales y políticos, el flujo de la información. Como mostraré aquí, las redes epistolares y de material impreso expresaban, generaban y reproducían intereses, preocupaciones, información e identidades de aquellos involucrados en el proceso comunicativo del método de enseñanza mutua; al hacerlo, las redes afectaron el proceso de producción de conocimiento acerca de este método en ambos lados del Atlántico.

En la primera sección de este texto, describo los principios del método y analizo la centralidad de los manuales de enseñanza mutua en

---

8. Aunque la formulación de esta idea proviene desde Durkheim, el análisis de redes ha sido reelaborado recientemente con importantes desarrollos de las matemáticas y las tecnologías de la información. Entre los trabajos que exploran las posibilidades del enfoque del análisis de redes en las ciencias sociales, se pueden mencionar los siguientes: Granovetter, Mark: "The Strength of Weak Ties: A Network Theory Revisited", en *Sociological Theory*, 1, 1983; Gladwell, Malcolm: *The Tipping Point: How Little Things Can Make a Big Difference*, Little Brown, Boston, 2000; Rogers, Everett M.: *Diffusion of Innovations*, Free Press, Nueva York, 2003; Watts, Duncan J.: *Six Degrees: The Science of a Connected Age*, Norton, Nueva York, 2003.
9. Emirbayer, Mustafa, y Goodwin, Jeff: "Network Analysis, Culture, and the Problem of Agency", en *American Journal of Sociology*, 99, 6, 1994.

la expansión del mismo. Enseguida, presento una genealogía de los manuales publicados en Hispanoamérica entre 1818 y 1854 en el contexto del comercio transatlántico del libro, mostrando cómo las características de la disponibilidad y circulación de manuales favorecieron la introducción de cambios en la percepción del método. La tercera parte está dedicada al análisis de la comunicación entre las sociedades creadas a ambos lados del océano para la introducción y promoción del método de enseñanza mutua; me concentro en un estudio de los términos en que tuvo lugar el intercambio de libros e información y las formas en que comunidades de individuos involucrados en la implementación del método construían y definían sus identidades en el proceso mismo del intercambio.

2. El método mutuo en forma impresa

En el modelo sistematizado –en forma aparentemente independiente– por los ingleses Joseph Lancaster y Andrew Bell, el método, más que las capacidades del maestro, era lo más importante para el funcionamiento adecuado del proceso de enseñanza. La escuela era un espacio perfectamente regulado en el cual toda actividad estaba planeada y programada de antemano: los estudiantes (de 100 a 1.000) que integraban el aula única eran divididos en pequeños grupos o *clases* (de 6 a 10 estudiantes cada una) según el nivel de conocimientos de cada uno y cada clase era dirigida por un monitor o instructor. Todos los monitores de clase respondían a un monitor general –de lectura, escritura o aritmética–, el cual estaba bajo el mando de un monitor general de orden, el cual a su vez respondía directamente al maestro. El tiempo escolar estaba dividido en pequeñas unidades de ejercicios, que eran diferentes para cada grupo de estudiantes, y cada grupo los realizaba bajo la conducción de su monitor de clase; este era un estudiante ligeramente más avanzado que el resto de sus compañeros y, en algunas ocasiones, había recibido cierta instrucción previa del maestro. Aunque los ejercicios de cada clase eran diferentes, todos eran realizados en forma simultánea por toda la escuela gracias a los comandos que iba gritando a voz en cuello el monitor general de clase. Este dictaba la secuencia general de las actividades (con base en una lista prescrita de tareas), ante lo cual los monitores de clase dictaban las tareas específicas a sus grupos y a continuación las examinaban y corregían. Los alumnos ascendían o descendían de rango dentro de su clase según su desempeño en cada ejercicio y, cuando habían alcanzado el nivel máximo dentro de su grupo, podían ascender al siguiente o convertirse en monitores del mismo. Un complejo sistema de registros de asistencia, de avance y retroceso individual, y de premios y castigos contribuía a controlar el comportamiento de los estudiantes. En semejante estructura de organización escolar, que tan meticulosamente intentaba controlar lo que ocurría en el aula para reducir la incertidumbre inherente a la enseñanza de un gran número de alumnos, el papel del maestro mismo aparecía considerablemente disminuido. Como señalaba un manual publicado por la *British and Foreign School Society* (BFSS):

> *Tal es la excelencia del plan del sistema británico que si la organización de la escuela es exactamente mantenida, a un nivel moderado de conocimientos por parte del maestro es suficiente [para su funcionamiento], siempre y cuando este tenga las más altas cualidades morales.*[10]

Así, si bien los maestros de las escuelas mutuas –llamadas también lancasterianas en honor a uno de los fundadores del modelo– no necesitaban tener una gran cantidad de conocimientos o facultades pedagógicas, era esencial que contaran con un sólido conocimiento del método. Ya que las escuelas normales para la formación de maestros constituían una etapa siguiente en la implementación del sistema, los manuales impresos del método mutuo eran sumamente importantes para la introducción y expansión temprana del mismo en zonas tan distantes de Gran Bretaña como los países americanos. Los manuales explicaban en detalle el funcionamiento escolar, desde las características físicas del salón de clases hasta el orden temporal de las lecciones, la división de las clases, la forma de enseñar cada cosa, los comandos que deberían ser empleados para cada actividad, las listas de premios y castigos adecuados, y el papel exacto de los distintos monitores y del maestro. De esa manera, constituían una guía directa para

---

10. Véase BFSS, 1816 [Apéndice], pág. 6. La traducción de todas las citas es mía.

maestros, para miembros de sociedades de promoción de escuelas lancasterianas (sus funcionarios y sus donantes) y para las autoridades municipales encargadas de la supervisión o administración de las escuelas, además de constituir una forma de publicitar el sistema y crear una opinión favorable del mismo en la sociedad en general. Con todo, los manuales no constituían el único elemento impreso necesario para el proceso de enseñanza: aunque el método mutuo hacía innecesario el uso de libros de texto individuales, se requerían tablas impresas para la enseñanza de la lectura y la aritmética, e instrucciones impresas (aunque probablemente en varios casos también se utilizaron copias manuscritas) para cada uno de los monitores de clase. Estas tablas eran normalmente impresas en la localidad –y su carencia constituía la principal fuente de queja por parte de los maestros–, si bien hay también evidencias de que las sociedades lancasterianas británicas y francesas enviaron a la región algunas impresas en España. Además, en las escuelas lancasterianas de muchos países hispanoamericanos se empleaban catecismos impresos de religión y civismo, de los cuales, en algunas escuelas, cada alumno tenía su copia pero, en la mayoría, había solo unos cuantos ejemplares para uso de toda la escuela.

Sin embargo, la introducción del método de enseñanza mutua en los países hispanoamericanos no tuvo lugar únicamente a través de los libros. Si bien los manuales ayudaban a crear la opinión pública favorable para la creación de escuelas mutuas, muy importante fue la presencia de un número de individuos (hispanoamericanos o extranjeros) que habían conocido el método en Europa de primera mano y que tuvieran un papel activo en su enseñanza, en la fundación de escuelas o en la proclamación de leyes de oficialización del mismo[11]. En ese marco, la fijación del método en forma impresa jugó un papel importante en la consolidación de estas tareas y en la ulterior creación de escuelas de enseñanza mutua o conversión de escuelas tradicionales a este sistema.

---

11. Roldán Vera y Schupp, 2005, *op. cit.*

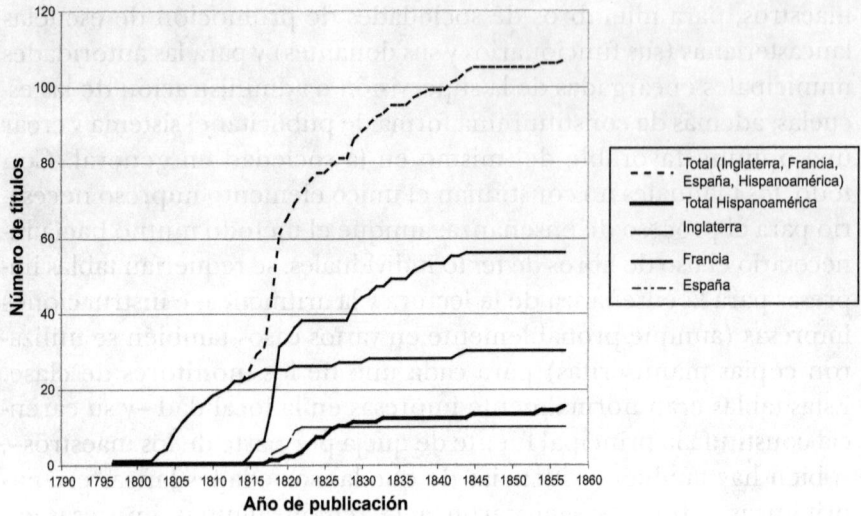

Fig. 1. Publicación de manuales de enseñanza mutua en Inglaterra, Francia, España e Hispanoamérica

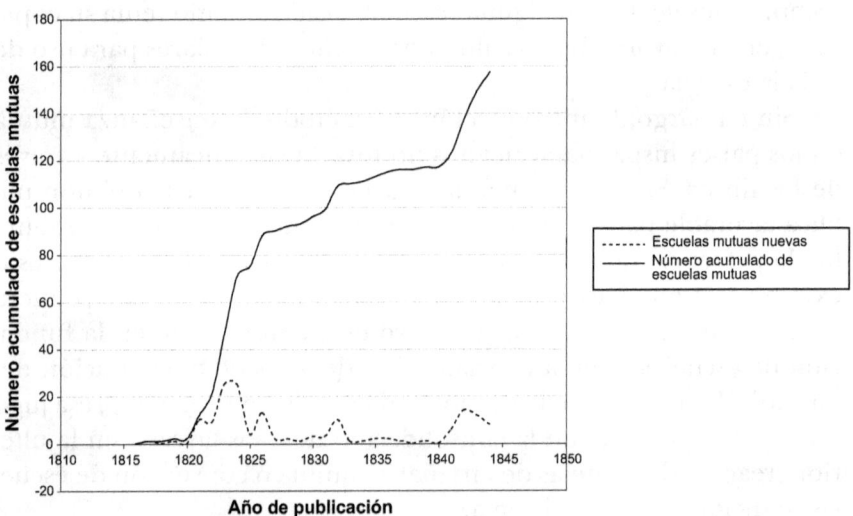

Fig. 2. Creación de escuelas lancasterianas en Hispanoamérica. El gráfico está basado en números reales de escuelas identificadas; posiblemente existieron muchas más. Por otra parte, si bien el gráfico es útil para ubicar el momento de "despegue" en el fenómeno de expansión del método mutuo, hay que advertir que no proporciona datos de las escuelas que fueron siendo cerradas en el trascurso del tiempo.

INTERNACIONALIZACIÓN PEDAGÓGICA Y COMUNICACIÓN...

Una visualización del ritmo de publicación de manuales del método mutuo en los países hispanoamericanos indica que este coincidió con el ritmo inicial de creación de nuevas escuelas lancasterianas. La figura 1 nos da una idea comparativa del ritmo de publicación de manuales del método mutuo en Gran Bretaña, Francia, España e Hispanoamérica entre 1797 y 1855. El número de manuales publicados en esta última región es incomparablemente menor al de los textos producidos en Gran Bretaña y Francia, pero es interesante observar que en cuatro casos el momento de *despegue* en la curva (el momento en que la implementación de esta innovación deja de ser gradual y empieza a crecer exponencialmente) ocurre en tiempos diferentes: primero, en Inglaterra entre 1804 y 1806; luego, en Francia entre 1816 y 1817; seguida de España entre 1817 y 1818, y finalmente, en Hispanoamérica entre 1823 y 1825. Para este último caso, la correspondencia con la figura 2 indica la relación entre el número de libros publicados con el número de escuelas creadas, cuyo *despegue* también ocurre entre las mismas fechas. De esta coincidencia en la etapa inicial de expansión del método mutuo, no podemos inferir una simple explicación causal en el sentido de que la existencia de los libros habría llevado a la creación de escuelas. Pero sí podemos reconocer la interrelación existente entre ambas variables: la existencia de manuales hacía factible la expansión del sistema, mientras que la fundación de nuevas escuelas creaba una demanda de nuevos manuales[12]. En cambio, en etapas posteriores de expansión del método, las fluctuaciones de las dos curvas tienen menos puntos de coincidencia; se puede deducir que el proceso de creación de escuelas en tiempos posteriores tiene que ver con factores que van más allá de la disponibilidad de los manuales impresos (pues, para entonces, los principios del método ya eran bastante conocidos o existían escuelas normales para el entrenamiento de los maestros).

---

12. Es necesario ver estos gráficos con ciertas reservas. Un problema del gráfico del número acumulativo de escuelas es que no muestra la interrupción o cierre de las escuelas creadas (información por lo demás difícil de recabar), mientras que la el gráfico de manuales considera solo el número de títulos de manuales publicados y no el tiraje de las ediciones. Desde luego, en estos gráficos se considera la zona hispanoamericana continental en general, sin contemplar las diferencias regionales, que son significativas.

3. Genealogías de libros y los circuitos del comercio transatlántico de impresos

¿Cómo llegaron esos manuales a los países hispanoamericanos? Durante las décadas de 1810 y 1820, comenzaron a entrar grandes cantidades de libros británicos y franceses en la región gracias al fin oficial del monopolio comercial español (había habido importación de impresos de estos países durante el período colonial, pero aquélla era de naturaleza más o menos ilegal y no tan voluminosa como lo sería después). Ese flujo de material impreso tenía lugar a través de canales no específicos del comercio de libros: aún no era común que las casas editoriales hicieran sus envíos directamente a libreros locales, ni se había generalizado la apertura de sucursales de editoriales europeas en los países americanos como ocurriría unas décadas más tarde; tampoco era una actividad dependiente de las reglas abstractas de la oferta y la demanda. Más bien el comercio de libros tenía lugar a través de canales heterogéneos de distribución en los cuales la acción individual, el comercio de otras mercancías y las iniciativas gubernamentales jugaban un papel importante[13].

De esos variados mecanismos, tres fueron de especial relevancia y condicionaron la introducción y circulación de manuales de enseñanza mutua. En primer lugar, el conjunto de comerciantes británicos y franceses que llegaron a la región en busca de oportunidades de negocios e inversiones. Entre ellos, no había mercaderes de libros propiamente dichos (con unas cuantas excepciones), sino que se trataba de individuos involucrados en una diversidad de actividades que iban del comercio de manufacturas y objetos de lujo a la participación en empresas agrícolas, mineras o de colonización. Muchos de ellos se mezclaron con las élites locales y algunos se incorporaron a asociaciones civiles que comenzaban a ser comunes en la época (sociedades promotoras del teatro, clubes literarios o deportivos, asociaciones de fomento a la música, agrupaciones de divulgación del conocimiento, etc.). Entre ellas, se destacan las sociedades de fomento a la enseñanza mutua, es-

---

13. Roldán Vera, Eugenia: *The British Book Trade and Spanish American Independence: Education and Knowledge Transmission of Knowledge in Transcontinental Perspective*, Ashgate, Aldershot, 2003.

pecialmente en ciudades portuarias Buenos Aires o México[14]. Como parte de sus actividades, estos comerciantes transportaban algunas cantidades de libros que dejaban en consignación con libreros o tenderos locales. Aunque este tema no ha sido debidamente investigado, se ha postulado que estos eran los canales a través de los cuales la mayoría de los libros de lectura popular fueron transportados –sobre todo las numerosas traducciones de novelas y literatura barata inglesa y francesa impresas en Francia– y, entre ellos, también algunas obras de carácter didáctico. Por su naturaleza, estas eran publicaciones que más fácilmente podían asegurarse un público lector considerable.

De carácter muy distinto al de los comerciantes extranjeros, una segunda vía para la importación de libros europeos en Hispanoamérica la constituyen las redes de diplomáticos y emigrados hispanoamericanos residentes en el viejo continente (o viajando a través de él) durante esas dos décadas. Se trataba de luchadores por la independencia en el exilio recaudando dinero o comprando armas para la causa, representantes de los gobiernos hispanoamericanos a las cortes españolas que aprovechaban la oportunidad para viajar por Francia e Inglaterra, agentes diplomáticos buscando el reconocimiento de la independencia de sus países por las potencias europeas, o enviados oficiales en misiones de contratación de préstamos y de reclutamiento de inversionistas para compañías mineras o agrícolas. Estos hispanoamericanos formaban un grupo relativamente pequeño de individuos altamente cosmopolitas y eran sumamente activos en la transmisión de información e impresos entre los centros europeos y el nuevo continente. Sin embargo, los envíos de libros que hicieron a sus superiores, instituciones educativas, amigos, parientes o para sus propias bibliotecas eran de carácter muy selectivo: la mayoría de lo que mandaban tenía –o le fue concedido– un valor didáctico, ilustrado, para las nuevas clases en el poder que habían tomado en sus manos el diseño y la construcción de los nuevos países. Así, no es de extrañar que buena parte de la información impresa acerca del método de enseñanza mutua lle-

---

14. Caruso, Marcelo, y Roldán Vera, Eugenia: "Träger und Formen der Internationalisierung der Bell-Lancaster-Schulen im 19. Jahrhundert. Zur Rolle von lokalen Organisationen bei der Konsolidierung von Netzwerken (Buenos Aires, Caracas, Mexiko)", ponencia presentada al Congreso conjunto de las Sociedades alemana, austríaca y suiza de Ciencias de la Educación, Zúrich, 2004.

gara a Hispanoamérica por esta vía, como lo indican algunos testimonios. Por ejemplo, es sabido que el mexicano Lucas Alamán obtuvo la traducción francesa del texto de Joseph Hamel sobre el método mutuo en el curso de su viaje por Francia, tras haber tomado parte en las cortes españolas de 1820, y que usó ese manual como la base del compendio sobre el sistema que publicó a su regreso a México[15]. Durante su viaje, conoció también los textos sobre el método escritos por los franceses Laborde (1816) y Lasteyrie (1819), y aparentemente llegó a visitar una escuela mutua en Inglaterra. Por otra parte, el venezolano Andrés Bello, exiliado en Londres, envió los siguientes textos a su hermano Carlos en Caracas: el Nuevo Testamento en español, para su uso en escuelas mutuas (una traducción hecha en parte por él y publicada por la *British and Foreign Bible Society* –BFSS– en Londres); el *Manual of the System of Teaching Reading, Writing, Arithmetic and Needle-Work* (Londres, 1816 o 1822), en inglés, publicado por la BFSS; las instrucciones de la BFSS para la organización de sociedades lancasterianas (1823); y el *Nouveau système d'éducation* de Lasteyrie (1819)[16]. Ese envío de libros debía servir para que Carlos Bello dirigiera una de las primeras escuelas mutuas de Venezuela en 1823, tras su designación como maestro de la misma por el ayuntamiento de Caracas. Un tercer ejemplo de este flujo de información personalizada lo brinda el caso de Manuel Codorniu: diputado español en las cortes españolas de 1820, Codorniu pasó después a México llevando consigo una traducción francesa de la obra de Joseph Lancaster[17], sobre la base de la cual fue escrito el manual de la Compañía Lancasteriana de la ciudad de México (1824).

Finalmente, una vía específica para el envío y distribución de manuales lancasterianos la constituyeron las sociedades británicas y francesas para la promoción de la enseñanza mutua, esto es la BFSS y la *Societé pour l'Instruction Élémentaire* (SIE). Ambas sociedades realizaron tareas de publicación, traducción y, en ocasiones, de envío de textos y tablas escolares, ya fuese a través de sus agentes en distintos países o res-

---

15. Véase Alamán, 1822 [Apéndice].
16. Carlos Bello a la municipalidad de Caracas, 16 de agosto de 1824, en Fernández Heres, 1984, *op. cit.*, pág. 62.
17. Presumiblemente el texto de Lasteyrie, 1815 [Apéndice].

INTERNACIONALIZACIÓN PEDAGÓGICA Y COMUNICACIÓN...

pondiendo a pedidos específicos de maestros locales. Referencias a este tipo de solicitudes y envíos aparecen constantemente en la correspondencia extranjera de ambas sociedades.

Es evidente que este heterogéneo panorama en materia de importación y circulación de impresos tuvo un impacto en la disponibilidad de los textos en los países hispanoamericanos. Por esa razón, los circuitos de los libros también afectaron los rasgos de las genealogías de manuales que se fueron reeditando en el continente a partir de traducciones de textos importados. La figura 3 muestra un esquema de las relaciones entre los manuales lancasterianos en la región hispanoamericana y los manuales españoles, franceses e ingleses. Esta visualización permite descubrir algunos aspectos notables del flujo de información entre los dos continentes.

El análisis muestra la procedencia de 14 manuales publicados en Hispanoamérica entre 1818 y 1854: 5 en México, 3 en Argentina, 2 en Colombia, 1 en Venezuela, 1 en Guatemala, 1 en Uruguay y 1 en Perú. De ellos, 4 fueron publicados en forma de series de artículos en periódicos (pero tan detallados que, salvo uno, podían igualmente servir de guías a maestros y administradores) y el resto en forma de libro. De los 14 manuales localizados, la mayoría no fue traducida de fuentes británicas —como normalmente se piensa— ni directamente de obras de Lancaster o Bell, sino de fuentes francesas o españolas: 4 manuales hispanoamericanos fueron tomados directamente de textos ingleses, 5 de franceses, 2 de españoles y 1 de un texto (de Joseph Lancaster) publicado en los Estados Unidos. El hecho de que la mayoría de los manuales fuera tomada de una sola fuente (10 de ellos) es indicador de la escasa disponibilidad de los textos europeos en la región y de la importancia de las ediciones locales para la propagación del método. Con todo, los autores/traductores que conocieron el método en Europa afirmaban haber tenido acceso a más de un texto acerca del mismo, pero aún así eligieron basar el suyo en una sola fuente, la que consideraban más adecuada. Los únicos 2 manuales que están basados en dos fuentes distintas fueron publicados en Buenos Aires y las fuentes son, en ambos casos, una francesa y una española; esto parece confirmar la idea de que esa ciudad estaba bastante mejor conectada con el comercio de libros europeo, posiblemente debido a su carácter de puerto.

INTERNACIONALIZACIÓN

Por otra parte, la figura muestra que todas las fuentes españolas están basadas en fuentes francesas –explicable por la proximidad geográfica y lingüística de ambos países, así como por el hecho de que Francia fue refugio de gran cantidad de liberales españoles en las décadas de 1810 y 1820, muchos de los cuales se ganaban la vida en tareas de traducción–. Pero solo 2 manuales hispanoamericanos estuvieron basados en uno español[18]. Ya que la comunidad de lenguaje hace obvia la conexión entre la metrópoli y sus ex-colonias, esta falta de relación entre ambas regiones con respecto al flujo de información del método mutuo no deja de ser sorprendente; se explica, sin embargo, por la suspensión del comercio entre las dos partes durante las guerras de independencia (1808-1824) y por el esfuerzo de varios líderes por acercarse a las innovaciones pedagógicas de países considerados más modernos y liberales que la antigua madre patria. Finalmente, es notable la existencia, en Hispanoamérica, de varias traducciones de un mismo texto (por ejemplo, de Laborde encontramos una traducción hecha en Buenos Aires y otra, en Venezuela; de Hamel, una hecha en Buenos Aires y otra, en México; y del manual de la BFSS 1816, una, en Bogotá y otra, en Montevideo), lo cual indica que la circulación de impresos a través de los países hispanoamericanos era bastante más escasa que la que existía directamente con Gran Bretaña y Francia.

Ahora bien, una forma distinta de representar las genealogías de manuales es organizándolos según la importancia relativa de cada texto –esto es, según el número de veces que un libro fue utilizado como base para la escritura de otro libro–, como se muestra en el esquema de la figura 4. Allí observamos dos agrupaciones (*clusters*) principales alrededor de dos manuales: el de la BFSS de 1816 y la edición francesa del Plan de Laborde, del mismo año. Sobre la base del francés fueron hechas 6 ediciones, y 5 sobre las del inglés, y a su vez cada una de estas ediciones fueron posteriormente retraducidas o

---

[18]. El mismo en ambos casos. Es significativo que este manual haya sido el publicado en Cádiz en 1818. Cádiz era la ciudad liberal que albergó a las cortes españolas en 1810-13 y 1820-21, a las que muchos hispanoamericanos asistieron como delegados de sus países (antes de que concluyeran las guerras de independencia) y donde entraron en contacto con la élite liberal de España y otros países americanos. Esto lo hacía un centro muy propicio para la difusión de información.

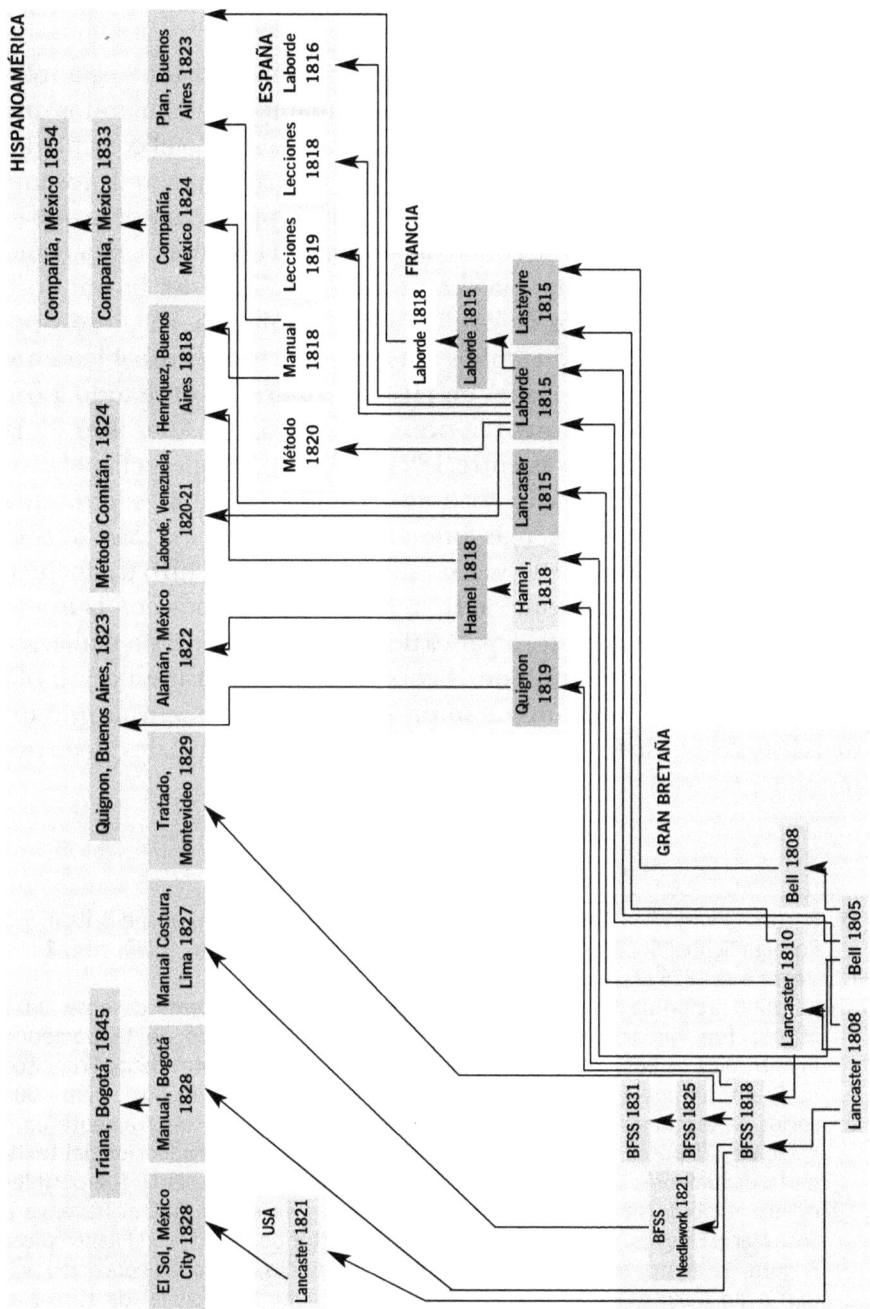

Fig. 3. Genealogía de manuales de enseñanza mutua publicados entre 1805 y 1854 en Gran Bretaña, Francia, España y los países hispanoamericanos.

reeditadas. Ya fuera en francés o en alguna versión española, Laborde fue más conocido en la región sudamericana, mientras que el manual de la BFSS logró tener una influencia en todo el continente. El texto de Laborde fue presentado como una *combinación* de los métodos de Bell y Lancaster, y constituye la razón principal por la que el sistema fuera ampliamente conocido –tanto en Hispanoamérica como en otras regiones del planeta– como *de Bell y Lancaster*, borrándose gradualmente los puntos de conflicto (metodológico, religioso y político) entre los planes de ambos autores. Con todo, probablemente la influencia directa de la BFSS en Hispanoamérica (sobre todo a través de su agente Thomson) y la presencia de Joseph Lancaster en la región (residió en Caracas entre 1824 y 1827) expliquen el apelativo más común de *lancasteriano* atribuido al método. La BFSS tenía una política de distribución más intensa que la francesa *Société pour l'Instruction Élémentaire* (SIE) y es sabido que, en 1821, hizo traducir su manual al español –así como al francés, griego y árabe– con la intención de enviarlo, a su costo, a países de lengua hispana[19]; sin embargo, solo el manual colombiano de 1826[20] parece ser una traducción oficial hecha por la BFSS, aunque impresa en Bogotá, mientras que los demás textos basados en ese parecen ser versiones locales (y distintas en cada caso)[21].

---

19. Bartle, George F.: "The Teaching Manuals and Lessons Books of the British and Foreign School Society", en *History of Education Society*, 46, 1990, pág. 24.
20. Véase BFFS 1826 [Apéndice].
21. La publicación de la primera edición del *Manual del sistema de enseñanza mutua* fue financiada por contribuciones de los socios de la Sociedad Filantrópica de Bogotá (entre los que se encontraba el vicepresidente Francisco de Paula Santander). La impresión de 3.000 ejemplares del manual, más 3.000 series de lecciones para uso en el salón de clase, tuvo el relativamente bajo costo de 375 pesos. La ausencia de mención al pago por la traducción del texto en la documentación correspondiente sugiere que el manuscrito fue posiblemente recibido ya traducido desde Inglaterra. Véase José Rafael Revenga a José María Esteves, obispo de Santamarta y director de la Sociedad Filantrópica, Bogotá, 12 de marzo de 1828, citado en Yepez Castillo, Aureo: *La educación primaria en Caracas en la época de Bolívar*, Academia Nacional de Historia, Caracas, 1985, págs. 176-179. El *Manual del sistema* aparece transcrito íntegro en esta publicación (págs. 409-474).

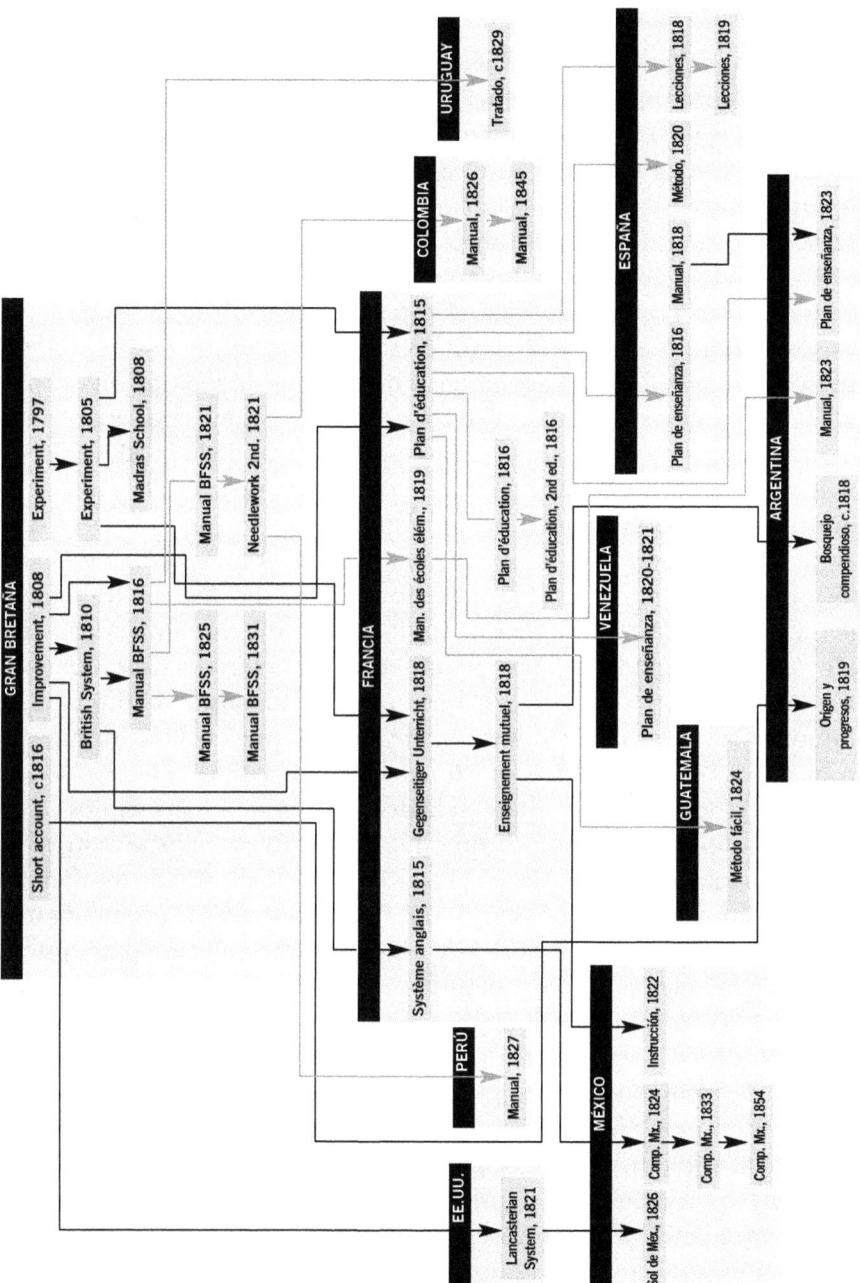

Fig. 4. Genealogía de manuales de enseñanza mutua publicados entre 1805 y 1854 en Gran Bretaña, Francia, España y los países hispanoamericanos, agrupada en "clusters".

INTERNACIONALIZACIÓN

Esta representación también muestra la distancia de las distintas ediciones con respecto a las fuentes en que el método fue descrito por primera vez. Solo 2 de los manuales de enseñanza mutua publicados en Hispanoamérica constituyen una traducción directa de un texto de Joseph Lancaster –esto es, se encuentran a un grado de separación del *original*– y ninguno es una traducción directa de Bell. Todos los demás están a más de dos grados de separación: 2 manuales son una traducción directa de manuales de la BFSS, o sea, están a dos grados de separación del original; otros 2 manuales son traducciones de una edición francesa, lo que los coloca también a dos grados de separación del original, y el resto están localizados a tres o cuatro grados de separación.

En suma, estas representaciones esquemáticas de la producción de manuales indican dos características principales de la circulación de la información acerca del método en Hispanoamérica: por una parte, que en la introducción de la enseñanza mutua hubo una *multiplicación* de impresos –esto es, múltiples traducciones y re-ediciones de un mismo texto– y, por la otra, que en esta multiplicación existe una considerable *distancia* (o grados de separación) entre los originales y sus múltiples reediciones. Estos dos factores constituyen condiciones de posibilidad importantes para la introducción de variaciones en la información transmitida. ¿Qué tipo de variaciones fueron estas?

Uno esperaría ver cambios en la descripción de los principios y mecanismos del método mutuo. Sin embargo, tales aspectos no sufrieron modificaciones significativas en el proceso de reescritura de los manuales. Ciertamente los textos escritos por Bell y Lancaster, así como los manuales de la BFSS, fueron transformándose con cada edición pero, por lo menos hasta mediados de la década de 1830, los fundamentos del método mutuo, los que lo definían y lo distinguían de otros métodos de enseñanza contemporáneos, se preservaron bastante bien. Me refiero a las facultades enseñantes de los pupilos, la división de grandes grupos de alumnos en pequeñas clases que eran instruidas simultánea y diferenciadamente, la difusión jerárquica de la autoridad del maestro a los varios rangos de monitores o instructores, la movilidad constante de los estudiantes entre distintas clases según su aprovechamiento individual, el escrupuloso sistema de premios y castigos, la secuencia de las lecciones y los comandos militares que normaban cada actividad dentro del salón. En los manuales, se introdujeron cambios menores relativos al número de niveles requeridos para cada materia, la duración de las tareas, o el tipo de premios otorgados, pero estas variaciones no afectaban realmente el funcionamiento general del sistema. Solo para principios de la década de 1840 comenzamos a ver transformaciones en algunas (solo algunas) de las ediciones hispanoamericanas de los manuales tendientes a combinar el método mutuo con otras formas de enseñanza de carácter más global o frontal. Pero, para entonces, los manuales de la BFSS también habían comenzado a variar en esa dirección, si bien es muy probable que las variaciones introducidas en Hispanoamérica no estuvieran directamente relacionadas con las variaciones hechas en los manuales ingleses. Esta relativa fidelidad a los principios del método no deja de ser sorprendente, pues el lancasteriano era un modelo que tenía poco en común con otros estilos de enseñanza de la época, así que uno esperaría ver influencias externas incorporadas al mismo. Por otra parte, es posible que su presentación en una serie de postulados perfectamente descritos y formando un método cerrado haya facilitado su reproducción y difusión a gran escala.

Un tipo distinto de transformación en los manuales, no específicamente relacionado con los principios del método mutuo, tiene que ver con la definición del origen del método mismo, con los nombres asignados a los alumnos con puestos de enseñanza, y con el currículo prescrito para las escuelas lancasterianas. En términos generales, estos eran cambios tendientes a hacer aparecer el método como más cercano a tradiciones locales o a formas más conocidas de enseñanza. En ese sentido, varios autores de manuales franceses incluían un capítulo introductorio en el cual se ubicaba el origen del método en Francia misma –ya fuera en la escuela dirigida por el maestro Paulet en Vincennes hacia 1780 o en los estilos pedagógicos de los hermanos de La Salle–; o trataban de probar que el método de Bell y Lancaster no era, después de todo, tan original, sino que esos autores habían simplemente copiado y sistematizado métodos practicados desde tiempos inmemoriales por hindúes y turcos[22]. De igual forma, los manuales españoles ubican los orígenes del método en su región, adjudicándoselo especialmente a órdenes religiosas con misiones educativas, como los jesuitas, los escolapios o los betlemitas. Los manuales hispanoamericanos

---

22. Lasteyrie, 1819, págs. 22-25.

contemplan también los antecedentes del método mutuo en distintos países, pero no se advierte en ellos una necesidad tan imperiosa por situar el origen del método en el continente americano. Para algunos, su origen inglés era un calificativo de modernidad e ilustración[23]; para otros, el que fuera un método ampliamente practicado en Francia era una justificación suficiente para adoptarlo; y según el parecer de otro grupo, especialmente para aquellos más interesados en mantener una continuidad con la tradición católica colonial, el método tenía sus orígenes en la pedagogía internacional de los jesuitas –establecida fundamentalmente en la *Ratio Studiorum* (1599) y en el manual para enseñar la escritura de Lorenzo Ortiz[24]. Más de uno, especialmente en México, comparó la figura de los monitores con la de los *decuriones*, alumnos asistentes en la pedagogía jesuita con funciones de inspección y disciplina, pero no propiamente de enseñanza[25]; Alamán decididamente utilizó la denominación de *decuriones* para los pupilos enseñantes. Con todo, en el resto de los manuales hispanoamericanos, la tendencia es que los que están basados en fuentes británicas utilicen el término *monitores*, mientras que los tomados de fuentes francesas prefieran *instructores* y *comandantes* (equivalente a monitores de clase y monitores generales), que son los términos utilizados por Laborde y Lasteyrie (posiblemente siguiendo a Bell, quien hablaba de *tutores*).

En cuanto al currículo, la diferencia principal de los manuales hispanoamericanos con respecto a los europeos es la inclusión de la enseñanza del catecismo católico y del catecismo cívico. Los manuales ingleses proponían que la religión se enseñara a partir de tablas con extractos de las Escrituras (en el caso de Lancaster y la BFSS, tenían que ser textos principalmente del Nuevo Testamento y sin anotaciones, para que sirvieran a alumnos de todas las denominaciones) pero, en los ma-

---

23. Origen y progresos, 1819 [Apéndice].
24. Ortiz, Lorenzo: *El Maestro de escrivir, la theorica, y la practica para aprender y para enseñar este utilissimo arte*, Venecia, 1696.
25. Alamán, 1822 [Apéndice]; Codorniu y Ferreras, Manuel: *Discurso inaugural que en la abertura de las escuelas mutuas de la Filantropia, establecidas por la Compañía Lancasteriana de México en el que fue convento de extinguidos betlehemitas, dijo el ciudadano Manuel Codorniu y Ferreras, presidente actual y socio fundador de la misma, en el día 16 de noviembre de 1823, tercero de la independencia y segundo de la libertad*, Imp. a cargo de Martín Rivera, México, 1823.

nuales hispanoamericanos –con la excepción del de Bogotá de 1826 que seguía fielmente al manual de la BFSS–, la enseñanza de la religión se prescribía por los catecismos del padre Ripalda o del padre Astete, que eran textos ya utilizados en las escuelas desde la época colonial. Los manuales hispanoamericanos también agregaban casi siempre un capítulo sobre la enseñanza del catecismo cívico; este era un género de texto aparecido durante las guerras de independencia, basado en la estructura del catecismo religioso pero dirigido a instruir sobre la forma de gobierno del país, los derechos y obligaciones de los ciudadanos, y algunos principios constitucionales[26]. La forma de enseñar estos dos catecismos sería la misma que la establecida en el método mutuo para la enseñanza de la lectura: a partir de la memorización de las preguntas (de preguntas únicas a capítulos enteros según el nivel de cada clase), la toma de la lección por parte del monitor y el ejercicio por parte de los alumnos de preguntarse y responderse mutuamente, bajo la supervisión del monitor y ascendiendo y descendiendo dentro de su clase según el número de respuestas correctas[27]. Por otra parte, aunque eso no aparece necesariamente en los manuales, en Hispanoamérica el método mutuo fue considerado apto para niveles escolares superiores y otro tipo de materias –de la geografía y la historia a la geometría, la química y el dibujo lineal– utilización impensable en Inglaterra donde el método se planteó como exclusivo para proporcionar una instrucción mínima a los hijos de las clases trabajadoras[28].

---

26. Staples, Anne: "El catecismo como libro de texto durante el siglo XIX", en Roderic A. Camp (comp.): *Los intelectuales y el poder en México. Memorias de la VI Conferencia de Historiadores Mexicanos y Estadounidenses*, University of California Los Angeles - El Colegio de México, México, 1991; Roldán Vera, 1999, *op. cit.*
27. Sobre la forma de enseñar los catecismos cívico y religioso en las escuelas lancasterianas, véase Roldán Vera 1999: *op. cit.*; "Reading in Questions and Answers: The Catechism as an Educational Genre in Early Independent Spanish America", en *Book History*, 4, 2001.
28. El método fue aplicado en niveles superiores por lo menos en el Liceo Chileno mientras que Manuel Codorniu tenía planeado crear un departamento de estudios secundarios adyacente, la escuela *Filantropía* de la ciudad de México (Codorniu y Ferreras, 1823, *op. cit.*). Por otra parte, la amplia gama de materias cubierta por los *Catecismos* editados en Inglaterra por Rudolph Ackermann para Hispanoamérica, publicitados como en perfecta concordancia con el método de enseñanza mutua, da cuenta de esa variedad de saberes para los que esa forma de enseñanza se consideraba adecuada. Véase Roldán Vera, 2003, *op. cit.*

INTERNACIONALIZACIÓN

Por último, una tercera variación ocurrió en el proceso de atribuir *significados* diferentes a algunos de los mecanismos del método. Tales transformaciones en la comprensión de este modelo de enseñanza tenían que ver con las diversas expectativas políticas y culturales proyectadas en el método, y, en el caso de Hispanoamérica, estaban orientadas a presentarlo como un método acorde con los objetivos políticos liberales y republicanos de los nuevos tiempos[29]. Estas variaciones son más evidentes en los manuales publicados en forma serial, pues el estilo periodístico permitía más libremente la introducción de comentarios y juicios de valor. Como he señalado en otra parte, el estricto control de las tareas, movimientos y pensamientos de los alumnos en este sistema fue visto por algunos como una forma de alejar a los niños de la perniciosa influencia de sus familias y vincularlos más cercanamente a una educación, hasta cierto punto, dirigida por el Estado[30]; la delegación de autoridad en un sistema jerárquico de monitores y asistentes fue percibido como una metáfora del principio de delegación de autoridad en un sistema republicano[31]; y el mecanismo de rotación de monitores era, para otros defensores del método, una preparación para la noción del poder como un servicio cívico temporal cuya obtención dependería únicamente de los méritos individuales[32]. Además, el sistema mutuo fue descrito como particularmente apropiado para la enseñanza del mencionado catecismo político, instrumento esencial de formación de ciudadanía en los nuevos tiempos, por la facilidad con que permitía que los principios cívicos fueran *impresos* en la memoria de los niños[33].

Se puede concluir que las transformaciones introducidas en la percepción y comprensión del método mutuo fueron en parte permitidas y condicionadas por la multiplicación y distancia en la producción de los impresos que caracterizaron el flujo de información de Europa e Hispanoamérica. Desde luego, estas transformaciones tienen que ver

---

29. Roldán Vera, 1999, *op. cit.*
30. González Millán, Andrés: *Educación pública, único y seguro medio de la prosperidad del Estado. Dedicado al Exmo. Ayuntamiento Constitucional de esta N.C. de Méjico, por A.G.M., profesor de primera educación para todos los domimios de S.M.C. y director de la escuela lancasteriana ó enseñanza mutua*, Mariano Ontiveros, México, 1820.
31. *El Sol*, 1826 [Apéndice].
32. Codorniu y Ferreras, 1823, *op. cit.*
33. Roldán Vera, 1999 y 2004, *op. cit.*

con el horizonte de expectativas de los *lectores* hispanoamericanos, proyectando sus valores políticos sobre un método que, al hacer posible un sistema de educación de masas, ofrecía una vía para la auto-legitimación de las élites en el nuevo orden representativo. Sin embargo, existe otro aspecto importante que tuvo lugar en el proceso de circulación del conocimiento sobre el método mutuo y que afectó las formas en que el mismo fue definido. Un análisis de la dinámica de la circulación transatlántica de lo impreso en este período indica que muchas de las variaciones culturales en la apropiación del método no solo fueron *expresadas* sino también *producidas* en las formas en que la comunicación tuvo lugar. En la siguiente sección, exploraré este fenómeno a través de un estudio de las relaciones de información establecidas entre individuos y sociedades escolares de Hispanoamérica, Francia e Inglaterra.

4. Comunidades transatlánticas de conocimiento educativo

Los manuales hispanoamericanos sobre el método mutuo constituían, en más de un sentido, *puentes* entre Gran Bretaña, Francia y los países de habla hispana en América. Al trasladarse y traducirse, estos libros transmitían una información específica sobre el método mutuo. Pero, en ese proceso, también se producía otro tipo de conocimiento: la circulación transatlántica de impresos formó comunidades informadas a ambos lados del océano, comunidades que entablaron un diálogo en torno al método. El tipo de relaciones establecidas entre estos grupos influyó sobre la producción misma de conocimiento educativo y definió el papel de cada una de las partes involucradas en el proceso comunicativo.

Las dos principales sociedades británica y francesa dedicadas a la promoción local del método mutuo desarrollaron una orientación propagandística hacia el extranjero en forma más o menos simultánea a mediados de la década de 1810. La BFSS, fundada en Londres en 1808[34], creó un fondo internacional en 1817 para el envío de libros y

---

34. Fue originalmente fundada con el nombre de "The Society for Promoting the Lancasterian System for the Education of the Labouring and Manufacturing Classes of Society of Every Religious Persuasion", para fomentar el trabajo iniciado por Joseph Lancaster. En 1814, se redenominó "British and Foreign School Society" a partir de su distanciamiento del diseñador del método mutuo.

maestros a otros países. Por su parte, la francesa *Société pour l'Instruction Élémentaire* (SIE) estableció un comité para escuelas extranjeras destinado a propagar *el gran, liberal y útil método* –a través del despacho de libros, tablas, pizarras y maestros a otros puntos del planeta[35]–. Esta sociedad también dedicó parte de su empeño, sobre todo a partir de 1825, a la traducción de manuales y materiales escolares en varios idiomas. La otra sociedad británica de difusión del método mutuo, la *National Society for Promoting the Education of the Poor on the Principles of the Established Church* –fundada para apoyar los trabajos de Andrew Bell y en rivalidad con la BFSS– también desarrolló una actividad misionera pero, hasta ahora, no se ha encontrado evidencia de que tuviera actividad en Hispanoamérica.

A consecuencia de esa orientación hacia el extranjero, la BFSS envió dos maestros a la región hispanoamericana –James Thomson y Henry Dunn– y certificó a un tercero –el inglés Antonio Eaton, contratado para trabajar en Chile a solicitud de la legación chilena–. De estos tres, solo Thomson tuvo éxito –un éxito bastante espectacular– en la fundación de escuelas normales y la expansión del método en varias ciudades de cuatro países: las Provincias Unidas del Río de la Plata, Perú y Colombia[36]. A través de Thomson, la BFSS introdujo también tablas de lecciones (inglesas y españolas), pizarras y materiales escolares, mientras que la *British and Foreign Bible Society* (BFBS) hizo llegar, por el mismo medio, un gran número de ejemplares de la Biblia y el Nuevo Testamento (Thomson operaba como agente de las dos sociedades)[37].

---

35. Tronchot, Robert Raymond: *L'enseignement mutuel en France de 1815 a 1833: les luttes politiques et religieuses autour de la question scolaire*, 3 vol, tesis doctoral, Université de Paris, París, 1972, pág. 440.
36. Amunátegui Solar, 1895, *op. cit.*; Browning, 1921, *op. cit.*; Canclini, Arnoldo: *La Biblia en la Argentina: su distribución e influencia hasta 1853*, Asociación Sociedad Bíblica Argentina, Buenos Aires, 1987; López y Narodowski, 1999, *op. cit.*
37. La BFSS y la BFBS eran sociedades hermanas; la mayoría de sus miembros pertenecía a ambas sociedades y ambas estaban caracterizadas por el principio no sectario de sus actividades (en contraste con las sociedades patrocinadas por la Iglesia oficial anglicana, promotoras de su credo). La distribución de la Biblia y la alfabetización eran actividades misioneras íntimamente relacionadas: solo con una expansión de la alfabetización podría más gente leer la Biblia (y la disponibilidad de biblias incentivaría a la gente para aprender a leer) y, como se dijo, la BFBS pretendía que las escuelas lancasterianas utilizaran extractos del Nuevo Testamento para el aprendizaje de la religión.

INTERNACIONALIZACIÓN PEDAGÓGICA Y COMUNICACIÓN...

Los otros dos maestros permanecieron en la zona solo una corta temporada sin cumplir sus objetivos (Dunn, quien fracasó en América Central en 1831, fue enviado unos años más tarde al Caribe de habla inglesa, donde su tarea parece haber sido más fructífera). Por su parte, la SIE también envió tablas de lecciones, pizarras y útiles escolares a Argentina y Chile –principalmente ante el pedido de maestros franceses establecidos independientemente en la región–, pero su actividad más directa se concentró en países no hispanohablantes de la zona, como Brasil y Haití. Esta sociedad tuvo vínculos más estrechos con España, especialmente a partir del entrenamiento de españoles residentes en Francia como maestros del método mutuo, para que posteriormente lo aplicaran a su regreso a su país[38].

En todo caso, con excepción de la labor de Thomson, la BFSS de la BFSS y la SIE en Hispanoamérica no fue tan importante como en otras regiones donde estas sociedades enviaban un número constante y sistemático de agentes –por ejemplo, la BFSS estuvo muy presente en la India, mientras que la SIE parece haber sido más relevante en Europa del Este y África–. Sin embargo, los envíos de materiales y la correspondencia entablada entre estas sociedades y las sociedades locales promotoras del método lancasteriano, así como con altas personalidades políticas, tuvieron una especial relevancia en la forma de concebir y desarrollar el método en los países hispanoamericanos, y ello, a su vez, repercutió en la definición de la BFSS y la SIE, y en su trabajo en el interior de sus países. La correspondencia establecida entre estas sociedades y sus contactos o agentes en otras partes del mundo era regularmente impresa en las ediciones mensuales del *Journal d'Éducation,* órgano de la francesa SIE, y en los *Annual Reports* de la BFSS (y frecuentemente copias de estas publicaciones eran enviadas por las sociedades mismas o por diplomáticos a países hispanoamericanos); algunos periódicos hispanoamericanos también incluían, en ocasiones, extractos de esos intercambios. El hecho de que esta correspondencia fuera *impresa* tanto en los centros *distribuidores* del método como en los *receptores* daba una dimensión pública al fomento de la enseñanza mutua en general y al trabajo de las sociedades promotoras en particular. Un análisis de estos impresos nos da una idea

---

38. Tronchot 1972: *op. cit.*

INTERNACIONALIZACIÓN

del tipo de intercambios que se establecieron entre los corresponsales a ambos lados del Atlántico.

La SIE mantuvo correspondencia regular, entre 1818 y 1828, con los agentes diplomáticos centroamericano y colombiano en Londres –Marcial Zebadúa y José María Restrepo respectivamente–; con el político e intelectual hondureño José Cecilio del Valle, residente en Guatemala con el director de la Sociedad Filantrópica de Bogotá, obispo José María Esteves; con el político mexicano Lucas Alamán; con el diplomático argentino y futuro presidente Bernardino Rivadavia, y con el italiano residente en Inglaterra Giuseppe Pecchio, quien sirvió de mediador entre algunos hispanoamericanos como Zebadúa y Valle y la SIE. La esfera de influencia de esta sociedad no era excluyente con respecto a la de la BFSS. Esta también mantenía contacto directo con Alamán, Zebadúa y Rivadavia, especialmente durante el período de residencia de los tres en Londres, pero también cuando estuvieron de regreso en sus países. Igualmente intercambiaba correspondencia con el agente para México Vicente Rocafuerte (después presidente de su nativo Ecuador) y con su colega chileno José Irisarri, así como con dos maestros británicos independientes: John Armstrong, en Buenos Aires, y James Watts, en Colombia. Además, la BFSS tuvo una conexión importante con Hispanoamérica a través de la abundante correspondencia que James Thomson remitía puntualmente. Este también proporcionaba nombres de locales con quienes la BFSS pudiera comunicarse directamente, entre los que figuraban políticos prominentes y clérigos involucrados en la enseñanza pública[39].

Las cartas iban y venían de ambos lados del océano a menudo acompañadas de libros, panfletos y fragmentos de periódico acerca del sistema mutuo. Pero había una diferencia fundamental entre lo que se recibía en cada continente. Los hispanoamericanos, que eran más frecuentemente quienes iniciaban el contacto, casi siempre escribían para solicitar les fueran enviadas tablas de lecciones, manuales para maestros, libros escolares, útiles para el salón de clase, libros o artículos que hablaran sobre los progresos de la educación en Europa, y obras de

---

39. Entre ellos, el padre Bartolomé Muñoz y Bernardino Rivadavia en Buenos Aires, y el general Freire, Rafael Echeverría, Camilo Henríquez y Manuel Salas en Chile, aunque no es claro si la BFSS estableció contacto directamente con ellos.

conocimiento general para la gente. José Cecilio del Valle incluso sugirió que la SIE patrocinara la creación de una biblioteca popular en la ciudad de Guatemala[40]. Cuando las sociedades respondían, generalmente enviaban algo de lo que se les había pedido: tablas de lecciones, materiales escolares y, a veces, un ejemplar de un manual de enseñanza mutua; pero en vez de libros escolares, obras de conocimiento general o financiamiento para crear bibliotecas locales, las sociedades europeas enviaban a los hispanoamericanos certificados de membresía, copias de sus reglamentos internos e instrucciones para formar asociaciones lancasterianas a su semejanza. Por otra parte, la SIE y la BFSS recibían de los hispanoamericanos (o de Thomson en el segundo caso) una cantidad de artículos de periódicos que describían el progreso local de las escuelas mutuas, las leyes más recientes que oficializaban el método y los reglamentos impresos de las sociedades y escuelas lancasterianas locales. Estos últimos iban comúnmente acompañados de una nota solicitando comentarios de la sociedad británica o francesa para la mejor organización de su trabajo. Solo en contadas ocasiones los corresponsales hispanoamericanos enviaron copias de libros o tratados producidos localmente. Valle envió a la SIE su propia *Memoria sobre educación* solicitando a cambio uno o dos ejemplares de libros elementales en francés que él traduciría "para la instrucción de su pueblo"[41] y Alamán mandó a la misma sociedad el *Catecismo político* de Miguel Busto –que la SIE hizo reseñar por su corresponsal español José Mariano Vallejo y almacenó en su biblioteca.

En este intercambio de impresos, es evidente que los hispanoamericanos estaban buscando validación de sus políticas locales por parte de quienes veían como los cuerpos expertos en asuntos educativos, elemento sustancial del proceso de externalización que estaban viviendo al introducir el método lancasteriano. Con la información que mandaban acerca de sus actividades locales esperaban ser evaluados y recibir una aprobación que legitimara su acción. Pero la BFSS y la SIE también estaban buscando validación para ellas mismas en ese flujo de correspondencia. Para ellas resultaba mucho más fácil atraer donadores si

---

40. Valle, José Cecilio de: *Cartas autógrafas de y para José Cecilio del Valle*, Porrúa, México, 1975, págs. 421s.
41. Ídem.

lograban demostrar que trabajaban por la expansión internacional del método y que sus emprendimientos en el extranjero estaban dando frutos. A través de su éxito internacional, la BFSS obtenía reconocimiento local y se colocaba en una situación más favorable para competir con la rival anglicana *National Society for Promoting the Education of the Poor*. Para la SIE, contar con socios honoríficos en el extranjero –tales como Del Valle, Zebadúa y Restrepo, anunciados orgullosamente en el *Journal d'Éducation*– le permitía no solo incrementar *el favor de la opinión pública* y atraer donadores, presumiblemente a los socios honoríficos en el extranjero no se les exigía pagar cuotas a la Sociedad[42], sino que también con su papel de difusora del método contribuía a afirmar la misión civilizadora de Francia.

El asumirse como centro de *difusión* de una innovación pedagógica era especialmente importante para la identidad de la SIE, pues ello le permitía recuperar para Francia un terreno *perdido* al no haber participado en la *invención* de la novedad. De hecho, en el ámbito francés, la resistencia que llegó a existir contra el método mutuo tuvo que ver en buena medida con su proveniencia *inglesa*. Para quienes consideraban el método como algo positivo, resultaba problemático que un método definido como fuente de ilustración y felicidad pública *no* fuera una invención francesa. Decía uno de los fundadores de la SIE: "Al método se le acusa de ser inglés, y (¡lo creemos!) eso pareciera ser un daño imperdonable para algunos espíritus. Yo podría, como muchos de mis compatriotas, reivindicar esta invención para mi patria, y ello no carecería de fundamentos (...)"[43]. Pero independientemente de que esa reivindicación resultara convincente o no, esta preocupación por el papel de Francia con respecto al método mutuo fue expresada, y en parte resuelta, en las relaciones establecidas entre la SIE y otros países deseosos de implementar el método. Para los miembros más prominentes de la SIE, después de todo, no era tan malo que el sistema no hubiera sido inventado en Francia, siempre y cuando este país fuera capaz de aprovecharlo y de convertirlo en algo bueno para sí mismo y

---

42. *Journal d'Éducation*, mayo de 1828, págs. 128s.
43. La Rouchefoucauld-Liancourt, François Alexandre Frédéric de: *Discours de M. le duc de Larochefoucauld à la Asamblée générale de la Société pour l'enseignement élémentaire, tenue le 28 avril 1819*, L. Colas, París, 1819, pág. 7.

para otros. Era obvio que su país tenía *espíritu de invención*, y que *podría* haber inventado el método, pero aun si ese no era el caso, Francia podía alardear de poseer un *espíritu superior*: el de "aprovechar todos los descubrimientos e invenciones de dondequiera que viniesen para beneficio de la humanidad"[44]. Francia, "la nación que más se ha ilustrado en la carrera de las artes y las ciencias", debía no solo "mantener su reputación", sino también "adelantarse a Europa" implementando el método mutuo a la perfección[45]. Solo así podría Francia "contribuir al bienestar de la gente, conseguir la gloria y la prosperidad nacionales, y prepararse para las conquistas más suaves, más honorables"[46]. Así, en su misión de llevar el método a la perfección para el bien de la humanidad, es claro que la SIE estaba ansiosa de extender su esfera de influencia a otros continentes, entablar correspondencia con notables de otros países y enviarles certificados de membresía y copias de su organización interna para convertirse en un modelo de asociación; ello no quiere decir que estuviera realmente dispuesta a satisfacer las demandas concretas de libros, materiales y maestros que recibía de fuera, o que tuviera la capacidad de hacerlo.

Para los hispanoamericanos involucrados en sociedades lancasterianas o en la formulación de políticas educativas, la relación con las sociedades europeas de promoción de la enseñanza también significaba algo más que la legitimación externa a medidas internas controvertidas, o la posibilidad de obtención de libros escolares, materiales y maestros preparados. El acceso a los trabajos de las sociedades europeas y el intercambio de información local acerca del método mutuo constituían, para ellos, formas de obtener la *membresía* a una comunidad de hombres cultos. Auto-definidas como jóvenes en estado de apertura tras trescientos años de prohibición española para comunicarse con la parte ilustrada del mundo, las nuevas élites políticas e intelectuales veían el contacto con los *ilustrados* como una forma de comprobar su propio estatus de grupo o sociedad *civilizada*. De hecho, la justificación más ampliamente invocada para la adopción del método mutuo en los manuales hispanoamericanos era el hecho de que este había ya sido

---

44. Ídem.
45. Lasteyrie, 1819, *op. cit.*, pág. 121.
46. La Rouchefoucauld-Liancourt, 1819, *op. cit.*, pág. 8.

adoptado por "las naciones más civilizadas", o "las naciones más cultas de Europa"[47]. Así, el método mutuo no era solamente una vía para la ilustración de la sociedad, sino un vínculo directo con la civilización. En ocasiones, el argumento empleado en los manuales franceses acerca de la necesidad de ponerse al día con un sistema que no era autóctono pero que Francia podía llevarlo a la perfección, era transplantado con entusiasmo a Hispanoamérica. Escribía Codorniú: "[Aunque] hemos empezado tarde este genero de enseñanza, con el influjo tan eficaz de una sociedad compuesta de un crecido número de ciudadanos sabios y patriotas, en breve adelantaremos a las naciones que lo adoptaron mucho antes que nosotros"[48]. Valle, un hombre de letras y político prominente que nunca viajó a Europa pero que mantuvo una activa correspondencia con un vasto número de intelectuales europeos, llevó esta línea de argumentación aún más lejos para expresar su esperanza en lo que la *familia* de hombres cultos en ambos continentes podían hacer, juntos, por el resto del mundo. En una carta a Pecchio, traductor de un manual del sistema mutuo al italiano y su intermediario con la SIE, escribió:

> *Aprecio enormemente la correspondencia con los hombres que, como usted, cultivan las letras exitosamente. ¡Ruego a Dios que relaciones semejantes puedan establecerse entre los europeos amigos de las ciencias y los americanos que participan de ese gusto!... [A través de esta comunicación] el perfeccionamiento universal de la especie humana hará progresos inmensos; los amigos de las ciencias se interesarán por los lazos que los unen, formarán una sola familia, en la que, reunidos en una feliz armonía, los hijos de la Europa y de la América podrán contribuir al bienestar de los habitantes de África, de Asia y de Australasia.*[49]

Pasajes como el anterior parecen indicar que la comprensión hispanoamericana del método mutuo estuvo más cercana a la visión francesa que a la inglesa, con su idea original de un sistema destinado a dar instrucción mínima y nociones de subordinación a los hijos de los pobres. Después de todo, fueron los franceses quienes primero atribuyeron al método mutuo la capacidad de proporcionar una educación completa,

---

47. Alamán, 1822, pág. 16 [Apéndice].
48. Codorniu y Ferreras, 1823, *op. cit.*, págs. 29s.
49. *Journal d'Éducation*, enero de 1828, pág. 94. Carta de Del Valle a Pecchio, Guatemala, 3 de abril de 1827.

"intelectual, moral y religiosa"[50], quienes lo consideraron apropiado para una variedad de materias más allá de la lectura, escritura, aritmética y religión[51], y quienes incluso lo miraron como algo apto para las "primeras clases de la sociedad"[52]. Estas apreciaciones fueron perfectamente aceptadas por los hispanoamericanos y debidamente puestas en práctica en la región, probablemente en mayor medida que en Francia misma. De ello no se puede derivar simplemente que tales atributos del método fueran *exportados* a los países hispanoamericanos, pues estos tenían sus propios programas políticos y horizontes de expectativas intelectuales y culturales. Pero es innegable que la mediación francesa en la comunicación de conocimiento sobre el método mutuo entre Gran Bretaña e Hispanoamérica –a través de los manuales franceses y el intercambio de correspondencia con sociedades pedagógicas francesas– tuvo una influencia significativa en la forma en que este modelo educativo fue apropiado al otro lado del Atlántico. Más aún, con respecto a su carácter de vehículo de *felicidad social*, los hispanoamericanos llevaron el método mutuo un paso más adelante que los franceses. En esta región, el método mutuo fue vinculado a objetivos políticos muy concretos: no solo era la educación de masas prometida por la economía y eficiencia del sistema lo que interesaba a las élites del período independiente, sino que también, como mencioné antes, los mismos mecanismos didácticos del método fueron aderezados por muchos con significados republicanos.

5. Los términos del intercambio

Ahora bien, en la definición del carácter del método mutuo en Hispanoamérica tuvieron que ver tanto la información y los objetos intercambiados con sociedades británicas y francesas como los términos en que ese intercambio fue planteado. A pesar de que el conocimiento del método mutuo se presentaba como un elemento que unía a comunidades de hombres ilustrados situados a ambos lados del océano, el lenguaje empleado en la comunicación epistolar

---

50. Laborde, 1816, pág. 2 [Apéndice].
51. Lasteyrie, 1819, *op. cit.*, págs. 112s.
52. Ídem, pág. 112.

INTERNACIONALIZACIÓN

marcó desde el principio las características de una relación entre partes esencialmente distintas.

Los textos y la correspondencia relativos al método mutuo son ricos en metáforas de intercambio comercial y explotación de riquezas naturales. El francés Lasteyrie, profundamente comprometido con la misión civilizadora de su nación, describía así la *exportación* del método al continente americano:

> *El Nuevo Mundo, que parece no haber sido descubierto más que para saciar la avaricia sanguinaria de los europeos, acaba de recibir de sus manos un tesoro [el método mutuo] mucho más precioso que el o los productos que han ocasionado, durante un lapso de tiempo demasiado largo, tantas injusticias, guerras y devastaciones.*[53]

Hilando sobre la *leyenda negra* con la cual las potencias europeas condenaban el gobierno colonial de España en la región –y con ello reafirmando la posición *noble* de Francia a ese respecto–, Lasteyrie parecía querer decir que el método mutuo podía, de alguna manera, *compensar* por los saqueos históricos europeos a la región. Para el agente de la BFSS en Sudamérica, James Thomson, tales saqueos no habían terminado necesariamente con el fin de la era colonial, aunque él también presentaba el método mutuo como un regalo de Europa que podía contrarrestar siglos de explotación extranjera. En una carta al comité directivo de la BFSS, Thomson comentaba:

> *El comité se alegrará de saber que las ventajas de la educación y la excelencia superior del sistema británico son debidamente apreciadas en los estados de Sudamérica. Y le será sumamente gratificante reflexionar sobre el hecho de que, mientras tantos desean con la especulación y el comercio adquirir las riquezas del Nuevo Mundo, los esfuerzos del celo ilustrado están siendo empleados en transmitir a sus habitantes aquellas verdades que un inspirado escritor considera 'más preciosas que el oro*[54].

A pesar de su crítica a los especuladores extranjeros, en el lenguaje de Thomson, el método mutuo aparece casi como un pago justo a la riqueza natural de su territorio que los europeos habían extraído du-

---

53. Ídem, pág. 19.
54. BFSS, 1825, pág. 30 [Apéndice].

rante siglos y que continuaban extrayendo. El discurso de Thomson estaba planteado en términos de una transacción, que básicamente consistía en un intercambio de conocimiento europeo por recursos naturales. Mientras los europeos se llevaban las riquezas materiales, los americanos recibían la mejor parte del trato: *ilustración.*

No es de sorprender que esos fueran exactamente los términos en que los hispanoamericanos expresaban su relación epistolar con las sociedades educativas británicas y francesas, así como con otros intelectuales europeos de gran influencia en la región. Para Valle, ávido lector y prolífico escritor, el intercambio de conocimiento, y en particular de conocimiento educativo, era comparable al *intercambio* de productos agrícolas y metales preciosos (pero mejor). En su carta a Pecchio arriba citada (carta que el italiano reenvió a la SIE), expresaba su anhelo: "¡Con cuánta alegría vería el establecimiento de una comunicación de pensamientos más importante que el intercambio de los productos del suelo o de las minas; [una comunicación] más útil que el comercio de la vainilla, de la cochinilla y del índigo!"[55]

Así como un *intercambio* consistente en la exportación de riquezas naturales a cambio de la importación de conocimientos no podía ser del todo equitativo, tampoco el intercambio de información establecido entre políticos y sociedades educativas hispanoamericanas con las europeas estaba planteado en términos de *equidad* intelectual. Valle mismo constituye un ejemplo notable de los términos en que se estableció esa relación entre los *amigos de las ciencias* a ambos lados del Atlántico. En su abundante correspondencia con hombres de ciencia como George A. Thomson, Vicente Rocafuerte, Abate Pradt, Jean Baptiste Say, Álvaro Florez Estrada, José Joaquín de Mora, Jullien de Paris y Alexander von Humboldt, Valle incluía frecuentemente copias de sus propios escritos. Pero mientras él enviaba textos particulares sobre la historia, naturaleza, política y educación de su natal Centroamérica, lo que solicitaba y recibía de sus corresponsales era un tipo distinto de trabajos[56]. Como lo expresó a Florez Estrada, español

---

55. *Journal d'Éducation*, enero de 1828, pág. 94. Carta de Del Valle a Pecchio, Guatemala, 3 de abril de 1827.
56. Valle envió a Rocafuerte (durante su misión diplomática en Inglaterra), al abade de Pradt, a Say, a Florez Estrada, a Mora y a Humboldt ejemplares de su *Redactor*

exiliado en Londres y autor de un influyente tratado de economía política: "Yo quisiera que V. que ha querido reunir en un libro lo más útil que se ha escrito en Inglaterra, Francia, Italia y Alemania, diese más importancia a sus trabajos uniendo con la teoría indicaciones oportunas de lo que conviene hacer á los Estados americanos para su riqueza y prosperidad. Su obra tendría entonces doble precio en el nuevo mundo, y su alma gozaría la satisfacción de haber señalado el camino á Sociedades nacientes que necesitan guia ó preceptor... Deseo que todo Sabio de Europa que dedique sus talentos á designar el Plan que deben seguir las Repúblicas de América en sus relaciones interiores y exteriores... sepa que indudablemente será protegido por los Gobiernos..."[57].

A pesar de que los textos del propio Valle tenían un contenido tanto fáctico como profundamente filosófico, el hondureño se colocaba frente a los *sabios de Europa* en una posición de inferioridad con respecto a la producción de conocimiento: así, mientras él les proporcionaba información específica sobre su país, solicitaba de aquellos que utilizaran esa información para elaborar los *planes* e instrucciones para la mejor organización de los nacientes Estados hispanoamericanos. Por otra parte, los jefes de Estado hispanoamericanos –Rivadavia, Bolívar, Santander– que mantenían correspondencia con otro promotor del método lancasteriano, el pensador inglés Jeremy Bentham, seguían la misma dinámica de intercambio de información: aquellos en-

---

donde se encontraban, entre otros, los artículos siguientes: "Descripción de la República de Centroamérica", "Noticia de los cinco estados que forman Centroamérica y de la Constitución de cada uno de ellos", "Discurso sobre la importancia de la República Centroamericana para mantener el equilibrio y asegurar la paz en las otras de América", "Descripción de Suchitepeques, departamento de Guatemala", "Descripción de Quetzaltenango, departamento de Guatemala", "Arancel provincial de los derechos de importación y exportación", "Proyecto de una Expedición cientifica" y "Pensamientos sobre el Congreso de Panamá". A los editores de *Biblioteca Americana,* revista que publicaba un grupo de hispanoamericanos exiliados en Londres, Valle les envió un texto sobre "Noticias y datos que puedan dar nombre a Guatemala" para que lo incluyeran en su publicación. A Jullien de Paris, editor de la francesa *Revue Encyclopédique*, su "Exposición sobre la libertad de comercio", "Memoria sobre agricultura, industria y comercio" y un "Aviso sobre premios". Véase Valle, 1975, *op. cit.*
57. Ídem, pág. 399.

viaban copias de legislación local y proyectos de gobierno de corte administrativo, comercial, educativo o de reforma carcelaria, esperando obtener a cambio de Bentham no solo validación para sus políticas, sino también nuevas reglas, métodos o planes generales para la organización de las emergentes repúblicas. Ese era el mismo patrón de intercambio de información establecido entre los hispanoamericanos y las sociedades lancasterianas francesa y británica: al enviar sus reglamentos y listas de escuelas, los hispanoamericanos proporcionaban datos acerca de sus logros e información particular sobre la implantación del método mutuo en sus países; las sociedades europeas, en cambio, proveían los métodos y planes que mejor podían servir a los países hispanoamericanos en la organización de sus escuelas (y que algunos americanos hubieran querido ver enriquecidos con la información proporcionada por ellos). Así expresaba sus expectativas el director de la Sociedad Filantrópica de Bogotá a la SIE en 1827:

> *Ustedes son un ilustre cuerpo dedicado a la prosperidad y al bienestar de las nuevas repúblicas, después de haber hecho tanto por perfeccionar la instrucción popular en su propio suelo. En efecto, la* Société pour l'Instruction Élémentaire *de París conoce a fondo la naturaleza de nuestras privaciones y de nuestras necesidades, y ella desea ayudarnos de la manera más franca y generosa a destruir en nuestro país el mal de la ignorancia... Esta sociedad de Bogotá tendrá gran placer y se sentirá honrada de establecer comunicación con la* Société pour l'Instruction Élémentaire *de París, y espera recibir de la experiencia de las luces de los hombres célebres que forman la de París importantes reseñas sobre los libros, los métodos y las instrucciones más apropiadas para la expansión y el perfeccionamiento en Colombia de la educación popular (...).*[58]

La metáfora de la botánica es quizá la que mejor ilustra la forma en que eran percibidos esta producción y flujo de saberes entre Europa y América. Resulta significativo que la correspondencia, tanto de Valle con los europeos como de Bentham con los hispanoamericanos, esté salpicada de referencias a la actividad de recolección y clasificación de plantas. Ambos autores exhortaban frecuentemente a sus corresponsales a participar en actividades de colaboración botánica para la correcta identificación de especies americanas pero, en ambos casos, está bien

---

58. *Journal d'Éducation*, febrero de 1827, págs. 287s.

definido que el papel de los hispanoamericanos era únicamente el de recolectar especies exóticas para enviar a Europa, donde los botánicos profesionales las clasificarían e integrarían a sistemas generales de conocimiento[59]. Valle incluso decía que era necesario que los grandes naturalistas y geógrafos fueran a América, siguiendo el ejemplo de Humboldt, a recabar información y muestras biológicas o minerales que luego les sirvieran para elaborar las grandes teorías científicas que los hispanoamericanos aún no estaban preparados para formular:

> *Hay inmensidad en los recursos naturales de esta república. Es feliz su posición geográfica: son fecundas las tierras, diversas las temperaturas, prodigiosa la vegetación, ricas las montañas, grande y majestuosa la naturaleza. Pero todavía no la ha cultivado la mano poderosa del arte. No tenemos hombres, y falta la ilustración que da vida a los pueblos.*[60]

En esta dinámica de comunicación de saberes, América proveía la información y los datos específicos; Europa, la teoría y la ciencia. América era la de la naturaleza rica, la de las revoluciones políticas, la de las transformaciones sociales que podían servir como fuente para la elaboración en Europa de las teorías, los planes y los modelos que, a su vez, brindarían una orientación para las repúblicas americanas. Pero un aspecto muy importante de este flujo de información es que los interlocutores entendían su relación como un asunto colaborativo: la botánica, por definición, requería de un proceso local de recolección de muestras y de un proceso de clasificación que podía –o quizás *debía*– ser hecho en otro sitio, por otra persona poseedora de las capacidades sintéticas necesarias para integrarlo en los grandes sistemas del saber. Así,

---

59. Por ejemplo, Bentham concluía una carta a Rivadavia rica en consejos de organización educativa solicitándole que lo pusiera en contacto con algún rioplatense interesado en entablar una relación botánica con él: "Should any such [man interested in botany] fall in your way, to whom it would be matter of amusement to communicate to this quarter of the globe specimens of the natural riches of the vegetable kingdom in your Republic, I would with all due gratitude in the character of trustee for the fraternity of European Botanists accept, in that shape in which I ever receive payment for any such little service as it may be in the power of my labours to render to the species of animals to which I belong". Bentham a Rivadavia, 13-15 junio de 1822, en Bentham, Jeremy: *The Correspondence of Jeremy Bentham*, vol. 11, Clarendon Press, Oxford, 2000, pág. 118.

60. Valle, 1975, *op. cit.*, págs. 328s.

el conocimiento botánico se *producía* a través de la interacción de dos mundos con tipos de recursos y formas de pensar diferentes. De manera parecida, aunque en una escala distinta, el flujo de información entre varias regiones del globo *producía* un tipo de conocimiento educativo, conocimiento que se iba construyendo, a ambos lados del Atlántico, en el proceso mismo del intercambio.

6. Conclusión: externalización y comunicación

En el proceso de internacionalización del conocimiento pedagógico, las redes de comunicación –específicas para cada tiempo y circunstancia histórica– juegan un papel fundamental. Como he argumentado a lo largo de este trabajo, tales redes no solo hacen posible la transmisión de saberes, sino que también influyen en el proceso mismo de producción de conocimiento y de sus significados. El estudio de las genealogías de edición y reedición de los manuales lancasterianos publicados en Gran Bretaña, Francia, España y los países hispanoamericanos, contemplado en el marco del azaroso comercio de libros de la época, sugiere que un conocimiento aparentemente *fijado* en forma impresa es, en realidad, susceptible de transformación. De hecho, la reproducibilidad del medio impreso y la consecuente inestabilidad de la información que transmite es justamente lo que *permite* que saberes importados sean apropiados más fácilmente –por ejemplo, al hacer posible que se introduzcan cambios que identifiquen de un método externo con tradiciones pedagógicas locales o con expectativas políticas internas–, sin que los principios fundamentales del modelo pedagógico transmitido se alteren radicalmente. Así, se puede decir que, por lo menos durante la primera mitad del siglo XIX, el medio impreso fue un vehículo fundamental para los procesos de externalización que tuvieron lugar en los países hispanoamericanos en vías de constituirse como naciones independientes.

Por otra parte, el estudio del intercambio de información establecido entre las sociedades europeas e hispanoamericanas de promoción de la enseñanza mutua, sugiere que el proceso de externalización no ocurrió solamente en una dirección. Al analizar el fenómeno de comunicación del método mutuo en su cabal dimensión, esto es, como algo que involucra a dos partes interlocutoras, se hace evidente que ambas partes esperaban y recibían algo en ese intercambio. El hecho de que Francia actuara, en buena medida, como intermediaria en la comunicación del sistema de Gran Bretaña a Hispanoamérica explica, hasta cierto punto, el porqué de la facultad *civilizadora* atribuida al método en esta última región, si bien allí los valores adjudicados al método fueron llevados aún más lejos al vincular ciertos mecanismos pedagógicos del mismo con la formación de conductas republicanas. No hay duda que la relación de las élites hispanoamericanas con las sociedades europeas tenía un objetivo de legitimación de un sistema desconocido y de validación de sus propias funciones en el nuevo orden. Sin embargo, las sociedades europeas también tenían objetivos de legitimación en ese intercambio. El tema de la atribución del origen del método, problemático para Francia, fue resuelto por la SIE en el mismo acto de entablar *relaciones* con otros países para la diseminación de las bondades del modelo pedagógico. Para la BFSS, por su parte, la dimensión misionera (esto es, también una función de relación con otras naciones) le permitía competir por la preeminencia con la sociedad anglicana de fomento al método mutuo, a la vez que hacía viable –al promover la alfabetización– la labor de su sociedad hermana, la *British and Foreign Bible Society*. Más aún, el lenguaje en que la comunicación entre las sociedades europeas y las hispanoamericanas fue establecido, con sus metáforas de intercambio comercial y natural, conformó una relación epistemológica basada en la *extracción* de productos locales –materias primas no procesadas, fragmentos de información no procesados sobre la organización política y educativa de los países– y el *pago* con conocimiento, métodos, planes y orientaciones para los nuevos miembros de las élites gobernantes. Sin embargo, en un proceso que parecía ser una reproducción de la condición de colonialidad de los países hispanoamericanos al recibir un cuerpo de conocimientos elaborados en un centro situado fuera de ellos, tales conocimientos adquirían significados novedosos y muy diferentes –mucho más liberales y modernos– de aquellos con que inicialmente habían sido concebidos.

Con este trabajo, he querido sugerir que un estudio de las redes de comunicación de saberes entendidas no únicamente como la vía para la transmisión del conocimiento sino también como formadoras del mismo, puede ser muy fructífero para el estudio de procesos de internacionalización. Centrar la atención en la complejidad y multidireccionalidad del proceso comunicativo puede permitirnos un alejamiento de nociones estáticas de *producción* y *recepción* de ideas, y acercarnos, en cambio, a la dimensión fundamentalmente relacional de todo proceso de generación de conocimiento.

7. Referencias bibliográficas

Amunátegui Solar, Domingo: *El sistema de Lancáster en Chile i en otros países sudamericanos*, Imprenta Cervantes, Santiago, 1895.
Báez Osorio, Miryam: "La escuela lancasteriana en Colombia", en *Revista de Ciencias de la Educación*, 155, 1993.
Bartle, George F.: "The Teaching Manuals and Lessons Books of the British and Foreign School Society", en *History of Education Society*, 46, 1990.
Bentham, Jeremy: *The Correspondence of Jeremy Bentham*, vol. 11, Clarendon Press, Oxford, 2000.
Browning, Webster E.: "Joseph Lancaster, James Thomson, and the Lancasterian System of Mutual Instruction, with Special Reference to Hispanic America", en *The Hispanic American Historical Review*, 4, 1921.
Canclini, Arnoldo: *La Biblia en la Argentina: su distribución e influencia hasta 1853*, Asociación Sociedad Bíblica Argentina, Buenos Aires, 1987.
Caruso, Marcelo, y Roldán Vera, Eugenia: "Träger und Formen der Internationalisierung der Bell-Lancaster-Schulen im 19. Jahrhundert. Zur Rolle von lokalen Organisationen bei der Konsolidierung von Netzwerken (Buenos Aires, Caracas, Mexiko)", ponencia presentada al Congreso conjunto de las Sociedades alemana, austríaca y suiza de Ciencias de la Educación, Zúrich, 2004.
___ (comps.): "The Monitorial System of Education in Latin America in the Early Nineteenth Century", *Paedagogica Historica*, 41, 6, 2005.
___ (comps.): Importing Modernity in Post-Colonial State Formation, Peter Lang, Fráncfort del Meno, 2007.
Codorniu y Ferreras, Manuel: "Discurso inaugural que en la abertura de las escuelas mutuas de la Filantropía, establecidas por la Compañía Lancasteriana de México en el que fue convento de extinguidos betlehemitas, dijo el ciudadano Manuel Codorniu y Ferreras, presidente actual y socio fundador de la misma, en el día 16 de noviembre de 1823, tercero de la independencia y segundo de la libertad", Imp. a cargo de Martín Rivera, México, 1823.
Emirbayer, Mustafa, y Goodwin, Jeff: "Network Analysis, Culture, and the Problem of Agency", en *American Journal of Sociology*, 99, 6, 1994.

INTERNACIONALIZACIÓN

Fernández Heres, Rafael: *Sumario sobre la escuela caraqueña de Joseph Lancaster (1824-1827)*, Arte, Caracas, 1984.

Gladwell, Malcolm: *The Tipping Point: How Little Things Can Make a Big Difference*, Little Brown, Boston, 2000.

González Millán, Andrés: "Educación pública, único y seguro medio de la prosperidad del Estado. Dedicado al Exmo. Ayuntamiento Constitucional de esta N.C. de Méjico, por A.G.M., profesor de primera educación para todos los dominios de S.M.C. y director de la escuela lancasteriana ó enseñanza mutua", Mariano Ontiveros, México, 1820.

Granovetter, Mark: "The Strength of Weak Ties: A Network Theory Revisited", en *Sociological Theory*, 1, 1983.

La Rouchefoucauld-Liancourt, François Alexandre Frédéric de: *Discours de M. le duc de Larochefoucauld à la Asamblée générale de la Société pour l'enseignement élémentaire, tenue le 28 avril 1819*, L. Colas, París, 1819.

López, Claudina N. y Narodowsky, Mariano: "El mejor de los métodos posibles: la introducción del método lancasteriano en Iberoamérica en el temprano siglo XIX", en Camara Bastos, Maria Helena y Mendes de Faria Filho, Luciano (comps.): *A escola elementar no século XIX: o método monitorial / mutuo*, Universidade de Passo Fundo, Passo Fundo, 1999.

Ortiz, Lorenzo: *El Maestro de escrivir, la theorica y la practica para aprender y para enseñar este utilissimo arte*, Venecia, 1696.

Rogers, Everett M.: *Diffusion of Innovations*, Free Press, Nueva York, 2003.

Roldán Vera, Eugenia: "The Monitorial System of Education and Civic Culture in Early Independent Mexico", en *Paedagogica Historica*, 35, 1999.

___ "Reading in Questions and Answers: The Catechism as an Educational Genre in Early Independent Spanish America", en *Book History*, 4, 2001.

___ *The British Book Trade and Spanish American Independence: Education and Knowledge Transmission of Knowledge in Transcontinental Perspective*, Ashgate, Aldershot, 2003.

___ "El niño enseñante: infancia, aula y Estado en el método de enseñanza mutua en Hispanoamérica independiente", en Potthast, Bárbara y Carreras, Sandra (comps.): *Entre familia, sociedad y Estado: Niños y jóvenes en América Latina*, Vervuert/Iberoamericana, Berlín, 2005.

Roldán Vera, Eugenia y Schupp, Thomas: "Bridges over the Atlantic: A Network Analysis of the Introduction of the Monitorial System of Education in Early-Independent Spanish America", en *Comparativ – Leipziger Beiträge zur Universalgeschichte und vergleichenden Gesellschaftsforschung*, 15, 2005.

Schriewer, Jürgen: "The Method of Comparison and the Need for Externalization: Methodological Criteria and Sociological Concepts", en Schriewer, Jürgen y Holmes, Brian (comps.): *Theories and Methods in Comparative Education*, Peter Lang, Fráncfort del Meno, etc., 1990.

___ "El método comparativo y la necesidad de externalización: criterios metodológicos y conceptos sociológicos", en *Educación comparada: teorías, investigaciones y perspectivas* [Edición a cargo de Jürgen Schriewer & Francesc Pedró], Promociones y Publicaciones Universitarias, Barcelona, 1993.

Staples, Anne: "El catecismo como libro de texto durante el siglo XIX", en Camp, Roderic A. (comp.): *Los intelectuales y el poder en México. Memorias de la VI Conferencia de Historiadores Mexicanos y Estadounidenses*, University of California Los Angeles - El Colegio de México, México, 1991.

Tanck de Estrada, Dorothy: "Las escuelas lancasterianas en la ciudad de México", en *Historia Mexicana*, 32, 4, 1973.

___ *La educación ilustrada (1786-1836): Educación primaria en la ciudad de México*, El Colegio de México, México, 1999.

Tronchot, Robert Raymond: *L'enseignement mutuel en France de 1815 a 1833: les luttes politiques et religieuses autour de la question scolaire*, 3 volúmenes, tesis doctoral, Université de Paris, París, 1972.

Valle, José Cecilio de: *Cartas autógrafas de y para José Cecilio del Valle*, Porrúa, México, 1975.

Watts, Duncan J.: *Six Degrees: The Science of a Connected Age*, Norton, Nueva York, 2003.

Yepez Castillo, Aureo: *La educación primaria en Caracas en la época de Bolívar*, Academia Nacional de Historia, Caracas, 1985.

8. Apéndice bibliográfico: manuales de enseñanza mutua en Francia, España, Gran Bretaña y los países hispanoamericanos

Nota: se consideran solo los manuales ingleses y franceses que sirvieron de base a manuales hispanoamericanos.

1805. Bell, Andrew, Rev. Dr., *An Experiment in Education, Made at The Male Asylum at Egmore, Near Madras. Suggesting a System by which a School or Family May Teach Itself Under the Superintendence of the Master or Parent*, by ..., Rector of Swanage, Dorset; late one of the Directors and Superintendent of that Establishment, and Chaplain of Fort St. George. 2nd ed.; to which is prefixed the scheme of a school on the above model, alike fitted to reduce the expense of education, abridge the labour of the master, and expedite the progress of the scholar. The process of teaching the alphabet in sand, of reading, spelling, and writing, is explained; and a Board of Education and Poor-Rates suggested, London, Printed for Cadell and Davies, in the Strand.

INTERNACIONALIZACIÓN

1808. Bell, Andrew, Rev. Dr., *The Madras School, or Elements of Tuition; Comprising the Analysis of an Experiment in Education, Made at the Male Asylum, Madras; with its Facts, Proofs, and Illustrations; to which are Added, Extracts of Sermons Preached at Lambeth; a Sketch of a National Institution for Training up the Children of the Poor; and a Specimen of the Mode of Religious Instruction at the Royal Military Asylum, Chelsea*, by A. B..., Late Minister of St. Mary's, Madras; Chaplain of Fort St. George; and Director and Superintendent of the Male Asylum at Egmore, London, printed by T. Bensley, Bolt Court, for J. Murray, 32, Fleet Street; Cadell and Davies, Strand; Rivingtons, St. Paul's Church Yard, Hatchard, Piccadilly; and Archibald Constable and Co. Edinburgh.

1808. Bell, Andrew, Rev., *Instructions for Conducting a School, Through the Agency of the Scholars Themselves: Comprising the Analysis of an Experiment in Education, Made at the Male Asylum, Madras, 1789-1796, Extracted from the "Madras School, or Elements of Tuition; Dedicated, by Permission, to his Grace the Archbishop of Canterbury", for the Use of Schools and Families*, London, Printed at the Free-School, Gower's Walk, Whitechapel, for J. Murray, 32, Fleet Street; Rivingtons, St. Paul`s Church-Yard; Hatchard, Piccadilly; and Archibald Constable and Co. Edinburgh.

1808. Lancaster, Joseph, *Improvements in Education abridged: containing an Epitome of the System of Education Invented and Practised by the Author*, London.

1810. Lancaster, Joseph, *The British System of Education: being a Complete Epitome of the Improvements and Inventions Practised at the Royal Free Schools...*, London.

1811. Lancaster, Joseph, *Hints and Directions for Building, Fitting up, and Arranging School-Rooms on the British System of Education*, London, Printed by the Author: and Sold at the Royal Free School, Borough Road: Sold by Darton and Harvey, Gracechurch Street; J. Hatchard, Piccadilly: and May be Had af All Booksellers in Town and Country.

1815. Lancaster, Joseph, *Système anglais d'instruction, ou Recueil complet des améliorations et inventions mises en pratique aux écoles royales en Angleterre, par Joseph Lancaster*. Traduit de l'anglais [par le duc de La Rochefoucauld-Liancourt, François-Alexandre-Frédéric de], Paris: impr. de Mme Huzard.

1815. Lasteyrie du Saillant, Charles Philibert de, Count, *Nouveau systéme d'éducation pour les Écoles primaires, adoptée dans les quatre parties du monde*, Paris, Deterville.

1815. Laborde, Alexandre Louis Joseph de, Count, *Plan d'éducation pour les enfants pauvres, d'après les deux méthodes combinées du Docteur Bell et de M. Lancaster*, Paris [printed, and] Londres.

1816. (BFSS), *Manual of the System of Teaching Reading, Writing, Arithmetic, and Needle-Work, in the Elementary Schools of the British and Foreign School Society*, London, printed for the benefit of the British and Foreign School Society; and sold at the Royal Free-Schoo,, Borough Road; also by Longman and Co., Paternoster row; J. and A. Arch, Cornhill; Darton and Harvey, Gracechurch- Street; W. Phillips, George-Yard, Lombard-Street; and by all the Booksellers.

1816. Laborde, Alexandre Louis Joseph de, *Plan d'éducation pour les enfans pauvres, d'après les deux Méthodes combinées du docteur Bell et de M. Lancaster, par le Comte Alexandre de Laborde, membre de l'Institut, etc., etc., etc.,* 2 ed., augmentée du Rapport sur les Travaux de la Société de Paris, pour l'instruction élémentaire, fait a l'Assemblée générale du 10 janvier 1816, par M. le comte Alexandre de Laborde, secrétaire général, Paris, Chez L. Colas, Imprimeur-Librairie de la Société.

1816. Laborde, Alexandre Louis Joseph de, *Plan d'éducation pour les enfans pauvres, d'après les deux Méthodes combinées du docteur Bell et de M. Lancaster, par le Comte Alexandre de Laborde, membre de l'Institut, etc., etc., etc.,* 2 ed., augmentée du Rapport sur les Travaux de la Société de Paris, pour l'instruction élémentaire, fait a l'Assemblée générale du 10 janvier 1816, par M. le comte Alexandre de Laborde, secrétaire général, Paris, Chez L. Colas, Imprimeur-Librairie de la Société.

1816. Laborde, Alexandro de, *Plan de enseñanza para escuelas de primeras letras, según los métodos combinados del Dr. Bell y del Sr. Lancaster: adaptados á la religión católica: y breve compendio de sus progresos por el conde Don Alexandro Laborde, miembro del Instituto, Coronel de la Guardia Nacional de Paris, Caballero de la Real Órden de San-Luis, Oficial de la Legión de Honor, Comendador de la Órden de San Estevan en Hungría, etc. Autor del* Viage Pintoresco y del Itinerario de España, *etc., etc.*

1818. *Lecciones de enseñanza mútua segun los métodos combinados por Bell y Lancaster, ó Plan de educación para los niños pobres* [Trad. por Ferrer y Casaux], Valencia. Imp. de Manuel Muñoz y Compañía, 1818.

1818. Joseph Hamel, *Der gegenseitige Unterricht; Geschichte seiner Einführung und Ausbreitung durch Dr. A. Bell, J. Lancaster und andere; Ausführliche Beschreibung seiner Anwendung in den englischen und französischen Elementarschulen, so wie auch in einigen höheren Lehranstalten,* Paris, Bey Firmin Didot, ca.

1818. Henríquez, Camilo, *Bosquejo compendioso del sistema de enseñanza mutua...* Buenos Aires.

1818. Sociedad Económica Gaditana de Amigos del País, Cádiz. *Manual práctico de método de mutua enseñanza: para las escuelas de primeras letras,* publicado por la Real Sociedad Económica de Amigos del País, de la provincia de Cádiz. Cádiz, Impr. de Hércules, 1818. 39 p.; 21 cm.

1818. [Laborde] *Lecciones de enseñanza mutua según los métodos combinados, por Bell y Lancaster; o, Plan de educación para los niños pobres.* Valencia, M. Muñoz.

INTERNACIONALIZACIÓN

1819. [Laborde] *Lecciones de enseñanza mutua según los métodos combinados, por Bell y Lancaster; o, Plan de educación para los niños pobres.* Reimp. en Mallorca, Imp. Real.

1819. Laborde, Alexandre Louis Joseph de, *Plan d'éducation pour les enfans pauvres, d'après les deux Méthodes combinées du docteur Bell et de M. Lancaster, par le Comte Alexandre de Laborde, membre de l'Institut, etc., etc., etc.,* Paris.

1819. *Origen y progresos del nuevo sistema de enseñanza mutua, del señor Lancaster,* traducción del inglés. Buenos Aires, Imprenta de los Expósitos.

1819. Mme. Quignon (Directrice de l'École de la Halle aux Draps, chargée du Cours Normal des Aspirantes Maîtresses), *Manuel des écoles élémentaires pour les filles, ou Précis de la méthode d'enseignement mutuel appliquée a la lecture, a l'écriture, au calcul et a la couture,* Paris, Chez L. Colas, Imprimeur-Libraire de la Société pour l'enseignement élémentaire, Rue Dauphine, n. 32.

1820. [Laborde] *Método de enseñanza mutua, según los sistemas combinados del Dr. Bell y de Mr. Lancaster, para uso de las escuelas elementales o de primeras letras / publícale ... la Junta Protectora y Directora de dicha enseñanza,* Madrid, Imprenta Real.

1820-1821. Laborde, conde Alejandro de, *Plan de enseñanza...,* publicado en una serie de artículos en *El Fanal de Venezuela* entre el 6 de noviembre de 1820 y febrero o marzo de 1821.

1821. Lancaster, Joseph, *The Lancasterian System of Education, with improvements; by its Founder, J.L., of the Lancasterian Institute, Baltimore,* Baltimore, Ogden Niles, 1821.

1821. (BFSS), *A Manual of the System of Teaching Needlework in the Elementary Schools of the British and Foreign School Society,* 2nd ed., revived and improved, London, printed for the British and Foreign School Society; and sold by J. and A. Arch, Cornhill.

1821. (BFSS), *Manual of the System of Teaching Reading, Writing, Arithmetic, and Needle-Work, in the Elementary Schools of the British and Foreign School Society, with Some Improvements,* London.

1822. Alamán, Lucas, "Instrucción para el establecimiento de escuelas, según los principios de la enseñanza mutua, presentada a la Excma. Diputación Provincial de México", *La Sabatina Universal* (México), n. 16-18, septiembre-octubre 1822.

1823. *Plan de enseñanza para escuelas de primeras letras o edición compuesta del plan publicado en francés en 1815 por el Sr. Conde de Laborde, según los métodos combinados del Dr. Bell y del Sr. Lancaster por una traducción anónima de 1816; y del manual práctico del método de mutua enseñanza publicado en Cádiz en 1818 por la Sociedad Económica de Amigos del País de aquella Provincia,* Buenos Aires, IImprenta de los Expósitos.

1823 Quignon, Mme., *Manual para las escuelas elementales de niñas, o resumen de enseñanza mutua aplicada a la lectura, escritura, cálculo y costura,* trad. del fran-

cés por Isabel Casamayor, secretaria de la Sociedad de Beneficencia, Buenos Aires, Imp. de los Expósitos.
1824. Compañía Lancasteriana (México), *Sistema de enseñanza mutua para las escuelas de primeras letras de la República Mexicana*, México, Imp. de Martín Rivera, 1824.
1824. Córdoba, Fray Matías de, *Método fácil de enseñar a leer y a escribir, conforme a Bell y Lancaster*, Guatemala, Imprenta Nueva a cargo de Juan José Arévalo.
1825. (BFSS) *A Manual of the System of Teaching Reading, Writing and Arithmetic in the Elementary Schools of the British and Foreign School Society*, 3rd. ed., London: printed for the British and Foreign School Society.
1826. [*El Sol*] S.C. [?], Serie de artículos explicando el sistema de Lancaster en *El Sol* (México), en cuatro números: año 4, n. 1106-1109; 24, 25, 26 y 27 de junio de 1826.
1826. [BFSS] *Manual del sistema de enseñanza mutua, aplicado a las escuelas primarias de los niños*, Bogotá, Impreso por S. Fox, Plazuela de San Francisco.
1827. *Manual para el método de enseñar la costura en las escuelas lancasterianas de niñas de la República del Perú*, etc., Lima, Imp. Ins. Primaria.
ca. 1829. "Tratado de enseñanza lancasteriana", traducción del inglés al español. Montevideo.
1831. BFSS, *Manual of the System of Primary Instruction, Pursued in the Model Schools of the British and Foreign School Society*, London.
1833. Compañía Lancasteriana de México. *Sistema de enseñanza mutua, para las escuelas de primeras letras de los Estados de la Republica Megicana*, México, reimpreso por Agustin Guiol.
1843. BFSS, *Manual of the System of Primary Instruction Pursued in the Model Schools of the British and Foreign School Society*, London.
1844. British and Foreign School Society, *Manual of the System of Primary Instruction, Pursued in the Model Schools of the British and Foreign School Society*, London.
1845. Triana, José María, *Manual de enseñanza mutua para las escuelas de primeras letras, redactado por J. M. Triana comisionado... por el Director General de Instrucción Pública*, Bogotá.
1854. Compañía Lancasteriana de México, *Sistema de enseñanza mutua para las escuelas de primeras letras de la Republica Mexicana por la Compañía Lancasteriana*, México.
1857. Guzmán, Santiago Vaca, *Sistema de enseñanza mutua simultánea, en forma de reglamento, para el réjimen interior de las escuelas de instrucción primaria elemental de la República Boliviana*, Oruro, Impr. del Pueblo, vi, 51 p.

LOS FLUJOS DEL SABER EDUCATIVO. EL ESPACIO-TIEMPO EN LOS PAÍSES DE LENGUA PORTUGUESA

ANTÓNIO NÓVOA, LUÍS MIGUEL CARVALHO,
ANTÓNIO CARLOS CORREIA, ANA ISABEL MADEIRA
y JORGE RAMOS DO Ó
(Universidad de Lisboa)

La historia de la escolarización masiva ha dado lugar a incontables estudios e investigaciones que intentan dar cuenta de un proceso de profundo impacto en las sociedades contemporáneas[1]. Los historiadores han producido un buen número de textos e interpretaciones tomando como base el concepto geográfico de *Estado-nación*. A partir de la década de 1970, sin embargo, estas interpretaciones han sido puestas en cuestión por los enfoques del *sistema mundial*, que consideran la escuela como "una institución extendida a nivel mundial, tanto como principio normativo cuanto como realidad organizativa"[2]. Estas posturas dieron lugar a explicaciones *paralelas*, como si estuviéramos frente a dos *estratos de interpretación* que, sin llegar a ignorarse, rara vez interactúan entre sí. Ambos planteamientos son internamente coherentes, pero no pueden ocultar sus puntos débiles si se los confronta con otras perspectivas y cuestionamientos.

---

1. El presente programa de investigación ha sido desarrollado en colaboración con la Universidade de São Paulo (Brasil) y la Universidade Eduardo Mondlane (Maputo, Mozambique). Deseamos hacer llegar nuestra gratitud a todos nuestros colegas de las mencionadas universidades, en especial a Denice Catani y Miguel Buendía. Queremos agradecer también a Tom Kundert, Billy Lambert y Tali Yariv-Mashal por habernos ayudado en la revisión de este capítulo.
2. Meyer, John W.; Ramírez, Francisco O., y Soysal, Yasemin Nuhoglu: "World Expansion of Mass Education, 1870-1980", en *Sociology of Education*, 65, 2, 1992, pág. 128.

INTERNACIONALIZACIÓN

Este capítulo aborda la necesidad de construir modelos de explicación nuevos, basados tanto en marcos teóricos como en una selección de países que evite los paradigmas antes mencionados. Nuestro estudio se centra en las comunidades de lengua portuguesa, un conjunto que agrupa países con contactos históricos y culturales mutuos, que se comunican en una misma lengua (el portugués), que han mantenido vínculos coloniales por más de cinco siglos y que están ubicados en tres continentes distintos: Brasil (América del *Sur*), Mozambique (África del *Sur*) y Portugal (*Sur* de Europa). Nuestro interés se centra en comprender la manera en la que se produjeron distintas formas de saber cultural durante el proceso de escolarización masiva y sus *flujos* entre los países en cuestión[3].

Es nuestra tarea comprender la especificidad o singularidad cultural que da sustento a leyendas o narraciones en los imaginarios colectivos de este *continente inmaterial*. Al instalar un debate sobre las comunidades de lengua portuguesa, nos vemos llevados a una línea de discusión que se construye alrededor de la identificación de la diferencia como modo de hacer resaltar las influencias compartidas en materia de escolarización masiva. Sin embargo, el problema que estamos definiendo no es, simplemente, uno de escala: no se trata de colocar nuestro objetivo para tomar una fotografía terrestre, que muestre el árbol (historicismo), o una aérea, que muestre el bosque (enfoque del sistema mundial). El problema que se plantea concierne a distintos modos de captar un objeto, a analizarlo haciendo uso de varias *artes* y *tecnologías*, poniéndolo en foco dentro de una relación espacio-temporal que evite las explicaciones tradicionales.

Por consiguiente, en la sección 1 hemos utilizado un conjunto de conceptos (*significados* y *razones*) que nos permitan crear formas para la interpretación de las comunidades de lengua protuguesa como *campo de relaciones*: tres países en tres continentes distintos, unidos y separados por historias parcialmente superpuestas. En la sección 2 brindamos un análisis de los resultados provisorios de nuestra investigación en curso, la cual se basa en una posibilidad: no solo la de

---

3. Véase Nóvoa, António: "Tempos da escola no espaço Portugal-Brasil-Moçambique: dez digresso?s sobre um programa de investigação", en António Nóvoa y Jürgen Schriewer (comps.): *A Difusão Mundial da Escola*, Educa, Lisboa, 2000.

aprehender de manera *empírica* (a través de casos, ilustraciones, ejemplos), sino además la de comprender de manera *teórica* la relación que la historia ha construido entre estos pueblos y países. Nuestros fines son teóricos, pero también metodológicos, en el sentido de que se propone abrir nuevas perspectivas para la investigación comparativa.

1. Significados y razones de un programa de estudio

1.1. El mundo de lengua portuguesa como comunidad imaginada

El mundo está definido por medio de redes e identidades interdependientes, que resultan imposibles de comprender haciendo uso únicamente de conceptos tradicionales. John Boli y George Thomas afirman que la construcción de una cultura mundial acarrea dos efectos: por un lado, la existencia de definiciones, principios y propósitos que se construyen cognitivamente de manera similar en todo el mundo; por otro, la aplicación de esta cultura en distintos países y regiones, que da como resultado "adaptaciones" y "localizaciones"[4].

La obra de Benedict Anderson nos permite extender este debate, al advertir que, cuando se define una nación como una comunidad política imaginada, uno de los aspectos más significativos, en dicho proceso, es la lengua. Esta tesis abre un *campo interpretativo* que nos hace posible repensar el mundo y los procesos de construcción de afiliaciones e identidades. Tal razonamiento *desterritorializado* nos lleva a dar valor no solo a los contextos fijos (*espaciales*) de la identidad, sino a la apreciación construida (imaginada) por las distintas comunidades:

> *Lo que hizo que las nuevas comunidades resultaran imaginables fue la interacción a medias fortuita, pero explosiva, de un sistema de producción y relaciones productivas (el capitalismo), una tecnología de comunicaciones (la imprenta) y la fatalidad de la diversidad lingüística humana.*[5]

---

4. Boli, John, y Thomas, George M.: *Constructing World Culture - International Nongovernmental Organizations since 1875*, Stanford University Press, Stanford, CA, 1999.
5. Anderson, Benedict: *Imagined Communities*, Verso, Londres, 1991, págs. 42s.

INTERNACIONALIZACIÓN

Al mismo tiempo, se debe invertir la pregunta: ¿quién utiliza, en el proceso de reconstrucción de identidades dentro de los tres países que se analizan, el idioma portugués, y de qué modo lo hace?

El aspecto esencial lo constituye no tanto las referencias *dentro* de la comunidad de lengua portuguesa, sino su posicionamiento y participación en las redes mundiales de interdependencia. Es importante comprender de qué manera se hace asequible el *saber* a escala mundial, cumpliendo la función de una especie de *modelo de referencia* (o ideal de regulación) aplicado por diferentes comunidades y transformado en práctica locales. El hecho de que dichos modelos sean a menudo *imaginados* es irrelevante. Su fuerza reside en los grupos que los producen y en el modo en que se los apropia y difunde.

Es importante poner de relieve la aclaración de los *procesos de difusión*, que presentan a la vez diversidad y homogeneidad. Para hacerlo, debemos plantear dos interrogantes. Primero, resulta útil volver a la temática de las racionalidades *políticas*, tal como las describiera Michel Foucault. El término *racionalidad política* hace referencia a las maneras de racionalizar de los regímenes modernos en distintos tiempos y espacios, aplicando, sin embargo, los mismos criterios de verdad e inteligibilidad, las mismas estrategias, sistemas de pensamiento coherentes y tipos de cálculo estructuralmente conectados unos con otros. En segundo lugar, es necesario profundizar los conceptos teóricos surgidos de la llamada *sociología de la traducción*, propuesta por Bruno Latour (1999) y Michel Callon (1986), cuyo interés es comprender de qué modo las autoridades ponen en práctica la misma lógica de gobierno en millares de microlocalidades, ateniéndose a sus directivas, pero obrando de modo autónomo[6]. Es con relación a estas líneas de pensamiento que abordamos el problema del *gobierno a distancia*, esencial para comprender los países marcados por relaciones coloniales.

Al mismo tiempo que las perspectivas que privilegian el discurso en la producción de identidades, los autores de estas páginas desean insistir en el papel que desempeña la tecnología en la estructuración de las identidades de los individuos. La teoría de las redes (redes de acto-

---

6. Latour, Bruno: *Pandora's hope: Essays on the reality of science studies*, Harvard University Press, Cambridge, MA, 1999; Callon, Michel: "Some elements of a sociology of translation", en John Law (comp.): *Power, Action and Belief*, Routledge y Kegan Paul, Londres, 1986.

res, redes sociotécnicas y redes tecnoeconómicas) expone el modo en que dicotomías y oposiciones básicas (en especial entre la ciencia y sus contextos, entre lo humano y lo no-humano) dominan y dan forma a lo que Latour denomina *gobierno a distancia*. Se trata de una noción fundamental para la comprensión de los países marcados por relaciones coloniales.

1.2. La lusofonía: ¿una comunidad de lengua?

Mucho antes de aprender a leer y escribir, nos encontramos sumergidos en un cúmulo de emociones, creencias y valores. De hecho, tomamos conciencia de la lengua aun sin poder articularla. Es como si la lengua se nos anticipara, construyendo nuestras referencias. La lengua es un cuerpo vivo, sólido y sensato[7], un sistema de reglas lo sufiencientemente abierto como para permitir la inscripción de un registro cultural con identidad propia, pero que es al mismo tiempo intercultural.

La lengua constituye, al mismo tiempo, un capital de recuerdos que recicla y actualiza su sustancia, es decir, su portador material y simbólico. Las lenguas no son un invento de naciones y pueblos. De la tribu a la nación, son las lenguas las que contienen a los pueblos que las hablan. Su identidad les es otorgada, en primer lugar, por este medio de comunicación: "El lenguaje es siempre *un* sistema, tal vez acaso una estructura, siempre *un sentido*, y por ello implica necesariamente un sujeto (individual o colectivo) que dé testimonio de su historia"[8]. Pero identidad son también las narrativas construidas en torno a los actos individuales a lo largo de la Historia. Como resultado del colonialismo, la lengua portuguesa ha difundido narraciones y contranarraciones en varios continentes.

En contacto con el colonizador, distintos grupos hicieron propia, de varias maneras, la lengua portuguesa, imprimiéndole sus propias diversidades y experiencias culturales. En Brasil, tanto como en África, cada comunidad moldeó y recreó el idioma, integrándolo a

---

7. Véase Lourenço, Eduardo: *A Nau de Ícaro seguido de Imagem e Miragem da Lusofonia*, Gradiva, Lisboa, 1999.
8. Kristeva, Julia: *Desire in Language*, Columbia University Press, Nueva York, 1980, pág. 126.

sus particularismos locales. Como resultado de ello, se agregaron modulaciones –en el aspecto del sonido y el ritmo– que produjeron variantes y se registraron a menudo creolizaciones. Pero estas variantes resultaron en un registro cultural amalgamado y compartido; formaron un producto reciclado que refleja el pasaje, el conflicto, la permanencia o la ausencia del portugués. Se trata, no obstante, de palabras escritas, dichas o imaginadas hechas de la misma sustancia. Es precisamente de esta sustancia que surge el compartir un reconocimiento de una pertenencia común. Es este reconocimiento lo que nos permite comunicarnos, interactuar e imaginar las cosas inmateriales que están presupuestas en él. Es una *colectividad* que reside en la intimidad individual. A este *continente inmaterial* que opera como referente para culturas diversas, un espacio fragmentado en el que pueblos y comunidades intercambian significados y reconocen su pertenencia a un idioma común, le ha sido dada la imperfecta denominación de *lusofonía*.

No utilizamos aquí el término *lusofonía* en sentido trascendental ni inmanente. No es nuestra intención esencializar la lengua, en particular en el sentido semiótico, o incluso como *cultura elevada*, en términos del significado que ciertas élites le atribuyen a esta expresión. Desde una perspectiva sociohistórica, la importancia del idioma no está en considerarlo un banco de recuerdos o un almacén de mitos, sino en verlo como una materia de interés político y sobre todo, de interés educativo. Es este interés político lo que une la lengua, la *lusofonía* en nuestro caso, a distintas instituciones (sociales, culturales, económicas) en distintos tiempos y espacios. Solo en estas condiciones pueden la lógica política y la racionalidad desplegar lo que significa *gobernar a distancia* en cada una de las comunidades en cuestión, ya sea en Europa (Portugal), África (Mozambique) o América (Brasil).

De este modo, la presión por estandarizar la lengua y por una escolarización nacional significó, en el caso del portugués, incorporar la población nativa en un campo de relaciones unificado, impulsado por la necesidad de afianzar al mismo tiempo un poder cultural, económico y político. Al igual que en otros imperios, esta presión fue producto de la necesidad de una mano de obra mínimamente cualificada que pudiera aportar una clase intermedia de trabajadores en los ferrocarriles y puertos, de empleados y recaudadores de impuestos, así como también la mayor parte de los trabajadores semiespecializados: enfer-

LOS FLUJOS DEL SABER EDUCATIVO

meras, ingenieros agrónomos y maestros de escuela. Detrás de la escolarización masiva se escondían, sin embargo, otras intenciones, en especial la de disciplinar y *civilizar* al *otro* en términos europeos. ¿Podría considerársela una forma específica de poder, entrelazada con la visión que la administración colonial tenía de su papel durante la *diáspora* portuguesa? ¿O es que, al no contar con los medios para controlar y capitalizar esos vastos territorios, esta *híper*-identidad fue una estrategia compensatoria, para lograr el *progreso de la humanidad* en clave lusófona?[9] El razonamiento parece concordar con nuestros hallazgos en torno a una circulación del saber especializado, cuyo objeto era la formación de un *ciudadano colonial* imaginado desde el centro, en etapas que van del niño al alumno, y del alumno al *hombre nuevo*. Debe investigarse ahora si la recepción de dicha construcción nacional del "ciudadano colonial", vista como un modelo europeo ideal, asumió formas diferentes en África y América.

1.3. El espacio-tiempo de la reflexión histórica

Es una característica típica de los análisis de la escolarización masiva, aun cuando adopten una "perspectiva cronológica"[10], el carecer de perspectiva histórica. Se da una especie de divergencia teleológica retrospectiva que apunta siempre en una misma dirección y, al mismo tiempo, reescribe el pasado *a posteriori*, tomando como punto de partida su destino, que considera *inevitable*. Por ello, es importante destacar la necesidad de recobrar momentos diferentes (y distintivos) en la historia de la difusión de la escolarización a nivel mundial.

Una de las temáticas principales del actual debate historiográfico es la reconceptualización del *espacio-tiempo* de la reflexión histórica. Ya no basta con una definición en términos meramente físicos. No podemos seguir pensando el espacio y el tiempo como entidades autónomas, ignorando el hecho de que tienden a fundirse en una entidad única. Estamos tan acostumbrados a pensar el espacio como fijo (estable) y a concentrarnos en el tiempo como variante de cambio, que nos

---

9. Lourenço, Eduardo: *Portugal como Destino seguido de Mitologia da Saudade*, Gradiva, Lisboa, 1993, pág. 38.
10. Por ejemplo, John W. Meyer y Francisco O. Ramírez, entre otros.

resulta difícil escapar a este marco de referencia[11]. Las metáforas de la *flecha del tiempo* o de la historia como *río que fluye* son ilustraciones perfectas de esta concepción.

Sin embargo, hace ya más de 30 años, Michel Foucault (1994) predijo que el espacio estaba llamado a constituir la materia prima del historiador[12]; que estábamos ingresando a una era simultánea de la yuxtaposición, del futuro inmediato y el pasado remoto, de la colateralidad, de la dispersión. Es verdad que, hoy en día, nos encontramos frente a procesos de interpretación y expansión del espacio y el tiempo. Un espacio que se amplía a la vez que se restringe, en un proceso que Roland Robertson ha dado en llamar *glocalización*[13].

Nos vemos confrontados a una idea nueva que nos invita a considerar el *ancho* y el *espesor* del tiempo. Un ancho que posibilita el fluir de la historia, al concebir el presente no como *período*, sino como un proceso de transformación del pasado en futuro (y viceversa). Un espesor que nos hace vivir simultáneamente varias temporalidades superpuestas, de modo tal que el tiempo ya no sea un solo *hilo* (el hilo del tiempo), sino que se represente más bien por medio de una cuerda en la que se entrelazan una multitud de hilos.

Esta idea nueva nos invita a considerar asimismo un espacio no limitado por márgenes físicos. A decir verdad, tal como lo expone Thomas Popkewitz, los conceptos temporales han sido desplazados por los espaciales, y así se habla de *trazar mapas*, del *desarrollo de un campo discursivo*, de la *regionalidad*, de *localidades, terrenos, comunidades imaginadas* y *geografías institucionales, espacio ideológico* y *topografías de la persona*:

> *El empleo de conceptos espaciales conlleva un replanteamiento de las ideas de historia, progreso y agencia, tomadas de la teoría social del siglo* XIX. *El concepto de espacio en las teorías posmodernas tiene cualidades tanto representacionales*

---

11. Véase Popkewitz, Thomas S.: "A Social Epistemology of Educational Research", en Thomas S. Popkewitz y Lynn Fendler (comps.): *Critical Theories in Education: Changing Terrains of Knowledge and Politics*, Routledge, Nueva York y Londres, 1999.
12. Foucault, Michel: *Dits et écrits*, Gallimard, París, 4 vols., 1994.
13. Véase Robertson, Roland: *Globalization: Social Theory and Global Culture*, Sage, Londres, 1992.

LOS FLUJOS DEL SABER EDUCATIVO

como físicas. (...) La literatura posmoderna pone su foco en la construcción de los espacios sociales –no solamente como conceptos geográficos, sino discursos que producen identidades.[14]

Estos cambios crean una nueva concepción de tiempo y espacio que, en nuestro caso, mezcla niveles temporales que tienen una historia en común; nos llevan a imaginar *comunidades interpretativas* que surgen de compartir una única lengua. Estas comunidades posibilitan investigar la relación Portugal-Brasil-Mozambique en el marco de un espacio-tiempo redefinido. Dichas concepciones del tiempo y sobre todo, del espacio, son las que conforman un programa de investigación común, una indagación empírica y, en los mismos términos, una realidad histórica signada por la universalidad de un dispositivo que considera la inteligibilidad de los objetos y los pueblos. Nuestro programa implica como tal, contrariamente a cierta tradición en la educación comparada, la creación de instrumentos conceptuales que nos permitan multiplicar el espacio (*los espacios*) y desplegar el tiempo (*los tiempos*).

1.4. La reconciliación entre la historia y la comparación

Uno de los aspectos fundamentales de nuestro trabajo es la búsqueda de elementos que permitan una reconciliación entre historia y comparación. Luego de sufrir largos años de ostracismo, la comparación ha empezado a ser aceptada nuevamente en el campo de la educación. Historiadores, sociólogos, pedagogos, incluso filósofos han hecho uso de la comparación al tomar parte en grupos y informes de investigación, y han incluido elementos comparativos en sus trabajos. En igual sentido, una serie de organismos supranacionales están admitiendo la importancia de crear instrumentos que faciliten la comprensión del fenómeno educativo y sus consecuencias (fuentes de trabajo, calificación profesional, mercado laboral, etc.), que se dejan sentir más allá de las fronteras de cada país. Nos ha parecido útil señalar dos características particularmente prometedoras que presenta este *comeback* de la comparación: en primer lugar, la revigorización de un modo de pensar que tiene su base en la lógica de la comparación

---

14. Popkewitz, 1999, *op. cit.*, págs. 27s.

en el tiempo, concediéndole una historicidad propia; en segundo término, la adopción de perspectivas metodológicas que no consagran modelos de análisis centrados exclusivamente en la geografía de una nación[15].

La educación comparada trabajaba tradicionalmente dentro del marco del Estado-Nación: los países del norte eran comparados con los del sur, los desarrollados con los subdesarrollados, mientras que se comparaba los países *centrales* unos con otros. Estas comparaciones se llevaban a cabo en virtud de la proximidad geográfica o en mérito al exotismo, pero su punto de referencia siguió siendo siempre el Estado-nación. En la actualidad, los límites tienden a hacerse borrosos, por efecto de una *cultura de alcance mundial* y de la multiplicidad de niveles de afiliación y pertenencia. Esto hace que la comparación derive hacia nuevas realidades que exceden el marco de las geografías nacionales.

Una de dichas realidades –que hemos tratado de construir como objeto de estudio– es la comunidad imaginada a la que se ha denominado imperfectamente *comunidad de lengua portuguesa*. La posibilidad de un pensamiento histórico-comparativo en estos términos nos parece tan obvia, que nos asombra la inexistencia de estudios e investigaciones en este terreno. A decir verdad, con excepción de algunas obras acerca del *Imperio* y la *colonización*, no ha existido una reflexión metodológica en esta categoría de análisis, que superpone momentos de una historia común e identidades culturales compartidas (sea por adhesión o rechazo a la misma).

Nuestro posicionamiento en África, América y Europa, en países muy diversos entre sí, con la distancia como vínculo, nos ofrece una situación de privilegio, que despliega una serie de posibilidades para la investigación histórico-comparativa. No se trata de considerarnos un *caso excepcional*, que haya de confirmar o refutar una determinada tesis. Antes bien, debemos asumir que nuestra especificidad puede ser trazada conceptualmente y trabajada como un campo teóricamente reconocible. Estos conceptos están fundados en la teoría de la escolarización y en el papel de la escolarización en la construcción de la identidad. A decir

---

15. Véase Nóvoa, António, y Schriewer, Jürgen (comps.): *A Difusão Mundial da Escola*, Educa, Lisboa, 2000.

LOS FLUJOS DEL SABER EDUCATIVO

verdad, las escuelas desempeñan un papel esencial en la producción de los *sistemas de gobierno* que forman las distintas identidades y las afiliaciones individuales y colectivas. Como señala Popkewitz:

> La escolarización no solo construye los imaginarios nacionales que dan cohesión a la idea de una ciudadanía nacional; construye también las imágenes de las subjetividades cosmopolitas que se desplazan a través de las múltiples fronteras que dan forma al mundo de los negocios, de la política, de la cultura.[16]

Son las instituciones sociales, la escuela entre ellas, las que hacen que los esquemas *imaginados* cobren realidad.

No se puede ignorar uno de los textos centrales del *grupo de Stanford*, en el que se plantea una tipología de países, donde Portugal y Brasil ocupan una posición significativamente *subdesarrollada* y Mozambique tiene el nivel de desarrollo escolar más bajo del mundo[17]. Este texto contiene dos distorsiones obvias: en primer lugar, el establecimiento de una jerarquía de países que no se limita a la descripción de una realidad dada, sino que la construye en función de una ideología implícita; en segundo lugar, un agrupamiento de países en función de su ubicación estructural dentro de la sociedad mundial, poniendo de relieve sus dimensiones económicas y geográficas. En la construcción de tales razonamientos se advierte cierto monto de *verticalidad*.

De todos modos –y queremos acentuar este punto en particular–, si resolvemos adoptar esta perspectiva, otorgarle una *perspectiva horizontal* que conecte las relaciones entre tres continentes y dar significación, sobre todo, a los aspectos históricos y culturales, creemos poder preparar el terreno para la producción de un conocimiento nuevo (un conocimiento teórico) acerca del origen y la expansión de la escolarización masiva. No se trata tanto de problematizar la *difusión a nivel mundial* del modelo escolar, sino de comprender su recepción en Portugal-Brasil-Mozambique.

---

16. Popkewitz, Thomas (comp.): *Educational Knowledge – Changing relationships between the state, civil society and the educational community*, State University of New York Press, Nueva York, 2000, pág. 5.
17. Véase Meyer, Ramírez y Soysal, 1992, *op. cit.*

1.5. Hibridación y construcción de nuevas zonas de mira

Durante el período colonial –más largo en África que en Brasil–, Portugal construyó su mito de *nación imperial*. Esta nación, de carácter universal, pero unificada en esencia, era capaz de asimilar diferencias culturales en el marco de un *alma* interna homogénea. El nacionalismo portugués hizo hincapié en el carácter benigno, tolerante y multicultural de su colonialismo, forjando continuamente la noción de una relación de parentesco entre las esferas coloniales y metropolitanas, cantadas como una *hermandad* de pueblos. La situación posterior a la independencia ha dado oportunidad a nuevos mecanismos de identificación y conflicto entre Portugal y sus nuevas *naciones hermanas*. En cierto sentido, la inclusión de Portugal en la Unión Europea, desde 1986, ha creado en el pueblo la ilusión de una nueva centralidad. Por otro lado, la situación periférica de Portugal en relación con Europa exacerba las fracturas internas y acentúa los distintos niveles de desarrollo dentro del continente europeo[18]. A lo largo de siglos, nos hemos habituado a vernos como centro, en razón de poseer una periferia colonial; pero al mismo tiempo éramos la periferia de otros centros.

El concepto de *lusofonía* nos permite relocalizar a portugueses, brasileños y mozambiqueños como sujetos históricos, contrariamente a las perspectivas tradicionales, para las que solo Europa posee la capacidad de denominar y describir la manera en la que los pueblos se imaginan a sí mismos. Nuestro objetivo no es tanto comprender el modo en que estos pueblos han construido sus identificaciones por medio de las formas modulares proporcionadas por el imperio colonial, sino que, antes bien, nos interesa –asumiendo deliberadamente una posición intermedia– entender cómo estos *guiones* europeos (civilizado/salvaje, moderno/primitivo) fueron sujetos de una reapropiación y reelaboración por parte de comunidades tan disímiles. De hecho, a pesar de tratarse de naciones políticamente independientes, continúan siendo coloniales de acuerdo con las categorías históricas de la historiografía occidental. Es uno de nuestros objetivos remitirnos a otra manera de pensar y considerar los materiales que deshacen el nudo de este *otro*.

---

18. Santos, Boaventura de Sousa: *Pela Mão de Alice*, Afrontamento, Oporto, 1994.

LOS FLUJOS DEL SABER EDUCATIVO

La teoría del poscolonialismo constituye la base esencial de nuestro trabajo, en particular al cumplir Europa la función de *referente tácito* de la Historia en su conjunto. O (lo que viene a ser lo mismo) al plantearse la crítica de que solo *Europa* es cognoscible teóricamente, actuando así a manera de clasificador del resto de la Historia en sentido empírico, es decir, otorgándole el estatus de *caso*. La forma en que el sujeto colonial se constituye como *el otro* no puede ir disociada de los procesos educativos –formales e informales– que han construido la dicotomía *primitivo/moderno* como sinónimo de *salvaje/civilizado*[19]. Las *normas universales* utilizadas para juzgar y confrontar al otro fueron difundidas en gran medida por las instituciones escolares. Robert Young va un paso más allá en su crítica al extenderla al presente; afirma que es preciso analizar las formas discursivas, las representaciones y las prácticas del racismo contemporáneo a la luz de sus relaciones con el pasado colonial y de la manera en la cual ciertas temáticas y saberes pasan a formar parte integral de las estructuras educativas mismas[20].

Es válido mencionar dos aspectos que están en relación directa con la escolarización masiva. Uno es la interdependencia existente entre la metrópoli y las colonias, que transformara los territorios coloniales en campos de experimentación de técnicas gubernamentales que habrían de ser luego usadas *en casa*. Nikolas Rose acierta en decir que es en este proceso que se definen y se consolidan las características mismas de *Europa* y sus modos de gobernar[21].

Sin embargo, es necesario, por otro lado, escribir la crónica de esa ironía del destino por la cual las colonias se tornan un elemento esencial en la constitución de Europa como unidad, del pensamiento occidental y de los modelos europeos de educación y cultura. La escuela es una de las instituciones en las que la imagen reflejada por el *espejo de los colonizados* se ve refractada en relaciones complejas y ambiguas entre mundos que se fusionan y entran en conflicto. Como lo expone

---

19. Véase Spivak, Gayatri Chakravorty: *A Critique of Postcolonial Reason - Toward a History of the Vanishing Present*, Harvard University Press, Cambridge, MA, 1999.
20. Véase Young, Robert: *White Mythologies: Writing History and the West*, Routledge, Londres, 1990.
21. Véase Rose, Nikolas: *Powers of Freedom*, Cambridge University Press, Cambridge, 1999.

Thomas Popkewitz, ciertos autores se han valido del concepto de hibridación para referirse a tales encuentros, a tales *zonas de contacto*, en las cuales miramos a través del *otro* y encontramos al *otro* en nosotros mismos: "El concepto de hibridismo nos permite, pues, considerar la relación entre saber y poder no como jerárquica, no trasladándose sin crítica de las naciones del centro del sistema mundial a los países periféricos menos poderosos. Antes bien, lo global y lo local están intrincadamente unidos por medio de patrones complejos, múltiples y multidireccionales"[22]. La comunidad de lengua portuguesa aparece ante nuestros ojos como una de las modalidades de la hibridación. Nuestro esfuerzo intelectual no tiene como referencia el establecer dicotomías, sino el comprender la manera en que distintas prácticas discursivas se superponen unas con otras, dando forma a modos de pensar y actuar. Por ello, resulta importante entender la globalidad del proceso histórico al tiempo que desmembramos los varios *estratos* que lo constituyen. Es en esta doble lógica de *amalgamar* y *deshilvanar* que encontramos *zonas de mira* que describir. El descubrimiento de estas nuevas zonas constituye el desafío más fascinante para la educación comparada.

1.6. Tres formas del saber educativo

Una alternativa conceptual a las teorías de la internacionalización del saber educativo ha venido siendo profundizada por Jürgen Schriewer, autor que se vale del concepto de *externalización* como clave para el análisis de la construcción de la teoría educativa[23]. Desde un punto de vista estrictamente conceptual, la perspectiva de la externalización se sustenta: a) en la noción de *internacionalidad*, es decir, la visión del mundo como construcciones semánticas elaboradas desde una perspectiva particular de cada contexto nacional o cultural y en clara sintonía con sus necesi-

---

22. Popkewitz, 2000, *op. cit.*, pág. 6.
23. Véase Schriewer, Jürgen: "World-System and Interrelationship-Networks", en Thomas S. Popkewitz (comp.): *Educational Knowledge – Changing relationships between the state, civil society and the educational community*, State University of New York Press, Nueva York, 2000; Schriewer, Jürgen: *Formas de externalização no conhecimento educacional*, Educa, Lisboa, 2001; Schriewer, Jürgen, y Keiner, Edwin: "Communication patterns and intellectual traditions in educational sciences: France and Germany", en *Comparative Education Review*, 36, 1, 1992.

dades internas (en contraste con la internacionalización y la evolución dinámica de los procesos transnacionales de integración); b) en la noción de recepción e interpretación selectivas, signada por la especificidad de la producción de significado del contexto de recepción (en constraste con la tesis de la difusión global de modelos generada por una participación cultural transnacional); c) en la noción de *système-mondes*, o, según la formulación de Braudel, una representación del mundo que asocia amplias áreas geográficas a estructuras económicas, diferencias político-ideológicas o de civilización y productores de sentido (en contraste con la representación de un sistema mundial único)[24].

Si bien Schriewer nos invita a considerar el papel activo desempeñado por el contexto y los agentes de recepción, resulta imposible declarar que esto excluya una vigorosa presencia de las fuerzas de difusión en lo que hace a los modelos educativos: "El teorema del sistema de reflexión autorreferencial admite que los horizontes de referencia en los discursos educativos –sociedades de referencia, las tendencias de desarrollo o los modelos a nivel mundial– no son por completo separables de las estructuras del sistema mundial, que son, por cierto, las que predominan. (...) Las construcciones semánticas desarrolladas por medio de la externalización tomaban en cuenta las dimensiones de poderío político-militar, de eficiencia económico-tecnológica o de superiorida simbólico-cultural"[25].

Esta *no-exclusión* es para nosotros fundamental. Fijamos nuestra atención en la movilización selectiva de modelos educativos en sí, pero siempre en un marco de análisis vinculado a la articulación de procesos de internacionalización y *natividad*, de integración supranacional y diversificación intranacional, de difusión global y recepción específica[26]. Es nuestro objetivo tomar como punto de partida de nuestra observación la búsqueda y recepción selectiva de referencias, aunque insertadas en un mundo más ambiguo de interpenetración de los procesos de difusión y recepción del saber educativo. Por consiguiente, hemos de favorecer una línea de razonamiento que nos conduzca, en la terminología de Thomas Popkewitz, a los lazos *múltiples y multidireccionales* de las ideas[27].

---

24. Schriewer, 2001, *op. cit.*, págs. 20-26.
25. Schriewer, 2001, *op. cit.*, pág. 21.
26. Schriewer, 2000, *op. cit.*, pág. 327.
27. Véase Popkewitz, 2000, *op. cit.*
28. Véase Foucault, 1994 (vol. III), *op. cit.*, págs. 635-657.

INTERNACIONALIZACIÓN

El epicentro de nuestro análisis se sitúa, en el presente trabajo, en la manifestación del saber educativo en Portugal y Brasil. Hacemos nuestro abordaje del saber educativo de acuerdo con tres formas interrelacionales:

1. La forma del *conocimiento científico* tiene sus raíces principalmente en enfoques psicológicos; construye la subjetividad de los alumnos y, a la vez, posibilita la administración gubernamental a distancia de *poblaciones* diferentes. El análisis de esta dimensión científico-social del saber educativo se basa en la noción foucaultiana de *gubernamentalidad*[28].
2. La segunda forma sujeta a análisis es la del *saber pedagógico-didáctico* y su producción por medio de libros de texto para la formación de docentes. En esta dimensión, se pone el acento en la naturaleza mixta de este tipo de saber, así como también en el fenómeno de la deslocalización y la descontextualización de discursos que se suscita[29].
3. La última forma analizada en este trabajo es la del *saber científico-pedagógico* que circula a través de los periódicos educativos y que se vincula a la construcción de un conocimiento cuyo propósito es servir de medio entre la producción científica y la práctica pedagógica. Fundamental para dicho análisis es la noción de que los periódicos educativos constituyen vehículos importantes para la producción y regulación del conocimiento, y la formación de un campo especializado en materia de educación[30].

Las tres formas de saber educativo que hemos esbozado son exploradas en las siguientes páginas por medio de tres contribuciones distin-

---

29. Véase Bernstein, Basil B.: "On pedagogic discourse", en John G. Richardson (comp.): *Handbook of theory and research for the sociology of education*, Greenwood Press, Nueva York, 1986; Luz Correia, António Carlos: *Fragmentos da memória de uma escola imaginada: presenças de Espanha nos livros de formação de professores primários em Portugal (1920-1950)*, ponencia presentada ante la Conferencia Ibérica de Historia de la Educación, Allariz, 2001.
30. Carvalho, Luís Miguel: *Nós Através da Escrita: revistas, especialistas e conhecimento pedagógico (1920-1935)*, Educa, Lisboa, 2000; Schriewer, Jürgen: "Études pluridisciplinaires et réflexions philosophiques: la structuration du discours pédagogique en France et en Allemagne", en *Paedagogica Historica* (Serie Suplementaria), vol. III, 1998; Schriewer y Keiner, 1992, *op. cit*.

LOS FLUJOS DEL SABER EDUCATIVO

tas y complementarias. La primera trata los discursos científicos que transforman a los niños en alumnos (en la transición del siglo XIX al XX). La segunda estudia los libros de texto utilizados para la formación de docentes y la construcción del conocimiento pedagógico-didáctico (entre 1880 y 1960). La tercera aborda la circulación y la estructura del discurso especializado en el campo de la educación, a través del análisis de los periódicos educativos (entre 1920 y 1935).

2. El saber especializado en la construcción de la escolarización masiva

Tomando estas referencias como trasfondo, nuestra investigación ha de describir las variantes de la escolarización masiva en la comunidad de lengua portuguesa (Brasil, Mozambique, Portugal), concentrándose en períodos específicos de la historia –los años 1880, 1920 y 1960–. En cierto modo, las varias líneas de indagación que dan cuerpo a la investigación han de definirse por medio de un retorno a una narración histórica localizada en un espacio que ya no es solamente *nacional*. A continuación se presentan tres conceptos que ilustran este esfuerzo por repensar la construcción histórica de la escolarización masiva: el primero de ellos se sitúa en las distintas formas históricas que asume el *gobierno* de los niños y su transformación en alumnos; el segundo abarca los temas curriculares y la construcción de una identidad docente profesional a través del estudio de los *libros de texto* destinados a la formación de maestros; el tercero estudia la producción y difusión del saber especializado por medio del análisis comparativo de publicaciones pedagógicas. Estos son aspectos que hacen posible el esbozo de los razonamientos y puntos de interés de una investigación más ambiciosa.

2.1. Los flujos del saber científico: el gobierno de los alumnos en la transición del siglo XIX al XX (Portugal y Brasil)

Es nuestra intención entender, en lo que concierne a Portugal y Brasil, la manera en la cual la escolarización masiva nos aporta la idea de que los niños son definidos, antes que nada, con la etiqueta de *alumno*[31]. La expansión de la escolarización a la población infantojuvenil en general ha de ser estudiada desde un punto de vista en particular: el de los procesos a través de los cuales se produce la subjetividad de estos actores en el ámbito escolar. Nuestra opinión es que las controversias y disputas que están ya en el fundamento de la consolidación de la escuela pública moderna en los países de lengua portuguesa pueden percibirse como expresión directa de una lucha por el gobierno del alma.

La incorporación de principios morales por medio de prácticas de socialización, que van a ser definidas cada vez más como *autonomía* o *libertad*, surge de hecho como el *signo más distintivo y consensual* de la escuela moderna. En el *siglo del niño*, la *disciplina* es un ejercicio solitario, que asocia la autonomía con la iniciativa del alumno. En el marco del liberalismo, las reglas relacionadas a la vida colectiva ya no pueden imponerse por medio de sanciones, severidad o principios: no pueden siquiera ser transmitidas por el docente. Por el contrario, cada individuo se ve obligado a descubrirlas a través de un juego de relaciones con el mundo exterior, que debe tener su comienzo y fin dentro de los límites del sujeto. La libertad y la autoridad se describen siempre como realidades yuxtapuestas o incluso simbióticas. El discurso pedagógico de la modernidad favorece, como modelo ideal, un alumno independiente y responsable –esto es, una persona que sabe medir las consecuencias tanto de sus actos como de sus modos de comportamiento por medio de reglas internas resultantes de su propia experiencia personal, de una *adaptación espontánea* a la vida escolar–. Es como si cada individuo aprendiera a construir un espacio social en el espacio que él o ella estuviera ocupando.

Hemos elegido ilustrar esta idea con una referencia a la obra de dos autores tenidos en alta estima en el campo de la pedagogía –Adolphe Ferrière y Faria de Vasconcelos– que establecieron, a comienzos del siglo XX, una *nueva escuela* de características típicas. Es importante admitir que no podemos reconocer nuestra identidad educacional más allá del modelo arquetípico formulado por ambos

---

31. Véase Nóvoa, António: "Tempos da escola no espaço Portugal-Brasil-Moçambique: dez digressoes sobre um programa de investigacão", en António Nóvoa y Jürgen Schriewer (comps.): *A Difusão Mundial da Escola*, Educa, Lisboa, 2000.

pedagogos. El primero afirma que "la educación moral, lo mismo que la intelectual, no puede ser impuesta por medio de una autoridad exterior al interior de cada alumno, sino que es preciso que se desarrolle de modo inverso, a partir de la experiencia personal, la comprensión crítica y la libertad"[32]. Faria de Vasconcelos profundizó esta línea de razonamiento con la siguiente afirmación: "La vida moral es imposible de enseñar; la virtud no se aprende por medio de palabras. Es algo que debemos hacer nuestro por medio de la experiencia personal y la vida en libertad". El *ser moral* solo puede despertar si se permite al alumno pensar libremente y aceptar la regla impuesta[33].

Estas afirmaciones contienen toda una arqueología de la educación en el siglo XX. El plano de la educación moral nos transporta casi inmediatamente al de la libertad y el autogobierno. El presente análisis se basa en el concepto de gubernamentalidad planteado por Michel Foucault. La importancia de esta noción ha sido invocada por un grupo de autores en la década de 1990, quienes, en el intento de comprender la clase neoliberal de racionalidades que *gobiernan* nuestro presente, han sentado nuevas formas de pensar las conexiones entre el dominio de la política, el ejercicio de la autoridad y los modos de comportamiento demostrados por los ciudadanos[34]. La gubernamentalidad, por ende, tiene que ver con las decisiones, estrategias, tácticas, dispositivos de cálculo y supervisión adoptados con el fin de *siempre gobernar sin gobernar*. Esto implica la producción de técnicas de razonamiento que son implementadas en las escuelas y ejecutadas por actores que actúan *de modo autónomo* en esferas restringidas, esto es, dentro de los compromisos propios asumidos de cara a sus familias y comunidades de origen[35].

---

32. Ferrière, Adolphe: "Préface", en Faria de Vasconcellos: *Une école nouvelle en Belgique*, Delachaux y Niestlé, Neuchâtel, 1915, pág. 15.
33. Faria de Vasconcelos: *Une école nouvelle en Belgique*, Delachaux y Niestlé, Neuchâtel, 1915, págs. 206s.
34. Barry, Andrew; Osborne, Thomas, y Rose, Nikolas (comps.): *Foucault and political reason: Liberalism, neo-liberalism and rationalities of government*, The University of Chicago Press, Chicago, 1996; Bell, Vikki: "Governing childhood: Neo-liberalism and the law", en *Economy and Society*, 22, 3, 1993; Burchell, Graham; Gordon, Colin, y Miller, Peter (comps.): *The Foucault effect: Studies in governmentality*, Harvester Wheatheaf, Londres, 1991.
35. Rose, Nikolas: *Inventing ourselves: Psychology, power and personhood*, Cambridge University Press, Cambridge, 1996, pág. 238.

INTERNACIONALIZACIÓN

Lo que intentamos aprehender es el proceso que posibilita la práctica efectiva de esta lógica dentro de la construcción de la escolarización masiva. Los giros decisivos experimentados en dicha construcción parecen condensarse en un breve período histórico que va de 1880 a 1920[36]; este período aparece dividido internamente en dos fases, si bien su cronología no puede establecerse de manera clara. La primera fase se relaciona con los intentos de fijación institucional de las ciencias de la educación a lo largo del siglo XIX y con la profundización a nivel teórico en la filosofía, la psicología y la sociología de un *laicismo moral*. La segunda fase tuvo su origen en una investigación que habría de disecar el cuerpo y el alma del niño, para terminar por constituir al niño como actor social definido e individualmente diferenciado. Fueron precisamente estos estudios pedagógicos los que dieran lugar a todos los movimientos que surgieron en el lapso de la Primera Guerra Mundial en favor de la Nueva Escuela; su principio era la noción de *alumno* y la promoción de su autonomía. A pesar de los cambios políticos operados en la época, este período (1880-1920) establece una continuidad de temas y problemas bajo la denominación de *psy*.

Comenzaremos por el primer sub-período, el momento en el cual Gabriel Compayré lanzó un cuestionamiento que habría de recurrir a lo largo del siglo XX: ¿existe o no una ciencia de la educación? ¿Posee o no un objeto diferente de otros? En opinión del autor, la respuesta era un rotundo *sí*: "En nuestros días nadie niega la posibilidad de una ciencia de educación"[37]. Según Compayré, se trataba de un conocimiento práctico y positivo a la vez. El primer aspecto, el del *conocimiento práctico*, hacía posible que la ciencia se definiera a sí misma como arte, lo cual la distanciaba de la cultura académica. En lo respectivo a su legitimidad teórica, la pedagogía no aspiraba a más que ser una *psicolo-*

---

36. Véase Nóvoa, António: "As ciências da educação e os processos de mudança", en *Ciências da educação e mudança*, Sociedade Portuguesa de Ciências da Educação, Oporto, 1991; Nóvoa, António: "Regard nouveaux sur l'éducation nouvelle", en Nanine Charbonnel (comp.): *Le don de la parole*, Peter Lang, Berna, 1997.
37. Véase Nóvoa, António: "La raison et la responsabilité: Vers une science du governement des âmes", en Rita Hofstetter y Bernard Schneuwly (comps.): *Science(s) de l'Éducation 19e-20e siècles - Entre champs professionels et champs disciplinaires*, Peter Lang, Berna, 2002.

gía aplicada. El pedagogo tomaba como regla las máximas provenientes de las *leyes de la organización mental*, es decir, el trabajo desarrollado por la ciencia de la psicología. Un educador portugués explica la razón fundamental de este *matrimonio*:

> *La pedagogía tiene a la psicología y a la moral como fundamentos. La psicología es lo que posibilita el conocimiento del mecanismo natural de las facultades intelectuales, mientras que es por medio de la moral que comprendemos la naturaleza de los sentimientos: estos son los dos factores en los que debe basarse toda educación.*[38]

Esta afirmación, en apariencia sencilla, nos permite comprender con claridad las formas específicas de la regulación social. El desarrollo de la pedagogía, o de la ciencia de la educación, estuvo motivado por la ambición de actuar y gobernar el espíritu y el cuerpo de los niños y jóvenes. Surgió como una versión más del biopoder. Sus métodos consistían en la observación de los datos de la vida física y moral. Su problemática principal la constituía el hacer visible y manipulable a cada sujeto. Esta tarea solo habría de resultar posible si se llevaba a cabo sobre la base de una disección sistemática de la espiritualidad de los educandos. Las leyes generales y la correspondiente reflexión inductiva de la pedagogía habrían de conducir a una colación y construcción racional de los datos de la intimidad, cuyo objetivo era establecer un mapa del alma humana. Por consiguiente, el alma era el producto diferenciado que la razón que el Estado habría de proporcionar a la pedagogía *psy*. Es con referencia a esta función social regulatoria que debemos ponerla en cuestión.

La pedagogía de la modernidad hace repetida mención de la idea de que existe un vínculo causal entre el conocimiento particularizado de las tendencias, hábitos, deseos y emociones de los alumnos y la forja de su sensibilidad moral. Fue el intento por dar viabilidad y disciplina a esta tecnología de socialización lo que dio origen al *descubrimiento del alumno* a finales del siglo XIX. Dado que la personalidad individual se había tornado un elemento crucial de la cultura intelectual de la época, de la política a la economía, o aun del arte, era solamente

---

38. Ferreira-Duesdado, Manuel António: "A necessidade da preparação pedagógica no professorado português", en *Revista de Educação e Ensino*, 4, 2, 1887, pág. 47.

un paso natural el que el educador comenzara también a tomar en cuenta ese germen de individualidad que está latente en cada niño. En 1890, el educador portugués José de Sousa ponía de relieve que la ciencia de la psicología terminaría naturalmente por desplazar a la pedagogía tradicional, autoritaria y unificadora, que daba énfasis a ejercicios estereotipados y memorizaciones estultizantes, en lugar de la iniciativa y la inventiva del alumno[39]. En vez de tratar a la población escolar de una manera uniforme e invariable, el maestro moderno debía variar sus metodologías "de acuerdo con cada temperamento y cada inteligencia"[40].

En el segundo sub-período, el discurso pedagógico va a mejorar su modelo de subjetividad, al consolidar permanentemente la supremacía de la persona individual y su economía psíquica original, única e inconmensurable, pero siempre al servicio del ideal demócrata-liberal. El mismo programa de socialización apuntaba, además, a la transformación del niño en adulto, es decir, a la adaptación de su iniciativa a las circunstancias que lo rodean. Sin embargo, y es aquí donde tiene lugar la innovación, las afirmaciones que los pedagogos hacen en este período estarán sustentadas por observaciones médico-psicológicas y estudios antropológicos de amplio espectro, así como también por registros sobre niños anormales y normales, que documentan invariablemente las características peculiares y diferenciadoras de la niñez.

Desde entonces, la ciencia de la educación ha tendido a definirse como una psicología aplicada[41]. La tesis que veía al niño como un adulto en miniatura –un homúnculo que carece del conocimiento y la experiencia que naturalmente se adquieren con la edad– pasó a ser refutada por estos descubrimientos científico-pedagógicos. En verdad, cada alma comenzaba a comprenderse a sí misma en la niñez como una realidad dinámica, una creación continua e irreductible. La vasta tarea de la socialización escolar en los períodos de la niñez y la adolescencia se describía en estos términos como el correspondiente a un equilibrio de mecanismos de adaptación, acomodación y asimilación, en permanente juego entre la realidad y el *yo*.

---

39. Véase Sousa, José de: *Notas de pedagogia filosófica*, s.d., Lisboa, 1890.
40. Durkheim, Émile: "Pédagogie", en Ferdinand Buisson (comp.): *Nouveau dictionnaire de pédagogie et d'instruction primaire*, Librairie Hachette, París, 1911, pág. 1541.
41. Nóvoa, 1997, *op. cit.*

LOS FLUJOS DEL SABER EDUCATIVO

Con lo que, en aquel entonces, parecía ser una sincronía asombrosa (y que hoy llamaríamos tal vez un síntoma de globalización) los escritos de los norteamericanos Hall y Dewey, del brasileño Lourenço Filho y de los europeos Montessori, Decroly, Binet, Kerchensteiner, Claparède, Ferrière, Faria de Vasconcelos y Adolfo Lima, entre muchos otros, postularon la necesidad de una *nueva escuela* dentro de la cual todas las técnicas y métodos educativos se adaptaran a la realidad particular de cada niño, a sus *leyes innatas*. Ya que la observación concreta daba muestra de que los niños varían considerablemente en sus características mentales, era posible entonces probar experimentalmente que tales diferencias existen en toda cualidad mental. Ni siquiera resultaba posible hablar en términos de clases o *tipos ideales*. Faria de Vasconcelos señala que "tanto en relación con los órganos sensoriales y motores, como desde el punto de vista del vigor de los instintos y capacidades, de la naturaleza de las experiencias, de los intereses innatos y adquiridos, no hay dos niños que sean iguales". Concluye: "Un mismo estímulo produce dos reacciones diferentes"[42]. El interés estará fijado en la diferencia y en la cuestión de cómo adaptar la escuela y sus rutinas al individuo. Ya que la *psicognosis*, tal el nombre que tenía en aquel entonces, había demostrado de manera irrefutable que los niños no eran idénticos y que debía estudiarse una pluralidad infinita de casos, era, por consiguiente, obligado que los programas y métodos escolares estimularan generosamente la subjetividad[43]. Los expertos *psy* llegaron a crear, de hecho, un *nuevo lenguaje* para individualizar a los niños en la escuela –categorizando, clasificando y calibrando sus capacidades, habilidades y modos de comportamiento–. Aunque contribuyeron a la recopilación de la totalidad de la tecnología por medio de la cual podía agruparse a alumnos, seguían percibiendo a estos últimos como entidades similares, si bien presentaban diferencias unos de otros. Merced a las ciencias psicológicas, el comienzo del siglo XX presenció el nacimiento en el interior de la institución escolar de una nueva gramática del cuerpo y el alma, que habría de transformar la subjetividad de la niñez en una fuerza calculable, y

---

42. Faria de Vasconcelos: "A psicologia diferencial escolar", en *Educação Social*, 1, 1, 1924, pág. 9.
43. Faria de Vasconcelos: *A inteligência e a sua medição: Psicologia aplicada*, Livraria Clássica Editora, Lisboa, 1934, pág. 273.

en consecuencia, gobernable. De allí que la internalización se tornara *visible* a partir de la lógica de la *inscripción* de la individualidad. El espacio escolar habría de funcionar, en este sentido, como una especie de telescopio o microscopio, lo que permitía tanto el descubrimiento del sujeto en una posición determinada –de conformidad o desvío respecto de la norma– como su descripción detallada por medio de sofisticadas tablas de atributos particulares respecto de la población en su conjunto[44].

Edouard Claparède tenía una perspectiva sumamente clara basada en la idea de que, sin importar la diferencia observada en cada uno de los casos, estos debían ser, en alguna medida, equivalentes. ¿Cómo realizar entonces esta operación de conectar la parte con el todo? La solución ofrecida por Claparède consistía en convertir cada muestra particular en una *expresión estadística*. La justificación propuesta era la siguiente:

> *Dado que solamente podemos verificar lo que es posible medir, se debe realizar un esfuerzo por reducir los problemas cualitativos, los problemas de la variedad de habilidades, a problemas cuantitativos, un esfuerzo por expresar las cualidades por medio de números.*[45]

Por medio de esta conversión lograba ordenarse la singularidad y las idiosincrasias de manera racional y administrarlas en su variedad conceptual y posicional. De allí que el pedagogo suizo estuviera hablando de regulación social, ya que creía que esta reducción a lo cuantitativo habría de *revelar* la verdadera realidad del niño bajo observación. En consecuencia, descripción se asociaba con prescripción: "Lo que se requiere de la observación de un niño no es solo un diagnóstico, sino además un pronóstico"[46].

Los nuevos regímenes de la visibilidad cuantitativa y la cognición conceptual dieron origen a una nueva rama de la psicología: la *psicología diferencial*, según la expresión de Stern, o *individual*, como la denomina Binet. El mayor supuesto científico de finales del siglo XIX –que la diver-

---

44. Véase Rose, 1996, *op. cit.*
45. Claparède, Edouard: *Como diagnosticar as aptidões dos escolares*, Livraria Educação Nacional, Oporto, 1931, pág. 21.
46. Ídem.

LOS FLUJOS DEL SABER EDUCATIVO

sidad existente entre los espíritus era de carácter innato-congénito– debía respaldarse en relación con las pruebas recogidas en numerosos proyectos de investigación experimentales. Estos tenían por objeto documentar diferencias individuales en una amplia gama de registros que iban desde fatiga hasta asociaciones y duración de los actos psíquicos, desde la imaginación hasta la memoria y desde la memoria hasta la atención, desde la percepción hasta los esquemas visuales, desde la inteligencia al trabajo y la habilidad, etc. Solo por medio de este procedimiento sistemático podía llegar a desterrarse definitivamente la dañina influencia de la escuela tradicional, que no veía en una persona otra cosa que lo unidimensional, una parte indiferenciada de una masa[47].

El material empírico procedente de Portugal y Brasil que hemos de examinar, que cubre el período entre 1880 y 1920, registra las deficiones del alumno imaginado a la vez que los instrumentos creados para la evaluación, descripción, valoración y comparación. Se trata, en consecuencia, de datos que conectan directamente la ambiciones de las autoridades con la habilidades individuales de los sujetos históricos. A partir de este momento, comenzó a cobrar forma un tipo de saber que aunaba a políticos, médicos, higienistas y otros especialistas de la profilaxis social. La escuela pública de los países de lengua portuguesa comenzó a hacer propia la crítica hacia los métodos autoritarios de la escuela *tradicional* y a agitar las aguas en lo que respecta a las tesis acerca de una educación *integral* del docente. Bajo la influencia de la dinámica de la *Nueva Educación*, las autoridades portuguesas y brasileñas llevaban registros en los que se reflejaba la atención del alumno por medio de su medición y análisis, además del inventario y descripción de su modo de comportamiento o aspiraciones más íntimas. Por consiguiente, el *archivo* escolar pasó a contener documentos que, si bien eran reflejo de un razonamiento poblacionista, comenzaron a enfocarse en cada uno de los sujetos de manera particular y diferenciada. Los procesos de individuación de la escuela de comienzos del siglo XX evidencian una inspección multilineal y una variación permanente de situaciones en las que se observaba el cuerpo, la mente y el rendimiento escolar de cada alumno caso por caso.

---

47. Véase Candeias, António; Nóvoa, António, y Figueira, Manuel Henrique: Sobre educação nova: cartas de Adolfo Lima a Álvaro Viana de Lemos, Educa, Lisboa, 1995.

INTERNACIONALIZACIÓN

Un ejemplo válido para el análisis que intentamos emprender lo proporciona un nuevo campo en el que se describe históricamente al alumno y que se materializa, en el contexto de las realidades portuguesa y brasileña, a través de la institucionalización de un nuevo departamento: la Sanidad Escolar. Este servicio abrió sus puertas a comienzos del siglo XX, al mismo tiempo en que aparecían otras instituciones de inspección médica en países como Francia, España, Rumania e Inglaterra. La Sanidad Escolar vino a consolidar el rumbo hacia la higiene[48]. El proceso requería de un tercer elemento en la relación pedagógica: el médico escolar.

Un primer ámbito de intervención era el relativo al examen antropométrico: se efectuaban metódicas mediciones de estaturas, diámetros, perímetros, contornos y pesos. Estos estudios no tardaron en evolucionar hacia un conocimiento del *alma* del alumno: habilidad mental, tests de inteligencia y personalidad, preferencias personales, etc. Tanto en Portugal como en Brasil, estos procesos dieron lugar a nuevas clasificaciones de los niños y a la construcción de lenguajes y tipologías. Ambos países asumían como punto de referencia un modelo imaginado de circulación mundial que encontraba, sin embargo, su implementación específica a nivel institucional. Esto debe verse, además, en un contexto político en el que no dominaban las ideas liberales. Por otra parte, se debe tener en consideración que, en los dos países que analizamos, la escolarización masiva no había alcanzado un alto grado de desarrollo, y solo un escaso porcentaje de la población infantil asistía a clases.

2.2. Libros de texto pedagógico-didácticos para la formación docente: el gobierno del maestro en Portugal y Brasil, 1880-1960

Los libros de pedagogía, didáctica y otras materias incluidos en el currículo de los seminarios de formación docente presentaban como condición estructurante la constitución de un sumario o compilación de

---

48. Véase Abreu, Carlos: *Limpos, sadios e dóceis: História da saúde escolar em Portugal no Estado Novo (1930-1960)*, tesis de licenciatura, Faculdade de Psicologia e de Ciências da Educação da Universidade de Lisboa, Lisboa, 1999.

LOS FLUJOS DEL SABER EDUCATIVO

distintos tipos de conocimiento. Es la amalgama y la articulación de los mismos lo que explica y legitima la práctica de la enseñanza, el currículo y los modos de conceptualización de la identidad del docente como profesional. En Portugal, los términos utilizados para caracterizar estas obras –*compendio, libro de texto*– son esclarecedores respecto de su contenido[49].

Los libros de texto utilizados por el docente siguen firmemente, tanto en la forma como en el contenido, las directivas impuestas por la ley, los planes de estudio, los reglamentos y los programas de perfeccionamiento docente. Por ello, un análisis histórico de sus contenidos y su presentación formal no puede ignorar las transformaciones que tuvieron lugar en lo que respecta a las instituciones de formación docente y a las directivas políticas que las reglamentaron.

Los libros de texto para la formación docente son un elemento fundamental en la construcción del discurso pedagógico. La invocación a la autoridad de otros textos y autores representa una de las características esenciales del contenido y el estilo discursivo de los libros pedagógico-didácticos.

Estas referencias, sin embargo, no son siempre del todo visibles. A menudo, las obras de carácter pedagógico y didáctico ponen de manifiesto lo que, según Basil Bernstein, representa una característica fundamental del discurso pedagógico: un dispositivo de deslocalización y descontextualización de los discursos y su relocalización y recontextualización en el ámbito escolar. Como resultado de "este proceso de deslocalización y relocalización, el discurso original experimenta una transformación de una práctica concreta a una práctica virtual o imaginaria"; esto quiere decir que "el discurso pedagógico genera sujetos imaginarios"[50].

El texto que a continuación se presenta es el resultado de varias líneas de investigación asumidas en colaboración por investigadores de la Universidad de Lisboa (Portugal) y la Universidad de San Pablo

---

49. Correia, António Carlos: "Fragmentos da memória de uma escola imaginada: presenças de Espanha nos livros de formação de professores primários em Portugal (1920-1950)", hipótesis de trabajo, Lisboa, 2001.
50. Bernstein, Basil B.: "On pedagogic discourse", en John G. Richardson (comp.): *Handbook of theory and research for the sociology of education*, Greenwood Press, Nueva York, 1986, pág. 210.

INTERNACIONALIZACIÓN

(Brasil)[51]. Aunque centrada en el estudio de los libros de texto[52] para docentes y la legislación educativa en el período de pasaje del siglo XIX al siglo XX, nuestra investigación sigue, en líneas generales, la categorización periódica propuesta –1880, 1920, 1960– con vistas a preservar la especificidad de cada período particular.

Hemos establecido como marco la definición de una *zona de mira* generada por la inclusión de Portugal y Brasil (representado, en este caso, por el estado de San Pablo) en una comunidad simbólica de poblaciones y estados, cuyo denominador común mínimo es la lengua portuguesa. El interrogante principal no reside en saber si se producen dentro de este territorio flujos o dinámicas de interacción que den sustento a la viabilidad de nuestra hipótesis; lo interesante, en términos de la historia de la construcción del saber pedagógico, es el propósito de estudiarla de una forma similar a la planteada por Abdala Júnior en el terreno de la literatura comparada:

> *Al efectuar una comparación entre los sistemas nacionales, es únicamente por medio de la abstracción que se llega al macrosistema que proporciona no solo el pasado común, sino la diversidad de cada renovación concreta en la lengua portuguesa. Y en sentido contrario, los factores históricos de convergencia (la tradición, pero también los modelos de ruptura cultural) se corresponden con una diferenciación más específica de cada nacionalidad en las renovaciones de este sistema abstracto*[53].

---

51. Debemos mencionar además la colaboración de Eliane Peres, de la Universidad Federal de Pelotas, Rio Grande do Sul (Brasil) – véase Luz Correia, António Carlos, y Peres, Eliane T.: *Learning to be a teacher by the book: professional images, school curriculum and models of children's learning in textbooks for elementary schoolteachers pre-service training in Portugal (1870-1950)*, trabajo presentado ante la International Standing Conference for the History of Education, Alcalá de Henares, España, 2001.
52. El proyecto conjunto con la investigadora brasileña Vivian Batista de la Facultad de Educación de la Universidad de San Pablo sobre el tema de los libros de texto para la formación docente abarca el período comprendido entre 1930 y 1970 – véase Batista da Silva, Vivian: *História de leituras para professores: um estudo da produção e circulação de saberes especializados nos "manuais pedagógicos" brasileiros (1930-1971)*, tesis de licenciatura, Facultad de Educación/Universidad de San Pablo, San Pablo, 2001.
53. Abdala Júnior, Benjamin: *Literatura, história e política: literaturas de lingua portuguesa no seculo* XX, Ática, San Pablo, 1989, pág. 16.

LOS FLUJOS DEL SABER EDUCATIVO

La construcción de nuevos modos de mirar la producción del saber pedagógico choca contra los balances conceptuales establecidos tanto en las historias nacionales como en la educación comparada. Trabajar con los estados que componen Brasil como país no implica descartar la discusión acerca del concepto de Estado-Nación como categoría organizadora de la caracterización y explicación de los sistemas educativos y del saber pedagógico. Es más, el planteamiento del problema de los sistemas educativos dentro del Brasil afianza antes bien la necesidad de abandonar la idea de que esta discusión, al menos en el caso de Portugal, había sido ya saldada tiempo atrás. La discusión sobre la producción del saber padagógico en el macrosistema de lengua portuguesa está inevitablemente jalonada por gran número de movimientos sociales, políticos y económicos de variado corte, cuya preocupación era la búsqueda de representaciones que identificaran a Brasil y Portugal, su redefinición y reinvención como comunidades imaginadas.

En las últimas tres décadas del siglo XIX, como resultado de la reforma introducida en 1878-1881, comenzó a cobrar una mayor importancia en Portugal la formación de los docentes de la educación primaria. Esta tendencia se consolidó con la reforma de 1901-1902, que establecía la obligatoriedad de la asistencia a un instituto de formación para obtener el título de maestro. En el estado de San Pablo esta transformación había tenido lugar en 1889, con las reformas impulsadas por Caetano de Campos. En ambos casos, los primeros libros de texto pedagógicos utilizados para la formación de docentes eran obra de autores franceses. Los pocos libros escritos por autores que se podría llamar *nacionales* seguían, sin embargo, de cerca a sus pares franceses y, en algunos casos, eran meras adaptaciones de estos. Rendu, Rendu hijo, Charbonneau, Chasteau, Compayré, Buisson, son los nombres más conocidos en aquella época. Algunas de sus obras –por ejemplo, las de Charbonneau y Chasteau– fueron traducidas en Portugal. Hay razones culturales para ello, pero también sociales y económicas, dado que algunos de los editores y libreros más importantes de Rio de Janeiro y San Pablo eran portugueses o franceses, y su actividad comercial se basaba en el triángulo París-Lisboa-Rio de Janeiro/San Pablo[54].

---

54. Hallewell, Laurence: *O livro no Brasil: sua história*, Universidad de San Pablo, San Pablo, 1985.

INTERNACIONALIZACIÓN

En la búsqueda de testimonios que permitan conceptualizar en la producción del saber pedagógico las relaciones existentes entre Portugal y San Pablo (Brasil) por medio del estudio de los libros de texto destinados a la formación docente entre 1880 y 1960, nos encontramos con una sucesión de notables paradojas e informaciones fragmentarias e inconexas. Nos referimos al intenso panorama de viajes de estudio e informes acerca de los sistemas educativos de otros países que se despliega en la segunda mitad del siglo XIX. Entre otros, se hallan dos informes producidos en Brasil que incluyen el sistema portugués: *O ensino público primário em Portugal, Espanha, França e Bélgica*, escrito por Luiz Augusto dos Reis y publicado en Rio de Janeiro en 1892; y *O ensino público primário em França, Espanha e Portugal*, elaborado por Leopoldina Tavares Porto-Carrero, publicado también en Rio de Janeiro en 1896.

El formador de docentes portugués José Augusto Coelho publicaba en San Pablo entre 1891 y 1893 los cuatro volúmenes de su obra fundamental, *Princípios de Pedagogia*; Alberto Pimentel Filho deja constancia de la buena recepción de sus libros en Brasil en la década de 1930. Es conocida, además, su colaboración en la sección de educación del periódico *O Estado de São Paulo*. La segunda edición del libro de Faria de Vasconcelos *Lições de Pedologia e Pedagogia Experimental*, publicada en 1923, lleva el sello editorial de tres casas: Aillaud & Bertrand en París y Lisboa, Chardron en Oporto y Francisco Alves en Rio de Janeiro. También en 1923, Emília de Sousa Costa pronunció dos conferencias en el Instituto Nacional de Música de Rio de Janeiro, que fueran publicadas en la misma ciudad por el editor Álvaro Pinto (Anuario Brasileño).

En 1931, en ocasión de la edición portuguesa del libro de Edouard Claparède *Como diagnosticar as aptidões dos escolares*, Áurea Judite do Amaral hace mención en el prefacio de los esfuerzos de traducción realizados en Brasil: se nombran otras obras de Claparède, al tiempo que se señala a Lourenço Filho como impulsor de la iniciativa. Dado que estos autores ocupaban cargos de importancia en el mundo académico y/o en la administración educativa, se desarrollaron extensas redes de contactos institucionales o personales, que fueron de una relevancia determinante para la circulación y producción del saber pedagógico.

En los años 1950, Mário Gonçalves Viana, director interino del Instituto Nacional de Educación Física de Portugal y autor de *Pedagogia*

LOS FLUJOS DEL SABER EDUCATIVO

Geral, realizó una visita a Rio de Janeiro, respondiendo a una invitación de Lourenço Filho. El contenido de las cartas enviadas por Lourenço Filho a Mário Gonçalves Viana da prueba de la inexistencia de contactos y cooperación regulares entre las instituciones de formación docente portuguesas y brasileñas. En una carta fechada en febrero de 1952, tras preguntar a Viana por su interés en visitar Brasil por intermedio de una invitación de la Universidad, Lourenço Filho hace el siguiente comentario: "Creo que es un error de nuestra parte no invitar al Brasil cada año a dos o tres docentes portugueses. Estoy totalmente de acuerdo con que se continúen las visitas de docentes franceses o estadounidenses, pero las invitaciones dirigidas a Portugal deberían ser más asiduas"[55].

Del análisis de las citas de autores y obras en los libros de textos para docentes tanto en Brasil como en Portugal en particular a partir de 1930, surgen cuatro aspectos significativos. El primero de ellos es que los autores más citados conforman un grupo idéntico a ambos lados del océano: Dewey, Claparède, Aguayo, Ferrière, Montessori, Binet[56]. En segundo lugar, la distribución de las citas en los autores de libros de textos es más significativa, lo que permite investigar, por ejemplo, la posición de los principales mercados o vehículos de determinado grupo de autores y obras internacionales. Tercero, a partir de 1940, se advierte claramente la emergencia en Portugal de dos grupos de *autores intermediarios* –brasileños y españoles– cuyos representantes más sobresalientes son Lourenço Filho y Luzuriaga respectivamente; estos dos grupos no se dedican exclusivamente a resumir y citar el material de autores estadounidenses, alemanes o franceses, sino que participan activamente del lanzamiento de colecciones pedagógicas en las que han de aparecer numerosas traducciones. En cuarto lugar, a partir de 1950, se hacen notar tanto en Portugal como en San Pablo (Brasil) las citas de obras similares de autores nacionales.

---

55. Gonçalves Viana, Mário: *Dezassete dias no Brasil: Relatório de uma viagem efectuada a convite da Escola Nacional de Educação Física e Desportos da Universidade do Brasil*, INEF, Cruz Quebrada, 1954, pág. 56.
56. El orden en términos cuantitativos de los autores más citados es solamente un indicador, ya que no existe un criterio definido para la cita de todas las obras. En todo caso, en Brasil los más citados son Dewey y Aguayo, mientras que en Portugal la lista es encabezada en el mismo período por Clarparède, seguido por Émile Planchard, Decroly y Dewey.

INTERNACIONALIZACIÓN

El grupo más significativo en Portugal de autores brasileños lo constituyen Lourenço Filho, Everardo Backheuser, Delgado de Carvalho y Theobaldo Miranda Santos. En lo que respecta a los españoles, podemos mencionar a Ezequiel Solana, Domingo Barnés y Lorenzo Luzuriaga. La presencia de los autores españoles y del idioma castellano en los libros de texto brasileños –especialmente a partir de la década de 1950, en la obra de Theobaldo Miranda Santos– se explica sencillamente por el exilio de Luzuriaga en la Argentina y la intensa actividad editorial y académica que allí desarrollara.

En el transcurso del período considerado, dejando de lado lo atinente a la formacíon de docentes, tampoco se verificaron relaciones luso-brasileñas en lo que respecta a otras áreas de la enseñanza. La presencia portuguesa en el Brasil parece haber tenido un carácter más bien ocasional, surgido de redes personales informales antes que de contactos e intercambios académicos. Al mismo tiempo, las traducciones y libros de texto brasileños habían encontrado en Portugal una gran repecursión. De acuerdo con las obras de los maestros de Pedagogía y Didáctica, esta presencia comenzó a revelarse en la década de 1940 y se incrementó hacia el final de los años 1950 y en todo el decenio siguiente.

Los sistemas de formación docente en Brasil (en particular en los estados de Rio de Janeiro y San Pablo) estaban inspirados, pese a las referencias a autores europeos, principalmente en modelos estadounidenses. Algunas de la figuras más influyentes en la construcción del saber pedagógico realizaron visitas a los Estados Unidos y publicaron obras sobre las instituciones educativas de ese país[57]. En Portugal, ocurría lo contrario: pese a tenerse conocimiento de las figuras más destacadas en la pedagogía estadounidense y de sus experiencias emblemáticas, se sentía todavía el predominio de la influencia europea.

Los sistemas educativos –en especial su componente de formación docente– tuvieron su origen en la producción de un saber pedagógico y currículos que pudieran regular la práctica de la enseñanza. Tanto a finales del siglo XIX como a principios del siglo XX, las identidades nacionales encaraban un claro proceso de redefinición y afirmación.

---

57. Lourenço Filho, Manoel Bergström: *Educação comparada*, Melhoramentos, San Pablo, 1961, págs. 30s.

LOS FLUJOS DEL SABER EDUCATIVO

Contra lo que podría esperarse, este fenómeno pudo verificarse también en Brasil y Portugal. Dicha situación permite explicar, en cierta medida, las omisiones y ausencias que hacen que la investigación histórica en materia de educación comparada pierda el rumbo en su intento por comprender la relación entre ambos países. Un estudio de los libros de texto en Portugal y Brasil nos permite concordar con la observación de Peter Wagner: "Son precisamente las barreras impuestas al acceso a los hechos y a los flujos de información lo que posibilitó en el siglo XX la formación de comunidades nacionales imaginadas"[58].

2.3. Las publicaciones educativas periódicas, los especialistas y el saber pedagógico en Portugal y Brasil, 1920-1935

Nuestro propósito es comprender la construcción de un saber especializado en materia educativa –y la concurrente aparición de especialistas– por medio de un análisis sistemático de los periódicos educativos. Entendemos que estas fuentes constituyen un vehículo fundamental para la difusión y negociación de una razón científica en lo relativo a la educación. Los periódicos ejercen esta actividad generativa y reguladora a través de las relaciones de afiliación, preferencia y afinidad que los textos contenidos en los mismos establecen con los saberes, autores, países y organizaciones[59].

Comenzaremos con el análisis de dos periódicos: la *Revista Escolar* (1921-1935) portuguesa, y *Educação* (1927-1962) de Brasil. Los números estudiados son los correspondientes a un período que abarca desde comienzos de los años 1920 hasta mediados de la década de 1930[60].

---

58. Wagner, Peter: *Sociología de la modernidad*, Herder, Barcelona, 1997, pág. 237.
59. Schriewer, Jürgen: "Études pluridisciplinaires et réflexions philosophiques: la structuration du discours pédagogique en France et en Allemagne", en *Paedagogica Historica* (Serie Suplementaria), vol. III, 1998, págs. 57-84; Schriewer y Keiner, 1992, *op. cit.*
60. Respecto de las opciones teóricas y metodológicas de la investigación, véase Nóvoa, 2000, *op. cit.*; y Carvalho, 2000, *op. cit.* A manera de complemento podemos señalar otro trabajo comparativo, esta vez entre el periódico portugués y uno español, *La Escuela Moderna* –véase Carvalho, Luís Miguel: *A presença espanhola na imprensa pedagógica portuguesa: o caso da Revista Escolar, 1921-1935*, trabajo presentado en la Conferencia Ibérica de Historia de la Educación,

INTERNACIONALIZACIÓN

Hemos de analizar, en cada revista, la presencia de referencias a ese *otro* que, al menos, compartía la misma lengua. Sin embargo, observamos esta fuerza de movilización en un contexto más amplio, que incluye el total de las unidades de un único mundo, clasificado como *culto, moderno y en movimiento*. Por ello, no nos limitamos a una comparación estrecha de los modos de manifestación que el saber especializado encuentra en Brasil y en Portugal. Antes bien, nuestro propósito es analizar las transferencias entre ambos países en un ámbito más amplio y en la circulación multidireccional de los discursos referidos a la educación[61].

2.3.1. Los periódicos, el tratamiento del progreso y la impronta de la Nueva Educación

Un examen somero de los editoriales de la *Revista Escolar* nos permite advertir ya la presencia recurrente de la representación del periódico como espacio para la recepción y difusión de los modelos de modernización pedagógica. Se nota también cierta preferencia por pensar lo nacional a través de la aplicación de experiencias pedagógicas extranjeras. Estos modelos aparecen tanto en el periódico portugués como en su par brasileño bajo diversas formas: extractos de obras, críticas, biografías de pedagogos o incluso artículos escritos por autores extranjeros exclusivamente para estas revistas[62]. En las páginas del periódico, estas otras visiones *positivas* se ven legitimadas por un pronunciamiento autóctono en favor de la reforma de ideas y prácticas.

Allariz, España, 2001—. Establecemos este contraste por dos motivos: en primer lugar, en razón de los fuertes lazos —tanto de cooperación como de conflicto— que se habían forjado entre los estados ibéricos en las esferas cultural, económica y política; en segundo término, por el importante espacio lingüístico-cultural formado en torno a la lengua castellana.

61. Véase Carvalho, 2000, *op. cit.*; Cordeiro, Jaime: "A Revista *Educação* e as suas referências: primeiro estudo exploratório", hipótesis de trabajo, San Pablo, 2000.
62. Carvalho, Maria Adriana, y Cordeiro, Jaime: *Brasil-Portugal nos circuitos do discurso pedagógico especializado (1920-1935)*, Educa, Lisboa, 2002; Catani, Denice: "Leituras para professores: a imprensa periódica educacional e a orientação do trabalho pedagógico no Brasil republicano", en Rogério Fernandes y Áurea Adão (comps.): *Leitura e escrita em Portugal e no Brasil: 1500-1970*, vol. III, SPCE, Oporto, 1998; Nóvoa, António: *Imprensa de Educação e Ensino - Repertório Analítico (séculos XIX-XX)*, IIE, Lisboa, 1993.

LOS FLUJOS DEL SABER EDUCATIVO

La invocación a países extranjeros en ambas publicaciones revela ciertas diferencias, como era de esperar, dada la distinta situación de ambos países en cuanto a proximidades geográficas y políticas. En el caso de la publicación portuguesa, la mención más frecuente es la de dos potencias europeas continentales, Francia y Alemania (14% y 11% respectivamente del total de referencias a otros países), seguidas por los Estados Unidos, Inglaterra, Suiza, Bélgica y España. El carácter eurocéntrico de las referencias es evidente (poco más de tres cuartas partes de las mismas son a países europeos), así como la poca atención brindada a los países latinoamericanos. Es un hecho conocido que el ámbito político-intelectual en el Portugal de la época estaba abierto a una europeización de la nación portuguesa y a la transferencia de tal modelo como medio para lograr la regeneración del país. En el periódico brasileño *Educação*, en cambio, la fuente utilizada por la mayoría de los colaboradores son los Estados Unidos (un 25% del total de referencias). En la década de 1920, el acercamiento a los Estados Unidos era percibido, por una parte de la comunidad intelectual brasileña, como una forma de ruptura con la cultura tradicional heredada del siglo XIX, de influencia preponderamente francesa. Se consideraba asimismo la experiencia estadounidense como modelo de modernidad y democracia[63].

Pese a diferir en cuanto al modelo social, político e intelectual para la legitimación de la reforma educativa, ambas publicaciones coinciden en lo que respecta a autores y títulos. En el periódico portugués, se verifica, simultáneamente con una frecuencia mayor de menciones a autores portugueses y franceses, una mayor concentración en las referencias a autores belgas y suizos, y en menor medida, también italianos. En este caso, no es el país de origen (la sociedad modelo) lo que cuenta, sino el nombre (el autor modelo): Decroly, Rousseau, Ferrière, Claparède, Montessori –todos ellos autores relacionados con el movimiento de la Nueva Educación–. De hecho, además de autores clasificados como antecesores del movimiento (Rousseau, Pestalozzi, Froebel) o categorizados como opositores al mismo (Herbart), la lista de autores más citados en los textos del periódico portugués incluye los nombres de contemporáneos del movimiento, a quienes se asociaba con el

---

63. Véase Carvalho y Cordeiro, 2002, *op. cit.*

mismo, ya sea desde el punto de vista ideológico u organizativo: Decroly, Ferrière, Claparède, Faria de Vesconcelos, Cousinet, Bovet, Hamaide, Piaget, Montessori, Dewey, Binet, Parkhurst, Buisson.

En la publicación de San Pablo, predominan igualmente los autores relacionados con las experiencias de la llamada Nueva Escuela, con centro en Suiza, Francia, Bélgica y los Estados Unidos (como Decroly, Dewey, Claparède, Ferrière, Kilpatrick), así como otros considerados *emblemáticos* (Freud, Durkheim, Rousseau, Pestalozzi, Kerschensteiner, Montessori, Spencer, Binet, Simon, Piéron) de la educación, la psicología, las humanidades y las ciencias sociales[64]. La profunda impronta del movimiento de la Nueva Educación en el periódico portugués puede advertirse claramente al observar las organizaciones citadas en el mismo. Según este indicador, se destaca el *Institut des Sciences de l'Éducation Jean Jacques Rousseau* (1912), cuya relevancia se acrecienta si tomamos en consideración las menciones hechas de otras organizaciones, algunas de la cuales se crearon bajo su égida (Bureau International de l'Education, 1925), mientras que la fundación de otras puede relacionarse a algunos de sus miembros (Bureau International des Ecoles Nouvelles 1899; Ligue Internationale des Ecoles Nouvelles, 1921). Esto nos recuerda la posición central que ocupaba esta organización dentro de la red científica y profesional internacional surgida a finales del siglo XIX, una posición central que fue deliberadamente buscada como estrategia para la supervivencia y legitimación de la organización[65]. En la publicación portuguesa, se hace abundante mención a Decroly y Montessori. La posición de preeminencia que ocupan estos dos autores, que establecieron, merced a sus actividades profesionales, lazos entre el *conocimiento científico* y las *prácticas*, se ve en parte refrendada en lo que hace a los libros más frecuentemente mencionados en la *Revista Escolar*. Entre los once libros más citados, tres tienen por tema los métodos de enseñanza y dos se ocupan de la enseñanza de la lectura. Esta preponderancia no puede disociarse de la relación de mediación establecida entre los colaboradores principales del periódico (inspectores, formadores de docentes,

---

64. Véase Carvalho y Cordeiro, 2002, *op. cit.*
65. Véase Hofstetter, Rita y Schneuwly, Bernard: "L'avènement d'un nouveau champ disciplinaire: ressorts de l'universitarisation des sciences de l'éducation à Genève, 1890-1930", en *Le part des Sciences de l'Éducation*, De Boeck Université, Bruselas, 1999.

etc.) y el público destinatario (maestros de escuela primaria). No menos importante es recordar, cuando se observa esta época, en lo que hace a los establecimientos de formación docente, que también el desarrollo de las ciencias aplicadas y la razón metodológica se trata de un fenómeno de mediación, como un puente que une y conduce a la vez a las ciencias y las prácticas[66]. La consolidación de la posición de estos especialistas dependía tanto de su capacidad de producir un discurso propio como de su habilidad de transformarlo con vistas a su posible consumo y utlización por parte de los legos. Por ello, los periódicos cumplían una doble función, mostrándose como "objetos fronterizos"[67], en torno de los cuales abrevan la cooperación entre mundos sociales y la comunicación en diversas variantes.

2.3.2. De la insuficiencia de la participación de la lengua portuguesa al esperanto cultural

El periódico portugués contiene muy pocas referencias a su equivalente brasileño (así como en sus artículos se cita escasamente a autores brasileños); la misma situación se verifica en el periódico brasileño con relación a los textos y autores portugueses[68]. No obstante, la presencia brasileña en el periódico portugués habría de experimentar un aumento entre 1930 y 1935, aunque en artículos de carácter predominantemente informativo. Una proporción notable de los artículos referidos al Brasil la conforman extractos de artículos publicados en periódicos brasileños y, sobre todo, en *Educação*. El rasgo que unifica este grupo de referencias, presente en ocho artículos, no lo constituye su autor o temática –aunque se plantean con mayor frecuencia en los relacionados con niños *extremadamente talentosos* y con la disciplina escolar–, sino la referencia a su fuente. Si se observa el registro de las publicaciones citadas como fuente de novedades o los extractos de artículos, la presencia brasileña, aunque moderada, se

---

66. Nóvoa, António: *Histoire & Comparaison*, Educa, Lisboa, 1998.
67. Star, Susan Leigh, y Griesemer, James R.: "Institutional ecology, translation, and boundary objects", en Mario Biagioli (comp.): *The Science Studies Reader*, Routledge, Nueva York, 1999.
68. Véase Carvalho y Cordeiro, 2002, *op. cit.*

vuelve más evidente. Un análisis de la presencia portuguesa en el grupo de referencias internacionales en el periódico *Educação* muestra que la única referencia frecuente es la que se hace a Faria de Vasconcelos, uno de los colaboradores principales de la *Revista Escolar*.

Puede suponerse, pues, de modo tentativo una cierta circulación de influencias entre ambos periódicos. ¿Es esta presencia de la publicación brasileña como fuente de información de su par portugués –presencia que se hace notar entre 1930 y 1935– solo una consecuencia de una coincidencia en su título en portugués? ¿Existieron contactos entre la dirección de ambos periódicos o fueron contactos más bien informales entre los pedagogos de Lisboa y San Pablo lo que de alguna manera unía ambas publicaciones? ¿O se hizo sentir acaso desde dentro el efecto de ciertas organizaciones internacionales (como BIE), que establecieron redes de circulación de informaciones en torno de ellas?

A primera vista, el hecho de compartir una misma lengua parece de poca significación. Sin embargo, esto podría conducir a un error, comparable al de tomar este dato como condición *necesaria y suficiente* para compartir cualquier otro rasgo (en el terreno del discurso pedagógico). Pese a no existir esta condición, la lengua común sigue constituyendo un factor en el intercambio, por ejemplo, a nivel económico. Dada la invocación casi permanente de autores portugueses en las páginas del periódico brasileño, a pesar de la baja participación directa de autores portugueses en el mismo, y la escasa presencia brasileña en los artículos referidos al extranjero en la publicación portuguesa, se puede afirmar con cierto grado de razón que la existencia de transferencias de modelos educativos entre ambos países por intermedio de estas publicaciones difícilmente puede encontrar respaldo. Se debe concluir, en consecuencia, que la oportunidad de intercambiar ideas y/o experiencias entre las infraestructuras del saber especializado de ambos países –oportunidad que brindaba el hecho de compartir una misma lengua– no parece haber sido aprovechada, ni en una de las márgenes del Atlántico ni en la otra. En razón de las pocas décadas sometidas a análisis, somos conscientes de que resultaría arriesgado hablar de una ausencia. El ámbito intelectual de San Pablo estaba caracterizado, desde los años 1920 en adelante, por las propuestas modernistas que tendrían su manifestación en la historiografía, y en particular, en el planteamiento de la cuestión de la identidad nacional, proceso

LOS FLUJOS DEL SABER EDUCATIVO

que siguió su curso sin hacer referencia explícita alguna al pasado portugués[69].

Ni en Brasil ni en Portugal se estableció al otro país como modelo de imitación o siquiera de oposición. En el caso de que hayan existido apreciaciones recíprocas, estas no llegaron a ser vertidas por escrito. La escasez de referencias a ese *otro* que comparte la misma lengua no solo es evidente en lo que hace a la mención del país, sino también en relación al resto de los indicadores que utilizamos (autores, libros, periódicos, organizaciones). Esta ausencia coexiste con un gran número de referencias hechas a otras naciones, muchas de ellas comunes a ambos países. En este sentido, la convergencia entre ambos periódicos se verifica, en nuestra opinión, como función de un esfuerzo compartido por insertarse en circuitos más amplios en la difusión del discurso de los especialistas en pedagogía. Así, es en estas referencias comunes –por ejemplo, a las posturas de origen ginebrino o a los trabajos desarrollados por Decroly en Bélgica– que ambos periódicos se acercaban. Aunque distanciados en lo que se refiere a la oportunidad brindada por el hecho de compartir una misma lengua, los textos de los periódicos se aproximan en la utilización de *otro lenguaje*: un esperanto educativo formado en torno al vocabulario de la Nueva Educación. Pero no solo es el discurso lo que se comparte; se debe tener en consideración, además, la existencia concomitante de organismos que alimentaban esta comunicación y que garantizaban la circulación de modelos.

De nuestros análisis surgen dos circuitos: el ya mencionado circuito de la *Nueva Educación* y otro, que une varios países, organismos y especialistas del área latinoamericana. Este último es, en la época que analizamos, más evidente en el periódico de San Pablo que en el portugués. El análisis del periódico paulista –en especial el análisis de las referencias a obras pedagógicas– pone de manifiesto la importancia del *mundo iberoamericano* como fuente de referencia editorial en Brasil, tanto por intermedio de libros escritos por autores de esa región como debido a la publicación en los países de ese ámbito, en especial España, de traducciones de obras originalmente escritas en inglés o francés[70].

---

69. Rowland, Robert: "Portugueses no Brasil independente: processo e representação", en *Oceanos*, 44, 1994.
70. Véase Carvalho y Cordeiro, 2002, *op. cit.*

INTERNACIONALIZACIÓN

En Portugal, en cambio, la información acerca de la *América española* proviene de Ginebra (a través del Bureau International de l'Education) o de periódicos españoles, ya tuvieran contacto con este movimiento internacional o no.

Es importante observar que la relevancia de la presencia española en la *Revista Escolar* proviene antes de las informaciones que proporcionan los periódicos españoles que de la cantidad de referencias que las publicaciones portuguesas hacían respecto de España, sus instituciones educativas o incluso de autores españoles. Estos periódicos (*Revista de Pedagogía, El Magisterio Español* y *La Escuela Moderna*) cumplían –no siempre de modo voluntario– la función de intermediarios en la circulación de modelos y recursos para el material propio de la *Revista Escolar*[71].

Esta impronta española en la producción del periódico portugués no puede ser desvinculada de los factores organizativos. El movimiento de la Nueva Educación presentaba en España un alto grado de complejidad organizativa con contactos formales. Estos se materializaban en la organización en España de numerosas visitas, conferencias y cursos, viajes de estudio al extranjero, la traducción al castellano de gran número de obras orientadas a la nueva pedagogía y la publicación de artículos de autoría española en el núcleo del movimiento de la Nueva Educación[72]. Portugal presentaba, en este aspecto, características muy diferentes. Algunas de estas diferencias pueden percibirse por medio del análisis de los artículos de fondo de la *Revista Escolar* escritos por autores extranjeros, ya que, en principio, los textos aparecidos en el periódico portugués no pertenecían a los autores más emblemáticos. Algunos de ellos llegaron a las páginas de la publicación portuguesa por intermedio de Faria de Vasconcelos, quien fuera su director entre 1925 y 1928: tras varias de las contribuciones procedentes de Bélgica pueden advertirse claramente su experiencia y sus contactos.

Las páginas de la *Revista Escolar* y de *Educação* acompañaron, directa e indirectamente, los movimientos de innovación pedagógica con la guía de los discursos y los organismos de la Nueva Educación. Por ello, en el análisis de la utilización de las referencias al extranjero como prác-

---

71. Carvalho, 2001, *op. cit.*
72. Véase Viñao Frago, António: "La modernización pedagógica española a través de la Revista de Pedagogía (1922-1936)", en *Anales de Pedagogía*, 12/13, 1994-1995.

tica habitual, debía haber una concentración de esfuerzos de recopilación en las redes de saber que existían a nivel internacional. Los periódicos, sin embargo, constituían a la vez un espacio de selección, interpretación y combinación de la información que transmitían. Formaban parte tanto de los movimientos transnacionales (discursivos y organizativos) como de la formación de un discurso y un campo especializado en materia pedagógica, y eran a la vez un efecto de los mismos.

3. A modo de conclusión: nuevos rumbos de investigación

Como punto de partida para el análisis de los procesos de incorporación educativa, la perspectiva del sistema mundial brinda un estimulante marco interpretativo de la difusión a escala global de modelos estandarizados de organización educativa. Su contribución resulta fundamental a la hora de estudiar la expansión estructural de modelos de sociedades caracterizados por un alto grado de isomorfismo estructural a escala mundial[73]. Debe también reconocerse su eficacia en lo que atañe al papel desempeñado por la escolarización masiva en la transformación del individuo en ciudadano, en la legitimación de su incorporación como miembros de una cultura nacional. Sin embargo, la tesis que defiende la adhesión de los individuos a la construcción de una unidad colectiva, en la forma del Estado-nación, a través de la universalización de la escuela moderna –vista como poder homogeneizante ejercido sobre el individuo, y por ende, sobre la colectividad– resulta, hasta cierto punto, incompatible con la observación empírica, la cual certifica la existencia de diferencias (a nivel institucional y organizativo) entre los sistemas escolares metropolitano y colonial, y con la historia misma de la emancipación del pueblo colonizado[74]. Hemos

---

73. Meyer, John W.; Boli, John; Thomas, George, y Ramírez, Francisco O.: "World Society and the Nation-State", en *American Journal of Sociology*, 103, 1, 1997.
74. Véase Adick, Christel: "Las teorías del sistema mundial y la investigación educativa", en Jürgen Schriewer y Francesc Pedró (comps.): *Manual de educación comparada*, PPU, Barcelona, 1993; Altbach, Philip G., y Kelly, Gail P.: *Education and Colonialism*, Longman, Nueva York, 1978; véase Bhabha, Homi K.: "Of Mimicry

intentado estudiar, en este trabajo, los flujos de saber dentro de un espacio particular, que hemos definido como *comunidad de lengua portuguesa*. Se ha intentado asimismo abordar su acceso al mundo de la escolarización masiva por medio del análisis de las diferentes formas de conocimiento que se difundieron y circularon, y fueron hechas propias en dos espacios distintos.

En cada uno de ellos, cuyo denominador común básico era el compartir una misma lengua, la influencia del peregrinaje biográfico y de las experiencias personales de los especialistas contribuyeron a los intercambios en materia de educación en igual medida que la institucionalización de una red de sociedades de referencia. Así es que nos encontramos en condiciones de afirmar que las técnicas y tecnologías que contribuyeron a sujetar a los individuos en una comunidad imaginada homogénea por intermedio del lenguaje impreso de los libros de texto pedagógicos y los periódicos educativos resultan ser mucho más heterogéneas de lo que se esperaba.

Esto nos lleva a la conclusión de que los modelos y discursos pedagógicos que circulaban entre ambos continentes (Europa Meridional/América del Sur) pueden ser observados como reflejo de la relación ambivalente entre Brasil y Portugal. De hecho, el colonialismo no termina con el fin de la ocupación colonial. La alianza que se establece entre poder y saber puede dar explicación a una resistencia psicológica hacia los modelos occidentales, aun después del fin de la ocupación política. El poder mismo se establece a la vez como limitación política y como posibilidad cultural. Mientras que el poder representa una diferencia cualitativa tajante entre quienes lo poseen y quienes lo padecen (o sufren su recuerdo), determina también un espacio imaginario que puede ser ocupado, un modelo cultural que puede ser imitado, replicado o dejado de lado.

La misión civilizadora del colonialismo y sus modelos de incorporación basados en la escolarización masiva comenzaron a desvanecerse en el trancurso del siglo XIX, de manera que tanto Portugal como Brasil

---

and Man: The Ambivalence of colonial discourse", en Frederick Cooper y Ann Laura Stoler (comps.): *Tensions of Empire, colonial cultures in a bourgeois world*, University of California Press, Berkeley, 1997; Spivak, Gayatri Chakravorty: *Interviews, Strategies and Dialogues*, Routledge, Nueva York, 1990.

se entregaron a la búqueda de nuevos centros de referencia, sea en el ámbito de la política y la economía o en el de la cultura. Esta relación ambivalente, así como también la apropiación heterogénea de los modelos educativos que tenían difusión a ambos lados del océano, indica que las imágenes de la persona o del sujeto que operan en diversas prácticas pueden ser más variadas de lo que la argumentación de la teoría del sistema mundial supone. Los proyectos poscoloniales de individuación, identidad y ciudadanía ocultan a menudo transformaciones en el ejercicio del poder político, de modo que se vinculan intrínsecamente a la historia del gobierno, visto este como un montaje de estrategias políticas unidas a tácticas y programas racionalizados para *conducir la conducta,* para actuar sobre las acciones de otros con vistas a la consecución de un fin. En este sentido, siguiendo la expresión de Rose, "se puede hablar del gobierno de un barco, de una familia, de una fábrica o prisión, de una colonia, de una nación, o bien del gobierno de la persona misma"[75].

Podría afirmarse que las relaciones luso-brasileñas se encuentran actualmente sujetas a nuevas reconstrucciones políticas. Es preciso entender la especificidad de estas nuevas circunstancias políticas a la luz de una larga historia de resabios coloniales, una historia crítica del complejo condicionamiento que presentan las repercusiones de la ocupación colonial. A lo largo de la pasada década, los estudios sobre el poscolonialismo ofrecieron un punto de encuentro para diversas disciplinas y teorías, las que, creemos, pueden aportar importantes puntos de referencia en la comprensión del puente que existe entre el colonialismo y la cuestión de la identidad cultural. En su calidad de proyecto comprometido con una *recuperación* cultural y psicológica, los estudios del poscolonialismo pueden abrir una caja de Pandora, haciendo manifiestos silencios y elipsis de la amnesia histórica tales como los que hemos encontrado en nuestra investigación.

Respecto del eje africano de esta relación, resulta claro que el archivo colonial no nos posibilita una compresión teórica del pasado en las mismas líneas. En lo que hace a Mozambique, nos encontramos en camino de demostrar la enorme influencia del mundo anglohablante

---

75. Rose, Nikolas: *Inventing ourselves: Psychology, power and personhood*, Cambridge University Press, Cambridge, 1996, pág. 12.

en el ámbito educativo. Son varios los indicadores que señalan esta profunda penetración, como, por ejemplo, la existencia de misiones protestantes en la colonia, que, a mediados de la década de 1920, sobrepasaban en número a las misiones escolares católicas (portuguesas). Se observan, además, con gran frecuencia a lo largo del período colonial, las referencias al método de *learning by doing* aplicado en la Unión Sudafricana, sin mencionar el uso constante del inglés como lengua principal en las misiones escolares protestantes. Por otra parte, los dos tomos del informe del Fondo Phelps-Stokes, *Education in Africa*, resultado de una profunda investigación llevada a cabo en la década de 1920 en las colonias portuguesas de Oriente y Occidente[76], así como el informe de Edward Ross, presentado en 1925 ante la Liga de las Naciones, dan testimonio de la influencia inglesa y estadounidense en el África portuguesa, al menos hasta mediados de la década de 1930. Sin lugar a dudas, la imagen del *hombre ideal* que los portugueses proponían a la población africana distaba mucho del modelo liberal de educación de la *gente de color* imaginado por los estadounidenses en su *Negro Education* y su *Education in Africa*. Las consecuencias históricas y el alcance que estas influencias habrían de tener constituyen un terreno todavía a la espera de investigación. Nuestra investigación dista mucho de haber concluido.

4. Referencias bibliográficas

Abdala Júnior, Benjamin: *Literatura, história e política: literaturas de lingua portuguesa no seculo* XX, Ática, San Pablo, 1989.

Abreu, Carlos: *Limpos, sadios e dóceis: História da saúde escolar em Portugal no Estado Novo (1930-1960)*, tesis de licenciatura, Faculdade de Psicologia e de Ciências da Educação da Universidade de Lisboa, Lisboa, 1999.

Adick, Christel: "Las teorías del sistema mundial y la investigación educativa", en Schriewer, Jürgen y Pedró, Francesc (comps.): *Manual de educación comparada*, PPU, Barcelona, 1993.

---

[76]. Jesse-Jones, Thomas (comp.): *Education in África. A Study of West, South, and Equatorial África by the African Education Commission, under the Auspices of the Phelps-Stokes Fund and Foreign Mission Societies of North America and Europe*, Phelps-Stokes Fund, Nueva York, 2 vols., 1922-1925.

Altbach, Philip G. y Kelly, Gail P.: *Education and Colonialism*, Longman, Nueva York, 1978.
Anderson, Benedict: *Imagined Comunities*, Verso, Londres, 1991.
Barry, Andrew; Osborne, Thomas y Rose, Nikolas (comps.): *Foucault and political reason: Liberalism, neo-liberalism and rationalities of government*, The University of Chicago Press, Chicago, 1996.
Batista da Silva, Vivian: *História de leituras para professores: um estudo da produção e circulação de saberes especializados nos "manuais pedagógicos" brasileiros (1930-1971)*, tesis de licenciatura, Facultad de Educación/Universidad de San Pablo, San Pablo, 2001.
Bell, Vikki: "Governing childhood: Neo-liberalism and the law", en *Economy and Society*, 22, 3, 1993.
Bernstein, Basil B.: "On pedagogic discourse", en Richardson, John G. (comp.): *Handbook of theory and research for the sociology of education*, Greenwood Press, Nueva York, 1986.
Bhabha, Homi K.: "Of Mimicry and Man: The Ambivalence of colonial discourse", en Cooper, Frederick y Stoler, Ann Laura (comps.): *Tensions of Empire, colonial cultures in a bourgeois world*, University of California Press, Berkeley, 1997.
Boli, John, y Thomas, George M.: *Constructing World Culture – International Nongovernmental Organizations since 1875*, Stanford University Press, Stanford, CA, 1999.
Burchell, Graham; Gordon, Colin y Miller, Peter (comps.): *The Foucault effect: Studies in governmentality*, Harvester Wheatheaf, Londres, 1991.
Callon, Michel: "Some elements of a sociology of translation", en Law, John (comp.): *Power, Action and Belief*, Routledge y Kegan Paul, Londres, 1986.
Candeias, António; Nóvoa, António, y Figueira, Manuel Henrique: *Sobre educação nova: cartas de Adolfo Lima a Álvaro Viana de Lemos*, Educa, Lisboa, 1995.
Carvalho, Luís Miguel: *Nós Através da Escrita: revistas, especialistas e conhecimento pedagógico (1920-1935)*, Educa, Lisboa, 2000.
___ *A presença espanhola na imprensa pedagógica portuguesa: o caso da Revista Escolar, 1921-1935*, trabajo presentado en la Conferencia Ibérica de Historia de la Educación, Allariz, España, 2001.
Carvalho, Maria Adriana y Cordeiro, Jaime: *Brasil-Portugal nos circuitos do discurso pedagógico especializado (1920-1935)*, Educa, Lisboa, 2002.
Catani, Denice: "Leituras para professores: a imprensa periódica educacional e a orientação do trabalho pedagógico no Brasil republicano", en Fernandes, Rogério y Adão, Áurea (comps.): *Leitura e escrita em Portugal e no Brasil: 1500-1970*, vol. III, SPCE, Oporto, 1998.
Claparède, Edouard: *Como diagnosticar as aptidões dos escolares*, Livraria Educação Nacional, Oporto, 1931.

INTERNACIONALIZACIÓN

Cordeiro, Jaime: "A Revista *Educação* e as suas referências: primeiro estudo exploratório", hipótesis de trabajo, San Pablo, 2000.
Correia, António Carlos: "Fragmentos da memória de uma escola imaginada: presenças de Espanha nos livros de formação de professores primários em Portugal (1920-1950)", hipótesis de trabajo, Lisboa, 2001.
Durkheim, Émile: "Pédagogie", en Buisson, Ferdinand (comp.): *Nouveau dictionnaire de pédagogie et d'instruction primaire*, Librairie Hachette, París, 1911.
Faria de Vasconcelos: *Une école nouvelle en Belgique*, Delachaux y Niestlé, Neuchâtel, 1915.
___ "A psicologia diferencial escolar", en *Educação Social*, 1, 1, 1924.
___ *A inteligência e a sua medição: Psicologia aplicada*, Livraria Clássica Editora, Lisboa, 1934.
Ferreira-Duesdado, Manuel António: "A necessidade da preparação pedagógica no professorado português", en *Revista de Educação e Ensino*, 4, 2, 1887.
Ferrière, Adolphe: "Préface", en Vasconcellos, Faria de: *Une école nouvelle en Belgique*, Delachaux y Niestlé, Neuchâtel, 1915.
Foucault, Michel: *Dits et écrits*, Gallimard, París, 4 vols., 1994.
Gonçalves Viana, Mário: *Dezassete dias no Brasil: Relatório de uma viagem efectuada a convite da Escola Nacional de Educação Física e Desportos da Universidade do Brasil*, INEF, Cruz Quebrada, 1954.
Hallewell, Laurence: *O livro no Brasil: sua história*, Universidad de San Pablo, San Pablo, 1985.
Hofstetter, Rita y Schneuwly, Bernard: "L'avènement d'un nouveau champ disciplinaire: ressorts de l'universitarisation des sciences de l'éducation à Genève, 1890-1930", en *Le part des Sciences de l'Éducation*, De Boeck Université, Bruselas, 1999.
Jesse-Jones, Thomas (comp.): *Education in África. A Study of West, South, and Equatorial África by the African Education Commission, under the Auspices of the Phelps-Stokes Fund and Foreign Mission Societies of North America and Europe*, Phelps-Stokes Fund, Nueva York, 2 vols., 1922-1925.
Kristeva, Julia: *Desire in Language*, Columbia University Press, Nueva York, 1980.
Latour, Bruno: *Pandora's hope: Essays on the reality of science studies*, Harvard University Press, Cambridge, MA, 1999.
Lourenço, Eduardo: *Portugal como Destino seguido de Mitologia da Saudade*, Gradiva, Lisboa, 1993.
___ *A Nau de Ícaro seguido de Imagem e Miragem da Lusofonia*, Gradiva, Lisboa, 1999.
Lourenço Filho, Manoel Bergström: *Educação comparada*, Melhoramentos, San Pablo, 1961.

Luz Correia, António Carlos: *Fragmentos da memória de uma escola imaginada: presenças de Espanha nos livros de formação de professores primários em Portugal (1920-1950)*, ponencia presentada ante la Conferencia Ibérica de Historia de la Educación, Allariz, 2001.

___ y Peres, Eliane T.: *Learning to be a teacher by the book: professional images, school curriculum and models of children's learning in textbooks for elementary schoolteachers pre-service training in Portugal (1870-1950)*, trabajo presentado ante la International Standing Conference for the History of Education, Alcalá de Henares, España, 2001.

Meyer, John W.; Boli, John; Thomas, George y Ramírez, Francisco O.: "World Society and the Nation-State", en *American Journal of Sociology*, 103, 1, 1997.

___; Ramírez, Francisco O. y Soysal, Yasemin Nuhoglu: "World Expansion of Mass Education, 1870-1980", en *Sociology of Education*, 65, 2, 1992.

Nóvoa, António: "As ciências da educação e os processos de mudança", en *Ciências da educação e mudança*, Sociedade Portuguesa de Ciências da Educação, Oporto, 1991.

___ *Imprensa de Educação e Ensino – Repertório Analítico (séculos XIX-XX)*, IIE, Lisboa, 1993.

___ "Regard nouveaux sur l'éducation nouvelle", en Charbonnel, Nanine (comp.): *Le don de la parole*, Peter Lang, Berna, 1997.

___ *Histoire & Comparaison*, Educa, Lisboa, 1998.

___ "Tempos da Escola no espaço Portugal-Brasil-Moçambique: dez digressões sobre um programa de investigação", en Nóvoa, António y Schriewer, Jürgen (comps.): *A Difusão Mundial da Escola*, Educa, Lisboa, 2000.

___ "La raison et la responsabilité: Vers une science du gouvernement des âmes", en Hofstetter, Rita y Schneuwly, Bernard (comps.): *Science(s) de l'Éducation 19e-20e siècles – Entre champs professionels et champs disciplinaires*, Peter Lang, Berna, 2002.

___, y Schriewer, Jürgen (comps.): *A Difusão Mundial da Escola*, Educa, Lisboa, 2000.

Popkewitz, Thomas S.: "A Social Epistemology of Educational Research", en Popkewitz, Thomas S. y Fendler, Lynn (comps.): *Critical Theories in Education: Changing Terrains of Knowledge and Politics*, Routledge, Nueva York y Londres, 1999.

___ (comp.): *Educational Knowledge – Changing relationships between the state, civil society and the educational community*, State University of New York Press, Nueva York, 2000.

Robertson, Roland: *Globalization: Social Theory and Global Culture*, Sage, Londres, 1992.

Rose, Nikolas: *Inventing ourselves: Psychology, power and personhood*, Cambridge University Press, Cambridge, 1996.

___ *Inventing ourselves: Psychology, power and personhood*, Cambridge University Press, Cambridge, 1996.
___ *Powers of Freedom*, Cambridge University Press, Cambridge, 1999.
Rowland, Robert: "Portugueses no Brasil independente: processo e representação", en *Oceanos*, 44, 1994.
Santos, Boaventura de Sousa: *Pela Mão de Alice*, Afrontamento, Oporto, 1994.
Schriewer, Jürgen: "Études pluridisciplinaires et réflexions philosophiques: la structuration du discours pédagogique en France et en Allemagne", en *Paedagogica Historica* (Serie Suplementaria), vol. III, 1998.
___ "World-System and Interrelationship-Networks", en Popkewitz, Thomas S. (comp.): *Educational Knowledge – Changing relationships between the state, civil society and the educational community*, State University of New York Press, Nueva York, 2000.
___ *Formas de externalização no conhecimento educacional*, Educa, Lisboa, 2001.
___, y Keiner, Edwin: "Communication patterns and intellectual traditions in educational sciences: France and Germany", en *Comparative Education Review*, 36, 1, 1992.
Sousa, José de: *Notas de pedagogia filosófica*, s.d., Lisboa, 1890.
Spivak, Gayatri Chakravorty: *Interviews, Strategies and Dialogues*, Routledge, Nueva York, 1990.
___ *A Critique of Postcolonial Reason – Toward a History of the Vanishing Present*, Harvard University Press, Cambridge, MA, 1999.
Star, Susan Leigh y Griesemer, James R.: "Institutional ecology, translation, and boundary objects", en Mario Biagioli (comp.): *The Science Studies Reader*, Routledge, Nueva York, 1999.
Viñao Frago, António: "La modernización pedagógica española a través de la Revista de Pedagogía (1922-1936)", en *Anales de Pedagogía*, 12/13, 1994-1995.
Wagner, Peter: *Sociología de la modernidad*, Herder, Barcelona, 1997.
Young, Robert: *White Mythologies: Writing History and the West*, Routledge, Londres, 1990.

PROSPECTIVAS EN EL CAMPO
DE LA EDUCACIÓN COMPARADA

ESBOZOS DE UN FUTURO: LA RENEGOCIACIÓN DE LAS IDEAS CLAVE DE LA EDUCACIÓN COMPARADA

ROBERT COWEN
(Instituto de Educación, Universidad de Londres)

1. Introducción

Probablemente, la educación comparada es, en la actualidad, el campo más estimulante dentro del cual trabajar en los estudios educativos. A finales de los años 1960 se encontraba, en cambio, empantanada en el fango de la metodología; más tarde –al menos en sus variantes norteamericanas–, pasó a cobrar una confianza tal vez excesiva en la capacidad de la ciencia social occidental para aportar *soluciones* a los problemas del Tercer Mundo, una arrogancia solo perturbada por las teorías de la dependencia y neomarxista, además de Vietnam.

Hoy en día, ciertos acontecimientos de la vida real, así como la emergencia de nuevas formas de pensar, han brindado al campo un agradable vértigo. Esto lo debemos, en buena parte, a las filosofías de mercado de Reagan y Thatcher, que simbolizaron un importante desplazamiento en los presupuestos acerca de la economía keynesiana y la viabilidad del proyecto del Estado de Bienestar. Otro tanto debemos agradecérselo a los burócratas de Europa (y del NAFTA y del Mercosur), por estar cambiando los espacios sociales en los que vivimos. Tenemos también que agradecer los desafíos que propician la globalización y las teorías feminista y antropológica, que nos obligan a remitirnos a la problemática clásica, planteada por C. Wright Mills, acerca de la relación entre estructuras sociales, Historia y biografía individual. Además, y por último, son las líneas de meta las que se están moviendo con el crecimiento de una teoría conformada por ideas relacionadas con el posestructuralismo, la posmodernidad y el poscolonialismo.

La educación comparada parece ofrecer, en la actualidad, algunos de los deleites y desafíos del ajedrez tridimensional. Una complejidad abundante y fascinadora reside en los desafíos que afrontamos al intentar revelar los códigos de poder que se encuentran comprimidos en los procesos de aprendizaje, enseñanza y evaluación que investigamos bajo el nombre de *educación comparada*. Sin embargo, la mera observación de estas amenas complejidades no es presagio de lograr ponerse a la altura de tales desafíos. Surfear las olas turbulentas de la moderna complejidad de nuestro campo es, en verdad, divertido pero se trata de una diversión seria e intelectual, hacia la cual, en nuestra calidad de académicos, nos sentimos *naturalmente* inclinados por formación y personalidad. Sin embargo, lo que estamos necesitando son, al menos, unas cuantas tablas de surfear más y tal vez, una idea de dónde está la costa.

En su trabajo *Sistema mundial y redes de interrelación*, Jürgen Schriewer desplegó una brillante cartografía de algunas de las nuevas formas del caos[1]. Fue el suyo un estudio que abrió caminos y se convirtió en un clásico, como puede esperarse de uno de los teóricos de mayor envergadura de Europa en lo que hace a la educación comparada; expuso, en el mismo, las interacciones de la naturaleza global (como conjunto de procesos empíricos) y cambiante de la educación comparada misma.

¿Tablas de surf? ¿Ajedrez tridimensional? ¿Mover las *líneas de meta*? Esta mezcla deliberada de metáforas puede resultar simpáticamente *risqué* y aun bastar como motivo introductorio, pero ¿qué es lo que en verdad está en juego?

2. Ideas clave

En lo que resta de este trabajo, será mi intención proponer que, en la actualidad, todos nos encontramos renegociando las *ideas clave* de la

---

[1]. Ver el artículo de Jürgen Schriewer en este libro.

ESBOZOS DE UN FUTURO

educación comparada. Con esto quiero decir que, en la literatura que el campo ha producido en los últimos doscientos años, existen ciertos conceptos que hacen su aparición en todo lo que se haya escrito sobre *educación comparada*. Estos conceptos son lo que, en sus distintas combinaciones, en varias épocas y con énfasis diferentes, constituye nuestro capital de trabajo profesional e intelectual. Hemos incluido, desde siempre en nuestros análisis comparativos, los conceptos de tiempo, espacio, Estado, *sistema* educativo, identidad pedagógica y transferencia.

En los trabajos de distintos autores, es el acento lo que varía. Isaac Kandel, por ejemplo, centró buena parte de sus estudios de educación comparada en un concepto particular de Estado unido al tiempo[2]. Nicholas Hans, con sus *factores* (en especial lengua, raza, religión y filosofías políticas), dio preferencia a una noción particularmente amplia de cultura[3]. Por su parte, el International Bureau of Education y la UNESCO, en puja entre tendencias y sistemas de clasificación (tales como la ISCED), otorgaron a los *sistemas educativos* una posición central en sus versiones de la educación comparada. Otros investigadores, como Tony Welch, Tom Popkewitz y Gita Steiner-Khamsi[4], se han remitido a algunas ideas clave –Estado, identidad pedagógica y tranferencia– como desafíos teóricos. Son estas ideas clave –y advierto que la lista en sí admite reconfiguraciones– lo que actualmente estamos teniendo que renegociar en función de nuestros tiempos.

El concepto de tiempo, por ejemplo, ha sido objeto de una repentina complejización. Buena parte de los trabajos en educación comparada tenían presupuestos políticos reformistas y liberales que, a su vez, presuponían la linealidad temporal y el progreso gradual. Los contextos sociales estaban firmemente unidos a la cultura, y el cambio en materia

---

2. Kandel, Isaac L.: *The new era in education*, George Harrap and Co., Londres, 1954.
3. Hans, Nicholas: *Comparative Education: a study of educational factors and traditions*, Routledge & Kegan Paul, Londres, 1998.
4. Welch, Anthony: "Class, culture and the State in comparative education: problems, perspectives and prospects", en *Comparative Education*, 29, 1, 1993; Popkewitz, Thomas S.: "National Imaginaries, the Indigenous Foreigner, and Power: Comparative Education Research", en Jürgen Schriewer (comp.): *Discourse Formation in Comparative Education*, Peter Lang, Fráncfort del Meno, 2000; Steiner-Khamsi, Gita: "Transferring Education, Displacing Reforms", en Jürgen Schriewer (comp.): *Discourse Formation in Comparative Education*, Peter Lang, Fráncfort del Meno, 2000.

educativa era lento y difícil. Incluso el vocabulario mismo que se utilizaba para dar cuenta de la cultura tenía implicancias para la definición del tiempo. Encontramos así, por ejemplo, en la obra de Vernon Mallinson el concepto de carácter nacional[5], como también el enfoque, centrado en la *solución de problemas*, de Brian Holmes y su interés por identificar la cultura con las proposiciones normativas –las constituciones, las obras de pensadores de importancia, las filosofías políticas[6]. La misma literatura producida en torno al *desarrollo* estaba, en parte, construida sobre las diferencias entre las culturas tradicionales y las modernas[7]. Encontramos así también los *modelos de hombre* de Lauwerys[8]. Los propios factores de Hans pueden ser vistos como poderosas restricciones a la difusión (y las orientaciones) del cambio educativo. De modo que, dentro de este canon tradicional, este sólido marco impuesto sobre los sistemas educativos *nacionales* y los presupuestos referentes al cambio liberal y evolutivo, implicaban ya un fuerte subtexto acerca del tiempo social en sí.

Se imaginaba un tiempo en forma de flecha, que se extendía hacia un futuro de ilustración, signado por la racionalidad y los conceptos de progreso. Los hombres de buena voluntad, como se decía en aquella época, y particularmente los expertos en educación comparada, podían, por medio de una sabia reforma, construir un futuro mejor y previsible. El futuro era –imperios y gobernantes malignos aparte– deducible a partir del presente. El futuro, empero, no era un mero correlato del presente: el futuro era, contando con una juiciosa acción de reforma, *deducible* del presente. La literatura acerca de la globalización (incluida la obra de Anthony Giddens) ha señalado algunos de los riesgos de mantener tales presupuestos en nuestra tarea intelectual. En efecto, acontecimientos como la caída de la Unión Soviética y su hege-

---

5. Mallinson, Vernon: *An Introduction to the Study of Comparative Education*, Heinemann, Londres, 1975.
6. Holmes, Brian: *Problems in Education: a comparative approach*, Routledge & Kegan Paul, Londres, 1965; Holmes: "Paradigm shifts in comparative education", en Philip G. Altbach y Gail P. Kelly (comps.): *New Approaches to Comparative Education*, The University of Chicago Press, Chicago, 1986.
7. Inkeles, Alex y Smith, David Horton: *Becoming modern: individual change in six developing countries*, Heinemann Education Books, Londres, 1974.
8. Lauwerys, Joseph A.: "Opening Address", en *General Education in a changing world: Proceedings of the Comparative Education Society in Europe*, CESE, Berlin, 1967.

monía política en Europa central y oriental nos han hecho presente el colapso de las linealidades temporales.

Es posible argumentar que la dramática compresión del tiempo social en las *transitologías* es una variante particular de los nuevos conceptos de tiempo que tenemos que inventar. *Transitología* se define, en este caso, como un cúmulo de acontecimientos –que tienen lugar en el marco de una década– que acompañan el colapso y reconstrucción simultáneos de aparatos estatales, el sistema de estratificación socioeconómica, las visiones de futuro y, a la vez, la utilización deliberada de los sistemas educativos en los anteriores procesos. Ejemplos de transitología los constituyen la reestructuración de Cuba llevada a cabo por Fidel Castro, la modernización de Turquía por Kemal Attaturk o Sudáfrica después de la *apartheid*; también pueden mencionarse los enormes esfuerzos de Thatcher por construir una transitología en Gran Bretaña después de 1979.

Pero el aspecto más importante aquí no es –cosa curiosa– Margaret Thatcher, sino la impresionante compresión del tiempo que se registra dentro de una transitología: hay una erradicación del pasado en la visión social del futuro. El tiempo evolutivo queda abolido: hay que capturar el futuro en el presente y en las medidas urgentes. Las definiciones del futuro no solo resultan visibles, sino que son la manifestación visible del poder político. Y la destilación de este poder en clave educativa, por ejemplo en las nuevas concepciones de la función del docente o de la universidad, o en los procesos de selección social dentro del sistema educativo, se encuentra en el núcleo de una transitología.

Del mismo modo, un cambio importante está operándose en nuestra idea clave de espacio. Una de las características más notables de la *Auslandspädagogik* es el situarse estrictamente en el espacio social específico del sistema educativo *nacional*. Una cantidad de obras históricas, abundantes y buenas, con marcado interés en el campo de la comparación, ha expuesto la manera en la cual los sistemas educativos fueron utilizados para crear el espacio nacional en el que ellos mismos estaban situados. Buena parte de la literatura misma sobre el desarrollo se circunscribía a entornos nacionales específicos: se hacía referencia al desarrollo en teatros espaciales específicos, como Ghana o Kenia, o África y Latinoamérica. Esto hace que se pueda hacer la reciente –y un poco ridícula –insinuación de que, ya que en un mundo globalizado el Estado-nación está en vías de extinción, la educación comparada también lo esté.

Por el contrario, como lo demostrara vigorosa y tempranamente Jürgen Schriewer, la educación comparada se ve revitalizada por los actuales cambios sociales y las nuevas teorizaciones de lo global. Es este cambio lo que trae aparejado en sí la necesidad de pensar en varias dimensiones espaciales. Se puede hacer uso, claro está, de la locución *lo global* y *lo local*, pero entre medio hay enormes extensiones de espacio social. Todo ello afecta nuestra manera de pensar la educación comparada. Como se mencionó anteriormente, existen, por ejemplo, extensos bloques regionales, cada uno con sus propios programas económicos y proyectos políticos y educativos emergentes. Estos bloques se han constituido, en Europa central y occidental, en Norteamérica, en Asia oriental y meridional, y en Sudamérica, dando lugar a equivalencias educativas, trabajo profesional móvil y nuevos vínculos entre universidades, investigación e industrias de desarrollo, así como también a nuevas formas de identidad híbrida en los individuos; pueden llevar, además, a una convergencia de ciertos aspectos de la educación, como el currículo y la evaluación, en sistemas educativos nacionales hasta ahora separados. Casi todo en este esfuerzo de reforma es consciente y deliberado en sus motivos de convergencia (por ejemplo, los programas Erasmus, Sócrates, Lingua y Comet). Los nuevos desarrollos en las distintas rondas del GATT parecen destinados a relajar, aún más, las antiguas rigideces.

De modo similar –es decir, por medio de la identificación de nuevos espacios sociales– puede advertirse la importancia, para la educación comparada, de las posibilidades de acción, intercambio y revitalización en materia educativa que se abren en derredor y a través de los *anillos*, como en la locución "Anillo del Atlántico, del Báltico, del Mediterráneo y del Pacífico"[9]. Estas interacciones tienen un carácter marcadamente distinto de las medidas educativas adoptadas por funcionarios dentro de los bloques legitimados por medio de tratados,

---

9. Cowen, Robert: "Intercultural education and the Pacific Rim", en Coulby, David; Gundara, Jagdish, y Jones, Crispin (comps.): *Intercultural Education: World Yearbook of Education 1997*, Kogan Page, Londres, 1997.

como la UE o el NAFTA. Buena parte de la interacción educativa en derredor de estos bloques tiene, por supuesto, causas económicas. Alrededor del anillo del Atlántico se registra un considerable intercambio de servicios educativos y de personal. En la conformación del anillo del Pacífico y sus interacciones educativas, en cambio, tiene gran peso la diáspora, sobre todo la de los *chinos de ultramar*, así como también influyen los esfuerzos regionales realizados por Japón. En los anillos del Báltico y del Mediterráneo se verifican, a su vez, rigideces respecto del interés que se hacen notar en la ausencia de intercambio. Sus líneas de influencia potencial se encuentran bloqueadas por su política actual o por recuerdos de políticas anteriores. Los anillos –en tanto espacios sociales– se superponen, en cierto modo, con las fisuras entre civilizaciones identificadas por Le Thanh Khoi. El extremo oriental del Mediterráneo no es una zona sísmica solo allí donde chocan las placas geológicas: es también una *zona de falla* social.

Estas zonas de fisura que presentan los anillos en los espacios sociales dentro de los cuales acontece (o no) la acción educativa requieren el contrapeso de la homogeneización a la que tienden los programas de reforma educacional de los organismos internacionales de mayor envergadura conectados con la educación; por ejemplo, la UNESCO, el Banco Mundial y la OCDE. Pero la especificación de problemas educativos que estos realizan se hace desde una perspectiva mundial. La UNESCO tiene un compromiso histórico con la erradicación de la guerra. "Dado que la guerra tiene su origen en la mente de los hombres, es en la mente de los hombres donde deben construirse las defensas de la paz"[10]. Su interés actual en la *interculturalité* representa una clara continuación de su misión histórica, que todos debemos asumir a nivel mundial. Los proyectos del Banco Mundial y la OCDE en lo referido a educación básica y educación permanente tienen tendencia a una linealidad *de arriba abajo*: es decir, perciben el contexto local (pero hacen poco al respecto) y proponen una solución universal. A pesar de que el trabajo de estos organismos forma parte ya del programa de acción de la educación comparada, también se ha reconocido la modificación de los

---

10. Acta Constitutiva de la UNESCO, adoptada por la Conferencia de Londres de Noviembre de 1945, reproducida parcialmente en: Droit, Roger-Pol, *Filosofía y democracia en el mundo. Una encuesta de la* UNESCO, Colihue/UNESCO, Buenos Aires, 1995, pág. 17.

espacios sociales en los que desarrollan su tarea y se ha planteado la idea de un nuevo *discurso educativo global*[11].

El tema de los espacios sociales complejos para las prácticas discursivas de la educación plantea también el cuestionamiento de nuestros antiguos conceptos de *transferencia* o préstamo cultural.

Claro está, el tema tiene ya bases firmes en la literatura/bibliografía. Los factores de Hans constituyen una proto-exposición de los límites inmunológicos de la transferencia: una combinación particular de factores (de raza, lengua, religión y filosofía política) puede predisponer sin más al bloqueo de transferencias en determinadas circunstancias. El interés chino en la transferencia de prácticas educativas soviéticas, a partir de 1950, se fundaba en el monocriterio de la afinidad de prinicipios políticos –un error de comparación que habría de costar caro a la larga y que llevó a la transitología de la Revolución Cultural. El abordaje que Brian Holmes hizo del problema hubo de remitirse directamente a las posibilidades de una transferencia educativa cuyo éxito se evidencia a través de la correcta predicción de sus consecuencias previstas (¡e imprevistas!). De todos modos, tanto Hans como Holmes tendían al análisis de las posibilidades de tranferencia de prácticas e ideas educativas solo de un país a otro. Más aún, el concepto de *préstamo cultural* en Holmes y el desinterés que muestra Hans por la palabra *transferencia* apuntan a una escasez de ideas generalizables acerca del concepto mismo de transferencia en la literatura anterior a la ráfaga de escritos debidos a David Philips, Gita Steiner-Khamsi y otros en los años 1990.

Tan relevante en nuestra historia epistémica como disciplina es el legado de la idea de *transferencia* como idea clave. Subyace en las posiciones clásicas del mismo Jullien y en la metodología (de trabajo de campo internacional) sobre la cual debería cimentarse una ciencia de la educación comparada. El presupuesto de la transferencia está en el centro de la pregunta de Sadler: ¿En qué medida se aprende algo de valor práctico en el estudio de los sistemas educativos extranjeros? Tomando en cuenta esta tradición y las nuevas complejidades del espacio social en el terreno de la educación comparada, es evidente que tenemos que revitalizar nuestras nociones de transferencia y de sus *consecuencias predecibles*.

---

11. Steiner-Khamsi, 2000, *op. cit.*

ESBOZOS DE UN FUTURO

Como mínimo, deberíamos plantear el concepto de *relaciones educativas internacionales* como parte de una visión más compleja de las posibilidades de transferencia múltiple y simultánea (incluyendo la circulación de transferencias). Necesitamos una apreciación más aguda de las políticas a nivel internacional, regional, de anillo y local que dan marco a las transferencias y una teoría clara del bloqueo de transferencias de prácticas educativas. Hemos tendido a creer en la posibilidad de una transferencia con consecuencias predecibles, aun en contra de condicionamientos que la limitaban, como el imperialismo cultural o la dependencia. Haríamos mejor en partir del presupuesto inicial de que la *transferencia* es imposible, antes de pasar revista a los ejemplos exitosos. Hay, claro está, un enorme empuje sostenido por los organismos internacionales y otros de ayuda regionales o nacionales para seguir adelante en plan positivo. Pero unirse a estas tendencias no es un requisito para la educación comparada: Casandra tenía razón, como de costumbre, al rechazar *planes positivos*.

Debe plantearse aquí la distinción entre la observación de los ejemplos de transferencia que nos son conocidos, y sobre los cuales es posible una perspectiva histórica, y la de los otros. Hay una amplia gama de ejemplos, entre ellos textos ya clásicos[12]. En retrospectiva, lo que puede observarse son, para usar la expresión de Jürgen Schriewer, sucesivas *indigenizaciones*. Más difíciles de discernir resultan las configuraciones de las transferencias contemporáneas y sus indigenizaciones potenciales. Esto se debe, en parte, a que no contamos con un vocabulario demasiado abundante acerca de lo que llamamos transferencia y, por ello, tampoco tenemos suficiente acceso conceptual al mismo. Esto es en parte así porque los esquemas de una posible teoría de la indigenización que poseemos son rudimentarios: los factores de Hans y los ciclos normativo-institucionales de estados ambientales y mentales resultan engorrosos como taxonomía.

Existe, empero, como se ha de señalar, otra manera de enfocar el problema de la transferencia y la indigenización. Se puede proponer un esquema de posibilidad, si bien requiere de algún detalle y de una breve narración a modo de ilustración. El esquema requiere, para

---

12. Carnoy, Martin: *Education as Cultural Imperialism: a critical appraisal*, David McKay, Nueva York, 1974.

adquirir forma, de la formulación de dos sencillas distinciones: (i) la distinción entre *transferencia oficial* y otras modalidades de transferencia y (ii) la distinción entre indigenización local e indigenización de recepción.

Una transferencia oficial será aquella que cuente con el total apoyo del gobierno que pide en préstamo un determinado paquete de políticas, por ejemplo, las transferencias chinas del currículo, libros de texto y modelos universitarios soviéticos (lo cual es distinto de, digamos, la transferencia de la pedagogía de las escuelas inglesas de nivel inicial a los Estados Unidos en los años 1960). La *indigenización local* es la manera en la que la putativa transferencia oficial está mutando en su país de origen en el momento de efectuarse préstamo. En un contexto tal, lo que se transfiere es la forma oficial de la práctica educativa, no sus prácticas cotidianas que incluyen críticas y resistencias. Es factible plantear las posibilidades analíticas que ofrecen estas contradicciones por medio de una sucinta ilustración: la reforma de las universidades *ineficientes* en Gran Bretaña. Para este problema existe una solución oficial y, aparentemente, una opción de *transferencia oficial*.

Podemos dar comienzo a nuestro bosquejo observando que, en la actualidad, varios países (por ejemplo, Argentina, Brasil, Grecia, Holanda, Japón) se encuentran experimentando la manera de garantizar la calidad de sus universidades y de su puesta en valor. Todos estos países han tomado como referencia el *modelo inglés*, que, como una enfermedad transmisible, va camino de convertirse en una epidemia de exportación.

3. La solución inglesa

El discurso oficial del proyecto británico para el mejoramiento de las garantías de calidad y medidas de puesta en valor de las universidades se ve reflejado en una ley (la Ley de Reforma Educativa de 1988), en la tarea de organismos como los *Higher Education Founding Councils*[13] de Inglaterra (y de Escocia o Gales); estos mismos organismos, en su función de *abogados*, forman parte del proceso de transmisión ultrama-

---

13. Consejos de Fomento de la Educación Superior (N. del T.).

rina. El discurso oficial del proyecto británico apela, al menos, a tres dimensiones para definir *calidad*: normas para mensurar la investigación (el *Research Assessment Exercise*[14]); la medición de la *buena enseñanza* (llevada a cabo en la actualidad por las *Quality Assurance Agencies*[15], aunque cediendo terreno ante un proceso denominado *Institutional Audit*[16]); y programas para el perfeccionamiento del personal. Todos ellos son de carácter obligatorio. Se exige que todas las universidades de Inglaterra observen estos tres principios y están, de hecho, sujetas a una cuantificación de acuerdo con estas detalladas definiciones de la *práctica adecuada*. Además, el *Economic and Social Research Council*[17] (así como sus equivalentes en otras áreas) ha dictado normas concretas según las cuales debe organizarse la investigación, que incluyen la supervisión de doctorandos.

Este discurso oficial resulta políticamente atractivo a nivel nacional, ya que promete, a cambio del gasto público, una administración efectiva, eficaz y transparente de servicios educativos y, a la vez, un mejoramiento en la calidad del personal. Las prácticas y expectativas oficiales son claras. El sistema en su conjunto es aplicado y custodiado por medio de una *tecnología social*: la dotación de cada uno de estos organismos se compone de profesionales. También las prácticas se encuentran bien establecidas: el *Research Assessment Exercise*, por ejemplo, tiene vigencia desde hace ya más de dieciséis años.

Es comprensible, por ello, que el discurso y práctica oficiales atraigan a gobiernos extranjeros. Los sistemas están ya en funcionamiento, pueden ser *inspeccionados* por visitantes y acordarse un intercambio de ideas entre los administradores en cada uno de los países sobre bases concretas. Así, lo que tenemos es una tecnología social establecida, cuyos programas, sistemas institucionales, prácticas detalladas y *consecuencias predecibles* están a la vista de todos. El marco en que se dieron estos esquemas es debidamente conocido y se lo ha identificado más arriba. El cambio cultural implica un distanciamiento del concepto del Estado de Bienestar y un acercamiento a los discursos neoliberales. A

---

14. Ejercicio de evaluación de investigación (N. del T.).
15. QAA, Organismos de Garantía de Calidad (N. del T.).
16. Revisión Institucional (N. del T.).
17. ESRC, Consejo de Investigación Económica y Social (N. del T.).

INTERNACIONALIZACIÓN

Guy Neave se le debe una excelente identificación temprana del nuevo papel del *Estado evaluador*. En principio, cualquier gobernante competente puede llevar a cabo la adaptación de estos modelos a contextos *indígenas*.

En otras palabras, en lo que hace a su puesta en práctica, se puede identificar de inmediato –para tomar y corromper la expresión de Basil Bernstein– un *campo oficial recontextualizador*. En lo relativo a la transferencia y la indigenización, se puede localizar un conjunto de diferencias concernientes al *sentido común*. Por ejemplo, mientras que los profesores universitarios ingleses no gozan ya más de un puesto fijo, los profesores universitarios griegos, siguiendo la tradición europea, son funcionarios públicos. Los profesores universitarios ingleses no se declaran en huelga muy a menudo, mientras que sus colegas brasileños o argentinos sí lo hacen. Las tradiciones británicas de libertad de cátedra y autonomía institucional parecían fuertemente asentadas, pero no estaban legitimadas por la legislación constitucional. La tradición británica de distanciamiento respecto de la política (expresada desde 1919 por el *University Grants Committee*[18]) tiene poco que ver con la tradición japonesa, basada en una intervención estatal con vigoroso sentido desarrollista, que diera lugar a la creación de escuelas superiores vocacionales y, en última medida, al sistema universitario imperial. De modo que ¿podría una especificación bilateral (y medianamente honesta) de contextos dar lugar a una transferencia exitosa y sensata? Quizá.

Un aspecto a tener muy en cuenta en lo referente a esta especificación de contextos es que esta proviene de la *mirada oficial*. Lo que esta mirada capta son las relaciones de poder entre grupos de interés, las generalidades de la tradición de libertad de cátedra y autonomía institucional, las historias culturales de la profesión universitaria. Lo que se traduce o *media(tiza)* es el nexo entre las tradiciones universitarias y el poder social que da marco a la transferencia de una tecnología social. La *mirada oficial* –el campo oficial recontextualizador– capta una visión exterior, *de arriba a abajo* del *sistema* universitario. La *mirada oficial* capta solo algunos aspectos de la historia y las estructuras sociales que afectan la *transferencia*. Lo que la mirada oficial no es capaz de

---

18. Comité de Becas Universitarias (N. del T.).

captar es la temática de la biografía individual planteada por C. Wright Mills. No es capaz de entender la etnología política que una tecnología social supuestamente transferible implica.

Una visión alternativa (y decisiva) del proceso de tranferencia debería comenzar con la biografía de los profesores universitarios como individuos (los ingleses, los escoceses, etc.). Los profesores universitarios como individuos deben enfrentarse, en su profesión, al hecho de que, en virtud del *Research Assessment Exercise*, en las ciencias sociales lo que se premia es la publicación de libros. Conferencias inéditas, reseñas de libros, charlas en radio y televisión, no encuentran su lugar como rendimiento académico aceptable, es decir, mensurable. Sin embargo, un libro, además de tener un número de la ISBN y ser publicado por una casa editorial reconocida, debe tener una extensión de 81 páginas (más o menos –las reglas varían un poco de tiempo en tiempo). Como vemos, la definición de libro es una decisión a nivel del sistema *administrativo*, a la vez que *epistémico*. El nivel aceptable de conocimientos se deja expresar mejor en fragmentos con forma de *byte* de unas 162 páginas de procesador de textos.

El trabajo de Durkheim *Las formas elementales de la vida religiosa* sería, entonces, un ejemplo de *rendimiento* académico ineficiente: hoy en día, podría acarrear consecuencias profesionales nefastas sobre la persona de un profesor inglés que trabajase en una universidad estrictamente controlada por criterios administrativos tales. Es así como las estructuras de vigilancia del sistema administrativo afectan uno de los actos más creativos de la vida académica: la escritura de cara al público, lo que define la reputación de un estudioso. Siempre es posible, claro está, un acto de resistencia individual. Un libro largo, por ejemplo, constituye la afirmación de una identidad antigua y atesorada. El asunto es, sin embargo, que un libro largo constituye, precisamente, una declaración de resistencia contra la penetración administrativa y contra las redefiniciones contemporáneas de *una buena obra*. Un libro largo es un acto etnográfico y político, por medio del cual se expresa rechazo hacia una disciplina pública que da preferencia a una determinada extensión en los textos.

De manera similar, siguiendo las directivas de la QAA en lo que hace a la *buena pedagogía* en un curso de grado, habrá de llevarse un libro del curso, en el que deben constar los propósitos y objetivos del mismo, sus módulos, resúmenes de las clases impartidas y los *resultados pedagógicos* que se esperan, indicados clase por clase. Más aún, el contenido académico *convencional* (por ejemplo, en cursos sobre Historia de la marina holandesa, Culturas escandinavas, o Sociedad y Educación) debe ser reespecificado en términos de habilidades genéricas, habilidades transferibles, habilidades esenciales y habilidades específicas. El principio rector de un proceso de tales características es hacer del acto pedagógico en la universidad –uno típicamente personal y tal vez *carismático*– uno *transparente* y satisfactorio para los *clientes*.

De esta manera, en el terreno autobiográfico, el sistema de vigilancia administrativo lleva a los profesores universitarios al *bilingüismo*. Lo que normalmente pensamos y discutimos en términos académicos convencionales –lo que creemos es una buena clase–, debemos hacerlo público en un nuevo discurso basado en *habilidades*. La distracción espontánea que suele darse en los seminarios a continuación de una clase –y que tal vez sea prometedora pedagógicamente– se ve restringida por una declaración escrita, de mano de los profesores universitarios mismos, que versa sobre los resultados pedagógicos esperados en esa tarde.

Siempre es posible, claro está, un acto de resistencia. Hace poco interrumpí mi curso sobre "La sociedad en el Este asiático y la educación" para dedicar una clase a la vida y la obra del profesor Edmund King, cuya muerte relativamente repentina me causó una triste conmoción. Me resultaba necesario dictar esa clase a mis alumnos –pero estaba rompiendo el contrato implícito en materia de rendimiento pedagógico que tenía con mi propia institución y su decano, quien es responsable de la supervisión de mi enseñanza. Claro está, ante mí mismo puedo justificarme aduciendo viejos y valorados recuerdos de la significación de la profesión académica. Por fortuna, todavía no soy tan *bilingüe* como para haber tenido la sensación de que debía informar a mis *clientes* sobre los resultados pedagógicos esperados en aquella tarde.

En líneas similares, resultan también muy *sensatas* las directivas del ESRC relativas a la práctica de la tutoría de doctorandos. Su objetivo es desmitificar la experiencia de la tesis doctoral. Para ello, ponen el acento en cursos de formación sobre métodos de investigación, la oferta de cursos de formación en la fraseología académica, una rutina de cursos de guía y la frecuencia de los mismos, escuetas anotaciones hechas en estos cursos, los problemas identificados en ellos, recomendaciones para trabajos ulteriores y la preparación para la defensa oral de la tesis. Esta rutinización de la experiencia de la tesis doctoral debería conducir –y en verdad se espera que así lo haga– a una experiencia que dure alrededor de cuatro años: un año destinado a la capacitación en la investigación y los tres restantes a la escritura de la tesis.

Las consecuencias de este acto de supervisión pedagógica son interesantes, además de corrosivas. El doctorado se convierte en una introducción en las técnicas de investigación, en particular las empíricas. Puede darse cierto grado de socialización dentro del ámbito académico, pero solo como efecto secundario. El tener que apegarse a frecuentes cursos de guía, a una agenda con un número fijo de encuentros, cuyos resultados se registran por escrito, hace que la tarea de supervisión resulte eficiente –pero lo que no se deja mensurar es la intensidad de estos cursos, y tampoco se requiere que así se lo haga–. El académico principiante accede al rango de académico por medio de un horario fijo de rutinas, que dura entre tres y cuatro años. La posibilidad de que el trabajo académico pueda encontrar su propio ritmo, con la influencia parcial de la conversación que se suscita entre ambos académicos –el de mayor y el de menor antigüedad–, no tiene cabida dentro del cálculo racional establecido para la producción de investigadores formados.

De este modo, las directivas del ESRC, por su manera de estructurar la formación y el tiempo, las secuencias de encuentros y las ocasiones para la conversación, otorgan un énfasis mayor a las destrezas adquiridas en la rutina de investigación, que a un ritmo de socialización académica más lento. Siempre es posible, claro está, un acto de resistencia, el cual, en ciertas oportunidades, se torna absolutamente necesario, en especial cuando se trabaja con estudiantes extranjeros. Es muy difícil que la severa estrechez de miras del ESRC nos permita hacernos una idea clara de la calidad intelectual de su formación durante la experiencia de la tesis doctoral. Sin embargo, las presiones son tan públicas y notorias, y están tan institucionalizadas, que los profesores universitarios tienen que decidir por sí mismos, como individuos, qué habrán de hacer.

De este modo, con el impacto de las fuerzas de la historia y la estructura social sobre la vida académica de los individuos, se hace necesaria una decisión (en los términos de Wright Mills) autobiográfica. Pero una gran cantidad de decisiones tomadas por una gran cantidad de individuos implica que un *campo recontextualizador no oficial* está haciendo su aparición. Este campo recontextualizador no oficial no resulta fácilmente visible a los *equipos de transferencia* formados por avezados funcionarios, a menos que sean también antropólogos formados o investigadores de la educación comparada.

Partiendo, entonces, de esta ilustración, en las transferencias no se trata solo de la indigenización oficial de un artículo de importación. Se trata también de la indigenización del proyecto oficial en el país de origen, que se va desarrollando al mismo tiempo que el proyecto de transferencia internacional accede al nivel de *política*. Lo que va a ser *exportado* está experimentando ya un cambio mientras se discute su *importación*. En casos como este, una perspectiva etnográfica debe ocupar un lugar en nuestro trabajo. Partiendo de esta ilustración, probablemente debamos dedicar un poco más de trabajo al concepto de transferencia en su conjunto –y esta línea de argumentación admite una generalización, como la que ya hemos hecho: la línea de argumentación de este trabajo nos ha llevado a cubrir aspectos que van más allá de la transferencia.

4. Conclusión

Las líneas generales de argumentación de este trabajo se dejan resumir de manera sencilla.

En primer lugar, es probable que las relaciones educativas internacionales en el mundo globalizado sigan funcionando con ideas clave similares a las de estadios anteriores de la educación comparada: tiempo, espacio social, Estado, cultura, sistemas educativos, identidad pedagógica y transferencia.

No obstante, se ha argumentado, en segundo término, que debemos alcanzar nuevos niveles de complejidad para comprender cada concepto en su nuevo contexto. Tercero, tenemos que recombinarlos a fin de dar cuenta de las compresiones operadas en el tiempo, los nuevos espacios sociales y formas recientes del Estado mismo. Cuarto, es en las complejas visiones que aparecen en la actualidad (por medio del posestructuralismo, la posmodernidad y el poscolonialismo), que debemos estar más alertas a las inexactitudes de nuestras viejas ideas acerca de la esencia de un sistema educativo, las identidades pedagógicas oficiales y divergentes, y la visiones simplistas del objeto de transferencia.

La problemática que expusieran Jullien y Sadler, y Jürgen Schriewer en su forma contemporánea, no va a desaperecer; tampoco sería prudente afirmar que la manera de ejercer la investigación que está cobrando forma actualmente en Inglaterra vaya a ser de mucha ayuda. Tenemos una acuciante necesidad de repensar, tanto como de una investigación normal, que dé respuesta a interrogantes.

5. Referencias bibliográficas

Carnoy, Martin: *Education as Cultural Imperialism: a critical appraisal*, David McKay, Nueva York, 1974.
Cowen, Robert: "Intercultural education and the Pacific Rim", en Coulby, David; Gundara, Jagdish, y Jones, Crispin (comps.): *Intercultural Education: World Yearbook of Education 1997*, Kogan Page, Londres, 1997.
Droit, Roger-Pol, *Filosofía y democracia en el mundo. Una encuesta de la UNESCO*, Colihue/UNESCO, Buenos Aires, 1995.
Hans, Nicholas: *Comparative Education: a study of educational factors and traditions*, Routledge & Kegan Paul, Londres, 1998.
Holmes, Brian: *Problems in Education: a comparative approach*, Routledge & Kegan Paul, Londres, 1965.
___ "Paradigm shifts in comparative education", en Philip G. Altbach y Gail P. Kelly (comps.): *New Approaches to Comparative Education*, The University of Chicago Press, Chicago, 1986.
Inkeles, Alex y Smith, David Horton: *Becoming modern: individual change in six developing countries*, Heinemann Education Books, Londres, 1974.
Kandel, Isaac L.: *The new era in education*, George Harrap and Co., Londres, 1954.
Lauwerys, Joseph A.: "Opening Address", en *General Education in a changing world: Proceedings of the Comparative Education Society in Europe*, CESE, Berlín, 1967.

Mallinson, Vernon: *An Introduction to the Study of Comparative Education*, Heinemann, Londres, 1975.
Popkewitz, Thomas S.: "National Imaginaries, the Indigenous Foreigner, and Power: Comparative Education Research", en Jürgen Schriewer (comp.): *Discourse Formation in Comparative Education*, Peter Lang, Fráncfort del Meno, 2000.
Steiner-Khamsi, Gita: "Transferring Education, Displacing Reforms", en Jürgen Schriewer (comp.): *Discourse Formation in Comparative Education*, Peter Lang, Fráncfort del Meno, 2000.
Welch, Anthony: "Class, culture and the State in comparative education: problems, perspectives and prospects", en *Comparative Education*, 29, 1, 1993.

www.ingramcontent.com/pod-product-compliance
Lightning Source LLC
Chambersburg PA
CBHW072000150426
43194CB00008B/945